35位著名学者纵论改革开放

中国社会科学院马克思主义研究学部 编

中国社会科学出版社

图书在版编目(CIP)数据

35位著名学者纵论改革开放/中国社会科学院马克思主义研究学部编. —北京：中国社会科学出版社，2018.11
ISBN 978-7-5203-3437-2

Ⅰ.①3… Ⅱ.①中… Ⅲ.①改革开放—中国—文集 Ⅳ.①D61-53

中国版本图书馆CIP数据核字(2018)第243207号

出 版 人	赵剑英
责任编辑	田 文
责任校对	张爱华
责任印制	王 超

出　　版	中国社会科学出版社
社　　址	北京鼓楼西大街甲158号
邮　　编	100720
网　　址	http://www.csspw.cn
发 行 部	010-84083685
门 市 部	010-84029450
经　　销	新华书店及其他书店

印　　刷	北京明恒达印务有限公司
装　　订	廊坊市广阳区广增装订厂
版　　次	2018年11月第1版
印　　次	2018年11月第1次印刷

开　　本	787×1092　1/16
印　　张	27.25
插　　页	2
字　　数	504千字
定　　价	109.00元

凡购买中国社会科学出版社图书，如有质量问题请与本社营销中心联系调换
电话：010-84083683
版权所有　侵权必究

目　　录

改革开放篇

王伟光　改革开放是党领导的第二次革命 / 3
朱佳木　新时代与改革开放航向的校准 / 9
李崇富　中国特色社会主义是科学社会主义的新形态
　　　　——论我国改革开放40年的根本经验 / 30
程恩富　中国模式的指导思想：马克思主义及其中国化理论
　　　　——兼论新中国两个时期的"两个经济奇迹" / 45
赵剑英　中国道路的哲学观念 / 58
丁　冰　实现中华民族伟大复兴的中国梦必将计日程功 / 71
田心铭　试论改革开放40年的根本成就和根本经验 / 84
金民卿　邓小平改革观的鲜明特色和重要启示 / 98
卫兴华　应准确解读我国新时代社会主要矛盾的科学内涵 / 111
李慎明　为守住不发生系统性金融风险的底线尽绵薄之力 / 123
邓纯东　习近平新时代中国特色社会主义思想的本质特征 / 129
姜　辉　新时代中国特色社会主义与21世纪马克思主义 / 141
武　力　改革开放40年：中国走出自己的发展道路 / 151
李建平　坚定不移将新时代改革进行到底 / 161
张树华　中国政治发展的经验优势、理论建构与实践导向 / 168
艾四林　掌握科学的历史思维和方法，提高解决改革与发展
　　　　基本问题的能力
　　　　——习近平历史观研究 / 185
胡乐明　政府与市场的"互融共荣"：经济发展的中国经验 / 194
鲁品越　我国开放战略要以马克思主义政治经济学为指导
　　　　——从比较优势分析到市场权力结构分析 / 207

董金明　试论建设海洋强国是中国特色社会主义事业的重要组成部分/217

马克思主义理论篇

陈先达　改变马克思主义被边缘化的状况/229

简新华　创新和发展中国特色社会主义政治经济学/234

余　斌　论社会主义市场经济的三个根本问题/256

方兴起　创新驱动发展中使用价值与价值的辩证关系/275

侯惠勤　习近平新时代中国特色社会主义思想的哲学意蕴/286

李　冉　深刻认识和把握以人民为中心的发展思想/298

潘金娥　当代社会主义的探索、创新与发展/308

吴文新　新时代中国特色社会主义的文化使命：推进"马学"
　　　　"中学"互化融合/320

辛向阳　在实践中检验真理，在实践中发展真理
　　　　——纪念真理标准大讨论40周年/333

王　岩　新时代我国主流意识形态话语权的建构路径/344

王天义　马克思关于人的自由全面发展的思想/359

邰丽华　当代西方学者《资本论》研究的新趋向/371

章忠民　"逆全球化"背景下如何彰显中国化马克思主义的世界意义/379

曹泳鑫　世界历史、中国道路和人类命运共同体/386

杨承训　用当代马克思主义把握中国和世界治理的大逻辑/397

曾　鹏　历史—地理唯物主义视角下中国全球化空间实践转向/408

后　记/427

改革开放篇

改革开放是党领导的第二次革命

王伟光

【作者简介】 王伟光，1950年2月出生于辽宁丹东。教授，哲学博士，博士研究生导师。中国共产党第十七届中央委员会候补委员，第十八届中央委员会委员。中国社会科学院原院长、党组书记，学部主席团主席，中国社会科学院大学校长。中国地方志指导小组组长。曾任中共中央党校副校长。兼任辩证唯物主义研究会会长。马克思主义理论研究和建设工程咨询委员会主任委员、首席专家，马克思主义理论一级学科、哲学一级学科学术带头人。中国共产党第十六次、十七次、十八次、十九次全国代表大会代表。第十届全国人大代表、全国人大法律委员会委员。1987年获国务院颁发的"国家有突出贡献的博士学位获得者"荣誉称号，享受国务院政府特殊津贴。

主要研究领域集中在马克思主义哲学和马克思主义哲学中国化、马克思主义和马克思主义中国化、中国特色社会主义理论体系和中国特色社会主义重大问题研究等方面。出版学术专著40余部，主要有：《社会矛盾论》《利益论》《科学发展观基本问题》《社会主义和谐社会理论基本问题》《王伟光自选集》《王伟光论文辑》《党校工作规律研究》《王伟光讲习录》《哲林漫步》《中国道路与马克思主义中国化》《改革开放与中国经验》《党的建设研究》《马克思主义中国化的最新成果》。主编的著作主要有：《新大众哲学》《马克思主义基本问题》《"三个代表"重要思想概论》《"三个代表"重要思想研究》《科学发展观概论》《建设社会主义新农村的理论与实践》《社会主义通史（八卷本）》

《中国特色社会主义理论体系研究》。在国家级报纸杂志上发表论文 550 余篇。

习近平总书记深刻指出:"改革开放这场中国的第二次革命,不仅深刻改变了中国,也深刻影响了世界。"改革开放 40 年来,我们党团结带领全国各族人民,经历了我国历史上最为广泛而深刻的社会变革,推进了我们党历史上一次新的伟大自我革命,进行了人类历史上最为宏大而独特的实践创新,谱写了中华民族自强不息、顽强奋进新的壮丽史诗。

一 改革开放是与时俱进的马克思主义思想解放运动

解放思想、实事求是、与时俱进、求真务实,是我们党一脉相承的思想路线,在革命、建设、改革各个历史阶段中,都发挥了重要的先导作用。改革开放以来,我们党坚持思想解放与改革进程相伴前行,"思想解放—理论创新—改革突破"成为开启每一阶段改革新航程的必然选择。

开展"真理标准大讨论",开启改革开放的历史大幕。粉碎"四人帮"后,受"两个凡是"的束缚,各项工作徘徊不前,党面临着思想、政治、组织等各个领域全面拨乱反正的历史任务。1978 年 5 月,《光明日报》发表《实践是检验真理的唯一标准》,明确提出检验真理的标准只能是社会实践,任何理论都要不断接受实践的检验。一场真理标准问题大讨论冲破重重阻力,在全国轰轰烈烈展开,这是中国现代史上继五四运动、延安整风运动之后,又一次伟大的思想解放运动。这场大讨论冲破了"两个凡是"的严重束缚,为党重新确立马克思主义思想路线、政治路线和组织路线奠定了思想基础。正是这场大讨论,为党的十一届三中全会胜利召开,为把党和国家的工作重心转移到经济建设上来,为开辟中国特色社会主义道路提供了思想牵引,成为改革开放的思想先导。

突破僵化观念束缚,推动改革开放不断深化。高度集中僵化的计划经济体制不适合中国国情,严重窒息我国社会主义制度的优越性,束缚社会生产力的发展,抑制了人们的积极性、主动性、创造性。1984 年,《中共中央关于经济体制改革的决定》提出,实行"公有制基础上有计划的商品经济",突破了社会主义与市场经济不能兼容的僵化认识,吹响了我国社会主义市场经济体制改革的号角。1992 年邓小平视察南方的重要谈话,以"三个有利于"作为判断姓"社"姓"资"等重大是非的根本标准,进一步冲破了思想羁绊,为党的十四大确立社会主义市场经济体制提供了重要理论准备。1997 年,党的十五大明确"非公有制经济是社会主义经济的必要补充","公有制为主体,多种所有制经济共同发展是我国社会主义初级阶段的一项基本经济制度",又一次推动了人们的思想解放，深化了我们党对社会主义初级阶段经济制度的认识。2007年，党的十七大提出"坚持以人为本，树立全面、协调、可持续的发展观，促进经济社会和人的全面发展"，摒弃片面的发展理念，推动改革开放不断走向深入。党的十八届三中全会提出，"使市场在资源配置中起决定性作用和更好发挥政府作用"，进一步破除了阻碍发展的思想束缚，大大地推进了改革开放的进程。

继续解放思想，凝聚全面深化改革的强大力量。站在新的历史关头推进改革，面临的复杂程度、敏感程度、艰巨程度不亚于40年前。只有继续推动思想解放，才能凝聚起全面深化改革开放的强大动力。习近平总书记在论及"三个解放"时，把"解放思想"列于首要位置，并特别强调其"总开关"作用。今天解放思想，要面对更为艰巨复杂的现实利益博弈。一些人嘴上说思想解放，骨子里怕思想解放，一些部门抽象地赞成思想解放，具体地反对思想解放，说到底是一个利益问题。从调节分配到简政放权，影响改革的思想障碍很多不是来自体制外而是来自体制内，尤其是来自各种既得利益的羁绊。因此，习近平总书记反复强调，要正确处理中央与地方、全局与局部、长远与当前的关系，正确对待利益格局调整，坚决克服地方和部门利益的掣肘，在破除各方面体制机制弊端、调整深层次利益格局上再啃硬骨头、再拿硬任务，推动形成更加浓厚、更有活力的改革创新氛围。

二 改革开放是解放和发展社会主义生产力的伟大社会革命

中国共产党领导中国人民在中国现代史上开展了两次伟大的社会革命。以新民主主义革命和社会主义革命为主要内容的中国革命是第一次社会革命，使社会生产力从根本上、制度上得到彻底的解放，奠定了社会主义物质经济基础。改革开放是第二次社会革命，使我国生产力水平极大提升，人民生活显著改善，中国实现了由"追赶世界"到"引领世界"的伟大转变。

推出重大改革举措，极大地解放和发展生产力。邓小平指出："我们所有的改革都是为了一个目的，就是扫除发展社会生产力的障碍。"[①] "当然我们不要资本主义，但是我们也不要贫穷的社会主义"[②]，为推进改革开放指明了方向。40年来，我们党领导人民从农村改革到城市改革再到全面深化改革，都是为了解放和发展生产力。经过改革开放40年，中国GDP以年均9.5%的增速实现了226.9倍的经济增长，一跃成为世界第二大经济体。中国的对外开放从沿海到

[①] 《邓小平文选》第3卷，人民出版社1993年版，第134页。
[②] 《邓小平文选》第2卷，人民出版社1994年版，第231页。

沿江沿边、从东部到内陆，层层推进，取得了巨大成就，由世界进出口贸易中排名第 32 位发展成全球第一大贸易国。

坚持以人民为中心，人民生活水平显著提高。邓小平明确提出，是否有利于提高人民生活水平，是判断改革开放成败的标准。习近平总书记强调，人民对美好生活的向往，就是我们的奋斗目标。改革开放 40 年来，我们党坚持以人民为中心的发展思想，把增进人民福祉、促进人的全面发展作为一切工作的出发点和落脚点，从人民群众最关心最直接最现实的利益问题入手，让改革发展成果更多更公平惠及全体人民。在 40 年的砥砺奋进中，中国实现了从贫穷到温饱再到整体小康的跨越式发展，全国农民人均纯收入、城镇居民人均收入从 1978 年的几百元增加到上万元，增长近百倍。1978 年以来，我国实现了 7 亿人口的脱贫，对全球减贫贡献率超过 70%，成为"中国奇迹"最为精彩的篇章。

正确认识社会主要矛盾的转化，将全面深化改革进行到底。1956 年，党的八大指出："我国国内社会的主要矛盾，已经是人民对于建立先进工业国的要求同落后的农业国现实之间的矛盾，已经是人民对于经济文化迅速发展同当前经济文化不能满足人民需要状况之间的矛盾。"党的十一届三中全会在此基础上作了进一步的概括，提出"我国社会的主要矛盾是人民日益增长的物质文化需求同落后的社会生产之间的矛盾"。经过长期努力，中国特色社会主义进入了新时代，这是我国发展新的历史方位，也是改革开放新的历史起点。党的十九大对我国社会主要矛盾作出了新阐述："我国社会主要矛盾已经转化为人民日益增长的美好生活需要和不平衡不充分的发展之间的矛盾"。主要矛盾的这一历史性变化，对党和国家工作提出了许多新要求。我们要通过全面深化改革开放解决好我国社会主要矛盾，夺取新时代中国特色社会主义伟大胜利。要牢牢把握全面深化改革的正确方向，不断推进我国社会主义制度自我完善和发展，赋予社会主义新的生机活力。坚持统筹推进"五位一体"总体布局和协调推进"四个全面"战略布局；坚持推进国家治理体系和治理能力现代化，不断变革不适应实践发展要求的体制机制，使我国经济、政治、文化、社会、生态文明、党的建设等各方面的体制机制更加科学、更加完善，使中国特色社会主义制度更加成熟更加定型；坚持扩大开放，解决发展内外联动问题，提高对外开放质量，发展更高层次的开放型经济。

三 改革开放是我们党自我完善、自我革新的伟大自我革命

习近平总书记强调："勇于自我革命，从严管党治党，是我们党最鲜明的品格。"改革开放既是我们党自觉领导的社会革命，又是一场党的自我革命。中国

共产党要永葆活力，就必须在领导和推动改革开放新的社会革命进程中不断进行自我革命，不断增强自我净化、自我完善、自我革新、自我提高的能力。

坚持党的领导，不断改进和完善党的领导体制。党的领导是中国特色社会主义的最本质特征，是改革开放沿着正确方向前进的根本保证。面对新形势新任务，邓小平指出，只有改善党的领导制度、领导方式和领导作风，才能加强党的领导。1980年以来，改革党的领导制度，划清党组织和国家政权的职能，理顺党组织与人大、政府、司法机关、人民团体、企事业单位和其他各种社会组织之间的关系，做到各司其职，并且逐步走向制度化，这成为党的领导体制改革的开端。以后的历次党代会都对党的领导体制改革进行了新的思考和探索，并出台了相关决定和党内法规制度，使党的领导得到改进和加强。当前，中国特色社会主义已进入新时代，党面临的形势更复杂、承担的任务更艰巨，进一步加强和改进党的领导成为当务之急。习近平总书记明确提出，要坚持和加强党的全面领导，建立健全党对重大工作的领导体制机制，强化党的组织在同级组织中的领导地位，更好发挥党的职能部门作用，统筹设置党政机构，推进党的纪律检查体制和国家监察体制改革。这些重大部署，着眼于完善坚持党的全面领导的制度，优化党的组织机构，将确保党的领导全覆盖，确保党的领导更加坚强有力。

加强党的建设，不断推进全面从严治党。党的十一届三中全会后，我们党在恢复党内正常政治生活、重构党内政治生态的过程中，同步开启了从严治党的探索。党的十八大以来，以习近平同志为核心的党中央，把全面从严治党纳入"四个全面"战略布局，在全党连续开展党的群众路线教育实践活动、"三严三实"专题教育、"两学一做"学习教育，着力营造风清气正的良好政治生态，把政治建设摆在首位，严明政治纪律和政治规矩，严肃党内政治生活，坚持"老虎""苍蝇"一起打，大力营造不敢腐、不能腐、不想腐的法治环境和政治氛围，为夺取全面建成小康社会新胜利提供了坚强政治保证。

增强党的执政能力，不断提高党领导改革开放的本领。邓小平多次强调，要把党的执政能力和领导水平问题同改革开放和现代化建设任务密切联系起来，实现现代化是一场深刻的伟大革命，全党必须重新学习。党的十六届四中全会明确提出加强"党的执政能力建设"，要求不断提高科学判断形势的能力、驾驭市场经济的能力、应对复杂局面的能力、依法执政的能力、总揽全局的能力。党的十八大以来，以习近平同志为核心的党中央高度重视加强党的执政能力建设，多次提出要加快知识更新，优化知识结构，拓宽眼界和视野，解决本领不足、本领恐慌、本领落后问题。党的十九大报告明确提出全面增强执政本领，要着力增强学习本领、政治领导本领、改革创新本领、科学发展本领、依法执政本领、群众工作本领、狠抓落实本领和驾驭风险本领。这是对新时代我们党增强执政能力的全面阐释，为把我们党建设成为始终走在时代前列、人民衷心拥护、勇于自我革命、经得起各种风浪考验、朝气蓬勃的马克思主义执政党提供了重要遵循。

新时代与改革开放航向的校准

朱佳木

【作者简介】1946年6月出生。1970年7月毕业于中国人民大学中共党史系。现任中华人民共和国国史学会会长、中国俄罗斯友好协会副会长，中国社会科学院马克思主义史学理论论坛理事长，"陈云与当代中国"研究中心理事长，中国社会科学院大学特聘教授、研究生院兼职教授。中共十四大、十五大代表，全国政协第十届、十一届、十二届委员会委员。

大学毕业后分配至保定农业研究所生产队劳动，同年底参军，先在连队当兵，后历任师宣传科报道员、干事，军宣传处理论干事。1975年调至国务院政治研究室，在理论组工作（1976年10月任室党支部书记）。自1977年起，历任胡乔木秘书，陈云秘书（1982年2月担任陈云办公室负责人），天津港务局副局长，中国社会科学院研究生院党委书记、副院长，中共中央文献研究室室务委员兼秘书长、室务委员兼第四编研部主任，中共中央党史研究室副主任兼中共党史出版社社长。2000年12月至2012年4月任中国社会科学院副院长、当代中国研究所所长。2001年12月至2013年12月兼任中国地方志指导小组常务副组长。

代表著作有《陈云年谱》（主编）、《我所知道的十一届三中全会》（专著）、《当代中国史理论问题十二讲》（专著）、《中国工业化与中国当代史》（论文集）、《论陈云》（文集）、《地方志工作文稿》等。

党的十八大以来，中国特色社会主义进入了新时代，改革开放也进入了新时代。如同一艘巨轮行驶在大海上需要不断比对目的地校准航向一样，改革开放在前进道路上也需要不断比对目标、校准航向。习近平总书记在2018年6月29日中央政治局第六次集体学习会上指出：要"推动全党把坚持正确政治方向贯彻到谋划重大战略、制定重大政策、部署重大任务、推进重大工作的实践中去，经常对表对标，及时校准偏差"①。实践表明，进入新时代的六年，既是改革开放继续深化的六年，也是对改革开放航向不断对表对标、校准偏差的六年。这种校准，既有针对过去工作不足而进行的纠偏和补救，也有根据实际情况变化和形势发展需要而采取的应对措施。

对于新时代对改革开放航向的校准，我体会最深的有以下六点。

一 关于改革开放的方向和方法论

改革开放有没有方向，方向是什么？要不要先行试点、稳步推进、"摸着石头过河"？在这些问题上，过去不是没有不同意见的争论。对此，习近平总书记明确指出："我们的改革开放是有方向、有立场、有原则的。我们当然要高举改革旗帜，但我们的改革是在中国特色社会主义道路上不断前进的改革，既不走封闭僵化的老路，也不走改旗易帜的邪路。"② 他还说："改革开放是一场深刻革命，必须坚持正确方向，沿着正确道路推进。"③ "推进改革的目的是要不断推进我国社会主义制度自我完善和发展，赋予社会主义新的生机活力。这里面最核心的是坚持和改善党的领导、坚持和完善中国特色社会主义制度，偏离了这一条，那就南辕北辙了。"④ 在回答推进国家治理体系和治理能力现代化往什么方向走的问题时，他又强调："考虑这个问题，必须完整理解和把握全面深化改革的总目标，这是两句话组成的一个整体，即完善和发展中国特色社会主义制度、推进国家治理体系和治理能力现代化。这里面有一个前一句和后一句的关系问题。前一句，规定了根本方向，我们的方向就是中国特色社会主义道路，而不是其他什么道路。"⑤

自从改革开放以来，总有一些人对我们党坚持改革开放正确方向发出种种

---

① 《人民日报》2018年7月1日。
② 《习近平关于全面深化改革论述摘编》，中央文献出版社2014年版，第14页。
③ 《习近平关于全面深化改革论述摘编》，中央文献出版社2014年版，第14页。
④ 《习近平关于全面深化改革论述摘编》，中央文献出版社2014年版，第18页。
⑤ 《习近平关于协调推进"四个全面"战略布局论述摘编》，中央文献出版社2015年版，第82页。

诘难。例如，看到重申改革要坚持四项基本原则，就说什么"政治体制改革滞后了"；听到强调"国有企业要做大做强做优"，就说什么"需要重启改革"啦。对于这些声音，习近平总书记不予回避，而是针锋相对、理直气壮地予以驳斥。他指出："不能笼统地说中国改革在某个方面滞后。在某些方面、某个时期，快一点、慢一点是有的，但总体上不存在中国改革哪些方面改了，哪些方面没有改。问题的实质是改什么、不改什么，有些不能改的，再过多长时间也是不改。我们不能邯郸学步。世界在发展，社会在进步，不实行改革开放死路一条，搞否定社会主义方向的'改革开放'也是死路一条。在方向问题上，我们头脑必须十分清醒。我们的方向就是不断推动社会主义制度自我完善和发展，而不是对社会主义制度改弦易张。我们要坚持四项基本原则这个立国之本，既以四项基本原则保证改革开放的正确方向，又通过改革开放赋予四项基本原则新的时代内涵，排除各种干扰，坚定不移走中国特色社会主义道路。"[①] 他还说："我们不断推进改革，是为了推动党和人民事业更好发展，而不是为了迎合某些人的'掌声'，不能把西方的理论、观点生搬硬套在自己身上。"[②] "怎么改、改什么，有我们的政治原则和底线，要有政治定力。"[③] 他强调："我们既要有冒的勇气、闯的劲头，又始终坚持以我为主，应该改又能够改的坚决改，不应改的坚决守住；应该改而不具备条件的创造条件改，该快的一定要快、不能快的则循序渐进。对看准了的改革，要下决心推进，争取早日取得成效。"[④]

习近平总书记不仅据理批驳指责我们不改革的各种言论，而且深刻揭露这类言论的本质和目的。他说："一些敌对势力和别有用心的人也在那里摇旗呐喊、制造舆论、混淆视听，把改革定义为往西方政治制度的方向改，否则就是不改革。他们是醉翁之意不在酒，'项庄舞剑，意在沛公'。对此，我们要洞若观火，保持政治坚定性，明确政治定位。"[⑤] "如果我们用西方资本主义价值体系来剪裁我们的实践，用西方资本主义评价体系来衡量我国发展，符合西方标准就行，不符合西方标准就是落后的陈旧的，就要批判、攻击，那后果不堪设想！最后要么就是跟在人家后面亦步亦趋，要么就是只有挨骂的份。"[⑥] 他反复提醒大家："要牢牢把握改革正确方向，在涉及道路、理论、制度等根本性问题

---

① 《习近平关于全面深化改革论述摘编》，中央文献出版社2014年版，第15页。
② 《习近平关于协调推进"四个全面"战略布局论述摘编》，中央文献出版社2015年版，第69页。
③ 《习近平关于全面深化改革论述摘编》，中央文献出版社2014年版，第49页。
④ 《习近平关于协调推进"四个全面"战略布局论述摘编》，中央文献出版社2015年版，第69页。
⑤ 《习近平关于全面深化改革论述摘编》，中央文献出版社2014年版，第19页。
⑥ 习近平：《在全国党校工作会议上的讲话》，人民出版社2016年版，第8—9页。

上，在大是大非面前，必须立场坚定、旗帜鲜明。"① 在改革开放的方向上要有政治定力，"那就是不论怎么改革、怎么开放，我们都始终要坚持中国特色社会主义道路、中国特色社会主义理论体系、中国特色社会主义制度，坚持党的十八大提出的夺取中国特色社会主义新胜利的基本要求"②。

在改革开放的方法论上，过去有些人对稳步推进、先行试点、"摸着石头过河"等主张也颇有微词。进入新时代，习近平总书记对此同样作出了正面回应，并充分阐明了上述方法的科学性、合理性、必要性。概括起来，要点大体有以下四个。

第一，这种方法符合马克思主义认识论。他说："摸着石头过河，是富有中国智慧的改革方法，也是符合马克思主义认识论和实践论的方法。实践中，对必须取得突破但一时还不那么有把握的改革，就采取试点探索、投石问路的方法，先行试点，尊重实践、尊重创造，鼓励大胆探索、勇于开拓，取得经验、看得很准了再推开。有些国家搞所谓'休克疗法'，结果引起了剧烈政治动荡和社会动乱，教训是很深刻的。"③

第二，这种方法经过了我国改革开放的实践检验。他说："改革开放是前无古人的崭新事业，必须坚持正确的方法论，在不断实践探索中推进……我国改革开放就是这样走过来的，是先试验、后总结、再推广不断积累的过程，是从农村到城市、从沿海到内地、从局部到整体不断深化的过程。这种渐进式改革，避免了因情况不明、举措不当而引起的社会动荡，为稳步推进改革、顺利实现目标提供了保证。摸着石头过河，符合人们对客观规律的认识过程，符合事物从量变到质变的辩证法。不能说改革开放初期要摸着石头过河，现在再摸着石头过河就不能提了。"④

第三，这种方法可以避免重犯一哄而起、仓促上马的老毛病。他说："要有序推进改革。该中央统一安排的各地不要抢跑，该尽早推进的不要拖延，该试点的不要仓促面上推开，该深入研究后再推进的不要急于求成，该先得到法律授权的不要超前推进。要避免在时机尚不成熟、条件尚不具备的情况下一哄而上，欲速而不达。"⑤

第四，这种方法可以防止改革出现颠覆性错误。他说："'治大国若烹小

---

① 《人民日报》2014年1月24日。
② 《十八大以来重要文献选编》（上），中央文献出版社2014年版，第110页。
③ 《习近平关于全面深化改革论述摘编》，中央文献出版社2014年版，第43页。
④ 《习近平关于全面深化改革论述摘编》，中央文献出版社2014年版，第34页。
⑤ 《习近平关于全面深化改革论述摘编》，中央文献出版社2014年版，第49页。

鲜.'我国是一个大国,决不能在根本性问题上出现颠覆性错误,一旦出现就无法挽回、无法弥补……现阶段推进改革,必须识得水性、把握大局、稳中求进。实践告诉我们,有的政策经过一段时间后发现有偏差,要扭转回来很不容易。我们的政策举措出台之前必须经过反复论证和科学评估,力求切合实际、行之有效、行之久远,不能随便'翻烧饼'。"①

另外,党的十八届三中全会关于全面深化改革的决定,一定意义上也是对改革开放方法论的校准。习近平总书记指出:所谓全面深化改革,"就是要统筹推进各领域改革,就需要有管总的目标,也要回答推进各领域改革最终是为了什么、要取得什么样的整体结果这个问题"②。他说:"过去,我们也提出过改革目标,但大多是从具体领域提出的。"比如,政治体制改革的总目标、经济体制改革的总目标,等等,都是这样的目标。而党的十八届三中全会提出的全面深化改革的总目标,包括经济体制、政治体制、文化体制、社会体制、生态文明体制和党的建设制度深化改革的分目标,"体现了我们党对改革认识的深化和系统化"③。他还说:"随着改革开放不断深入,改革开放的关联性和互动性明显增强,这就要求我们更加注重各项改革的相互促进、良性互动。"④ "对涉及面广泛的改革,要同时推进配套改革。"⑤这些论述表明,在改革开放的方法论上,新时代比较过去也显得更加成熟了。

二 关于改革开放的出发点和落脚点

社会主义是把全社会和人民大众的利益放在首位的社会理想和社会制度,其本质在于反对剥削、倡导公平,科学社会主义的本质仍在于此,只不过把这一理想建立在了科学的基础上。新中国成立后,鉴于生产力水平很低,原本打算先实行一段新民主主义再实行社会主义,但为了抓住优先发展重工业的历史机遇,实行了高度集中的计划经济和生产资料所有制的国有化、公有化及按劳分配制度,提前完成了向社会主义的过渡。后来受"左"的思想影响,所有制上求大求纯、分配上偏重平均主义,以至于小商店、小餐馆、小维修铺都取消了个体经营,"计件工资""奖金"等属于按劳分配范畴的激励机制也被取消,连农民的自留地和家庭副业也被当成"资本主义尾巴"。改革开放以来,肯定

---

① 《习近平关于全面深化改革论述摘编》,中央文献出版社2014年版,第42页。
② 《习近平关于全面深化改革论述摘编》,中央文献出版社2014年版,第26页。
③ 《习近平关于全面深化改革论述摘编》,中央文献出版社2014年版,第26—27页。
④ 《习近平关于协调推进"四个全面"战略布局论述摘编》,中央文献出版社2015年版,第55—56页。
⑤ 《习近平关于全面深化改革论述摘编》,中央文献出版社2014年版,第72页。

了按劳分配是社会主义原则，提出了让一部分人一部分地区先富起来的政策，允许和鼓励资本、技术、管理等生产要素参与分配，最终形成了以公有制为主体、多种所有制经济共同发展的基本经济制度和以按劳分配为主体、多种分配方式并存的分配制度，并完成了计划经济体制向社会主义市场经济体制的转变。但与此同时，社会上又出现了另一种偏向，鼓吹所谓"经济人"假设，胡说什么"公有制效率低""公有制与市场经济不相容""把国有资产量化到个人""收入分配差距要进一步拉大"，等等。这些错误思想一度影响了部分人对公平与效率关系的认识，导致提出"效率优先、兼顾公平"的口号。进入21世纪后，这个口号被改为"既重视效率也重视公平、把公平放在更加突出的位置"，后来又把"初次分配注重效率、再分配注重公平"改为"初次分配和再分配都要处理好效率和公平的关系、再分配要更加注重公平"，进而提出要"逐步提高居民收入在国民收入中的比重、劳动报酬在初次分配中的比重，着力提高低收入者收入水平，有效调节高收入"，但是，始终没有跳出把效率与公平当成一对矛盾的圈子。进入新时代后，党中央不再单提"效率与公平"，而是把处理这对关系置于"以人民为中心"和"使发展成果更多更公平惠及全体人民"[①]这一总的指导思想之下。

党的十八大之后不久，习近平总书记就在党的十八届三中全会上指出："全面深化改革必须以促进社会公平正义、增进人民福祉为出发点和落脚点。这是坚持我们党全心全意为人民服务根本宗旨的必然要求……如果不能给老百姓带来实实在在的利益，如果不能创造更加公平的社会环境，甚至导致更多不公平，改革就失去意义，也不可能持续。"[②]他强调：要"把以人民为中心的发展思想体现在经济社会发展各个环节，做到老百姓关心什么、期盼什么，改革就要抓住什么、推进什么，通过改革给人民群众带来更多获得感"[③]。同时，他也明确反对那种让"分配优先于发展"的主张，说："这种说法不符合党对社会主义初级阶段和我国社会主要矛盾的判断。"只有更好地推动经济社会发展，才能"为人民群众生活改善不断打下更为雄厚的基础"[④]。

当前人民群众对于不公平的反映主要有哪些，对改革最关心最期盼的又是什么呢？从习近平总书记的论述中可以看出，问题主要是收入分配不公，是基本需求中有许多还没有能得到满足。他指出：收入分配中存在的突出问题，"主

---

① 《习近平关于社会主义社会建设论述摘编》，中央文献出版社2017年版，第13页。
② 《十八大以来重要文献选编》（上），中央文献出版社2014年版，第552页。
③ 《人民日报》2016年4月19日。
④ 《习近平关于社会主义社会建设论述摘编》，中央文献出版社2017年版，第41页。

要是收入差距拉大、劳动报酬在初次分配中的比重较低、居民收入在国民收入分配中的比重偏低"①。他还具体列举了许多人民群众所关心的问题,比如,食品安不安全、暖气热不热、雾霾能不能少一点、河湖能不能清一点、垃圾焚烧能不能不有损健康、养老服务顺不顺心、能不能租得起或买得起住房,等等。他说:"相对于增长速度高一点还是低一点,这些问题更受人民群众关注。如果只实现了增长目标,而解决好人民群众普遍关心的突出问题没有进展,即使到时候我们宣布全面建成了小康社会,人民群众也不会认同。"②他说:"当前,民生工作面临的宏观环境和内在条件都在发生变化,过去有饭吃、有学上、有房住是基本需求,现在人民群众有收入稳步提升、优质医疗服务、教育公平、住房改善、优美环境和清洁空气等更多层次的需求。"③

根据以上分析,习近平总书记认为,端正改革的出发点和落脚点,首先,必须抓住公平正义和共同富裕问题做文章,"要把促进社会公平正义、增进人民福祉作为一面镜子,审视我们各方面体制机制和政策规定,哪里有不符合促进社会公平正义的问题,哪里就需要改革;哪个领域哪个环节问题突出,哪个领域哪个环节就是改革的重点"④。他指出:"在全面深化改革进程中,遇到关系复杂、难以权衡的利益问题,要认真想一想群众实际情况究竟怎样?群众到底在期待什么?群众利益如何保障?群众对我们的改革是否满意?提高改革决策的科学性,很重要的一条就是要广泛听取群众意见和建议。"⑤他强调:"'蛋糕'不断做大了,同时还要把'蛋糕'分好。我国社会历来有'不患寡而患不均'的观念。我们要在不断发展的基础上尽量把促进社会公平正义的事情做好,既尽力而为、又量力而行,努力使全体人民在学有所教、劳有所得、病有所医、老有所养、住有所居上持续取得新进展。"⑥"经济发展、物质生活改善并不是全部,人心向背也不仅仅决定于这一点。发展了,还有共同富裕问题。物质丰富了,但发展不平衡,贫富悬殊很大,社会不公平,两极分化了,能得人心吗?"⑦"我们必须坚持发展为了人民、发展依靠人民、发展成果由人民共享,作出更有效的制度安排,使全体人民朝着共同富裕方向稳步前进,绝不能出现

---

① 《习近平关于社会主义社会建设论述摘编》,中央文献出版社2017年版,第37页。
② 《习近平关于社会主义社会建设论述摘编》,中央文献出版社2017年版,第19页。
③ 《习近平关于社会主义社会建设论述摘编》,中央文献出版社2017年版,第17页。
④ 《习近平关于全面深化改革论述摘编》,中央文献出版社2014年版,第98页。
⑤ 《习近平关于全面深化改革论述摘编》,中央文献出版社2014年版,第41页。
⑥ 《习近平关于全面深化改革论述摘编》,中央文献出版社2014年版,第97页。
⑦ 习近平:《做焦裕禄式的县委书记》,中央文献出版社2015年版,第35页。

'富者累巨万，而贫者食糟糠'的现象。"① "要坚持社会主义基本经济制度和分配制度，调整收入分配格局，完善以税收、社会保障、转移支付等为主要手段的再分配调节机制，维护社会公平正义，解决好收入差距问题，使发展成果更多更公平惠及全体人民。"②

其次，端正改革的出发点和落脚点必须紧紧抓住和解决群众身边的权益问题。习近平总书记对地方的同志说：要促进公共资源向基层延伸、向农村覆盖、向弱势群体倾斜，"多做雪中送炭的事情"，"做那些现实条件下可以做到的事情，让群众得到看得见、摸得着的实惠"③。比如，"城镇建设中出现了不少让老百姓诟病的问题，一些地方大拆大建、争盖高楼，整个城市遍地都是工地；城市建设缺乏特色、风格单调；一些城市建设贪大求洋，一些干部追求任期内的视觉效果；一些城市漠视历史文化保护，毁坏城市古迹和历史记忆；一些城市教育、卫生、文化、体育等基本公共服务不配套，给市民带来极大不便。这些问题，既与城市建设经验和能力不足有关，也与一些干部急于求成、确定的定位过高、提出的口号太多有关"④。他批评党的十八大之前一些地方在农村推行所谓"三集中"、逼农民上楼的做法，说："推进农业转移人口市民化，要坚持自愿、分类、有序。自愿就是要充分尊重农民意愿，让他们自己选择，不能采取强迫的做法，不能强取豪夺，不顾条件拆除农房，逼农民进城，让农民工'被落户'、'被上楼'。"⑤ 他还对政法部门的同志说："让人民群众切实感受到公平正义就在身边。要重点解决好损害群众权益的突出问题，决不允许对群众的报警求助置之不理，决不允许让普通群众打不起官司，决不允许滥用权力侵犯群众合法权益，决不允许执法犯法造成假错案。"⑥

党的十八大以前，我们党也强调做大做强国有经济，但更多地从国有企业是国民经济支柱，是社会主义制度重要基础，是参与国际竞争、合作、分工基本力量等角度论述。这些当然是正确的。不过，进入新时代以来，习近平总书记把国有企业改革进一步放入以人民为中心、让人民共享改革成果这一指导思想之下分析，指出：公有制主体地位和国有经济主导作用，"是保证我国各族人

---

① 《十八大以来重要文献选编》（中），中央文献出版社 2014 年版，第 827 页。
② 习近平：《在省部级主要领导干部学习贯彻党的十八届五中全会精神专题研讨班上的讲话》，人民出版社 2016 年版，第 25 页。
③ 《习近平关于全面深化改革论述摘编》，中央文献出版社 2014 年版，第 92 页。
④ 《十八大以来重要文献选编》（上），中央文献出版社 2014 年版，第 602 页。
⑤ 《十八大以来重要文献选编》（上），中央文献出版社 2014 年版，第 594 页。
⑥ 《习近平关于社会主义社会建设论述摘编》，中央文献出版社 2017 年版，第 31 页。

民共享发展成果的制度性保证"①；国有企业是"保障人民共同利益的重要力量"②。以上分析，更彰显了国有企业的全民所有制性质，更突出了国有经济与人民根本利益之间的关联。从改革开放的出发点和落脚点角度看，这显然也是一种校准。

三 关于改革开放的核心问题

改革开放以来很长时间，我们一直是把处理计划与市场或市场与宏观调控的关系，作为经济体制改革（很大程度上也包括对外经济交流）的核心问题。改革开放初期，资源配置由过去单一计划手段变为计划手段为主、市场手段为辅。计划经济过渡到社会主义市场经济后，市场成为资源配置的基础，计划手段和价格、金融、税收等经济手段被纳入宏观调控范畴。这时受新自由主义影响，经济学界出现了一种舆论，认为宏观调控仍然"残留计划经济的痕迹"，"今后政府只要做好市场服务就行了"，提出所谓"大市场、小政府"的主张。进入新时代，习近平总书记将宏观调控归结为政府作用，把经济体制改革的核心问题概括为"处理好政府与市场关系"，把市场在资源配置中起基础作用的提法改为"起决定性作用"，同时强调要"更好发挥政府作用"③，从而在改革开放核心问题的认识和处理上作出了进一步校准。

习近平总书记解释说，之所以要将市场在资源配置中的基础性作用改为决定性作用，是因为"经过二十多年实践，我国社会主义市场经济体制已经初步建立，但仍存在不少问题，主要是市场秩序不规范，以不正当手段谋取经济利益的现象广泛存在；生产要素市场发展滞后，要素闲置和大量有效需求得不到满足并存；市场规则不统一，部门保护主义和地方保护主义大量存在；市场竞争不充分，阻碍优胜劣汰和结构调整，等等。这些问题不解决好，完善的社会主义市场经济体制是难以形成的"④。他还说：作出"'使市场在资源配置中起决定性作用'的定位，有利于在全党全社会树立关于政府和市场关系的正确观念，有利于转变经济发展方式，有利于转变政府职能，有利于抑制消极腐败现象"⑤。

这样定位市场作用，是否等于政府在市场经济中的作用就要被削弱，只要

---

① 《习近平关于社会主义经济建设论述摘编》，中央文献出版社 2017 年版，第 63 页。
② 《习近平关于社会主义经济建设论述摘编》，中央文献出版社 2017 年版，第 54 页。
③ 《人民日报》2013 年 11 月 16 日。
④ 《人民日报》2013 年 11 月 16 日。
⑤ 《人民日报》2013 年 11 月 16 日。

服务无需管理或少管理了呢？对此，习近平总书记斩钉截铁地作出了否定的答复。他指出："市场起决定性作用，是从总体上讲的，不能盲目绝对讲市场起决定性作用，而是既要使市场在资源配置中起决定性作用，又要更好发挥政府作用。"[①]"市场在资源配置中起决定性作用，并不是起全部作用。"[②]"使市场在资源配置中起决定性作用和更好发挥政府作用，两者是有机统一的，不是相互否定的，不能把二者割裂开来、对立起来。"[③]"在市场作用和政府作用的问题上，要讲辩证法、两点论，'看不见的手'和'看得见的手'都要用好，努力形成市场作用和政府作用有机统一、相互补充、相互协调、相互促进的格局，推动经济社会持续健康发展。"[④]他还针对政府对市场要少管甚至不管的主张指出："政府要切实履行好服务职能，这是毫无疑义的，但同时也不要忘了政府管理职能也很重要，也要履行好，只讲服务不讲管理也不行，寓管理于服务之中是讲管理的，管理和服务不能偏废，政府该管的不仅要管，而且要切实管好。"[⑤] 要"加大政府职能转变力度，既积极主动放掉该放的权，又认真负责管好该管的事，从'越位点'退出，把'缺位点'补上"[⑥]。例如，在国防建设等领域，政府要起决定作用；一些带战略性的能源资源，政府也要牢牢掌控；在解决经济中的结构性矛盾，推进"三去、一降、一补"，增强有效供给能力，加快核心技术自主研发速度等方面，更要发挥政府的政策指导作用。

尤其值得我们重视的是，习近平总书记不仅强调政府在市场经济中应有的作用，而且把这种作用与社会主义制度优越性联系在一起强调。他说："我国经济发展获得巨大成功的一个关键因素，就是我们既发挥了市场经济的长处，又发挥了社会主义制度的优越性。我们是在中国共产党领导和社会主义制度的大前提下发展市场经济，什么时候都不能忘了'社会主义'这个定语。之所以说是社会主义市场经济，就是要坚持我们的制度优越性，有效防范资本主义市场经济的弊端。我们要坚持辩证法、两点论，继续在社会主义基本制度与市场经济的结合上下功夫，把两方面优势都发挥好，既要'有效的市场'，也要'有为的政府'，努力在实践中破解这道经济学上的世界性难题。"[⑦] 这一论述进一步突显了在市场经济条件下，社会主义和资本主义两种政府所起作用的本质区

---

① 《习近平关于社会主义经济建设论述摘编》，中央文献出版社2017年版，第57页。
② 《人民日报》2013年11月16日。
③ 《人民日报》2014年5月28日。
④ 《人民日报》2014年5月28日。
⑤ 《习近平关于全面深化改革论述摘编》，中央文献出版社2014年版，第54页。
⑥ 《习近平关于全面深化改革论述摘编》，中央文献出版社2014年版，第55页。
⑦ 《习近平关于社会主义经济建设论述摘编》，中央文献出版社2017年版，第64页。

别；同时，也使人们进一步认识到在社会主义条件下，如何把政府和市场两方面作用结合好的问题至今仍然未能完全解决，还需要我们继续探索。

四 关于改革开放的立足点

我们党历来主张，把革命、建设、改革的立足点放在自己力量的基础上。早在1956年，毛泽东就说过："中国的革命和中国的建设，都是依靠发挥中国人民自己的力量为主，以争取外国援助为辅。"[①] 中华人民共和国成立后，我们一方面积极争取社会主义阵营国家的援助，千方百计同资本主义国家进行贸易；另一方面，面对美帝国主义经济封锁和赫鲁晓夫集团中断援助，发扬自力更生精神，创造出以"两弹一星"为代表的一大批科研成果，建立了独立完整的工业体系和国民经济体系。"文化大革命"中，极"左"思潮泛滥，把进口国外先进设备也当成"洋奴哲学""卖国主义"。改革开放后，通过拨乱反正，纠正了这种极左错误，又出现了另一种偏向，认为凡是能从国外买到的，就不必自己重走研发的老路。近40年来，我国经济总量大幅度攀升，科技水平也有长足进步，然而从总体看，科技对经济社会发展支撑能力不足、贡献率远低于发达国家水平，核心技术研发缺乏像微软、英特尔、谷歌、苹果等大公司那样的强强联盟，经济增长很大程度上仍以资源、资本、劳动力等要素投入为主，在国际经济产业链中仍处于中低端，很多关键和核心的技术、材料、零部件、设备都受制于人。这种情况的出现，就与我们的外部条件改善后，自力更生意识反而弱化有很大关系。对此，历届党中央虽然都很重视，提出并实施了科教兴国等战略，逐步加大了国家对科技研发的投入，但情况仍然不容乐观。于是，在十八大以来，党中央进一步提出创新是引领发展的第一动力，实施创新驱动发展战略，推进"中国制造2025"，要求破除一切妨碍科技创新的体制机制障碍，最大限度地解放和激发科技蕴藏的巨大潜能。这表明，新时代在改革开放的立足点上，同样作出了校准。

对于自主创新的重要意义和路径，习近平总书记主要从以下三个关系上进行了论述。

首先是大国与强国、经济规模与科技水平的关系。他指出："历史事实表明，经济大国不等于经济强国。一个国家长期落后归根到底是由于技术落后，而不取决于经济规模大小。历史上，我国曾长期位居世界经济大国之列，经济总量一度占到世界的三分之一左右，但由于技术落后和工业化水平低，近代以

[①] 《建国以来毛泽东文稿》第6册，中央文献出版社1992年版，第148页。

来屡屡被经济总量远不如我们的国家打败。为什么会这样？我们不是输在经济规模上，而是输在科技落后上。由于技术创新和工业制造落后于人，西方列强才得以用坚船利炮轰开我们的国门。中国近代史上落后挨打的根子就是技术落后。这个教训太深刻了！我们要牢牢记取。"① "虽然我国经济总量跃居世界第二，但大而不强、臃肿虚胖体弱问题相当突出，主要体现在创新能力不强，这是我国这个经济大块头的'阿喀琉斯之踵'。"②

其次是科技创新与经济社会发展的关系。他说："总体上看，我国关键核心技术受制于人的局面尚未根本改变，创造新产业、引领未来发展的科技储备远远不够，产业还处于全球价值链中低端，军事、安全领域高技术方面同发达国家仍有较大差距。我们必须把发展基点放在创新上，通过创新培育发展新动力、塑造更多发挥先发优势的引领型发展。"③ 他指出："国际经济竞争甚至综合国力竞争，说到底就是创新能力的竞争。谁能在创新上下先手棋，谁就能掌握主动。我们要大力实施创新驱动发展战略，加快完善创新机制，全方位推进科技创新、企业创新、产品创新、市场创新、品牌创新，加快科技成果向现实生产力转化，推动科技和经济紧密结合。"④ "协调发展、绿色发展、开放发展、共享发展都有利于增强发展动力，但核心在创新。抓住了创新，就抓住了牵动经济社会发展全局的'牛鼻子'。"⑤ 自从美国发动贸易战以来，他更是多次强调："自力更生是中华民族自立于世界民族之林的奋斗基点，自主创新是我们攀登世界科技高峰的必由之路。"⑥ 要发扬光大"两弹一星"精神，加强关键技术攻关，推动核心技术突破，把科技发展主动权牢牢掌握在自己手里。

再次是体制机制改革与科技创新的关系。他指出："实施创新驱动发展战略，必须深化改革。"⑦ "全面深化改革，要围绕使企业成为创新主体、加快推进产学研深度融合来谋划和推进。"⑧ 要解决科技创新链条上存在的诸多体制机制关卡、创新和转化各环节衔接不紧的症结，"必须深化科技体制改革，破除一切制约科技创新的思想障碍和制度藩篱"⑨。他为此具体提出了一系列政策措施，例如，建立完善的知识产权保护制度，惩治侵权的违法犯罪行为，创造平

---

① 《习近平关于社会主义经济建设论述摘编》，中央文献出版社2017年版，第126页。
② 《十八大以来重要文献选编》（下），中央文献出版社2018年版，第159页。
③ 《十八大以来重要文献选编》（下），中央文献出版社2018年版，第159页。
④ 《习近平关于社会主义经济建设论述摘编》，中央文献出版社2017年版，第125页。
⑤ 《十八大以来重要文献选编》（下），中央文献出版社2018年版，第157页。
⑥ 《人民日报》2018年5月29日。
⑦ 《习近平关于社会主义经济建设论述摘编》，中央文献出版社2017年版，第140页。
⑧ 《习近平关于社会主义经济建设论述摘编》，中央文献出版社2017年版，第140页。
⑨ 《十八大以来重要文献选编》（中），中央文献出版社2016年版，第25页。

等竞争的良好环境；完善有利于企业技术创新的税收政策，消除价格、利率、汇率等经济杠杆的扭曲；组建国有资产运营公司或投资公司，设立国有资本风险投资基金，支持包括小微企业在内的创新型企业；加快军民融合式的发展步伐，发挥军民各自优势。他尤其提到要改革和完善人才发展机制，建立更灵活的人才管理机制，完善评价这个指挥棒，打通人才流动、使用、发挥作用的体制机制障碍；深化教育改革，提高人才培养质量，形成有利于创新人才成长的育人环境；制定更积极的国际人才引进计划，吸引更多海外创新人才回国创业或来中国工作。他特别提出：要使优秀的科技人才"名利双收"，"名就是荣誉，利就是现实的物质利益回报，其中拥有产权是最大激励"①。"如果是'造导弹的不如卖茶叶蛋的，拿手术刀的不如拿剃头刀的'，就谈不上创新驱动。"②

除了对体制改革的立足点作出上述校准，习近平总书记在科技体制改革的问题上着重强调了党中央顶层设计和社会主义制度优越性的作用。他说："我们要注意一个问题，就是我国社会主义制度能够集中力量办大事是我们成就事业的重要法宝。我国很多重大科技成果都是依靠这个法宝搞出来的，千万不能丢了！要让市场在资源配置中起决定性作用，同时要更好发挥政府作用，加强统筹协调，大力开展协同创新，集中力量办大事，抓重大、抓尖端、抓基本，形成推进自主创新的强大合力。"③ 他指出："在核心技术研发上，强强联合比单打独斗效果要好，要在这方面拿出些办法来，彻底摆脱部门利益和门户之见的束缚。抱着宁为鸡头、不为凤尾的想法，抱着自己拥有一亩三分地的想法，形不成合力，是难以成事的。"④ 不难看出，这些论述深刻反映了我国改革开放前后在自主创新方面的经验教训，确实切中了问题的要害。

五 关于改革开放的自主性

改革开放搞得对不对、好不好，究竟应当以什么为标准？是以西方资产阶级的政治制度和社会主张为标准，还是以中国人民的根本利益和马克思主义的科学理论为标准？这个问题，自改革开放伊始就一直存在。改革开放之初，邓小平就说过："中国在粉碎'四人帮'以后出现一股思潮，叫资产阶级自由化，崇拜资本主义国家的'民主'、'自由'，否定社会主义。""自由化的思想前几

---

① 《习近平关于社会主义经济建设论述摘编》，中央文献出版社2017年版，第139页。
② 《习近平关于社会主义社会建设论述摘编》，中央文献出版社2017年版，第42页。
③ 《十八大以来重要文献选编》（中），中央文献出版社2016年版，第26页。
④ 习近平：《在网络安全和信息化工作座谈会上的讲话》，人民出版社2016年版，第14页。

年有，现在也有，不仅社会上有，我们共产党内也有。"① 他指出："某些人所谓的改革，应该换个名字，叫作自由化，即资本主义化。他们'改革'的中心是资本主义化。我们讲的改革与他们不同，这个问题还要继续争论的。"②事实说明，这股思潮后来果然不断变换花样，近些年比较突出的有两个表现，一个叫西方"宪政"，一个叫"普世价值"。受此影响，我们党内也出现应当把"革命党变为执政党"，"给共产党改名"，"取消无产阶级专政"，"允许其他政党和共产党竞争"，"让共产党组织从各级机关中退出"，"实行军队国家化"等种种论调。有的人还以所谓"不争论"为借口，反对与这些错误主张正面交锋，说什么这样会把它们"炒热"。对此，党中央在新时代给予了一一驳斥，旗帜鲜明地表明了自己的立场。

针对中国能否以西方所谓"宪政"为模板改革社会主义制度、能否取消人民民主专政和共产党领导等问题，习近平总书记明确指出："我国人民民主与西方所谓的'宪政'本质上是不同的。中国共产党领导是中国特色社会主义最本质的特征。"③"中国实行工人阶级领导的、以工农联盟为基础的人民民主专政的国体，实行人民代表大会制度的政体，实行中国共产党领导的多党合作和政治协商制度，实行民族区域自治制度，实行基层群众自治制度，具有鲜明的中国特色。"他说，这样一套制度安排，能够有效保证人民享有广泛、充足的权利和自由，有效调节国家政治关系，有效促进生产力发展和人民生活水平不断提高，有效维护国家独立自主。④

针对给"中国共产党改名"和把"革命党变为执政党"的种种议论，习近平总书记指出："国内外各种敌对势力，总是企图让我们党改旗易帜、改名换姓，其要害就是企图让我们丢掉对马克思主义的信仰，丢掉对社会主义、共产主义的信念。而我们有些人甚至党内有的同志却没有看清这里面暗藏的玄机，认为西方'普世价值'经过了几百年，为什么不能认同？西方一些政治话语为什么不能借用？接受了我们也不会有什么大的损失，为什么非要拧着来？有的人奉西方理论、西方话语为金科玉律，不知不觉成了西方资本主义意识形态的吹鼓手。"⑤ 他反复强调"革命理想高于天"，在党的十九大报告中再次指出："革命理想高于天。共产主义远大理想和中国特色社会主义共同理想，是中国共

---

① 《邓小平文选》第 3 卷，人民出版社 1993 年版，第 123、124 页。
② 《邓小平文选》第 3 卷，人民出版社 1993 年版，第 297 页。
③ 《习近平关于社会主义政治建设论述摘编》，中央文献出版社 2017 年版，第 27—28 页。
④ 《十八大以来重要文献选编》（中），中央文献出版社 2016 年版，第 61—62 页。
⑤ 习近平：《在全国党校工作会议上的讲话》，人民出版社 2016 年版，第 8 页。

产党人的精神支柱和政治灵魂,也是保持党的团结统一的思想基础。要把坚定理想信念作为党的思想建设的首要任务,教育引导全党牢记党的宗旨,挺起共产党人的精神脊梁,解决好世界观、人生观、价值观这个'总开关'问题,自觉做共产主义远大理想和中国特色社会主义共同理想的坚定信仰者和忠实实践者。"[1] 在2018年年初纪念周恩来同志诞辰120周年座谈会上,他又说道:"不要忘记我们是共产党人,不要忘记我们是革命者,任何时候都不要丧失理想信念。"[2]

针对以所谓"不争论"为幌子,放弃意识形态领域斗争,任凭宣扬"普世价值"的言论大行其道的现象,习近平总书记指出:"坚持正面宣传为主,决不意味着放弃舆论斗争。敌对势力在那里极力宣扬所谓的'普世价值'。这些人是真的要说什么'普世价值'吗?根本不是,他们是挂羊头卖狗肉,目的就是要同我们争夺阵地、争夺人心、争夺群众,最终推翻中国共产党领导和中国社会主义制度。如果听任这些言论大行其道,指鹿为马,三人成虎,势必搞乱党心民心,危及党的领导和社会主义国家政权安全。"[3] "对别有用心的人散布的政治谣言和奇谈怪论,我们的党员、干部耳朵根子不要软,不要听风就是雨。同时,我们不能默不作声,要及时反驳,让正确声音盖过它们。这与韬光养晦或不争论是两码事。"[4] 他要求,对一切错误的言行都要"敢抓敢管、敢于亮剑"[5];"有的放矢,正面交锋"[6]。

为什么改革不能照搬西方的所谓"宪政"呢?习近平总书记阐述了如下几点理由。

第一,我们对自己的制度要有自信。他说:"我们全面深化改革,不是因为中国特色社会主义制度不好,而是要使它更好;我们说坚定制度自信,不是要固步自封,而是要不断革除体制机制弊端,让我们的制度成熟而持久。我们不仅要防止落入'中等收入陷阱',也要防止落入'西化分化陷阱'。"[7]

第二,一个国家实行什么样的制度取决于这个国家的国情。他说:"'橘生淮南则为橘,生于淮北则为枳'。我们需要借鉴国外政治文明有益成果,但绝不能放弃中国政治制度的根本。中国有九百六十多万平方公里土地、五十六个民

---

[1] 《中国共产党第十九次全国代表大会文件汇编》,人民出版社2017年版,第52页。
[2] 《人民日报》2018年3月2日。
[3] 《习近平关于社会主义文化建设论述摘编》,中央文献出版社2017年版,第27页。
[4] 《习近平关于社会主义文化建设论述摘编》,中央文献出版社2017年版,第209页。
[5] 《习近平关于社会主义文化建设论述摘编》,中央文献出版社2017年版,第27页。
[6] 《习近平关于社会主义文化建设论述摘编》,中央文献出版社2017年版,第34页。
[7] 《习近平关于全面深化改革论述摘编》,中央文献出版社2014年版,第22页。

族，我们能照谁的模式办？谁又能指手画脚告诉我们该怎么办？对丰富多彩的世界，我们应该秉持兼容并蓄的态度，虚心学习他人的好东西，在独立自主的立场上把他人的好东西加以消化吸收，化成我们自己的好东西，但决不能囫囵吞枣、决不能邯郸学步。照抄照搬他国的政治制度行不通，会水土不服，会画虎不成反类犬，甚至会把国家前途命运葬送掉。只有扎根本国土壤、汲取充沛养分的制度，才最可靠、也最管用。"① "百里不同风，千里不同俗。一个国家选择什么样的治理体系，是由这个国家的历史传承、文化传统、经济社会发展水平决定的，是由这个国家的人民决定的。我国今天的国家治理体系，是在我国历史传承、文化传统、经济社会发展的基础上长期发展、渐进改进、内生性演化的结果。我国国家治理体系需要改进和完善，但怎么改、怎么完善，我们要有主张、有定力。"②

第三，评判一个国家政治制度的优劣不可能脱离特定的社会政治条件而归于一尊。他说："在政治制度上，看到别的国家有而我们没有就简单认为有欠缺，要搬过来；或者，看到我们有而别的国家没有就简单认为是多余的，要去除掉。这两种观点都是简单化的、片面的，因而都是不正确的。"③

第四，我国的实践证明治理一个国家并不只有西方制度一种模式。他说："我们用事实宣告了'历史终结论'的破产，宣告了各国最终都要以西方制度模式为归宿的单线式历史观的破产。"④

第五，把西方政治制度当成范本是西方挑动别国动乱的惯用伎俩。他说："西方国家策划'颜色革命'，往往从所针对的国家的政治制度特别是政党制度开始发难，大造舆论，大肆渲染，把不同于他们的政治制度和政党制度打入另类，煽动民众搞街头政治。"⑤ 但是，"搞了西方的那套东西就更自由、更民主、更稳定了吗？一些发展中国家照搬西方政治制度和政党制度模式，结果如何呢？很多国家陷入政治动荡、社会动乱，人民流离失所。活生生的例子就在眼前。'往者不可谏，来者犹可追。'我们头脑一定要清醒、一定要坚定"⑥。"在政治制度模式上，我们就是要咬定青山不放松，任尔东西南北风。"⑦

为什么对宣扬"普世价值"的言论不能默不作声，必须及时反驳呢？习近

---

① 《十八大以来重要文献选编》（中），中央文献出版社2016年版，第60页。
② 《习近平关于全面深化改革论述摘编》，中央文献出版社2014年版，第21页。
③ 《十八大以来重要文献选编》（中），中央文献出版社2016年版，第59—60页。
④ 《习近平关于社会主义政治建设论述摘编》，中央文献出版社2017年版，第7页。
⑤ 《习近平关于社会主义政治建设论述摘编》，中央文献出版社2017年版，第18页。
⑥ 《习近平关于社会主义政治建设论述摘编》，中央文献出版社2017年版，第19页。
⑦ 《习近平关于社会主义政治建设论述摘编》，中央文献出版社2017年版，第8页。

平总书记分析道,这是因为宣传思想战线的同志,首先要有政权意识和阵地意识。他说:"意识形态关乎旗帜、关乎道路、关乎国家政治安全。"[1] "宣传思想阵地,我们不去占领,人家就会去占领。"[2] 其次要有敌情观念。他说:各种敌对势力要颠覆中国共产党领导和我国社会主义制度,"选中的一个突破口就是意识形态领域,企图把人们思想搞乱,然后浑水摸鱼、乱中取胜。新形势下,意识形态领域斗争复杂尖锐。历史和现实都警示我们,思想舆论阵地一旦被突破,其他防线就很难守得住。在意识形态领域斗争上,我们没有任何妥协、退让的余地,必须取得全胜"[3]。再次要有责任意识。他说:现在,一方面"境外敌对势力加大渗透和西化力度,境内一些组织和个人不断变换手法,制造思想混乱,与我争夺人心";另一方面,"一些单位和党政干部政治敏感性、责任感不强,在重大意识形态问题上含含糊糊、遮遮掩掩,助长了错误思潮的扩散"。他强调:"各级党委和宣传思想部门、组织部门、教育部门要加强领导和管理,党报党刊党网、党政干部院校、大专院校要强化政治意识、责任意识,在重大问题上与党中央保持高度一致,绝不允许与中央唱反调,绝不允许吃共产党的饭、砸共产党的锅。"[4] "宣传思想战线的同志要当战士、不当绅士,不做'骑墙派'和'看风派',不能搞爱惜羽毛那一套。宣传思想战线的同志要履行好自己的神圣职责和光荣使命,以战斗的姿态、战士的担当,积极投身宣传思想领域斗争一线。"[5] 他还要求,对政治性、原则性、导向性问题不仅必须旗帜鲜明、敢抓敢管,对出现偏差和错误的不仅要严肃批评、严肃处理,而且"对发出正义声音而受到围攻的媒体和新闻舆论工作者要坚决力挺"[6]。

在阐述对于宣扬"普世价值"的言论必须及时反驳的道理时,习近平总书记特别提到重视互联网上斗争的问题。他说:"互联网已经成为舆论斗争的主战场。有同志讲,互联网是我们面临的'最大变量',搞不好会成为我们的'心头之患'。西方反华势力一直妄图利用互联网'扳倒中国',多年前有西方政要就声称'有了互联网,对付中国就有了办法','社会主义国家投入西方怀抱,将从互联网开始'。从美国的'棱镜'、'X—关键得分'等监控计划看,他们的互联网活动能量和规模远远超出了世人想象。在互联网这个战场上,我们能否

---

[1] 《习近平关于社会主义文化建设论述摘编》,中央文献出版社2017年版,第35—36页。
[2] 《习近平关于社会主义文化建设论述摘编》,中央文献出版社2017年版,第30页。
[3] 《习近平关于社会主义文化建设论述摘编》,中央文献出版社2017年版,第37页。
[4] 《习近平关于社会主义文化建设论述摘编》,中央文献出版社2017年版,第35、36页。
[5] 《习近平关于社会主义文化建设论述摘编》,中央文献出版社2017年版,第45页。
[6] 《习近平关于社会主义文化建设论述摘编》,中央文献出版社2017年版,第49—50页。

顶得住、打得赢，直接关系我国意识形态安全和政权安全。"①

党的十八大以来，习近平总书记反复强调："当今世界，意识形态领域看不见硝烟的战争无处不在，政治领域没有枪炮的较量一直未停。"② 他还在2015年指出："今后五年，可能是我国发展面临的各方面风险不断积累甚至集中显露的时期。我们面临的重大风险，既包括国内的经济、政治、意识形态、社会风险以及来自自然界的风险，也包括国际经济、政治、军事风险等。如果发生重大风险又扛不住，国家安全就可能面临重大威胁，全面建成小康社会进程就可能被迫中断。我们必须把防风险摆在突出位置，'图之于未萌、虑之于未有'，力争不出现重大风险或在出现重大风险时扛得住、过得去。"③ 国内国际形势的新变化，既充分证明了当年党中央的风险预判，也充分显示了党中央的抗风险能力。

从以上事实可以清楚地看出，新时代对于改革开放的自主性的强调，对于西方"宪政"、"普世价值"一类思潮的批判，比起以往任何时候都更为鲜明。这无疑也是新时代对于改革开放航向的校准。

六 关于改革开放中的党风和社会风气

党风和社会风气问题，改革开放前也存在，但改革开放后较之那时确有许多不同表现。比如，在党风中，有的搞权钱交易，拉票贿选，买官卖官，甚至"明码标价、批发官帽"，"一手交钱、一手交货"；有的一个人办好几个身份证、好几本护照、好几本港澳通行证，把老婆孩子送到国外，自己当"裸官"，甚至自己也持有外国绿卡；一部分党员干部中充斥关系学、厚黑学、官场术、潜规则等庸俗腐朽的政治文化，等等。在社会风气中，一些人价值观缺失，观念中没有善恶，行为缺少底线，什么假食品药品也敢造，什么瘦肉精、孔雀石绿也敢用，什么伤天害理、违法乱纪的事也敢干；黄赌毒现象屡禁不止，黑社会性质组织此起彼伏；网上充斥虚假、诈骗、暴力、色情信息，甚至利用网络制造谣言、教唆犯罪、歪曲历史、污蔑烈士；一些文艺工作者甘当市场奴隶，急于把作品兑换成人民币，把作品当作追逐利益的"摇钱树"、感官刺激的"摇头丸"，搜奇猎艳，一味媚俗，以丑为美。所有这些虽然不是改革开放本身的问题，但与市场经济和对外开放有着直接或间接的关联，是改革开放前所不可想象的。对此，党中央从一开始就提醒全党要两个文明一起抓、两手都要硬，

---

① 《习近平关于社会主义文化建设论述摘编》，中央文献出版社2017年版，第28—29页。
② 《习近平关于社会主义政治建设论述摘编》，中央文献出版社2017年版，第18页。
③ 《十八大以来重要文献选编》（中），中央文献出版社2016年版，第833页。

绝不能让商品经济的原则渗透到党内来，并且出台了许多相关规章、制度、法律，进行了多次整党整风教育活动和打击经济犯罪及黑恶势力斗争。但问题一直没有得到根本解决，有的还愈演愈烈。进入新时代，党中央在这些方面加大了整治力度，取得了显著成效，在一定意义上也体现出对改革开放航向的校准。

早在改革开放之初，邓小平就说过："对外开放，资本主义那一套腐朽的东西就会钻进来；对内搞活经济，活到什么程度，也是有问题的……必须同时还有另外一手，这就是打击经济犯罪活动。"① "在整个改革开放过程中都要反对腐败……只要我们的生产力发展，保持一定的经济增长速度，坚持两手抓，社会主义精神文明建设就可以搞上去。"② 后来，经济虽然保持了较高增长速度，但党风、社会风气中的问题没有得到相应解决，有些反而更加严重。对其原因，习近平总书记从两方面作了分析。他认为在客观上，改革"不注意配套和衔接，不注意时序和步骤，也容易产生体制机制上的缝隙和漏洞，为一些人提供寻租、搞腐败的机会"。他说："这些现象，改革开放以来我们是见识过的，一些人就是利用新旧制度转换的落差和时差来谋取私利、中饱私囊的。价格双轨制，肥了多少人？国有企业改制，又肥了多少人？"③ 从主观上看，他认为"一个重要原因是讲'认真'不够"④，"执行纪律失之于宽、失之于松、失之于软"⑤，"有的领导干部不敢抓不敢管，抱着'鸵鸟心态'，唯恐得罪人、丢选票"⑥。他批评有的宣传干部不敢理直气壮地讲党管媒体，说什么"现在是'资本为王'的'资本媒体'、'商业媒体'时代，是'人人都有麦克风'的自媒体时代，再提坚持党管媒体没有意义"⑦，因此没有能牢牢"掌握价值观念领域的主动权、主导权、话语权"⑧。

针对党风方面的问题，党中央自十八大后突出强调了治国必先治党、治党必须从严，出台了"中央八项规定"，惩治了一批严重贪腐、触犯法律的高级干部，开展了党的群众路线教育和"三严三实"专题教育、"两学一做"学习教育等活动，强化了党的组织纪律、巡视监督，集中清理了裸官、档案造假等问题。正如习近平总书记所说，这些措施"总的来讲，都是围绕着解决管党治

---

① 《邓小平文选》第2卷，人民出版社1994年版，第408—409页。
② 《邓小平文选》第3卷，人民出版社1993年版，第379页。
③ 《习近平关于全面深化改革论述摘编》，中央文献出版社2014年版，第81—82页。
④ 《十八大以来重要文献选编》（上），中央文献出版社2014年版，第350页。
⑤ 《习近平关于严明党的纪律和规矩论述摘编》，中央文献出版社2016年版，第67页。
⑥ 《习近平关于严明党的纪律和规矩论述摘编》，中央文献出版社2016年版，第123页。
⑦ 《习近平关于社会主义文化建设论述摘编》，中央文献出版社2017年版，第42页。
⑧ 《习近平关于社会主义文化建设论述摘编》，中央文献出版社2017年版，第107页。

党、执行纪律失之于宽、失之于松、失之于软这样的问题"[1]。他提出：从严治党，必须从严明纪律做起；"严明党的纪律，首要的就是严明政治纪律"[2]；从严治党，"就从中央政治局抓起"[3]，"关键是要抓住领导干部这个'关键少数'"，"关键是从严治吏"[4]；"要把权力关进制度的笼子里"[5]，"坚持制度面前人人平等、执行制度没有例外"[6]；要"坚持'老虎'、'苍蝇'一起打，既坚决查处领导干部违纪违法案件，又切实解决发生在群众身边的不正之风和腐败问题"[7]；"从严治党，最根本的就是要使全党各级组织和全体党员、干部都按照党内政治生活准则和党的各项规定办事"[8]。针对一些人关于对党员、干部要求是否过严的质疑，他指出："现在的主要倾向不是严了，而是失之于宽、失之于软，不存在严过头的问题。"[9]

对于社会风气方面的问题，党中央根据问题的不同性质，也提出了一系列有破有立的应对措施。例如，对于社会治理层面的问题，及时开展了专项斗争。习近平总书记指出："对黄赌毒现象、黑社会性质犯罪等，露头就要打，不能让它们形成气候。对危害食品药品安全、环境污染等重点问题……要强化治理和管理。"[10] 要"严把从农田到餐桌、从实验室到医院的每一道防线，着力防范系统性、区域性风险"[11]。他特别要求一定要管好互联网，说"既要尊重网民交流思想、表达意愿的权利，也要依法构建良好网络秩序"[12]。对于精神层面的问题，党中央提出要大力培育和弘扬社会主义核心价值体系和核心价值观，加快构建充分反映中国特色、民族特性、时代特征的价值体系，努力抢占价值体系的制高点。习近平总书记说："要认真汲取中华优秀传统文化的思想精华和道德精髓，大力弘扬以爱国主义为核心的民族精神和以改革创新为核心的时代精神。"[13] 要"大力加强社会公德、职业道德、家庭美德、个人品德建设，营造全社会崇德向善的浓厚氛围"[14]。

---

[1] 《习近平关于严明党的纪律和规矩论述摘编》，中央文献出版社 2016 年版，第 67 页。
[2] 《习近平关于严明党的纪律和规矩论述摘编》，中央文献出版社 2016 年版，第 13 页。
[3] 《习近平关于严明党的纪律和规矩论述摘编》，中央文献出版社 2016 年版，第 98 页。
[4] 《习近平关于严明党的纪律和规矩论述摘编》，中央文献出版社 2016 年版，第 110 页。
[5] 《习近平关于严明党的纪律和规矩论述摘编》，中央文献出版社 2016 年版，第 59 页。
[6] 《习近平关于严明党的纪律和规矩论述摘编》，中央文献出版社 2016 年版，第 71 页。
[7] 《习近平关于严明党的纪律和规矩论述摘编》，中央文献出版社 2016 年版，第 71 页。
[8] 《习近平关于严明党的纪律和规矩论述摘编》，中央文献出版社 2016 年版，第 82 页。
[9] 习近平：《在党的群众路线教育实践活动总结大会上的讲话》，人民出版社 2014 年版，第 23 页。
[10] 《习近平关于总体国家安全观论述摘编》，中央文献出版社 2018 年版，第 135 页。
[11] 《习近平关于总体国家安全观论述摘编》，中央文献出版社 2018 年版，第 142 页。
[12] 《人民日报》2015 年 12 月 16 日。
[13] 《习近平关于社会主义文化建设论述摘编》，中央文献出版社 2017 年版，第 141 页。
[14] 《人民日报》2015 年 12 月 30 日。

对于文艺作品在引领社会风气、建设精神文明中的作用,习近平总书记尤其重视。他说:"要通过文艺作品传递真善美,传递向上向善的价值观,引导人们增强道德判断力和道德荣誉感,向往和追求讲道德、尊道德、守道德的生活。"[1] "要把文艺队伍建设摆在更加突出的重要位置……在发展社会主义市场经济条件下,还要处理好义利关系,认真严肃地考虑作品的社会效果,讲品位,重艺德,为历史存正气,为世人弘美德,为自身留清名。"[2] 他指出,在社会主义市场经济条件下,文化产品不能完全不考虑经济效益。"然而,同社会效益相比,经济效益是第二位的,当两个效益、两种价值发生矛盾时,经济效益要服从社会效益,市场价值要服从社会价值。"[3] 他就文化体制改革的问题强调,一定要"把握好意识形态属性和产业属性、社会效益和经济效益的关系,始终坚持社会主义先进文化前进方向,始终把社会效益放在首位。无论改什么、怎么改,导向不能改,阵地不能丢"[4]。

新时代对改革开放航向的校准是全方位的,既包括政治也包括经济、文化、社会、生态,既包括内政也包括外交、国防,以上六点只是其中的几个方面。之所以能作出这些校准,原因一方面是由于新时代较之前些年的改革开放有了更长时间的实践,经验积累得更丰富,问题暴露得也更充分;另一方面,也是更重要的一点在于,以习近平同志为核心的党中央抱着对党和人民高度负责、敢于担当的精神,正确解决了对改革开放前后两个历史时期相互关系的认识问题,从而为贯通总结新中国近 70 年的历史经验,为与改革开放的初心对表对标、发现偏差和不足,提供了更加有利的条件。当然,这些问题有的距离根本解决还有很长的路要走,有的则刚刚开始着手解决。但无论哪种情况,关键在于坚冰已经打破,航道已经开通,道路已经指明。只要我们沿着习近平新时代中国特色社会主义思想指引的航向继续前进,一如既往地坚持解放思想、实事求是,社会主义改革开放的巨轮就一定能够乘风破浪,胜利抵达光辉的彼岸。

---

[1] 《十八大以来重要文献选编》(中),中央文献出版社 2016 年版,第 135 页。
[2] 《十八大以来重要文献选编》(中),中央文献出版社 2016 年版,第 126 页。
[3] 《十八大以来重要文献选编》(中),中央文献出版社 2016 年版,第 132 页。
[4] 《习近平关于社会主义文化建设论述摘编》,中央文献出版社 2017 年版,第 185 页。

中国特色社会主义是科学社会主义的新形态

——论我国改革开放 40 年的根本经验

李崇富

【作者简介】 李崇富，男，汉族，湖北省鄂州市人，1943 年生，中国社会科学院马列所原所长、中国社会科学院马克思主义研究学部委员、博士生导师、中国历史唯物主义学会名誉会长、国家哲学社会科学规划基金项目评审组科学社会主义学科评审组成员、马克思主义理论研究和建设工程经典著作基本观点研究课题组主要成员、科学社会主义教材编写课题组主要成员、享受国务院政府特殊津贴专家。

党的十一届三中全会以来，由邓小平同志在倡导"改革开放"中所开创的，其后由以江泽民、胡锦涛、习近平同志为代表的中国共产党人相继坚持和发展的中国特色社会主义，都是基于毛泽东时代在理论和实践上的先行探索、伟大成就和宝贵的历史经验为根本的政治前提、制度基础、物质条件和理论准备的；然而更为直接的，则是新时期全党全国各族人民"把马克思主义的普遍真理同我国的具体实际结合起来，走自己的道路"① 的产物。党的十七大和十八大以

---

① 《邓小平文选》第 3 卷，人民出版社 1993 年版，第 2—3 页。

来,党中央对于中国特色社会主义道路的实质,一直认为:"中国特色社会主义道路之所以完全正确、之所以能够引领中国发展进步,关键在于我们既坚持了科学社会主义的基本原则,又根据我国实际和时代特征赋予其鲜明的中国特色。"[①] 这就意味着,中国特色社会主义属于"科学社会主义"范畴,是科学社会主义中国化的新形态。中国特色社会主义道路、理论体系和基本制度,加速了我国社会主义现代化的历史进程。

对此,习近平同志说得好:"中国特色社会主义,是科学社会主义理论逻辑和中国社会发展历史逻辑的辩证统一。""中国特色社会主义是社会主义而不是其他什么主义,科学社会主义的基本原则不能丢,丢了就不是社会主义。"[②] 因此,坚持"中国特色社会主义"与"科学社会主义"在本质上的一致性与内在的具体和历史的统一,是我们党坚定不移的政治立场和思想原则。习近平同志在党的十九大报告中,要求全党为"决胜全面建成小康社会,夺取新时代中国特色社会主义伟大胜利",就"必须进行具有许多新的历史特点的伟大斗争","全党要更加自觉地坚持党的领导和我国社会主义制度,坚决反对一切削弱、歪曲、否定党的领导和我国社会主义制度的言行"[③]。我们中国共产党人,无论过去、现在和将来在改革开放和现代化建设中,都必须始终如一地坚持科学社会主义基本原则同中国社会实际和时代特征的统一,必须自觉地把准我国改革和发展的社会主义方向。这是我国改革开放40年取得辉煌成就的力量源泉和根本经验。

一 科学社会主义的实质和要义

中国特色社会主义,作为科学社会主义的新形态,是马克思主义普遍真理同中国新时期改革开放、现代化建设实践相结合的伟大成就和社会样态。在马克思主义的三个基本组成部分中,科学社会主义是马克思主义全部学说的核心内容,是阐明无产阶级历史使命和实现社会主义、共产主义社会何以是可能和必然的,并将转化为群众性、历史性、直接性的社会实践,直至成为社会现实的实质性、目标性、中轴性原理;而马克思主义哲学和政治经济学,都是旨在为科学社会主义作论证的两大基础性、支柱性、工具性理论。因为,前者是为

[①] 中共中央文献研究室:《改革开放三十年重要文献选编》(下),中央文献出版社2008年版,第1717页;中共中央文献研究室:《十八大以来重要文献选编》(上),中央文献出版社2014年版,第10页。

[②] 《习近平谈治国理政》,外文出版社2015年版,第21—22页。

[③] 参见习近平《决胜全面建成小康社会 夺取新时代中国特色社会主义伟大胜利——在中国共产党第十九次全国代表大会上的报告》,人民出版社2017年版。

之提供科学世界观和方法论的哲理基础和"伟大的认识工具";而后者则是用以阐明社会主义社会终究要代替资本主义社会的必然性、客观规律性和历史总趋势深层次的经济根据。可以说,全部马克思主义,都是围绕着和服务于科学社会主义,而作逻辑和历史展开的科学体系。

中国特色社会主义,作为科学社会主义的新形态,像任何具体事物一样,都是其普遍性与特殊性、共性与个性的有机统一。唯物辩证法认为,任何事物都是具体的,因而其共性寓于个性之中、普遍性寓于特殊性之中,共性和普遍性作为同类事物共同本质的概括,不仅高于其个性和特殊性,而且通常具有其必然性和客观规律性的指导意义。看来,在"中国特色社会主义"这个科学概念中,"中国特色"主要是用以表征其特殊性和个性的;而"社会主义"所主要表征的,则是其普遍性和共性,是必须遵循的科学社会主义的基本原则和基本原理,因而它包含着当代资本主义必将走向社会主义、共产主义的历史必然性。

故此,以我国"社会主义初级阶段"的基本国情作为总根据的中国特色社会主义,即"初级阶段的社会主义"①,不是任人捏弄的"面团"。我们既不能离开"中国特色"搞"社会主义";也不能像某些人所主张的,要让"中国特色""特殊"到"新民主主义的回归",更不能"特殊"到要大搞所谓的"一百多年的资本主义"。因为,凡是社会主义国家,无论处于社会主义何种历史阶段,都属于广义的建设中的"共产主义"社会形态。② 因此,它们必须具有起码的社会主义"共性"和"普遍性",都必须遵循或大体遵循科学社会主义的基本原则和基本原理,并结合本国实际逐步加以贯彻,才能引领国家发展的社会主义方向。这是相对稳定和长期起作用的方面。至于这些基本原则和原理,究竟如何概括和表述,到底有哪几条,则是需要理论界深入研究和作出准确概括的一个重大理论问题。在这里,我只能根据马克思、恩格斯及其后继者的有关论断,仅就科学社会主义基本观点、基本原则、基本原理的实质和要义,即中国特色社会主义所必须遵循和逐步体现出的普遍性和共性,试图作出如下四点概括:

第一,马克思所创立的科学社会主义,作为马克思主义理论体系的核心内容,在实质上,既是关于无产阶级革命的科学理论,又是关于社会主义建设的科学理论,是这两者的内在统一。马克思和恩格斯曾指出:"工人阶级革命的第

---

① 《邓小平文选》第3卷,人民出版社1993年版,第252页。
② 邓小平同志说:"社会主义本身是共产主义的初级阶段,而我们中国又处在社会主义的初级阶段,就是不发达的阶段。"(见《邓小平文选》第3卷,人民出版社1993年版,第252页)。

一步",是必须打碎剥削阶级国家机器,建立无产阶级国家政权,"使无产阶级上升为统治阶级,争得民主";进而,"无产阶级将利用自己的政治统治,一步一步地夺取资产阶级的全部资本,把一切生产工具集中在国家即组织成为统治阶级的无产阶级手里,并且尽可能快地增加生产力的总量"①。这些都是旨在开创和不断发展社会主义革命和建设事业,最终实现共产主义社会。显然,无产阶级及其政党通过领导人民革命,夺取和执掌国家政权,是开创和发展社会主义事业的根本政治前提;而社会主义建设事业的巩固和不断发展,则是无产阶级革命的继续和深化。也就是说,无产阶级革命事业既是一个分阶段和有重点的,又是前后相继和统一的社会历史进程。无产阶级革命事业在其发展的各个阶段上,必须在理论和实践探索中,始终遵循和发展马克思主义,充分发挥其指导作用,才能坚持正确的前进方向。尽管在社会主义事业发展的不同历史阶段上,其任务的重点会有所不同,但一般说来,既不能离开建设搞革命,也不能离开革命搞建设。因此,有人把包括科学社会主义在内的整个马克思主义,简单地截然二分为"革命理论"和"建设理论",即宣扬任何形式的(直接的或间接的、公开的或隐蔽的)"告别革命论",都是不正确和毫无根据的,是同社会主义信念和共产主义理想,南辕北辙、格格不入的。

第二,马克思以其"两大发现"所揭示和论证的"两个必然"的结论,是科学社会主义的基本要义。恩格斯指出:"这两个伟大的发现——唯物主义历史观和通过剩余价值揭开资本主义生产的秘密,都应当归功于马克思。由于这两个发现,社会主义变成了科学,现在首先要做的是对这门科学的一切细节和联系作进一步的探讨。"② 马克思的"这两个伟大的发现",是支撑科学社会主义的两大理论支柱。因此,它们使马克思和恩格斯在《共产党宣言》中得出"两个必然",即"资产阶级的灭亡和无产阶级的胜利都是同样不可避免的"③ 基本结论,能够从社会历史发展的普遍规律上,以及使之同资本主义产生、发展和衰亡的客观规律,并同其向社会主义社会转变的客观规律的结合上,得到了科学的论证和深刻的阐明。而这种论证和阐明同工人阶级作为资产阶级"掘墓人"的社会地位、历史使命、革命作用的论证和阐明,以及同工人阶级解放、人类解放和全面而自由发展的论证和阐明,是紧密地联系在一起的。显然,马克思和恩格斯关于"两个必然"的这种表述,与我们常说的"资本主义必然灭亡和社会主义必然胜利"的表述,是完全一致和同义的。以马克思的"两大发

---

① 《马克思恩格斯文集》第2卷,人民出版社2009年版,第52页。
② 《马克思恩格斯文集》第9卷,人民出版社2009年版,第30页。
③ 《马克思恩格斯文集》第2卷,人民出版社2009年版,第43页。

现"作为根本理论支柱的"两个必然"的结论，是科学社会主义最基本的原则和原理，是一切共产党人站稳工人阶级立场，树立和坚定社会主义、共产主义理想信念，指引其革命、建设和改革实践的最根本的理论基础。对工人阶级及其共产党人而言："没有这样的信念，就没有一切。"①

第三，毛泽东同志总结我们党领导中国革命的实践经验，所提出的"三大法宝"和"三大作风"，体现了科学社会主义关于无产阶级革命理论及其实践的基本精神、基本原则和基本特征，具有其普遍意义。大家知道，毛泽东同志坚持把马克思列宁主义同中国革命具体实践相结合，所创立的毛泽东思想中，就包含对中国无产阶级革命经验的科学总结和理论概括。他曾在《〈共产党人〉发刊词》中，把我们党领导中国革命的基本经验，总结和提炼为"三大法宝"，即"统一战线，武装斗争，党的建设"②。其一，坚持"统一战线"，就是要解决革命阵营、革命力量、革命主体的动员、组织和联合问题，即必须在工人阶级及其政党领导下，实行工农联盟，联合一切可以团结的力量，组织浩浩荡荡的革命和建设大军，是一切胜利之本。其二，坚持"武装斗争"，就是要解决无产阶级革命道路问题，其理论根据是："资产阶级国家由无产阶级国家（无产阶级专政）代替，不能通过'自行消亡'，根据一般规律，只能通过暴力革命"③；而工人阶级及其共产党人所要努力争取的无产阶级革命之和平发展，往往是历史上一种"极为罕见"的"例外"④。其三，抓好"党的建设"，就是要形成无产阶级革命、社会主义建设和改革的领导核心，因为"无产阶级在反对有产阶级联合力量的斗争中，只有把自身组织成为与有产阶级建立的一切旧政党不同的、相对立的政党，才能作为一个阶级来行动"，才能够"保证社会革命获得胜利和实现革命的最高目标——消灭阶级"⑤。毛泽东同志在《论联合政府》中总结出我们党的"三大作风"，即"这主要的就是理论和实践相结合的作风，和人民群众紧密地联系在一起的作风以及自我批评的作风"⑥，所体现的是科学社会主义的实践要求和本质特征，是防止无产阶级革命事业半途而废，而夺取社会主义事业最终胜利的重要保障。

第四，坚持我们党和邓小平同志提出的"四项基本原则"，是实现马克思

---

① 《邓小平文选》第3卷，人民出版社1993年版，第190页。
② 《毛泽东选集》第2卷，人民出版社1991年版，第606页。
③ 《列宁专题文集·论马克思主义》，人民出版社2009年版，第194页。
④ 《列宁全集》第28卷，人民出版社1990年版，第162—163页；《列宁全集》第32卷，人民出版社1985年版，第132页。
⑤ 《马克思恩格斯文集》第3卷，人民出版社2009年版，第228页。
⑥ 《毛泽东选集》第3卷，人民出版社1991年版，第1094页。

提出的关于无产阶级专政、关于社会主义"不断革命"和建设事业之"四个达到"的历史性任务的根本保证。马克思所讲的"四个达到",即以现代化生产力发展为基础的"这种社会主义就是宣布不断革命,就是无产阶级的阶级专政,这种专政是达到消灭一切阶级差别,达到消灭这些差别所由产生的一切生产关系,达到消灭和这些生产关系相适应的一切社会关系,达到改变由这些社会关系产生出来的一切观念的必然的过渡阶段"①。显然,这"四个达到"作为《共产党宣言》中的两个"最彻底的决裂"——"共产主义革命就是同传统的所有制关系实行最彻底的决裂;毫不奇怪,它在自己的发展进程中要同传统的观念实行最彻底的决裂"②——的展开和具体化,体现了科学社会主义的彻底革命精神。而我们党和邓小平同志提出的"四项基本原则"("第一,必须坚持社会主义道路;第二,必须坚持无产阶级专政;第三,必须坚持共产党的领导;第四,必须坚持马列主义、毛泽东思想"③),作为我们立党立国之本,必须始终如一、毫不动摇地加以坚持和实践。这是逐步实现马克思所讲的"四个达到"的必然要求和根本保证。而世界各国工人阶级及其共产党人,必须从理论与实践之历史的和具体的结合上,真正做到:实现这种长远的崇高目标与本国革命、建设和改革道路的统一;实现本国社会的经济变革、政治变革与观念变革的统一;实现本国社会主义不断革命论与革命发展阶段论的统一。这是科学社会主义事业取得最终胜利的最根本、最艰难、最伟大的历史使命之所在。

二 中国特色社会主义与科学社会主义的根本一致性

中国特色社会主义与科学社会主义之间,其所以具有一脉相承的、本质上的根本一致性,就在于科学社会主义基本的原则和原理,是扎根于世界的历史和现实的"放之四海而皆准"的普遍真理。它们普遍地适用于指导各国无产阶级革命,适用于指导世界由资本主义向共产主义过渡的整个历史大时代,当然也适用于指导中国社会主义革命、建设和改革的实践。中国社会主义事业,是世界社会主义运动的一个重要组成部分。科学社会主义,是中国特色社会主义最主要的理论基础;而中国特色社会主义的理论和实践,则是马克思列宁主义及其科学社会主义在中国的运用、发展和创新,是科学社会主义中国化的新形态。这种根本的一致性至少具体地表现为:

第一,它们之间具有相同的阶级立场。这就是工人阶级的立场、全体劳动

---

① 《马克思恩格斯文集》第2卷,人民出版社2009年版,第166页。
② 《马克思恩格斯文集》第2卷,人民出版社2009年版,第52页。
③ 《邓小平文选》第2卷,人民出版社1993年版,第164—165页。

阶级和人民大众的立场。科学社会主义及其中国特色社会主义，都是学说、运动和社会制度的统一。当其作为学说，都是工人阶级立场和根本利益的理论表现，是工人阶级的阶级意识的理论化的思想体系，是工人阶级解放条件的理论概括，是工人阶级及其政党团结奋斗的思想旗帜。同时，由于工人阶级的先进性和革命的彻底性，及同其他劳动阶级乃至全人类解放和社会进步利益的根本一致性，所以共产党人的党性立场，就是站在工人阶级立场，也就是站在全体劳动阶级和人民大众的立场。至于它们作为运动和社会制度，则是这种政治立场的实践贯彻、现实表现和逐步实现最终奋斗目标所必需的历史性变革的实践阶梯、制度保障和根本规范。

第二，它们之间具有相同的世界观和方法论基础。这就是马克思主义哲学，即辩证唯物主义和历史唯物主义的世界观与方法论。这种哲学作为工人阶级的科学世界观，具有鲜明的阶级性和实践性，是科学社会主义的哲理基础，当然也是中国特色社会主义的哲理基础。中国共产党领导全国工人阶级和各族人民，在 97 年的长期奋斗中，之所以能够在极为复杂的国内阶级关系、阶级矛盾和国内外经济、政治、文化等环境条件的发展变化中，克服重重困难，绕过种种暗礁，一步步地夺取了新民主主义革命、社会主义革命、建设和改革的胜利，就在于我们党有了马克思列宁主义、毛泽东思想和中国特色社会主义理论体系的思想武装，就在于我们党善于掌握和运用辩证唯物主义、历史唯物主义这个思想政治上的"显微镜"和"望远镜"，从而在准确分析国情和时代特征的基础上，正确地制定和贯彻党的思想政治路线、治国方略和各项方针政策，不断推进党和人民事业的发展。而我们党和国家在前进中所出现的一些失误和曲折，也往往是党的一些领导机关和领导干部在思想路线上出现了偏差，即在工作中违背了马克思主义世界观和方法论所致。邓小平同志曾在 1985 年指出："中国搞社会主义走了相当曲折的道路。二十年的历史教训告诉我们一条最重要的原则：搞社会主义一定要遵循马克思主义的辩证唯物主义和历史唯物主义，也就是毛泽东同志概括的实事求是，或者说一切从实际出发。"[1] 这就是我们党必须始终加以坚持的思想路线。思想上政治上的路线正确与否，是决定一切的。

第三，它们之间具有相同的社会主义本质和最终的奋斗目标。这就是，社会主义革命的第一步，是建立社会主义的基本制度，并通过体制改革，坚持和完善社会主义制度，促进现代生产力和整个社会主义事业不断发展，以便逐步创造条件，最终实现共产主义。中国特色社会主义之所以属于科学社会主义范

---

[1] 《邓小平文选》第 3 卷，人民出版社 1993 年版，第 118 页。

畴，就在于它既是坚持科学社会主义基本原则的、同时又是"切合中国实际的"社会主义。"社会主义的本质，是解放生产力，发展生产力，消灭剥削，消除两极分化，最终达到共同富裕。"邓小平同志说："我们干的是社会主义事业，最终目的是实现共产主义。"① 习近平同志也说过："革命理想高于天。""共产党员特别是党员领导干部要做共产主义远大理想和中国特色社会主义共同理想的坚定信仰者和忠实践行者。"② 可以说，是否坚持以共产主义社会作为最终奋斗目标，是真假社会主义的试金石，是科学社会主义与资产阶级和小资产阶级社会主义的分水岭。

第四，它们之间具有相同性质的社会主体和依靠力量。这就是工人阶级及其领导下的工农联盟。中国特色社会主义同科学社会主义一样，不仅在理论上是工人阶级的"主义"，而且在实践上都主张建立工人阶级领导的国家，实行社会主义制度。众所周知，科学社会主义区别于空想社会主义的一个根本问题，就在于它是通过社会革命，而不是幼稚地设想和劝说资本家都自愿地交出自己的资产，以期消灭私有制、消灭阶级、消灭剥削和实现社会平等，就在于它是以马克思创立的唯物史观和剩余价值学说为基础，阐明了工人阶级作为资产阶级"掘墓人"的历史使命，因而它必然成为社会主义事业的领导阶级和主体力量。所有社会主义国家，在国体上，都实行无产阶级专政。只有在农民占有较大比例的国家中，工人和农民都是社会主义事业的主体和依靠力量。这时，无产阶级专政的"最高原则就是维护无产阶级同农民的联盟，使无产阶级能够保持领导作用和国家政权"③。我国宪法第一条规定："中华人民共和国是工人阶级领导的、以工农联盟为基础的人民民主专政的社会主义国家。"④ 人民民主专政，是无产阶级专政在我国的实现形式，即恩格斯所说的，是"间接地建立无产阶级的政治统治"⑤ 的形式。

第五，它们之间具有相同性质的领导核心。这就是以工人阶级先锋队——共产党作为社会主义事业的领导核心。科学社会主义有条基本原则是："在推翻资本压迫的斗争中，在推翻这种压迫的过程中，在保持和巩固胜利的斗争中，在创建新的社会主义的社会制度的事业中，在完全消灭阶级的全部斗争中，只有一个阶级，即城市的总之是工厂的产业工人，才能够领导全体被剥削劳动群

---

① 《邓小平文选》第3卷，人民出版社1993年版，第63、373、110页。
② 《习近平谈治国理政》，外文出版社2014年版，第23页。
③ 《列宁全集》第42卷，人民出版社1987年版，第49、50页。
④ 中共中央文献研究室：《改革开放三十年重要文献选编》（上），中央文献出版社2008年版，第300页。
⑤ 《马克思恩格斯文集》第1卷，人民出版社2009年版，第685页。

众。"[①] 然而,这种领导作用并不能由包括全体工人的组织来实现,"只有工人阶级的政党,即共产党,才能团结、教育和组织无产阶级和全体劳动群众的先锋队,而只有这个先锋队才能抵制这些群众中不可避免的小资产阶级动摇性,抵制无产阶级中不可避免的种种行业狭隘性或行业偏见的传统和恶习的复发,并领导全体无产阶级的一切联合行动,也就是说在政治上领导无产阶级,并且通过无产阶级领导全体劳动群众"[②]。在社会主义中国,始终坚持共产党在人民民主专政中,在社会主义革命、建设和改革中的领导地位,是我们党和国家所必须坚持的"四项基本原则"之一。毛泽东同志讲过:"领导我们事业的核心力量是中国共产党。"[③] 习近平同志更是强调:"中国共产党领导是中国特色社会主义最本质的特征。没有共产党,就没有新中国,就没有新中国的繁荣富强。"[④] 我们党在这方面的理论和实践,始终坚持这条科学社会主义的基本原理。

可以说,中国特色社会主义与科学社会主义的根本一致性,是多方面和多层次的,这里不可能都全面论及。上面仅从其共有的阶级立场、世界观和方法论、最终目标、力量主体和领导核心等五个基本方面,试图阐明中国特色社会主义与科学社会主义一脉相承的本质上的根本一致性。中国特色社会主义根据中国国情和时代特征,必须努力在理论和实践上始终不渝地遵循科学社会主义基本的原则和原理。所以,它才是科学社会主义中国化的新形态,才属于"科学社会主义"范畴,并属于广义和建设中的"共产主义"社会形态,而决不属于其他什么"社会形态"和"主义"。

三 科学社会主义的新形态"新"在何处?

中国特色社会主义,作为科学社会主义中国化的新形态,就意味着:它同科学社会主义既具有一脉相承的本质上的根本一致性,又具有相对的差异性和理论与实践上的特殊性和创新性。所谓"相对的差异性",是指它们在研究对象和理论重点上有所不同。这是因为:

科学社会主义,乃至整个马克思主义,都是以人类社会特别是以近代以来整个世界的历史过程及其发展规律作为研究对象,是从综合已有的人类知识、总结世界社会主义运动的斗争经验中所形成的关于世界的"主义",是属于国

---

① 《列宁专题文集·论社会主义》,人民出版社2009年版,第145页。
② 《列宁专题文集·论无产阶级政党》,人民出版社2009年版,第299页。
③ 《毛泽东文集》第6卷,人民出版社1999年版,第350页。
④ 《习近平谈治国理政》第2卷,外文出版社2017年版,第18页。

际无产阶级的"主义",是涵盖人类社会从资本主义向共产主义过渡的整个历史大时代的"主义"。因此,科学社会主义所关注和要解决的,是人类命运和世界未来,是通过揭示整个世界发展的客观规律和历史大趋势,指导各国无产阶级及其政党领导社会主义革命、建设和改革的普遍真理。

而中国特色社会主义,则是马克思列宁主义及其科学社会主义在中国的运用、发展和创新,是科学社会主义中国化的新形态。尽管中国特色社会主义也具有一定的国际意义,但它在理论和实践上所要重点关注、思考和解决的主题,毕竟是坚持运用马克思列宁主义的立场、观点和方法,根据当代世界的历史条件特别是当代中国国情和实践,研究和进一步揭示中国社会主义革命、建设、改革的规律和共产党执政的规律,用以指导和不断推进中国特色社会主义事业。用毛泽东同志的话语来说,马克思列宁主义同毛泽东思想的关系,是"老师"与"学生"、"总店"与"分店"[①]的关系。只是我们现在的理论表述,还要在毛泽东思想之后,再加上邓小平理论、"三个代表"重要思想、科学发展观、习近平新时代中国特色社会主义思想,即中国特色社会主义理论体系。

再就中国特色社会主义在理论和实践上的特殊性和创新性而言,我们还必须看到:

第一,中国特色社会主义是中国化的科学社会主义。首先我们要肯定,马克思主义及其科学社会主义基本原理,是"放之四海而皆准"的科学真理,对世界社会主义运动、对国际无产阶级革命及各国社会主义事业,都具有普遍和长远的指导作用。当然,这就必须像马克思和恩格斯在《共产党宣言》多篇"序言"中所反复强调的那样:"这些原理的实际运用,正如《宣言》中所说的,随时随地都要以当时的历史条件为转移。"[②]对中国共产党人来说,马克思主义及其科学社会主义基本原理,只有与中国的特殊国情、中国优秀的传统文化和中国具体的社会实践相结合,使其具体化和中国化,才能更好、更有效地发挥指导作用。随着我国革命、建设和改革的不断发展,马克思主义中国化必然是一个不断发展、深化和丰富的历史过程。在这个过程中,以毛泽东、邓小平、江泽民、胡锦涛和习近平同志为主要代表的历代中国共产党人,坚持把马克思主义基本原理同我国实际和时代特征相结合,先后探索和开辟了具有中国特色的无产阶级革命道路、具有中国特色的社会主义改造道路,以及在新时期开辟和坚持走中国特色社会主义道路。由此形成了两次历史性的认识飞跃,先

[①] 见《毛泽东文集》第5卷,人民出版社1996年版,第260—261页。
[②] 《马克思恩格斯文集》第1卷,人民出版社2009年版,第5、15页。

后产生了毛泽东思想和中国特色社会主义理论体系（包括邓小平理论、"三个代表"重要思想、科学发展观、习近平新时代中国特色社会主义思想）。中国特色社会主义，是科学社会主义共性、普遍性同我国社会主义革命、建设、改革的个性和特殊性之具体和历史的统一。我们说，中国特色社会主义，是科学社会主义中国化的新形态，它"新"就新在它是符合中国国情的、中国化的社会主义，至今主要是"初级阶段的社会主义"，是进一步焕发出生机和活力的社会主义，是有利于加快中国社会发展进步和现代化的社会主义。

第二，中国特色社会主义至今主要是"初级阶段的社会主义"。按照科学社会主义原理，社会主义制度的建立应当是以资本主义生产方式的充分发展作为历史前提的。然而，中国走上社会主义道路，因为特殊的历史机缘，超越了资产主义充分发展的阶段，是通过党领导人民夺取了新民主主义革命的胜利，以半殖民地半封建社会的旧中国，作为社会主义制度历史起点的。因此，我国建设社会主义，就缺乏必要的物质和文化基础，即它不是以发达资本主义作为历史前提，而是起始于在生产力、商品经济和科学文化很不发达的旧中国的历史地基上的。

尽管如此，在毛泽东时代，党和人民曾经在社会主义革命和建设中取得了开天辟地、十分深刻的社会变革和引以为自豪、空前巨大的建设成就；同时，由于没有先例和缺乏经验，当年在工作中也曾有过某些不足和失误。例如，我国在"三大改造"基本完成以后，曾一度想搞同"共产主义社会第一阶段"急于挂钩的"纯而又纯"的社会主义，实行过某些"超阶段"的、过于集中统一的经济体制和阶级斗争"扩大化"等一些过急、过左的政策，因而难以持久和充分地调动劳动者的积极性，难以持久和充分地发挥社会主义的优越性。进入新时期，我们党和国家在"改革开放"中，通过拨乱反正，实现了由"以阶级斗争为纲"向"以经济建设为中心"的转变，由"一大二公三纯"的社会经济结构向"坚持公有制为主体、多种所有制经济共同发展"的基本经济制度的转变，由计划经济体制向社会主义市场经济体制的转变。

所以，新时期我们党和邓小平同志注重国情的特殊性，倡导和探索建设的中国特色社会主义，作为科学社会主义的共性、普遍性与我国社会主义的个性、特殊性之具体和历史的统一，必然要经历一个由"社会主义初级阶段"逐步向其更高阶段发展的历史过程。在当前和今后一个时期，中国特色社会主义的理论和实践，立足于当代中国实际，所致力于建设的只是"初级阶段的社会主义"。可以说，我国"社会主义初级阶段"和建设"初级阶段的社会主义"，并不是一切国家走上社会主义道路后都要必经的起始阶段，而主要是由当代中国生产力的发展水平不高、商品经济不够发达等国情所决定的一个独特的历史阶段，所能建设的是不发达、不完全和不成熟的社会主义，是不完全具备马克思所设想的"共产主义社会第一阶段"的经济、政治和文化特征的"准社会主义"，而是努力为之创造条件的历史时期。

我国社会主义初级阶段，亦即"初级阶段的社会主义"，是一个实际起始于"三大改造"基本完成到社会主义现代化基本实现的历史时期，这至少需要长达一百多年的时间。这期间，我国基于现有的不太发达、不够平衡和落后于西方大国的社会生产力发展状况，不宜搞清一色公有制的社会主义经济结构，而必须经过体制改革，改而实行公有制为主体、国有经济为主导、多种所有制经济共同发展的"基本经济制度"；相应地，必须实行按劳分配为主体、多种分配形式并存的"分配制度"，即允许包括劳动、资本、技术和管理在内的各种生产要素都参与产品分配。这就是说，在"初级阶段的社会主义"中，在"坚持公有制为主体"的前提下，在发展社会主义市场经济中，还要允许个体经济、私有经济和外资经济长期存在和平等发展，并且通过依法保护公有和私有的产权、公有和私有的财产、劳动收入和非劳动收入，旨在充分发挥国有经济、集体经济、个体经济、私营经济和混合经济的积极性，以利于社会主义生产力的较快发展、市场经济的繁荣和科学技术的进步。这就意味着，中国"初级阶段的社会主义"，是在利用和整合社会主义的和某些非社会主义的乃至某些资本主义的一切积极因素，使之为实现我国社会主义现代化服务。——我国是要在社会主义制度的大体框架下，包括利用一切可能的非社会主义因素，尽快地实现原本应当由资本主义制度下先行提供的社会现代化。

显然，我国"初级阶段的社会主义"是一种不完全的、"事实上不够格"[①]的社会主义。这种社会经济特征，是不以人的意志为转移的，而且因为这种经济上的杂多性，一方面会使人民和社会发展受益，另一方面也增添了社会主义经济、政治、文化、党建和外事等工作中罕见的难度。其中最根本的，就是我国存在的多种所有制经济竞争与合作的同时，必须自觉而坚定地始终坚持我国公有制的主体地位、发挥国有经济的主导作用。这是大体上维护国家的社会主义性质、坚持共产主义远大理想和最终目标，所绝对必需的、不可或缺的、不可动摇的社会经济基础。如果我们一旦削弱、动摇和丧失了公有制的主体地位，那就有违科学社会主义的根本原则，我们党就会失去长期执政的经济支柱，国家在社会形态的性质上，也会逐渐蜕变、倒退和自发地下滑为我们所不愿意看

---

① 《邓小平文选》第3卷，人民出版社1993年版，第225页。

到的、违背改革之初衷的那种情况。因而只有通过坚持和加强共产党的核心领导作用,始终维护和发展公有制经济的主体地位,始终坚持经济社会发展的社会主义方向,才能完成社会主义初级阶段的革命和建设任务,才能为使我国过渡和发展到更高的社会主义历史阶段,即为了建成完全、发达、成熟的和完全进入"共产主义社会第一阶段"的社会主义,而造就物质技术基础。

中国特色社会主义作为科学社会主义中国化的新形态,在目前和今后一段时间,即在社会主义初级阶段,从一定意义上说,它还具有某种过渡的性质。马克思主义及其科学社会主义,要求我们共产党人既要立足于现实的实践和社会发展,又必须努力做到坚持注重完成现实任务同正确预见社会未来发展的统一。目前,我们党和党的理论工作在重点关注和着重解决现阶段的理论与实践问题,是必要和正确的,但同时,还应当前瞻性、战略性地思考和谋划的一个重大问题,就是"社会主义初级阶段"如何同其更高的社会主义阶段相衔接的问题,以便使我国能够顺利而完整地进入马克思所说的"共产主义社会第一阶段"所必须经历的"革命转变时期"和"政治上的过渡时期"[①]。

第三,中国特色社会主义是处在人类历史前沿和具有活力的社会主义。马克思主义的生机和活力,就在于它必须随着社会实践的发展而不断发展和创新,即不断解决自己所处时代和社会实践提出的新课题与新任务。社会主义发展史告诉我们,在不同的历史条件下,马克思主义者需要重点解决不同的历史性课题,以不断推进无产阶级革命大业。

马克思和恩格斯所重点解决的历史性课题、所完成的历史性任务,是在自由资本主义时代,创立了唯物史观和剩余价值理论,使社会主义从空想发展为科学,用以教育和组织国际无产阶级,从而开创了国际共产主义运动。

列宁所重点解决的历史性课题、所完成的历史性任务,是在世界进入帝国主义时代即垄断资本主义时代,基于俄国无产阶级和布尔什维克党的革命实践,把马克思主义发展到列宁主义阶段,用以指导和夺取了俄国十月革命的胜利,使社会主义第一次由理想变为现实。

毛泽东同志所重点解决的历史性课题、所作出的历史性贡献,是继列宁之后,在帝国主义和无产阶级革命时代,把马克思列宁主义同我国实际相结合,创立了毛泽东思想,指导党和人民开辟了农村包围城市、最后夺取城市和全国政权的革命道路,使我国在夺取新民主主义革命胜利的基础上,建立了新中国,进而通过生产资料所有制的根本变革,引导我国走上社会主义道路,并开始进

[①] 见《马克思恩格斯文集》第3卷,人民出版社2009年版,第445页。

行建设社会主义的理论和实践探索。

在新时期，邓小平同志所面临的历史性课题、所取得的历史性进展，是继列宁、斯大林和毛泽东同志先后在苏联和中国进行了社会主义的"制度性革命"之后，带领我们党和人民通过倡导和进行体制改革，进行社会主义的"体制性革命"，从而开辟了中国特色社会主义道路，使社会主义重新焕发出生机和活力。

所以，邓小平同志倡导的社会主义体制改革，作为"中国的第二次革命"[①]，所探索和解决的是社会主义制度的具体实现形式问题，初步解决了当年苏联在列宁和斯大林时代、中国在毛泽东时代尚未完全解决的历史性课题。其后，以江泽民、胡锦涛、习近平同志为代表的中国共产党人，承先启后、继往开来，始终坚持和不断深化改革开放、坚持和不断推进中国特色社会主义，使我国经济社会发展不断登上新台阶，使我们的综合国力不断增强，人民生活水平逐步提高，国际地位和国际影响不断提升，我国实现社会主义现代化和中华民族伟大复兴的中国梦的目标，空前临近、指日可待。党的十八大、十九大以来，形成了以习近平同志为核心的党中央的坚强领导，在治国理政、治党治军的实践经验中所提出的新观点、新理念和新思想，所作出的一系列重大决策，通过决胜全面建成小康社会，有力地推进了社会主义现代化建设，使中国特色社会主义进入了新时代。改革开放 40 年，我国发生的深刻的社会变革、所取得的伟大成就、所赢得的社会全面进步，都有力地证明了社会主义体制改革的探索性、正确性和创新性。中国特色社会主义及其改革开放事业，还存在不少深层次的矛盾和突出问题，还面临着来自国内外种种严峻挑战，还会在前进中遇到诸多意料之中和意料不到的难题与险阻，都需要我们党从战略高度上加以密切关注、正确应对、及时总结，更好地带领全国各族人民，同心同德、攻坚克难、探索前进。中国特色社会主义事业，使中国共产党人、中国人民和中华民族走在世界社会主义探索和人类历史发展的前列。中国工人阶级、共产党人和全国各族人民，由此在世界社会主义运动中正承担着光荣的、值得自豪的历史使命和历史责任。

中国特色社会主义的理论和实践，尽管尚处在建设"初级阶段的社会主义"这个起始阶段，但它作为科学社会主义的新形态，正在不断探索着、发展着、完善着。这种"初级阶段的社会主义"，在世界社会主义运动史上是个新生事物，老祖宗没有讲过，前人没有干过，其中包含着许多史无前例的、探索

---

① 《邓小平文选》第 3 卷，人民出版社 1993 年版，第 113 页。

性的、定然有风险的"两难选择",这都需要中国共产党人和马克思主义研究者去破题和逐步交出自己的正确答案。我国建设"初级阶段的社会主义"的成功与否,非常关键,它事关中华民族的复兴大业,事关中国社会主义事业的前途命运;也在一定程度上,事关人类的历史发展进程和世界社会主义运动的未来,是世界社会主义运动能否尽快走出低潮、迎来新高潮的一个关键性的因素。

中国模式的指导思想：马克思主义及其中国化理论

——兼论新中国两个时期的"两个经济奇迹"

程恩富

【作者简介】程恩富，1950年生于上海。中国社会科学院大学学术委员会副主任、首席教授，中国社会科学院首批学部委员、学部主席团成员兼马克思主义研究学部主任，中国社会科学院经济社会发展研究中心主任，国务院学位办学科评议组成员，中央马克思主义理论研究和建设工程首席专家，全国人大教科文卫委员会委员。

担任中华外国经济学说研究会会长、中国政治经济学学会会长、世界政治经济学学会会长、日本经济理论学会国际顾问、俄罗斯政治经济学学会国际顾问、俄罗斯圣彼得堡大学和俄罗斯经济与法律大学荣誉教授。曾在美国、日本、俄罗斯、越南、意大利、西班牙和墨西哥等国学术期刊发表论文十余篇；在俄罗斯、日本、越南、土耳其出版多部著作。在中外马克思主义及其经济学界颇有影响。

2018年是马克思诞辰200周年，新中国成立69周年，改革开放40周年。关于中国社会主义市场经济模式，笔者在《中国模式的基本要素》[1]、《中国奇

---

[1] 参见程恩富、辛向阳《中国模式的基本要素》，《国际思想评论》2011年第1卷第1期。

迹：当代中国政治经济的八大原则》① 两篇论文中作了分析，并引起国际知识界的关注。现在，我们有必要进一步搞清楚什么是马克思主义、马克思主义中国化理论及其应用的"两个经济奇迹"的巨大成就，并阐明中国正在用习近平新时代中国特色社会主义经济思想指引经济发展取得更大的成就，推动中国经济在世界体系中的"准中心"向"中心"国家行列迈进的步伐。而那种认为中国式社会主义与马克思主义没有关系的观点，显然属于不了解中国的臆断。

一　什么是马克思主义及其中国化理论？

马克思主义博大精深，只有依据理论内涵、时间跨度和空间范围的不同，进行新的多种区分，才能领悟马克思主义的完整性和多样式，从而得到认识上的升华。第一，从较广的理论内涵来界定，马克思主义至少有六层含义：一是在创发主体层面，发展由马克思、恩格斯创立和后继者不断丰富的理论体系；二是在学术内涵层面，发展马克思主义关于自然、社会和思维发展的一般规律的学术思想体系；三是在社会功能层面，发展马克思主义关于工人阶级及其政党进行社会主义革命和建设以及过渡到共产主义社会的指导思想体系；四是在人民福祉层面，发展马克思主义关于改善民生和人的全面自由发展的原则思想体系；五是在价值观念层面，发展马克思主义关于人生信仰和基本价值观的文化思想体系；六是在国际交往层面，发展马克思主义关于和平发展和促进人类命运共同体的国际思想体系。

第二，从继承和发展的主体来分析，马克思主义有政界和学界两大主渠道或主平台，马克思主义学者和政治家是两大主体。这并非说政界和学界以外的人不能发展马克思主义，而是说他们没有成为主要发展主体。自马克思和恩格斯创立马克思主义以来，各国马克思主义政治家和学者不断发展马克思主义，并结合各国国情和世情进行本国化时代化创新，尽管存在某些失误，但马克思主义及其各国化理论总体上推进了这一理论体系的拓展和发展。这两大主体应塑造良性互动、共同发展的辩证关系。

第三，从时间跨度来分析，既包括经典作家和革命领袖在不同时期的马克思主义思想发展史，如马克思、恩格斯在自由竞争资本主义时期创立的马克思主义，列宁、斯大林在世界一般私人垄断资本主义时期和苏联社会主义建设时期发展的马克思主义（称之为列宁主义和斯大林主义），毛泽东在我国新民主主义革命时期和社会主义革命与建设时期发展的马克思主义（称之为毛泽东思

---

① 参见程恩富、丁晓钦《中国奇迹：当代中国政治经济的八大原则》，《每月评论》2017年第1期。

想），邓小平、江泽民、胡锦涛、习近平在我国社会主义改革时期发展的马克思主义（称之为中国特色社会主义理论），也包括各个时期的马克思主义的哲学发展史、经济学发展史、政治学发展史、文化学发展史，等等。

第四，从空间范围来分析，马克思主义有各国化的理论。譬如，马克思主义的苏联化是列宁主义，中国化是毛泽东思想和中国特色社会主义理论，越南化是胡志明思想，朝鲜化是金日成主体思想，等等。以马克思主义经济学为例，在美国有垄断资本学派、积累的社会结构学派、世界体系学派，在法国有调节学派，在日本有宇野学派、数理马克思主义学派，在中国有创新马克思经济学综合学派，等等。

第五，准确理解马克思主义中国化的含义。1938年，毛泽东提出"马克思主义中国化"[①]问题。而中国共产党的近百年历史，客观上是把马克思列宁主义同中国革命、建设和改革的具体实践相结合的历史，是曲折地不断推动中国进步繁荣的实践史，是科学继承和持续发展马克思列宁主义的思想史。必须说明，撇开学术界不谈，马克思主义中国化所说的"马克思主义"是狭义的，单指马列主义，因为广义的"马克思主义"应包括毛泽东思想和中国特色社会主义理论。马克思主义中国化理论形成了毛泽东思想和中国特色社会主义理论的两大成果。

二 毛泽东思想指导我国取得的重大经济成就即"第一个奇迹"

毛泽东思想是马克思主义中国化的第一个理论成果，指导新民主主义革命和社会主义革命与建设取得伟大胜利。新中国的诞生，在毛泽东思想指引下，真正开启了中华民族伟大复兴的历史之门。新中国的建设，尽管经历了种种挫折和干扰，但仍然取得了世界历史上任何国家都从未达到过的辉煌经济成就。

我国在改革开放前1949—1978年的大约30年间完成了重化工业化，建立了一个门类初步齐全、依靠内循环可以基本自给自足的国民经济体系，实现了包括导弹、卫星、核武器在内的自我武装，经济发展速度赶上并超过了世界绝大多数国家，年均GNP达6%以上，可以跻身同期世界最快经济发展之列，社会生产力、综合国力、人民生活水平等重要指标，比新中国成立之前均有较大提高，与主要发达国家的若干重要经济差距不断缩小。这一时期的中国港澳台地区经济发展成就有成功的一面，但都无法与中国内地的产业、科技和整个国民经济体系发展的"第一个奇迹"相比。况且，这是在被帝国主义国家封锁经

[①] 《中共中央文件选集》第11卷，中共中央党校出版社1989年版，第202页。

济、与苏联闹翻、国际援助不多、国内政策过"左"、人口急剧增加等不利因素存在的条件下取得的。因此，邓小平主持起草的《关于建国以来党的若干历史问题的决议》确认："在工业建设中取得重大成就，逐步建立了独立的比较完整的工业体系和国民经济体系"；"农业生产条件发生显著改变，生产水平有了很大提高……一九八〇年同一九五二年相比，全国粮食增长近一倍，棉花增长一倍多。尽管人口增长过快，现在已近十亿，我们仍然依靠自己的力量基本上保证了人民吃饭穿衣的需要"；"城乡商业和对外贸易都有很大增长……一九八〇年，全国城乡平均每人的消费水平，扣除物价因素，比一九五二年提高近一倍"；"教育、科学、文化、卫生、体育事业有很大发展"。[①] 2018年3月全国人大通过的新《宪法》也明确指出，新中国"战胜了帝国主义、霸权主义的侵略、破坏和武装挑衅，维护了国家的独立和安全，增强了国防。经济建设取得了重大的成就，独立的、比较完整的社会主义工业体系已经基本形成，农业生产显著提高。教育、科学、文化等事业有了很大的发展，社会主义思想教育取得了明显的成效。广大人民的生活有了较大的改善。中国新民主主义革命的胜利和社会主义事业的成就，是中国共产党领导中国各族人民，在马克思列宁主义、毛泽东思想的指引下，坚持真理，修正错误，战胜许多艰难险阻而取得的"。由此可见，不是社会主义计划经济失败而转向社会主义市场经济的，而是计划经济功成身退，市场经济继往开来，如果社会主义市场经济操作得法，可以比传统的计划经济获得更大的成就。

不过，当下有舆论说，毛泽东使我们站起来、邓小平使我们富起来、习近平使我们强起来；也有舆论说，毛泽东社会主义1.0版本是一穷二白、邓小平社会主义2.0版本是富起来、十八大以后社会主义3.0版本是强起来。这些表述有一定道理，但都不准确。准确地说，旧中国是一穷二白，而1949年以后的新中国从毛泽东时代开始，我们不仅站起来了，而且逐步富强起来了，富强是一个后浪推前浪的持续更好的过程。新中国近70年民富国强的统计数据，并不支撑割裂民富与国强的论点，也不支撑毛泽东时代没有逐步富强起来的论点。因此，习近平强调不能把新中国成立以来的两个30年建设发展互相否定的政治底线和原则，是十分正确的。

事实上，改革开放前后两个时期都是新中国近70年历史的有机组成部分，都是作为一个整体的社会主义新中国历史。应当说改革开放前的发展，为当今

[①] 参见《中国共产党中央委员会关于建国以来党的若干历史问题的决议》，人民出版社1981年版，第8—9页。

发展奠定了经济政治文化等基础和大发展，改革开放后的发展是在这个基础上的更大发展。但是，改革开放以来国内外有一些论著为了论证改革开放的必要性和伟大成就，对前30年发展采取历史虚无主义态度，或者片面地只讲失误和不足，甚至是用歪曲的手段进行基本否定，割裂、扭曲改革开放前后两个时期的继承和发展关系。这对于我们科学认识新中国逐步富强的历史发展，从而客观总结历史经验教训、把握科学发展规律，是非常有害的。

对此，党的十九大报告作出客观准确的描述："中国特色社会主义进入新时代，意味着近代以来久经磨难的中华民族迎来了从站起来、富起来到强起来的伟大飞跃，迎来了实现中华民族伟大复兴的光明前景"；"我们党团结带领人民完成社会主义革命，确立社会主义基本制度，推进社会主义建设，完成了中华民族有史以来最为广泛而深刻的社会变革，为当代中国一切发展进步奠定了根本政治前提和制度基础，实现了中华民族由近代不断衰落到根本扭转命运、持续走向繁荣富强的伟大飞跃"。其中，强调的是新中国成立以来"持续走向繁荣富强"！[①]

三　中国特色社会主义理论指导我国取得更大的经济成就即"第二个奇迹"

邓小平理论、"三个代表"重要思想、科学发展观和习近平新时代中国特色社会主义思想共同构成中国特色社会主义理论体系，是马克思主义中国化的又一理论成果，指引改革开放不断取得举世瞩目的成就。

改革开放40年间，中国国民经济高速腾飞，年均GDP增速约为9%，远远高于同时期世界经济平均3%左右的增长速度，达到同期世界第一，大大超过德、日、美等国在其崛起甚至"黄金时期"的增长速度。目前，中国国民经济总量和对外贸易总额已排名世界第二、外汇储备排名世界第一。"神州"系列载人宇宙飞船发射成功、"嫦娥"探月工程、高铁、天河计算机、北斗导航、激光3D打印机等一张张响亮的"中国名片"，成为"中国奇迹"的有力见证，标志着我国综合国力和国际地位也居于世界前列。我国人均国内生产总值已达8000多美元，人民生活接近由温饱到全面小康的历史性跨越。与此同时，我国在民主政治、文化繁荣、社会建设、国防和外交等方面，也都取得显著成就。

我们中国人喜欢比较，这是好事。我们的工业要和美国、德国、日本比，我们的农业要和以色列、荷兰比，我们的军事要和美国比，我们的生态环境要

[①] 习近平：《决胜全面建成小康社会 夺取新时代中国特色社会主义伟大胜利——在中国共产党第十九次全国代表大会上的报告》，《人民日报》2017年10月28日。

和澳大利亚、新西兰比,我们的生活要和丹麦、挪威比,我们的足球还要和德国比,等等。这样一比较,好像我国什么都不是最先进的。其实,这样比较是可以的,但并不全面和科学。单项比较,有利于激励我们砥砺前行,但如果认为中国什么都不行或不先进,那么这个结论就十分片面了。实际上,在民富国强方面,中国自我纵向比较,应对1949年前后的新旧中国进行全面比较;中国与他国的横向比较,应与独立前国情相似的印度进行全面比较,并与美国和瑞典等某些重要指标发展速度进行比较。这样科学地对比,其比较的结论显而易见。

一是按照购买力平价衡量的GDP。世界银行数据库统计显示,2016年我国的经济总量为21.4万亿美元,已经超过美国,美国的经济总量为18.6万亿美元,而印度只有8.7万亿美元。① 按照购买力平价这个指标进行衡量和比较最科学。购买力平价是指两种货币之间的汇率决定于它们单位货币购买力之间的比例。例如,购买相同数量和质量的一篮子商品,在我国需要40元人民币,在美国需要10美元,对于这篮子商品来说,人民币对美元的购买力平价是4∶1,即4元人民币购买力相当于1美元。按照汇率比较,现在我国经济总量仅次于美国,是世界第二,但汇率变动较大,比较不是很客观。据国际货币基金组织2016年统计购买力平价人均GDP的结果,中国为15424美元,印度为6658美元。② 我国人均GDP与发达国家或某些发展中国家相比还比较少,因为中国人口基数太大。如果中国人口总量开始下降,那就更能体现民富国强和经济社会发展的成就。

二是现代化指数。据何传启《2013年世界现代化指数》一文提供的数据,综合10项指标排名,瑞典为100,第1名;美国为97.3,第6名;中国为40.1,第73名;印度为22.5,第99名。③

三是财富指数。2016年,我国家庭人均财富为16.9万元,其中房产净值约占66%(其中,城镇家庭:69%;农村家庭:55%);动产中家用汽车占比较高。④ 另据瑞士信贷研究所发布《全球财富报告2016》的数据,2016年中国成年人平均财富为22864美元(15.8万人民币)⑤,属于中等偏低水平。

从前述各种数据可以看出,新中国成立以来的民富国强发展速度在全世界

---

① 数据来源:世界银行数据库。
② 数据来源:国际货币基金组织2016年年报。
③ 何传启:《2013年世界现代化指数》,《科学与现代化》2016年第2期。
④ 中国经济趋势研究院:《中国家庭财富调查报告(2017)》,《经济日报》2017年5月24日。
⑤ 数据来源:World Wealth Report 2016。

是较快的,改革开放以来更快。而国情和我国差不多的印度富强情况则相对大大落后。笔者曾去印度开会和考察过两次,也与印度经济学教授和共产党领导人座谈了解情况,得出如下结论:如果印度共产党不能掌权而不搞社会主义的话,同时如果中国不搞资本主义的话,那么印度在经济社会发展上是赶不上中国的。现在中外有些舆论认为印度是最大的民主国家,现在印度经济比中国弱小,可能若干年以后就赶上中国了。事实上,两国不同的发展路径依赖和制度决定这是不可能发生的事情,21世纪印度只有总人口可能超过中国。20世纪40年代后期,中国和印度的人均GDP差不多,而且印度的自然地理条件比中国好,中国人均耕地不到印度的一半,但无论比较毛泽东时代还是改革开放时代的富强发展情况,印度都比中国差,总体上印度比中国要差15年到20年。究其根源,在于印度是以垄断资产阶级的"民主社会主义"或"新自由主义"为指导,而中国是以马克思主义及其中国化理论为指导。

四 以新发展理念为主要内容的习近平新时代中国特色社会主义经济思想

2017年中央经济工作会议首次提出以新发展理念为主要内容的习近平新时代中国特色社会主义经济思想。这一新时代经济思想是党的十八大以来推动我国经济发展实践的理论结晶,是中国马克思主义政治经济学的最新成果,是取得经济社会发展新的更大成就的指导思想。

第一,马克思主义政治经济学原理认为,生产力是最革命、最活跃的因素,而掌握先进科技和管理方式的人,对生产力起着核心作用,其中科技创新具有引领生产力发展的决定性功效。中国特色社会主义政治经济学依据马克思主义政治经济学的一般原理,强调解放和发展生产力是社会主义初级阶段的根本任务,倡导自主创新,建设创新型国家。习近平新时代中国特色社会主义经济思想提出创新是引领发展的第一动力,其要义在于从以往高速度经济增长转向新时代的高质量经济发展,必须积极实施创新驱动战略,推动重大科技创新取得新进展。为此,必须大力培育新动能,培育一批具有创新能力的排头兵企业,以便较快推进中国制造向中国创造转变,中国速度向中国质量转变,制造大国向制造强国转变。2018年上半年美国违反世贸规则,发动对中国等国家的贸易战和科技战,更加说明了这一点。

第二,马克思主义政治经济学原理认为,按比例分配社会劳动是生产与社会需要之间矛盾运动以及整个国民经济协调发展的基础性规律,表现为人财物的社会总劳动要依据需要按比例分配在社会生产和国民经济各部门中,以保持各种经济关系平衡。中国特色社会主义政治经济学强调全面、协调、可持续发展和综合平衡,应正确处理好一系列重大经济比例关系,推动国民经济又好又快地发展。习近平新时代中国特色社会主义经济思想提出协调是持续健康发展的内在要求,其要义在于,"稳"和"进"是辩证统一的,要作为一个整体来把握,把握好工作节奏和力度。而统筹各项政策、加强政策协同,又是协调发展的关键。这表明协调发展是保持稳中求进工作总基调和推动高质量发展的基本保障,并体现在重点抓好防范化解重大风险、精准扶贫、污染防治三大攻坚战和八项重点工作之中。

第三,马克思主义政治经济学原理认为,由自然环境构成的自然力应与劳动力和科技力相协调,是生产力和经济社会发展的物质基石。中国特色社会主义政治经济学强调人口、资源与环境三者关系的良性化和可持续发展。习近平新时代中国特色社会主义经济思想提出绿色是永续发展的必要条件,其要义在于,加快推进生态文明建设,研究建立市场化、多元化生态补偿机制,改革生态环境监管体制,建设美丽中国。为此,必须调整产业结构和能源结构,打好污染防治攻坚战。这一新理念蕴含了人类生态环境命运共同体的当代价值。

第四,马克思主义政治经济学原理认为,依据国际分工、国际价值规律、国际生产价格、国际市场等理论,在一国条件具备的情况下经济对外开放,有利于本国和世界经济的增长、资源优化配置。中国特色社会主义政治经济学强调对外开放,统筹国内国际两个大局,利用好国际国内两个市场、两种资源,积极参与互利共赢型的经济全球化。习近平新时代中国特色社会主义经济思想提出加快形成全面开放新格局,这意味着在开放的范围和层次上进一步拓展,在开放的思想观念、结构布局、体制机制上进一步拓展。为此,应有序放宽市场准入、促进贸易平衡,更加注重提升出口质量和附加值,积极扩大进口,大力发展服务贸易,推进自由贸易试验区改革试点,并有效引导支持对外投资。

第五,马克思主义政治经济学原理认为,与资本主义私有制直接和最终的生产目的不同,社会主义公有制的直接和最终生产目的,是为了最大限度地满足全体人民的物质和文化需要。中国特色社会主义政治经济学强调人民主体性,发展要依靠人民、发展的目的是为了人民、发展的成果要惠及人民。习近平新时代中国特色社会主义经济思想提出共享是以人民为中心的发展理念。这就是说,要提高保障和改善民生水平,使人民获得感、幸福感明显增强。为此,应注重解决突出民生问题,积极主动回应群众关切,精准谋划财富和收入分配、扶贫、就业、住房、教育、医疗卫生、社会保障等领域的民生改善。新理念有关"改善民生就是发展"的认识高度,充分体现了中国特色社会主义政治经济学的生产目的性原则和根本立场。

五 用习近平关于生产力和经济制度的新思想引领新时代经济发展

习近平在纪念马克思诞辰200周年大会上的讲话中指出:"学习马克思,就要学习和实践马克思主义关于生产力和生产关系的思想,勇于全面深化改革,自觉通过调整生产关系激发社会生产力发展活力,自觉通过调整上层建筑适应经济基础发展要求,让中国特色社会主义更加符合规律地向前发展。"[①] 中国广大干部群众正在深刻领悟习近平总书记有关生产力和生产关系(经济制度)的重要论述,并引领新时代经济发展取得新的巨大成就。国际学界和国际社会也可以从中了解中国经济持续造就"奇迹"的思想动力及其方略。

第一,关于科技引领生产力的发展。习近平新时代中国特色社会主义经济思想继承和发展了马克思的相关经济思想,提出要坚持解放和发展社会生产力,科技创新是引领发展的第一动力,必须破除体制机制障碍,使创新成果更快转化为现实生产力;强调人才是创新的根基,创新驱动实质上是人才驱动,要择天下英才而用之,集聚一批站在行业科技前沿、具有国际视野和能力的领军人才;指出核心技术是国之重器,最关键最核心的技术要立足自己研发、自主创新、自立自强,而市场换不来核心技术,有钱也买不来核心技术,应扭转"造不如买、买不如租"的传统观念,而自主创新也不是关起门来搞研发,一定要坚持开放创新,正确处理原始创新、集成创新与引进消化再创新之间的关系。

可见,习近平从国际竞争和中国国情出发,在继承的基础上阐明人才、科技和自主创新对于发展社会主义生产力的极端重要性和总体思路。当前,中国只有坚决落实习近平总书记有关科技和人才发展的重要论述,紧紧抓住作为发展第一动力的创新,从企业、产业和国家层面实施自主知识产权战略,才能围绕名牌创造、技术标准制定和科学理论发现等构筑企业与国家的竞争优势,实现经济结构转型升级,不断追赶和引领世界科技革命。

第二,关于基本经济制度。一个国家的所有制结构形成全社会的基本经济制度,决定该国的经济形态性质和国计民生的基本格局。习近平新时代中国特色社会主义经济思想继承和发展了马克思的相关经济思想,认为马克思主义政治经济学和《资本论》没有过时,从当前国际金融危机看,许多西方国家经济持续低迷、两极分化加剧、社会矛盾加深,说明资本主义固有的生产社会化和生产资料私人占有之间的矛盾依然存在,但表现形式、存在特点有所不同;指出要坚持和完善社会主义基本经济制度,毫不动摇巩固和发展公有制经济,毫

---

① 习近平:《在纪念马克思诞辰200周年大会上的讲话》,《人民日报》2018年5月4日。

不动摇鼓励、支持、引导非公有制经济发展，推动各种所有制形式取长补短、相互促进、共同发展，同时公有制的主体地位不能动摇，国有经济主导作用不能动摇，这是保证我国各族人民共享发展成果的制度性保证，也是巩固党的执政地位、坚持我国社会主义制度的重要保证；强调混合所有制改革要坚持有利于国有资产保值增值、有利于提高国有经济竞争力、有利于放大国有资本功能的方针，推动国有企业深化改革、提高经营管理水平，加强国有资产监管，理直气壮地把国有企业（包括国有资本）做强做优做大，而不是削弱国有企业；阐明农村要妥善安排好"分与统"的关系，不断完善家庭承包地"三权分置"制度，积极发展农村集体层经营和集体经济实力，积极发展作为带动农户增加收入、发展现代农业有效组织形式的农民专业合作社，要紧紧扭住发展现代农业、增加农民收入、建设社会主义新农村这一乡村振兴战略三大任务。

可见，习近平重点分析中国特色社会主义基本经济制度的优越性，阐明公有制为主体、国有经济主导、多种所有制经济共同发展的重要性。目前，中国正在落实习近平关于毫不动摇地坚持和完善社会主义初级阶段基本经济制度的定力思维，尤其要促使国有企业成为贯彻新发展理念、全面深化改革的重要力量，成为实施"走出去"战略、"一带一路"建设等重大战略的重要力量，成为壮大综合国力、促进经济社会发展、保障和改善民生的重要力量，成为中国赢得具有许多新的历史特点的伟大斗争胜利的重要力量。以"满足人民群众日益增长的物质文化需要"作为社会生产的目的，而不是以利润率或单纯的经济增长为生产的目的，这是中国特色社会主义政治经济学的人民性的体现，也是实现人民幸福和自由的必然选择。①

第三，关于基本分配制度。社会基本分配制度是由所有制结构形成的基本经济制度所决定的。习近平新时代中国特色社会主义经济思想继承和发展了马克思的相关经济思想，认为美国等西方国家的不平等缘由，在于表层的分配问题和根本的所有制问题，阐明社会主义初级阶段由于生产力相对不发达，就要坚持公有制为主体、多种所有制经济共同发展的基本经济制度，因而必然实行按劳分配为主体、各种生产要素凭借产权参与分配这一基本分配制度；强调以人民为中心的发展思想，为了增强发展动力，增进人民团结，就要朝着共同富裕的方向稳步前进发展，发展成果更多地由人民共享，精准扶贫，消灭贫困，增强人民的获得感；要求缩小收入差距，坚持居民收入增长和经济增长同步、

---

① 沈广明：《以人民为中心的政治经济学——从〈马克思主义与中国梦〉谈起》，《海派经济学》2017年第4期。

劳动报酬提高和劳动生产率提高同步，健全科学的工资水平决定机制、正常增长机制、支付保障机制，完善最低工资增长机制。

可见，习近平继承马克思的相关经济思想，主要拓展研究中国特色社会主义基本分配制度及其优势。目前，中国正在全面落实习近平阐明的共享新理念和共同富裕原则，遵照基本分配制度来改革财富和收入的分配体制机制，处理好分配领域公平与效率的互促共进关系，打好扶贫攻坚战，进一步提升广大劳动人民的满意度和幸福感。

第四，关于基本经济调节制度。政府与市场的关系构成现代社会的基本经济调节制度。习近平新时代中国特色社会主义经济思想继承和发展了马克思的相关经济思想，认为在没有达到共产主义社会之前的社会主义初级阶段，应该实行社会主义市场经济体制，要坚持社会主义市场经济改革方向，坚持辩证法、两点论，继续在社会主义基本制度与市场经济的结合上下功夫，把两方面优势都发挥好；提出中国经济体制改革的重要方向，就是使市场在资源配置中起决定性作用和更好发挥政府作用，就是"看不见的手"和"看得见的手"都要用好；强调既要积极稳妥从广度和深度上推进市场化改革，大幅度减少政府对资源的直接配置，又要更好地发挥政府的职责和作用，主要是保持宏观经济稳定，加强和优化公共服务，保障公平竞争，加强市场监管，维护市场秩序，推动可持续发展，促进共同富裕，弥补市场失灵造成的消极影响。从实践来看，以创新为动力、将共享作为发展目标的五大发展理念的贯彻落实，在根本上有赖于政府的保障。[①]

可见，习近平侧重论述政府与市场有机结合的社会主义市场经济双重调节体系，二者的思想呈现批判与建构的互补递进关系。当下，中国正在积极贯彻习近平关于更好地发挥市场和政府调节作用的思想精髓，既要用市场调节的优良功能去抑制"政府调节失灵"，又要用政府调节的优良功能来纠正"市场调节失灵"，从而推进高速经济增长向高质量发展的转变，加速建立现代化经济体系。

第五，关于经济全球化和开放制度。从资本主义生产方式和殖民主义在世界扩张开始，各国经济就日渐全球化，先后建立了程度和方式不一的开放制度。习近平新时代中国特色社会主义经济思想继承和发展了马克思的相关经济思想，指出要坚持双向对外开放基本国策，善于统筹国内国际两个大局，利用好国际国内两个市场、两种资源，发展更高层次的开放型经济，积极参与互利共赢型

---

① 吴培、李成勋：《充分发挥政府经济职能是贯彻落实五大发展理念的保障》，《管理学刊》2017年第4期。

的全球经济治理；同时坚决维护我国发展利益，积极防范各种风险，确保国家经济安全，要引领国际社会塑造经济新秩序和共同经济安全；强调要继续抓好优化对外开放区域布局，防止区域开放的雷同化和恶性竞争；要推进外贸优进优出，提高国际分工的层次，加强国际产能和装备制造合作，妥善开展自贸区及投资协定谈判，积极参与全球经济治理，在充分利用中资和外汇储备的基础上有效利用外资；尤其要加快"一带一路"的国际合作和建设措施，发挥好亚投行、丝路基金等机构的融资支撑作用，抓好重大标志性工程落地。

可见，习近平分析的是21世纪经济全球化的新变化，倡导和践行以"一带一路"倡议为建构重点的公正经济全球化和对外开放的新格局。在新时代，中国正在认真贯彻习近平关于建立人类命运共同体和合作共赢新型国际经济关系的开放思维以及自力更生是奋斗的基点的自主思想，建立更高层次的全方位和双向对等性的开放型经济体系，明智应对狭隘的贸易保护主义和金融霸权主义，在维护经济安全的开放中实现国民福利最大化，加速现代化强国的建设。

六 结语：中国已取得世界体系"准中心"地位的巨大成就

在党的十九大报告中，习近平强调新时代"是我国日益走近世界舞台中央、不断为人类作出更大贡献的时代"[1]，这与其关于我国比任何时候都更加接近世界舞台中心的论断是一致的。我认为这在经济上最为突出。众所周知，世界著名马克思主义经济学家萨米尔·阿明在《世界规模的积累：欠发达理论批判》（1970年）的力著中，提出和论证了世界经济体系中的"中心—外围理论"[2]。阿根廷劳尔·普雷维什也出版了《外围资本主义：危机与改造》（1990年）一书。[3] 问题在于：当代中国还是依附于发达国家的外围国家吗？美国等七国集团是当代世界经济的中心，但我国又不依附它们，也不是外围国家，因而需要提出一个"准中心"国家的新概念。我国的经济实力、科教文卫体实力，以及倡导的"一带一路"国际合作、金砖国家、亚投行、上合组织，等等，表明我国现阶段已处于世界经济"准中心"的重要地位。限于篇幅，这里不做具体论证。

今后，中国只有贯彻习近平新时代中国特色社会主义思想，尤其是关于五大发展理念、生产力和经济制度的理论及其方略，才能先后圆满地实现全面建

---

[1] 习近平：《决胜全面建成小康社会 夺取新时代中国特色社会主义伟大胜利》，《人民日报》2017年10月28日。

[2] 参见［法］萨米尔·阿明《世界规模的积累：欠发达理论批判》，社会科学文献出版社2008年版。

[3] 参见［阿根廷］劳尔·普雷维什《外围资本主义：危机与改造》，商务印书馆1990年版。

设小康社会、基本实现社会主义现代化、建设社会主义强国的三大宏伟目标，从现阶段世界经济的"准中心"向未来标准的"中心"迈进。不过，面对来自西方，甚至包括拉美国家一些舆论的质疑，指责中国在拉丁美洲、非洲的投资和能源等合作，怀疑中国也是在发展一种新的"中心—外围"之间的依附关系，我们有必要声明，中国所迈向世界经济舞台的"中心"，不是重蹈西方中心国家新老帝国主义和殖民主义的覆辙，不走它们利用领先的经济技术优势来剥削其他国家劳动力的老路。中国所追求的"中心"地位，实际上是在谋求自身发展基础上促进人类命运共同体和利益共同体的发展。我国既要在经济和科技上追赶传统的"中心"国家，以获得与发达国家平等合作的机会，又要和传统的"外围"国家进行平等和帮助性的合作，并为"外围"国家发展进步提供示范，同时还要更好地引领全球共同建立国际经济新秩序、引领塑造国际共同经济安全、引领共同推动公正的经济全球化。我国这些和平、发展、合作、共赢的对外交往方针的思想，来源于马克思主义及其中国化理论，尤其是习近平新时代中国特色社会主义思想。

中国道路的哲学观念

赵剑英

【作者简介】赵剑英,浙江萧山人,哲学博士。现任中国社会科学出版社党委书记、社长,二级教授。中国社会科学院大学教授、博士生导师、博士后合作导师。全国文化名家暨"四个一批"人才(2014年),国家百千万人才暨"有突出贡献中青年专家"(2013年),全国新闻出版行业领军人才(2010年),国务院政府特殊津贴专家。兼任中国历史唯物主义学会副会长,中国人学研究会常务理事,中国出版协会理事,中国文字著作权协会理事,武汉大学、安徽大学、浙江师范大学等客座教授。长期致力于马克思主义哲学和中国特色社会主义理论的学习与研究。专著有《21世纪中国的马克思主义》《时代的哲学回声——赵剑英学术自选集》《马克思主义哲学范畴研究》《哲学的力量——社会转型时期的中国哲学》《复兴中国》等,主编或参与主编《论中国模式》《马克思哲学论坛文丛》(共7卷)等;在《中国社会科学》《哲学研究》《马克思主义研究》《人民日报》等报刊上发表文章近百篇,代表作有:《党的自我革命开创权力监督的新路》《中国为何有坚定的制度自信》《深刻理解党的十九大报告的"大历史观"》《现代性与近代以来中国人的文化认同危机及重构》《论中国特色社会主义文化发展观》等。

一 从哲学上深刻理解中国道路的历史必然性和合理性

1978年中国改革开放以来,中国共产党领导中国人民走出了一条独特的现代化发展道路即中国特色社会主义道路。今天看来，中国道路的成功不仅已被时间和实践所证明，而且更从当今中西方经济社会发展现状的对比中得到证明。从时间检验上看，中国经济社会的中高速发展持续了40年，而且相对世界经济而言，中高速的增长还在继续，中国发展的长期性和稳定性在世界现代经济史上不能不说是一个奇迹。40年这样的时间长度足以说明一个事物存在发展的稳定性、规律性和合理性。

从发展的结果来看，中国40年来发生了翻天覆地的变化，政治经济社会文化发展取得了巨大成就，人民群众的物质生活水平、综合国力和国家的国际地位大幅提升。

从当今中西方发展对比来看，特别是2008年国际金融危机以来，西方发达资本主义国家的发展危机四起，所谓新自由主义"普世价值观"在实践中四处碰壁。当今世界正处于前所未有的大变革大动荡时代。世界经济发展陷入长期低迷和失衡，各种"黑天鹅"事件不断，各种不确定上升，这些都证明资本主义固有的基本矛盾经过一个时期的缓和后又进入一个被激化的阶段。美国与发达资本主义国家之间的矛盾和利益争夺，以及发达国家与不发达国家之间掠夺和反掠夺的矛盾日益激烈。世界财富集中到少数国际巨商和金融寡头的程度前所未有，巨大的贫富差距和极不平等的现实世界，必然会造成被压迫、被剥削者的不满、反抗和斗争，欧美发达国家大资本家的贪婪不仅受到本国人民的反抗，而且受到发展中国家（新兴市场经济国家）人民的极力对抗，资本主义政治制度和社会治理受到空前质疑。

回眸中国，虽然我们也面临很多发展难题，但是中国发展道路和制度的活力远远胜于西方资本主义国家。这是不容否认的事实，原因何在？大家都在分析、寻找。在我看来，根本原因在于作为执政党的中国共产党执政理念的人民性，即中国的国家权力不是掌握在少数利益集团手里，不是为少数权贵服务的，这使得中国的治理体系有可能更加合理。长期以来，西方国家重点攻击我们的国家治理主要有两点：一是指责我们是非民主国家；二是我们非个人自由主义（权利）本位。但事实证明，对于我们这样一个世界上人口最多的多民族国家来说，为应对自身经历的深刻变革和与之相互掺杂在一起的很多全球性复杂问题，强有力的国家治理能力是维护中国稳定发展的保障，没有稳定的社会秩序和较快速度的增长，人民的社会经济权利保障是根本无从谈起的。当前，"五位一体"总体布局、"四个全面"战略布局和新发展理念，都将进一步完善中国的制度体系，更加关注人民群众的利益诉求，改善民生，促进人的自由而全面发展。

中国发展的成功使我们有理由有底气对我们自己选择的中国特色社会主义道路自信，对我们不断创新的中国特色社会主义理论和不断完善的中国特色社会主义制度自信。中国特色社会主义作为一种新制度文明形态正显示出蓬勃的生命力，我们为人类的发展和世界文明多样性贡献了中国方案和中国智慧，这自然也对西方资本主义制度和意识形态构成挑战。一个国家或民族的自信根本来源于文化自信，文化自信是民族自信的源头。中国道路的选择、中国理论的提出和制度的设计是中华文化在当代的创造性转化和创新性发展，创新的奥秘我认为就在于把马克思主义与中国国情、中国实际和时代特征相结合，在于把马克思主义与中国优秀传统文化相结合，实现了马克思主义的中国化、时代化、大众化。这种双重的结合是中华文化的创新与发展，其理论形态就是以毛泽东思想与中国特色社会主义理论体系为内容的当代中国的马克思主义。这一新型文化的精髓则是一系列的哲学观念。这些哲学观念是破解中国道路成功之谜的精神密码，它们主要有：实事求是、人民主体、人的自由全面发展、批判的革命的辩证法、依存共生等。梳理和分析这些哲学观念，我们可以更好地理解当今中华民族的发展智慧，更深层次地理解中国特色社会主义成功的根源，坚定我们的道路自信、理论自信、制度自信和文化自信。

二 实事求是

实事求是是马克思主义哲学中国化的集中体现，也是对中国革命建设和改革开放发展影响最深远的当代中国哲学观念，它集中表达了马克思主义哲学的认识论和方法论。

实事求是出自中国古代的典籍（东汉史学家班固撰写的《汉书·河间献王传》），原本是指一种严谨的治学态度和方法，毛泽东用这一成语概括了马克思主义的哲学观。他在《改造我们的学习》中指出："'实事'就是客观存在着的一切事物，'是'就是客观事物的内部联系，即规律性，'求'就是我们去研究。我们要从国内外、省内外、县内外、区内外的实际情况出发，从中引出其固有的而不是臆造的规律性，即找出周围事物的内部联系，作为我们行动的向导。"[①] 经过不断的完善，实事求是思想路线的完整表述为：一切从实际出发，理论联系实际，实事求是，在实践中检验和发展真理。其精髓是：解放思想、实事求是、与时俱进、求真务实。实事求是是中国化马克思主义哲学的理论核心，一方面集中表达了辩证唯物主义和历史唯物主义的自然观、历史观以及科

[①] 《毛泽东著作选读》（下册），人民出版社1986年版，第478页。

学的认识论和方法论;另一方面,它言简意赅,微言大义,体现了鲜明的中国传统文化特色。

实事求是思想路线是以毛泽东同志为核心的党的第一代中央领导集体在十分残酷的革命斗争实践中总结出来的,并在复杂的革命和建设进程中不断深化。毛泽东深刻反思右倾机会主义和"左"倾教条主义给中国革命造成的巨大损失,总结其惨痛的教训,指出,两者虽然表现形式不同,但实质相同,即都不从中国的实际出发,不注重调查研究,两者都险些倾覆中国共产党领导的革命之船。右倾机会主义错误使中国共产党放松了政治上的警惕性,致使中国共产党在国民党发动的反革命政变中损失惨重。由于"左"倾教条主义的错误指挥,本来实力弱小的中国红军积极冒进,造成第五次反"围剿"的失败,被迫长征,在长征开始后不到两个月,红军就由出发时的8.6万人锐减到3万多人。通过对这些教训的反思,毛泽东提出,必须将马克思主义与中国实际相结合,寻找一条符合中国实际的革命道路,进而形成实事求是的思想路线。在这一正确的思想路线的指导下,中国共产党领导中国人民取得革命的胜利,成立了中华人民共和国。

中国共产党在每一个历史发展阶段、每到重大历史关头,都会带着新的问题对实事求是进行再强调和再阐释,对实事求是每一次阐释都有新的意义,都是一次新的思想启蒙、思想解放,充分体现了正确的哲学观念在认识世界和改造世界的智慧和力量。

在社会主义建设早期,"左"倾错误再度兴起,社会主义建设脱离实际、急于求成、急躁冒进。具体表现为"大跃进"、人民公社化运动以及后来发生的"文化大革命"等错误实践,"以阶级斗争为纲"的政治运动给社会主义建设带来严重灾难。1978年,关于实践是检验真理的唯一标准问题的大讨论开启了思想解放的大幕,为重新恢复和确立党的实事求是的思想路线奠定了哲学基础。在党的十一届三中全会上,邓小平同志作了《解放思想,实事求是,团结一致向前看》的重要讲话[1],重新确立实事求是的思想路线。实事求是的思想路线使我们清醒认识我国所处的发展阶段,即中国还处于并将长期处于社会主义初级阶段。从这一基本国情和基本特点出发,我们开辟了自己独特的发展道路即中国特色社会主义道路,确立了"一个中心、两个基本点"(以经济建设为中心,坚持改革开放,坚持四项基本原则)的基本路线,确立了建立社会主义市场经济体制的改革目标,迎来了快速发展的黄金40年,创造了人类发展史

---

[1] 参见《邓小平文选》第2卷,人民出版社1994年版,第140页。

上的奇迹。

经过40年的快速发展,中国不仅解决了温饱问题(7亿多贫困人口摆脱贫困),一部分人还先富了起来,国家也逐渐强大起来,但也积累了大量的问题与矛盾:改革进入深水区,增长速度进入换挡期、结构调整面临阵痛期、前期刺激政策消化期;信仰缺失、道德滑坡、贫富分化、环境污染等问题凸显;党内部分官员腐败严重,形式主义、官僚主义、享乐主义和奢靡之风突出,面临脱离实际、脱离群众的危险。针对中国的发展进入新的发展阶段,面临新的形势和问题,习近平总书记作了《坚持实事求是的思想路线》的重要讲话,他指出:"我国已进入全面建设小康社会的关键时期和深化改革开放、加快转变经济发展方式的攻坚时期,我们面临的国内外形势更加复杂多变,新情况新问题新矛盾层出不穷。这些都对我们坚持和更好地贯彻实事求是的思想路线提出了新的要求。"[①] 这一重温实事求是的讲话是一次新的思想解放的再动员。党的十八届六中全会再次强调:"坚持解放思想、实事求是、与时俱进、求真务实,坚持理论联系实际,一切从实际出发,在实践中检验真理和发展真理,既反对各种否定马克思主义的错误倾向,又破除对马克思主义的教条式理解。坚持从我国仍处于并将长期处于社会主义初级阶段这个基本国情出发,不断研究新情况、总结新经验、解决新问题,不断推进马克思主义中国化。"[②] 由此,"必须全面贯彻执行党的基本路线,把以经济建设为中心同坚持四项基本原则、坚持改革开放这两个基本点统一于中国特色社会主义伟大实践,任何时候都不能有丝毫偏离和动摇"[③]。可见,政治路线的正确与清醒是以坚持实事求是这一科学的思想路线和哲学观念为前提的。

三 人民主体

中国共产党自成立之日起,就把全心全意为人民服务写在自己的旗帜上,始终坚持人民主体地位,始终代表人民的利益,具有鲜明的人民性。正如习近平总书记在党的十九大报告中指出的,"中国共产党的初心和使命,就是为中国人民谋幸福,为中华民族谋复兴"。毛泽东提出全心全意为人民服务的宗旨;邓小平把人民利益作为每一个党员的最高准绳;江泽民提出中国共产党要始终代

[①] 习近平:《坚持实事求是的思想路线》,《学习时报》2012年5月28日第1版。
[②] 《〈关于新形势下党内政治生活的若干准则〉〈中国共产党党内监督条例〉辅导读本》,人民出版社2016年版,第25页。
[③] 《〈关于新形势下党内政治生活的若干准则〉〈中国共产党党内监督条例〉辅导读本》,人民出版社2016年版,第5页。

表中国最广大人民的根本利益；胡锦涛提出以人为本的科学发展观；习近平总书记提出坚持以人民为中心的发展思想和工作导向。2016年9月29日，习近平总书记在学习《胡锦涛文选》报告会上的讲话中指出："我们要坚持以人民为中心的发展思想，抓住人民最关心最直接最现实的利益问题，不断实现好、维护好、发展好最广大人民根本利益，努力使全体人民学有所教、劳有所得、病有所医、老有所养、住有所居。"[①] 以人民为中心的发展思想是做好各项工作的重要导向，习近平总书记强调："把以人民为中心的发展思想体现在经济社会发展各个环节，做到老百姓关心什么、期盼什么，改革就要抓住什么、推进什么，通过改革给人民群众带来更多获得感。"[②] 2014年10月15日，他在文艺工作座谈会上的讲话中，提出坚持以人民为中心的创作导向。2016年2月19日，他在党的新闻舆论工作座谈会上的讲话中指出："坚持以人民为中心的工作导向，尊重新闻传播规律，创新方法手段，切实提高党的新闻舆论传播力、引导力、影响力、公信力。"[③] 2016年5月17日，他在哲学社会科学工作座谈会上的讲话中指出："我国哲学社会科学要有所作为，就必须坚持以人民为中心的研究导向。脱离了人民，哲学社会科学就不会有吸引力、感染力、影响力、生命力"[④]，等等。从毛泽东到习近平，关于中国共产党立党执政的宗旨的思想都是一脉相承的，概括起来就是"人民主体"这一哲学观念。

"人民主体"既是中国共产党坚持的马克思主义历史观、权力观，又是马克思主义价值观。它具有丰富的内涵：一是坚持人民历史主体地位。作为一种历史观，它认为人民群众是历史的创造者，是推动历史进步的根本动力。二是人民是权力的主体，是国家的主人。中国共产党来自人民、植根人民、依靠人民，人民群众是执政党的力量源泉。"得民心者得天下，失民心者失天下，人民拥护和支持是党执政的最牢固根基。人心向背关系党的生死存亡。党只有始终与人民心连心、同呼吸、共命运，始终依靠人民推动历史前进，才能做到哪怕"黑云压城城欲摧"，"我自岿然不动"，安如泰山、坚如磐石。"[⑤] 党的权力既来自于人民，必然要受人民监督。任何党的干部都没有超越党规和法律之外的权

---

① 习近平：《在学习〈胡锦涛文选〉报告会上的讲话》，人民出版社2016年版，第12页。
② 习近平：《在中央全面深化改革领导小组第二十三次会议上的讲话》，《人民日报》2016年4月19日第1版。
③ 习近平：《坚持正确方向创新方法手段提高新闻舆论传播力引导力》，《人民日报》2016年2月20日第1版。
④ 习近平：《在哲学社会科学工作座谈会上的讲话》，人民出版社2016年版，第12—13页。
⑤ 习近平：《在党的群众路线教育实践活动工作会议上的讲话》，2013年6月18日，商务部网（http://www.mofcom.gov.cn/article/zt_swbqzlx/lanmuone/201307/20130700218344.shtml）。

力，行使任何权力都要对人民负责，自觉接受人民群众的监督和批评。三是从价值观上看，坚持人民主体就是执政为民，努力实现人民群众对美好生活的向往。实现好、维护好、发展好最广大人民根本利益，把人民拥护不拥护、赞成不赞成、高兴不高兴、答应不答应作为衡量一切工作得失的根本标准。四是坚持人民主体就是要尊重人民的首创精神，坚持从群众中来，到群众中去的工作方法，充分发挥广大人民群众的积极性、主动性、创造性。深入调查研究，将从群众中集中起来的意见建议，形成政策，服务于人民群众。不搞主观臆断和违背客观规律的"拍脑袋"决策，不追求脱离实际的盲目攀比，不提哗众取宠的空洞口号。

坚持人民主体这一哲学观念在中国具有十分深厚的土壤，与中国传统民本思想是十分契合的。民本主义精神是中国传统文化的重要内容。"民惟邦本，本固邦宁"（《尚书·五子之歌》），孟子提出"民为贵，社稷次之，君为轻"的著名观点，影响了中国几千年。唐代李世民认为："君依于国，国依于民。""为君之道，必须先存百姓。"（《贞观政要·君道》）朱熹则认为"天下之务莫大于恤民"（《宋史·朱熹传》），民本思想强调民心向背的重要性。孟子说："桀纣之失天下也，失其民也；失其民者，失其心也。得天下有道：得其民，斯得天下矣。"（《孟子·离娄上》）荀子说："君者，舟也；庶人者，水也。水则载舟，水则覆舟。"（《荀子·哀公》）习近平总书记说："'政之所兴在顺民心，政之所废在逆民心。'全心全意为人民服务，是我们党一切行动的根本出发点和落脚点，是我们党区别于其他一切政党的根本标志。"[①] 民本思想还体现在重现世、重生活、重人伦的基本生命态度，是一种具有浓重道德色彩的人本关怀，把人放在一定的伦理人际关系中来定位，注重人的修养，肯定个体的心性完善。中国共产党强调在密切联系群众的关系中发展自己，强调在密切这一关系中自觉加强党性修养，具有强烈的道德情怀，这是中国共产党不同于西方政党的表现。

正是因为坚持了人民主体的历史观和价值观，我们党才始终有坚实的执政党基础，也才有力量能在极其复杂、充满风险的国际国内形势下引领中国发展不断取得新的胜利。

四 人的自由全面发展

实现人的全面而自由的发展，这是马克思、恩格斯构想的人类未来理想社会——共产主义社会最根本的特征，是马克思主义的最高哲学命题。马克思在

[①] 《习近平谈治国理政》，外文出版社2014年版，第28页。

《资本论》中把共产主义描述为"一个更高级的、以每个人的全面而自由发展为基本原则的社会形式"。实现人的自由而全面发展也是以马克思主义为指导的中国共产党的奋斗目标,在哲学社会科学工作座谈会上,习近平总书记明确指出了这一点。他说:"马克思主义坚持实现人民解放、维护人民利益的立场,以实现人的自由而全面的发展和全人类解放为己任,反映了人类对理想社会的美好憧憬。"[①]

人的自由而全面的发展包含十分丰富的内容,中国共产党在探索中国的发展道路中始终践行这一哲学理念。

第一,中国共产党领导的中国革命把贫穷的劳苦大众从"三座大山"的压迫和奴役中解放出来,在政治权利上实现了人人平等,这是人民群众自由而全面发展的基础和前提。但是在以"阶级斗争为纲"的社会主义建设的一段特殊时期,人的尊严和自由全面发展受到严重损害,有的时期甚至连宪法法律也遭公然践踏。改革开放以来,我们不断加强法治建设,实施依法治国战略,不断完善各种法律制度,进一步保障个人权利。党的十八届四中全会首次专题讨论依法治国问题,通过《中共中央关于全面推进依法治国若干重大问题的决定》,对加强社会主义民主政治制度建设和推进法治中国建设作出战略部署,使个人的各种权利得以保障。

第二,大力解放和发展生产力,提高人民群众的物质生活水平。摆脱对"物的依赖"是实现人的自由而全面发展的物质前提。改革开放以来,邓小平从我国贫穷落后的国情出发,指出"贫穷不是社会主义",社会主义的本质是"解放生产力,发展生产力,消灭剥削,消除两极分化,最终达到共同富裕"。在实现人民群众共同富裕上,我们采取的策略是先让一部分人富起来,先富带动后富,最终实现共同富裕。今天,中国人的温饱问题基本解决了,但还有一部分人仍处于贫困状态,我们正在向全面建成小康社会的目标努力奋进。

第三,提出共享发展,让每一个人都得以自由而全面发展。目前,我国只有一部分人富裕了,绝大多数中国人民还没有富裕,并且贫富分化比较严重。基于此,习近平总书记提出共享发展理念。他指出:"共享理念实质就是坚持以人民为中心的发展思想,体现的是逐步实现共同富裕的要求。共同富裕,是马克思主义的一个基本目标,也是自古以来我国人民的一个基本理想。"[②] 共享发展就是让每一个社会成员拥有平等参与、平等发展的权利,让人民群众真正分

[①] 习近平:《在哲学社会科学工作座谈会上的讲话》,人民出版社2016年版,第8—9页。
[②] 习近平:《在省部级主要领导干部学习贯彻党的十八届五中全会精神专题研讨班上的讲话》,人民出版社2016年版,第25页。

享国家经济发展的成果，分享发展红利，建成不分地域、不分群体、不分层级、不分民族的全面小康。

为此，我们采取了一系列政策措施以推动共享发展。一是实施协调发展。针对城乡二元结构和城市内部二元结构的矛盾突出，东中西部、东北区域间发展不平衡，社会文明程度和国民素质与经济社会发展的水平不匹配等问题，推动区域协同、城乡一体、物质文明和精神文明协调发展。二是实施脱贫攻坚工程。提出"精准扶贫"的思想，因人因地施策，满足贫困地区、贫穷人群的物质生活需求，共享我们改革开放的发展成果。三是增加公共服务供给，坚持普惠性、均等化、可持续原则，加强义务教育、就业服务、社会保障、基本医疗和公共卫生、公共文化、环境保护等基本公共服务。四是完善分配制度。更好地处理按劳分配为主体和实行多种分配方式的关系，完善劳动、资本、技术和管理等生产要素按贡献参与分配的机制。规范初次分配，加大再分配调节力度。减小收入差别，增加低收入劳动者收入，扩大中等收入者比重，构建和谐稳定的"橄榄型"社会。五是逐步建立以权利公平、机会公平、规则公平为主要内容的社会公平保障体系，从法律上、制度上、政策上努力营造公平的社会环境，维护好个人权利。以上这些政策措施在推动人民群众共享发展上正在取得实效。

第四，重视文化发展，推动人在更高层次上实现自由全面发展。丰富的精神文化生活是人的自由全面发展的重要标志。党的十七届六中全会通过的《中共中央关于深化文化体制改革推动社会主义文化大发展大繁荣若干重大问题的决定》中指出："物质贫乏不是社会主义，精神空虚也不是社会主义"[①]，这是对邓小平"贫穷不是社会主义"论述的深化。经过近40年的发展，人民群众在物质生活水平极大提高的同时，对精神文化生活的需求日益增强，但我们高质量的公共文化产品却相对缺乏，精神领域还出现了诸如信仰缺失、道德失范、价值观扭曲等与人的自由全面发展相背离的问题。党的十七届六中全会之后，党把中国特色社会主义文化的发展提到更加突出的位置，通过加强意识形态工作、构建社会主义核心价值观、创作优秀文艺作品、发展弘扬中华优秀传统文化、推动中华文化走出去、加快推进文化体制改革和文化产业建设等，以满足人民群众不断增长的精神文化生活需求，推动人的更加全面而自由的发展。

五 批判的革命的辩证法

马克思认为："辩证法在对现存事物的肯定的理解中同时包含对现存事物的

[①] 《中共中央关于深化文化体制改革推动社会主义文化大发展大繁荣若干重大问题的决定》，人民出版社2011年版，第7页。

否定的理解,即对现存事物的必然灭亡的理解;辩证法对每一种既成的形式都是从不断的运动中,因而也是从它的暂时性方面去理解;辩证法不崇拜任何东西,按其本质来说,它是批判的和革命的。"① 马克思的批判性概念是基于历史事实和历史规律基础上的,马克思是基于揭示人类社会发展内在矛盾和资本主义社会特殊矛盾而进行的理论批判和实践批判。他认为整个人类历史是一个辩证否定的过程。对此,习近平总书记作了深刻的把握与阐发,他指出:"哲学社会科学要有批判精神,这是马克思主义最可贵的精神品质。"② 他还强调:"以勇于自我革命精神打造和锤炼自己","勇于自我革命,是我们党最鲜明的品格,也是我们党最大的优势"。③ 毋庸置疑,批判的革命的辩证法是指导中国共产党领导中国人民推进中国特色社会主义伟大实践的一个重要哲学观念。

第一,中国改革开放实践活动就是一个自我批判、自我革新的历史进程。改革开放政策的出场本身就是对原有计划经济体制下社会主义建设实践模式的反思和批判,改革开放过程本身就是不断的自我革新过程。正是在这个意义上,邓小平把改革开放看作是"中国的第二次革命"。改革就是要打破那些束缚生产力发展的旧观念、旧体制,逐步建立社会主义市场经济体制。当前,历时近40年的中国改革进入深水区,好改的都已经改了,"剩下的都是硬骨头",需要我们以更加彻底的批判精神披荆斩棘,完成自我革命的历史重任。因此,党的十八大以来,以习近平同志为核心的党中央提出全面深化改革,并在诸多领域推出了全面深化改革的举措。习近平指出:"改革既要往有利于增添发展新动力方向前进,也要往有利于维护社会公平正义方向前进。"再如,在正确处理市场与政府之间的关系上,提出充分发挥市场在资源配置中起决定性作用,更好地发挥政府的宏观调控作用,把市场调节由基础性作用改为决定性作用。当然,无论怎么改,都必须坚持正确方向,沿着正确道路推进。"我们的方向就是不断推动社会主义制度自我完善和发展,而不是对社会主义制度改弦易张。"④

第二,中国共产党的自身建设也体现了自我批判和自我革命精神。党的十八大以来,中国共产党深刻反省自身存在的腐败和作风问题,坚定不移推进全面从严治党,加强自身监督,努力把权力关进制度的笼子里。一方面对腐败始终保持高压态势,坚持"老虎""苍蝇"一起打,惩治了一大批贪官污吏。另

---

① 《马克思恩格斯选集》第2卷,人民出版社1995年版,第112页。
② 习近平:《在哲学社会科学工作座谈会上的讲话》,人民出版社2016年版,第18页。
③ 习近平:《以解决突出问题为突破口和主抓手 推动党的十八届六中全会精神落到实处》,《人民日报》2017年2月14日第1版。
④ 《习近平关于全面深化改革论述摘编》,中央文献出版社2014年版,第15页。

一方面加强制度建设，出台了《关于改进工作作风、密切联系群众的八项规定》《关于新形势下党内政治生活的若干准则》《中国共产党党内监督条例》，等等，并开展党的群众路线教育实践活动、"三严三实"（严以修身、严以用权、严以律己，谋事要实、创业要实、做人要实）和"两学一做"活动。出台这些制度、开展这些活动的核心是要求党员干部对照党纪党规，不忘初心，查找、反思自身的问题，做到自我净化、自我完善、自我革新、自我提高。事实证明，这些措施有力整治了形式主义、官僚主义、享乐主义和奢靡之风，刹住了许多人认为不可能刹住的歪风邪气。党风、政风和社会风气为之一新，党的执政地位得以巩固，党的领导力量得到空前的增强。

第三，坚持问题导向。坚持问题导向实质就是坚持批判思维，要有质疑精神，敢于提出问题，直面问题，设法解决发展中的问题。只有这样，才能实现理论创新、实践创新、制度创新。习近平总书记指出："坚持问题导向是马克思主义的鲜明特点。问题是创新的起点，也是创新的动力源。只有聆听时代的声音，回应时代的呼唤，认真研究解决重大而紧迫的问题，才能真正把握住历史脉络、找到发展规律，推动理论创新。"[①] 另外，在对待国外的理论和经验上也要坚持批判思维，"对国外的理论、概念、话语、方法，要有分析、有鉴别，适用的就拿来用，不适用的就不要生搬硬套"[②]。

六 依存共生

当前，人类社会正处在一个前所未有的大变革大调整时期，经济全球化、世界多极化、社会信息化、文化多样化深入发展，世界各国联系越来越密切，如何处理各种复杂的全球性问题，加强全球治理，促进世界的和平与发展是摆在世界各国面前的一个重大课题。习近平总书记指出："我们正处在一个挑战频发的世界。世界经济增长需要新动力，发展需要更加普惠平衡，贫富差距鸿沟有待弥合。地区热点持续动荡，恐怖主义蔓延肆虐。和平赤字、发展赤字、治理赤字，是摆在全人类面前的严峻挑战。这是我一直思考的问题。"[③] 习近平总书记根据对当今世界发展新特点的把握，提出了"构建人类命运共同体"的主张和推进"一带一路"建设的倡议，充分体现了传统中国哲学和马克思主义哲学一直倡导的依存共生的哲学理念。

---

① 习近平：《在哲学社会科学工作座谈会上的讲话》，人民出版社2016年版，第14页。
② 习近平：《在哲学社会科学工作座谈会上的讲话》，人民出版社2016年版，第18页。
③ 习近平：《携手推进"一带一路"建设——在"一带一路"国际合作高峰论坛开幕式上的演讲》，人民出版社2017年版，第4页。

依存共生的哲学理念既体现了马克思主义哲学的辩证法思想，又反映了中国传统哲学的思想精华。马克思主义哲学认为，世界是一个普遍联系的有机整体，事物之间或事物内部各要素之间都存在普遍联系，这种联系就是相互作用、相互影响和相互制约。任何事物都处在既对立又统一的矛盾体中，事物之间以及事物的两个方面之间既相互依存、不可分割，又相互对立。世界万事万物都是在这种对立统一的关系中获得曲折性发展、波浪式前进的。中国先哲则主张"万物并育而不相害，道并行而不相悖"（《礼记·中庸》），"和实生物，同则不继"（《国语·郑语》）。"和"是指不同事物、不同要素的和合统一，"同"是指相同东西的简单相加或同一。这就是说，万事万物在和谐的环境下共生，维护事物的多样性，如一味地追求单一相同性，则万事万物就失去了发展的生机。中国崇尚正确的义利观，讲究道义为先，义利兼顾，互利共赢，这些价值观念都反映了事物间的依存共生思想。

基于依存共生的理念，中国为世界的和平发展提出自己的方案，这一方案就是习近平总书记所说的——"构建人类命运共同体，实现共赢共享"。党的十八大以来，习近平总书记高屋建瓴，着眼世界整体，多次阐释了"构建人类命运共同体"的思想。这一思想是中国所主张的实现和平发展、建设和谐世界的重要理念基础，它具有丰富的内涵。

第一，坚持共建共享，维护世界普遍安全。人类生活在同一个地球上，是一个密切联系、相互依存、对立统一的有机整体，利益交融、安危与共、一荣俱荣、一损俱损。世界各国共同面临全球气候变暖、生态失衡、资源枯竭、恐怖主义袭击、食品安全、疾病蔓延、毒品泛滥等问题，没有世界各国的合作，这些安全问题是不可能解决的。习近平总书记指出："世上没有绝对安全的世外桃源，一国的安全不能建立在别国的动荡之上，他国的威胁也可能成为本国的挑战。邻居出了问题，不能光想着扎好自家篱笆，而应该去帮一把。"[1] 他还指出："在各国彼此依存、全球性挑战此起彼伏的今天，仅凭单个国家的力量难以独善其身，也无法解决世界面临的问题。"[2]"我们要树立共同、综合、合作、可持续的安全观，营造共建共享的安全格局。"[3]

第二，坚持合作共赢，谋求世界共同繁荣。中国倡导美人之美、美美与共，

---

[1] 《共同构建人类命运共同体——习近平主席在联合国日内瓦总部的演讲》，人民网（http://cpc.people.com.cn/n1/2017/0120/c64094-29037658.html）。

[2] 《开辟合作新起点 谋求发展新动力——习近平在"一带一路"国际合作高峰论坛圆桌峰会上的开幕辞》，人民网（http://politics.people.com.cn/n1/2017/0515/c1001-29276899.html）。

[3] 习近平：《携手推进"一带一路"建设——在"一带一路"国际合作高峰论坛开幕式上的演讲》，人民出版社2017年版，第8页。

坚持双赢、多赢、共赢的利益观，坚持共商、共建、共享原则。习近平总书记提出共同建设"一带一路"的重要思想，就是要走共赢共享之路，加强与其他国家的互联互通和发展对接，推动各国基础设施建设和体制机制创新，带动其他国家的发展。与美国损害多边贸易、逆全球化不同，中国以自己的方式维护和推动世界全球一体化。"在'一带一路'建设国际合作框架内，各方秉持共商、共建、共享原则，携手应对世界经济面临的挑战，开创发展新机遇，谋求发展新动力，拓展发展新空间，实现优势互补、互利共赢，不断朝着人类命运共同体方向迈进。"①

第三，坚持交流互鉴，主张开放包容。在全球化和扩大开放的背景下，中国尊重各国各民族文明，维护文明多样性。同时加强各种文明之间的交流互鉴，理性处理与其他文明之间的差异，取长补短、择善从之，以交流交融化解对抗冲突。习近平总书记指出："'和羹之美，在于合异。'人类文明多样性是世界的基本特征，也是人类进步的源泉……每种文明都有其独特魅力和深厚底蕴，都是人类的精神瑰宝。不同文明要取长补短、共同进步，文明交流互鉴成为推动人类社会进步的动力、维护世界和平的纽带。"② 他指出："我们推进'一带一路'建设不会重复地缘博弈的老套路，而将开创合作共赢的新模式；不会形成破坏稳定的小集团，而将建设和谐共存的大家庭。"③

第四，坚持绿色低碳，共同建设一个清洁美丽的世界。中国崇尚和遵循天人合一、道法自然的理念，坚持人与自然共生共存，寻求永续发展之路。中国主张"绿水青山就是金山银山"，绝不吃祖宗饭、断子孙路，用破坏性方式搞发展。同时，中国积极推动世界各国遵守实施《巴黎协定》，呼吁共同应对全球气候变化，并愿意承担相应的责任和义务。④ 最近几年，环境保护和生态文明建设得到中国政府的高度重视，采取了许多重大措施践行绿色发展的新理念，倡导绿色、低碳、循环、可持续的生产生活方式，加强生态环保的国际合作，建设全球生态文明，体现了一个大国的责任担当。这既是中华民族哲学传统使然，也是遵循唯物辩证法的根本要求。

---

① 《开辟合作新起点　谋求发展新动力——习近平在"一带一路"国际合作高峰论坛圆桌峰会上的开幕辞》，人民网（http://politics.people.com.cn/n1/2017/0515/c1001-29276899.html）。
② 《共同构建人类命运共同体——习近平主席在联合国日内瓦总部的演讲》，人民网（http://cpc.people.com.cn/n1/2017/0120/c64094-29037658.html）。
③ 习近平：《携手推进"一带一路"建设——在"一带一路"国际合作高峰论坛开幕式上的演讲》，人民出版社2017年版，第12页。
④ 参见《共同构建人类命运共同体——习近平主席在联合国日内瓦总部的演讲》，人民网（http://cpc.people.com.cn/n1/2017/0120/c64094-29037658.html）。

实现中华民族伟大复兴的中国梦必将计日程功

丁 冰

【作者简介】丁冰，1930年4月出生。1961年毕业于四川大学经济系，同年分配到北京经济学院（现为首都经济贸易大学）任教，现为首都经济贸易大学经济学院教授，兼任中华外国经济学说研究会总顾问、中国社会科学院马克思主义研究院学术顾问、中国社会科学院世界社会主义研究中心特邀研究员、北京外国经济学说研究会顾问等职。1992年10月起享受国务院政府特殊津贴。

2017年10月，党的十九大提出，新时代中国特色社会主义的总任务是实现社会主义现代化和中华民族伟大复兴。即从现在起，经过三年精准脱贫攻坚，将在全面建成小康社会的基础上，分两步走到21世纪中叶，把我国建成为富强民主文明和谐美丽的社会主义现代化强国，实现中华民族伟大复兴的中国梦。这是以习近平同志为核心的党中央，根据国内外形势和条件的深刻分析、准确判断而提出来的宏伟目标，并向全党全国人民发出的为此宏伟目标继续艰苦奋斗的动员令。我相信，只要上下团结一心，不畏艰险，努力奋斗，这个宏伟目标就必将计日程功。根据何在？本文即拟就此主要从经济与现实的条件出发，略抒管见，以就教于方家和读者。

一　中国辉煌的过去

中国是一个拥有5000多年优秀文化传统的文明古国。远在公元前221年秦皇一统天下，中国就成了全球最早实现由奴隶社会进入封建主义时代的先进文明国家；史称汉唐盛世，四方来朝，俨若世界文明中心；推动人类文明建设发展的印刷、纸张、火药、指南针四大发明，也出自中国。只是到中世纪以后，欧洲沿海列强在中国四大发明等先进技术的启示下，进一步创造出热兵器和远航利舰，特别是随着15世纪新大陆的发现，开辟了新的世界市场，杀人越货，残酷掠夺原始弱小民族才逐渐强盛起来，迎来了新的资本主义时代。马克思说："火药、指南针、印刷术——这是预告资产阶级社会到来的三大发明。火药把骑士阶层炸得粉碎，指南针打开了世界市场并建立了殖民地，而印刷术则变成新教的工具，总的来说，变成科学复兴的手段，变成对精神发展创造必要前提的最强大的杠杆。"[①] 世界格局在此几百年的沧桑巨变之间，中国的经济政治和科学技术，却由于长期受着较完备和后来日趋腐败的封建制度的束缚，而相对进步缓慢或停滞。到1840年鸦片战争之后，更是受尽西方列强的欺凌，而逐渐陷入半封建半殖民地的困境。但即便如此，尚在鸦片战争爆发前20年的1820年，中国经济发展的水平，按购买力平价计算，GDP仍约占全球的30%[②]，位居世界榜首。当然，这与中国是一个地大物博、人口众多的国家有关，但毕竟说明，中国凭着人多地广等独特优势，特别是当前已有幸选中了唯一符合我国国情的中国特色社会主义这条康庄大道，只要全民认真团结起来，努力奋斗，就完全有可能，也应该重登世界大国、强国的宝座，实现中华民族伟大复兴的中国梦。

二　中国拥有独特的经济政治制度优势

经济增长的速度和规模水平，主要是由一定生产力与相应一定生产关系和经济政治制度在辩证统一的矛盾运动中共同作用决定的。

从生产关系和经济政治制度方面来看，人类依次五种社会形态的生产力总是后者超过前者的。例如资本主义社会的生产力就大大超过之前的一切社会的生产力。正如马克思、恩格斯在1848年所说："资产阶级争得自己的阶级统治地位还不到一百年，它所造成的生产力却比过去世世代代总共造成的生产力还

[①] 《马克思恩格斯全集》第47卷，人民出版社1979年版，第427页。
[②] 英国经济学家安格斯·麦迪逊估计数据（转引自英国《经济学家》周刊网站2014年8月22日文章：《捕捉苍鹰》）。

要大，还要多。"① 同理，社会主义社会的生产力也必将比资本主义社会的生产力以更快的速度向前发展。其根本原因在于，社会主义生产资料公有制使劳动者摆脱了被资本家剥削、压迫的雇佣劳动地位而成为国家和企业的主人，以致在生产中能充分发挥主人翁的生产积极性、创造性；同时在政治上有以马克思主义为指导的无产阶级政党的领导和无产阶级专政政权的保障，以及在宏观经济上有自觉的协调安排，因而能集中力量办大事，也能避免资本主义市场经济所固有的周期性危机与失业，从而使经济能持续稳定地快速增长。

新中国成立半个多世纪以来，在中国共产党领导的社会主义和中国特色社会主义制度下的生产，尽管因种种原因有曲折，但总的说来，却比旧社会和西方世界有快得多的速度增长。统计数据显示：我国 GDP 年均增长速度，1952—1978 年为 7.7%、1978—1998 年为 9.7%，② 都大大高于同期世界经济包括发达国家在内的 GDP 年均经济增长 3%—4% 的水平；进入 21 世纪后，在全党全国人民的共同努力下，我国经济又以更快的速度增长，2003—2007 年 GDP 年均增长 11.65%；2008—2012 年，因受国际金融危机的影响，GDP 增速虽呈下降趋势，但各年仍分别增长 9%、8.7%、10.4%、9.3%、7.7%，即每年仍保持在近 8% 以上高速增长线上。2013—2017 年间，以习近平同志为核心的新一届党中央，重申以为人民服务为宗旨，强调坚持以马克思列宁主义、毛泽东思想和中国特色社会主义理论，特别是习近平新时代中国特色社会主义思想为指导，励精图治，反腐倡廉，大得人心，同时又紧紧围绕统筹推进"五位一体"总体布局和协调推进"四个全面"战略布局、五个发展理念，并及时出台十分务实的"三去、一降一补"的供给侧结构改革的方针政策，使我国的经济虽然处于产业结构调整的转换时期，也并未出现莫须有的所谓"中等收入陷阱"③ 而呈新常态的增长，随后又转向高质量发展阶段。即 GDP 在此 5 年年均增长 7.1%，各年分别增长 7.7%、7.3%、6.9%、6.7%、6.9%。我国经济如此长期持续快速增长，以致从原来"一穷二白"的国家，到 2010 年的 GDP 就已跃居仅次于美国而成为世界第二大经济体。时至今日，看来中国经济要赶超美国都已为期不远，这也是我国多年来梦寐以求的目标。

早在 1958 年"大跃进"时期，我国就曾提出过"超英赶美"的口号。如

---

① 《马克思恩格斯全集》第 4 卷，人民出版社 1965 年版，第 471 页。
② 《中华人民共和国史百科全书》，中国大百科全书出版社 1999 年版，第 568 页。
③ 这是西方资产阶级经济学家于 2006 年提出来的妄图把我国经济引入歧途的一个伪命题和"理论"陷阱。笔者曾撰文批驳。参见《〈世行报告〉的主要问题在哪里——兼评所谓"中等收入陷阱"之谜》，收入丁冰著《从中国走向世界》，中国经济出版社 2017 年版。

果说这在那时还只表明我国人民的雄心壮志和美好愿望；那么在今天乃是一个实实在在的行动方针，甚至说要"超美"也不过分。当然我们仍须保持冷静，不能盲目乐观。据德国一位研究中国问题的专家弗兰克·泽林在德国《商报》2014 年 12 月 12 日发文称，根据购买力平价（PPP）计算，在当年（2014）中国的 GDP 将达到 17.6 万亿美元，而美国则只有 17.4 万亿美元。① 即认为我国 GDP 在三年前似乎就已超过美国而跃居世界第一了。笔者认为，这无疑是一种不切实际的说法，不能当真，谨防坠入盲目乐观的陷阱。因为在现实国际经济的交往关系中，实际都是通用国际汇率，而没有依 PPP 计算成交的；更不用说若按人均 GDP 计算，在 2014 年，我国人均 GDP 只有 11868 美元，还排在世界 80 多个国家之后，不仅远远低于人均 5.3 万美元的美国，也落后于土库曼斯坦、塞尔维亚、多米尼加等人均 GDP 属于中下等国家的水平。但话又说回来，现在我们毕竟有中国特色社会主义经济政治制度的优势，以往既已长期保持持续快速增长的历史记录，若再继续艰苦奋斗若干年，在实际经济体量上超过美国是完全有可能的。试测算如下：

据媒体报道，2017 年中国、美国的 GDP 分别为 12.7250 万亿美元和 18 万亿美元。参照以往经验和现实情况，则今后 GDP 年均增长率，对我国按最保守的估计为 6.5%，对美国按最乐观的估计为 3%（2017 年为 2.3%，达到了 10 年来的最高水平；美国商务部预计，2018 年将升到 3%）；同时假定目前国际汇率不变，用复利公式计算，11 年后即到 2028 年，中国 GDP 预计为 25.4392 万亿美元，美国为 24.9156 万亿美元，明显超过美国，居世界榜首，这大体已成为目前世界舆论的共识。②

三 中国对生产力和科技拥有巨大后发优势和发展潜力

先撇开生产关系和经济政治制度的影响不谈，单从生产力和科学技术的进步对经济增长的影响来讲，我国经济发展的空间依然很大，甚至比经济制度方面的影响还大。

按英国经济学家哈罗德的经济自然增长率模型（$G_n = S/C_r$）的观点，从长期来看，只要实际 GDP 的增长率与自然增长率（或称潜在增长率）相等，就会使经济处于长期持续稳定均衡增长，因而一国 GDP 的实际最佳增长率的上限乃是它的自然增长率。

---

① 参见《参考消息》2014 年 12 月 15 日。
② 参见《中国经济总量或 10 年内超美国》，《参考消息》2018 年 1 月 20 日。

所谓自然增长率是指劳动力的增长率与技术进步的增长率之和。例如，假定一国某年劳动力对 GDP 增长的贡献率为 1%，技术进步的贡献率为 6%，该国某年 GDP 的自然增长率便为 7%，因而 GDP 的实际最佳增长率也为 7%。

就劳动力的增长率来说，从长期来看，一般与人口的自然增长率正相关。我国由于过去长期实行独生子女政策，人口自然增长率下降，甚至过早出现人口老龄化、劳动人口减少现象。数据显示，2015 年劳动年龄人口减少 487 万人，降至 9.11 亿人。到 2016 年虽然放开二胎，但因整个社会已临近实现全面小康社会的繁荣时期，养育成本增大，人口的自然增长率依然较低，所以，在影响 GDP 增长率的劳动力的增长因素中的自然劳动力增长贡献较小，实际直接影响 GDP 增长较大的是相对剩余劳动力转到就业岗位的人数。如果失业率越大，潜在就业率增加的幅度就越大，因而对 GDP 增长率的贡献就越大。以此而论，我国近些年来登记的失业率都保持在约 4% 的水平，估计今后一个时期内也不会有大的变化。因此，我们可以假定我国今后若干年内有 1%—2% 的劳动力的增加去促进 GDP 增长，是不会有什么问题的。

从技术进步来说，一般可分为仿创式和原创式两种类型。仿创式是指通过引进、消化、仿造、创新途径获得的技术进步，这可视为技术后发优势所取得的成果。原创式是指在一定科学技术基础理论指导下，独立自主地开发创造出来的新技术，这可视为从无到有的技术创新发明。正因为它是从无到有的创新发明，所以与由后发优势所取得的技术进步成果比较起来，所需时间要长得多、风险要大得多、成本费用也要多得多，总之要困难得多。

那么，我国现在还有多少技术进步的后发优势呢？在社会大生产的市场经济条件下，假定一国的资源充裕，劳动者每天的劳动长度与强度不变，一般而论，该国年人均 GDP 水平，乃是随着该国因技术进步而引致的生产率的提高而提高的。可见，在正常情况下，一国人均 GDP 水平便能大体反映该国技术进步的程度和发展水平。因此，如果撇开各国自然资源的差异和国际贸易收支的影响不谈，各国人均 GDP 的差异，便能大体反映各国的生产技术发展水平的差距。以此而论，前述我国在 2014 年人均 GDP 为 11868 美元，尚处于世界排名 80 多位，只及技术最先进的美国约 5.3 万美元的五分之一，这实际就意味着我国的生产技术水平总体上只及美国的五分之一，差距很大。这差距就是我国 GDP 增长可利用的后发优势空间，或者说能促使经济增长的潜力。林毅夫先生在《中国的奇迹是否可持续》一文中参照日本、韩国经济增长赶超时，以美国的经济技术水平为标杆，研究了日本、韩国在相当于我国 2008 年与美国技术差距时的生产技术水平的年份，分别是在 1951 年和 1997 年。然而它们因利用技术后发优势,各自 GDP 都继续维持了 20 年年均 9.2% 和 7.6% 的高速增长。由此,他断定"我国从 2008 年开始应该还有 20 年平均每年 8% 的增长潜力"①。我觉着这种分析是有一定道理的,但又有所不足。主要是在考察日本、韩国 GDP 增长速度时,只注意到技术后发优势效应,而完全忽视了经济制度和战后恢复性增长的影响,从而未能说明日本、韩国为什么只维持 20 年的高速增长,而不像我国那样远多于 20 年以后仍能继续维持中高速增长,特别是日本在 20 世纪 90 年代以来还出现经济停滞或缓慢增长 20 年的现象。② 但不管怎么说,林毅夫先生认定从 2008 年开始的 20 年内,我国 GDP 应有年均增长约 8% 的观点还是值得重视的。他的这种预测与笔者上述按以往几十年实践经验作最保守估计年均增长 6.5% 的观点并不矛盾,或者说,林的观点进一步佐证了笔者这个 6.5% 的增速,若把利用技术后发优势因素考虑在内,是绝对有把握实现的。

四 中国拥有深厚而巨大的独立自主的科技创新潜力

与上述技术后发优势比较起来,在技术进步因素中更重要的是原创式的技术创新。纵观历史,原创式的科技创新始终是一个国家、一个民族发展的重要力量。从现实来看,它的重要性更加明显。现代国际间的竞争,说到底是包括经济、军事实力在内的综合国力的竞争,关键是科学技术的竞争。谁掌握了科技优势,谁就掌握了经济军事竞争的主导权,谁就更有可能在经济军事竞争中取胜。特别是在当今世界科技日新月异突飞猛进的形势下,一个国家的科技不创新不行,创新慢了也不行;只重视仿创式创新不行,不更重视原创式创新也不行。

过去我国虽然在仿创式创新方面下了很大功夫,也取得很大成绩,但对原创式创新却重视不够,甚至有人认为"造船不如买船,买船不如租船",连一点自力更生的志气也没有。即使要创新,也多在一般先进技术或只需仿创式的创新方面,而把前沿先进技术、企业核心技术寄托于用市场去换取、用金钱去购买,或者用合资、引资去取得,结果多以失败而告终。2005 年 5 月获得中共中央、国务院颁发的国家级科技奖的优秀专家们根据自己的经验,几乎异口同声地说:"真正的核心技术是买不来的。"③ 因此,只有下定决心在原创式科技创新上努力拼搏,必须把核心技术牢牢地掌握在自己手中,才是我国赶超世界

---

① 林毅夫:《中国的增长奇迹是否可持续》,《参考消息》2014 年 12 月 12 日。
② 日本 GDP 在 1991—2012 年的 22 年间年均增长仅 1%(参见丁冰《从中国走向世界》,中国经济出版社 2017 年版,第 215 页)。
③ 参见丁冰等《我国利用外资和对外贸易问题研究》,中国经济出版社 2006 年版,第 93 页。

先进技术水平的唯一正确的战略选择。

为此，习近平总书记在2016年5月30日全国科技创新大会上指出："实现'两个一百年'奋斗目标，实现中华民族伟大复兴的中国梦，必须坚持走中国特色自主创新道路，面向世界科技前沿、面向经济主战场、面向国家重大需求，加快各领域科技创新，掌握全球科技竞争先机。这是我们提出建设世界科技强国的出发点。"并明确提出科技发展进程的时间表："我国科技事业发展的目标是……到2020年时使我国进入创新型国家行列，到2030年时使我国进入创新型国家前列，到新中国成立100年时使我国成为世界科技强国。"接着又特别强调："科技创新不能等待观望，不可亦步亦趋，当有只争朝夕的劲头。时不我待，我们必须增强紧迫感，及时确立发展战略，全面增强自主创新能力。我国科技界要坚定创新自信，坚定敢为天下先的志向，在独创独有上下功夫，勇于挑战最前沿的科学问题，提出更多原创理论，作出更多原创发现，力争在重要科技领域实现跨越发展，跟上甚至引领世界科技发展方向，掌握新一轮全球科技竞争的战略主动。"[①] 总之，一句话，就是要把科技创新的重点放在原创式的创新上。尽管这比仿创式创新费时长、花费多、风险大，那也必须如此，否则，就不能实现"两个一百年"的中国梦和赶超世界先进的强国梦。

自那以来，全国广大科技工作者和各族人民在习总书记伟大号召的鼓舞下，更进一步振奋精神，意气风发，积极投身于科技创新热潮之中，并已取得了可喜成绩。2016年8月16日，我国成功发射了世界首颗量子科学实验卫星"墨子号"，它标志着我国在世界上首次实现卫星和地面之间的量子通信，构建起天地一体化的量子保密通信科学实验体系，成为世界量子通信的领跑者。再看"长征七号"和"长征五号"运载火箭先后完成首飞，"天宫二号"和"神州十一号"接连升空，还有"蛟龙号"深潜七千米、"海斗号"深潜超万米等世界领先科技成就，真好似实现了神话般的"能上九天揽月、可下五洋捉鳖"的梦想。再如《厉害了，我的国》纪录片中所描述的中国船、中国车、中国桥、中国港、中国网等震撼人心的"超级工程"，无一不是领先于世界的骄人成就。更可喜的是，在作为世界科技前沿的基础设施建设方面，我国在一些重要领域，如超算设施、互联网电子商务、人工智能机器的发展等都已居世界领先地位或前列。据媒体报道，2017年11月13日公布的全球超级计算机500强榜单：中国"神威·太湖之光"和"天河二号"的浮点运算速度分别为每秒9.3亿亿次和每秒3.39亿亿次。这样，中国在超算速度上，继2016年首次超过美国之后

---

① 习近平：《为建设世界科技强国而奋斗》，《经济日报》2016年6月1日。

又再次超过美国而居世界榜首。① 标志着新的工业革命到来的人工智能（AI）技术的发展，也已名列世界前茅。数据显示：2016年，我国智能制造业产值达1.4万亿元，从2011年开始，过去5年年均增长率超过20%，远高于同期GDP的增速，预计到2020年的产值还将翻一番，达到3万亿元。② 在制造业中，作为机器人化程度最高之一的汽车制造业的智能化发展也很出色。据媒体报道，我国智能网联智能汽车创新联盟已在2017年6月12日成立，它将拉动5G、车联网、大数据等多个领域快速发展③；再如2017年12月2日，深圳市海梁科技有限公司有4辆公交车在福田保税区开展"全球首次在开放道路上进行智能驾驶公交试运行"，它必将有力地推动我国整个智能驾驶业和智能制造业的发展。美国《纽约时报》报道，波士顿咨询公司的研究显示，中国将在15年内成为世界最大的自动驾驶车辆市场。④ 总之，我国目前科技创新，特别是一些前沿科技，AI技术创新的整体水平已达到一个新的高度。正如习总书记指出的："这些年来……我国科技事业密集发力、加速跨越，实现了历史性、整体性、格局性重大变化，重大创新成果竞相涌现，一些前沿方向开始进入并行、领跑阶段，科技实力正处于从量的积累向质的飞跃、点的突破向系统能力提升的重要时期。"⑤ 从而使我国科技进步贡献率在2013—2017年间由52.2%提高到57.5%。⑥

值得注意的是，作为新一轮技术革命主要标志的AI技术的应用范围，十分广泛，除上述制造业等行业外，诸如金融、房产、教育、判案、医疗、能源、物流、翻译、对话、家务、城市大脑、语音图像识别，等等，AI技术几乎是无所不在，以致必将成为我国科技创新和国际科技竞争的焦点与重点。因此，我国现已把发展AI产业提升至国家战略层面的高度。2017年7月国务院印发的《新一代人工智能发展规划》指出："必须放眼全球，把人工智能发展放在国家战略层面……牢牢把握人工智能发展新阶段国际竞争的战略主动，打造竞争新优势、开拓发展新空间、有效保障国家安全。"《规划》还提出，2020年我国人工智能总体技术和应用与世界先进水平同步；到2025年，人工智能基础理论实现重大突破，部分技术与应用达到世界领先水平，人工智能届时要成为中国产

---

① 《中国再登顶全球超算500强榜单》，《北京日报》2017年11月14日。
② 黄鑫：《智能制造业推进体系已基本形成》，《经济日报》2017年11月25日。
③ 董碧娟：《引领产业革命的颠覆性技术》，《经济日报》2016年10月21日。
④ 赵觉珵、刘扬、任重：《"无人驾驶巴士"在深圳上路了》，《环球时报》2017年12月3日。
⑤ 习近平：《中国科学院第十九次院士大会、中国工程院第十四次院士大会上的讲话》，《人民日报》2018年5月29日。
⑥ 参见《中国科技创新正走向领跑》，《参考消息》2018年3月11日。

业升级和经济转型的主要动力；到 2030 年使中国成为全球人工智能创新中心，引领全球智能技术发展。笔者认为，这个《规划》的宏伟目标是完全有可能实现的。主要根据是，除有以习近平同志为核心的党中央的坚强领导，和以中国共产党领导为最本质特征的中国特色社会主义唯一正确道路外，还有如下几点重要理由：

第一，有政府等各方面经费的大力支持。2000 以来我国对科技研发资金的投入年均增长 18%，而同期美国只年均增长 4%。2016 年，我国科研经费投入 4080 亿美元，已接近于美国投入的 4969 亿美元。二者分别占 2015 年全球投入近 2 万亿美元科研经费总额的 21% 和 26%，说明中美两国在科研投入上的差距不大。[1]

第二，我国拥有世界第一的作为 AI 技术基础的超算设施建设。这在前面已阐明，此不再赘述。

第三，我国拥有大量的生产和研发智能技术平台。目前我国拥有智能企业 592 家，占全球同类企业总数的 22.52%，仅次于占全球同类企业总数 41% 的美国 1078 家，居世界第二位；[2] 其中大型的研发生产机构企业，我国也有 15 家（如华为、BAT 三巨头、科大讯飞、中车、新松、海梁等），仅次于美国的 30 家（如苹果、亚马逊、谷歌、脸书、微软等），居世界第二位；[3] 目前全球十大互联网企业中我国占了 4 家。这些都说明，我国 AI 技术虽然起步较晚，却发展很快，已拥有相当强大的研发阵地，总体的发展水平仅次于美国居世界第二位。

第四，我国有关科技的学术论文、专利申请大量涌现。仅 2016 年公开发表的论文有 42.6 万余篇，占全球总数的 18.6%，首次超过美国的 40.9 万篇，居世界第一；[4] 我国受理的发明专利申请量占全球总量的 42.8%，而美国仅占 19.4%，日本占 10.2%，韩国占 6.7%，欧洲和其他国家分别占 5.1% 和 15.8%，稳居世界首位；[5] 2017 年人工智能领域的科研论文，中国占全球的 23%，仅次于美国的 34%，位居第二。[6] 这些都意味着我国已蕴藏着巨大的科技原创潜力。

第五，我国科技人才的来源充足，后劲看好。总体来讲，当前我国高水平

---

[1] 参见《中国改变世界科学技术格局》，《参考消息》2018 年 1 月 26 日第 15 版。
[2] 数据来源：根据记者陈青青《2018 年，人工智能产业"挤泡沫"?》（见《环球时报》2018 年 3 月 3 日第 5 版）提供的数据推算。
[3] 参见《中美欧展开人工智能争霸战》，《参考消息》2018 年 2 月 23 日。
[4] 参见《中国改变世界科学技术格局》，《参考消息》2018 年 1 月 26 日。
[5] 参见《全球智力资源加速流向中国》，《参考消息》2018 年 4 月 22 日。
[6] 参见《中美欧展开人工智能争霸战》，《参考消息》2018 年 2 月 23 日。

创新人才不足,特别是科技领军人才匮乏,因此不能妄自尊大。但也不能妄自菲薄,仅"两院"院士就有1300多人,他们无疑是各个领域的科技精英,而且拥有庞大的后备队伍。2000—2014年,我国理工科本科毕业生从每年约35.9万人增至165万人,增加了360%;同期美国从48.3万人增至74.2万人,仅增53.6%;①在我国政府"千人计划"的召唤和影响下,学业有成的科技归国留学人员,目前已有日益增多之势。据有关负责人士估计,在10年前出国留学与归国就业的人员比例是7∶1,现在已变为7∶6;② 2012—2016年共有约250万留学生学成回国,其中2016年有43.2万人,远高于2012年;随着我国经济发展和国际地位的提高,外籍专家来华应聘者,近5年来增加了40%,而且每年约有数千外籍科技专家申报"千人计划"③,大有"天下英才聚神州"之势。这些就为我国科技发展,特别是人工智能技术发展所需要的宝贵人才资源,提供了重要来源,后劲看好。

第六,我国国内有极其广阔的AI产品市场。全国近14亿人口中有一半以上(7.3亿人)是网民。他们构成了庞大智能应用程序的参与者和产品的消费者群体。表现在:其一,中国互联网的电子商务交易额,到2016年已占同年全球的42%,移动支付交易额达7900亿美元,是美国的11倍,④稳居世界第一。其二,由于AI技术发展需要有大量数据积累进行训练,7亿多网民使用同样的语言在数据积累方面自然就具有举世无双的绝对优势。其三,2015年国内工业机器人销量达到近7万台,同比增长20%,约占同年全球总销量的27%,排名世界第一。2016年中国新投入使用的工业机器人占世界总量的三分之一。其四,作为当前象征人工智能发展尖端之一的5G,据CCS洞察公司公布的数据显示,"到2022年中国估计会成为5G技术的最大市场"⑤。如此庞大广阔的国内市场,便成为我国AI技术迅速发展的强大驱动力和全球AI技术发展的最大试验场。

因此,可以预见,我国完全能够独立自主地实现前述习总书记提出的"力争在重要科技领域实现跨越发展,跟上甚至引领世界科技发展方向,掌握新一轮全球科技竞争的战略主动"的要求,完满地实现《规划》提出的宏伟目标,

---

① 参见《中国向科技超级大国惊人转型》,《参考消息》2018年2月23日。
② 参见《中国人才流失"已看到尽头"》,《环球时报》2018年3月1日。另据CCTV 2018年4月1日《新闻联播》报道:近5年来我国有230余万留学人员学成回国。仅2017年学成归国者就有48.09万人,较上年增长11.9%,其中获硕博研究生学历及博士后出站人员共22.74万人,较上年增长14.9%。
③ 参见《中国正在"爆买世界头脑"》,《参考消息》2018年5月8日。
④ 参见《数字化发展正在改写中国经济》,《参考消息》2017年12月12日。
⑤ 参见《中国在全球5G竞赛中占优势》,《参考消息》2018年3月9日。

从而有效引领和推动产业升级，促使经济快速增长。

作为把中国视为自己安全战略两大竞争对手之一的美国，眼见中国科技的快速发展，则心生恐惧和忌恨，竟公然发动贸易战，并挥舞其所谓301条款大棒来遏制我国技术进步和经济崛起，着重阻挠我国为适应第四次工业革命要求的"中国制造2025"计划的进行。众所周知，中国经过几十年的改革开放，在保护知识产权方面已日益完善。中国走向科技创新的第一线是大势所趋，无人可挡。慢说原创式的创新，即使是仿创式的创新，美国也无法阻挡，更无权干涉。因为美国的产品只要往外卖，世界必然会在不违反知识产权法的情况下学习、跟进、超越，美国妄想规定中国只买只用，但不能超越。这是霸王条款，与全球化的逻辑格格不入。因此，它遭到我国针锋相对的坚决反击和世界各国人民的厉声谴责，也就势所必然了。不仅如此，从唯物辩证法的观点来看，美国对我国科技发展的遏制，却又必将成为激发我国进一步发奋图强，加紧迎头赶超的强大动力。2018年4月27日美国宣布对我中兴科技企业实行301条款的监管制裁，禁售芯片。5月3日，我国全球新一代人工智能芯片发布会便在上海召开，中国科学院旗下的寒武纪科技公司发布我国自主研发的Cambricon MLU100云端智能芯片和板卡产品、寒武纪IM终端智能处理器IP产品，其中芯片的理论峰值速度达每秒128万亿次定点运算，已达到世界先进水平。我国人工智能芯片市场规模在2016年仅36亿美元。在当下，经大家奋发图强加油干，据预测，到2021年则将超过110亿美元，发展极为迅速。①

现不可忽视的一个理论问题是，技术先进的发达国家的经济增速为什么一般比后进的发展中国家低？须知技术先进的发达国家，因技术进步的后发优势较弱，而原创式技术成果的成本又太大。撇开非内生的制度因素不谈，这乃是技术先进发达国家的经济增长往往慢于发展中国家经济增长的一个主要原因。有的学者惯用发达国家的经济增长的基数很大来解释其增长缓慢的原因，我觉得是不准确的。② 在此，我们还应看到，后进国家的经济虽因利用技术进步的后发优势，能比先进国家有较快速度增长，但这后发优势效应却会随其技术的继续发展而递减，遂只得愈来愈主要靠原创式的技术创新来支撑其经济继续增长，以致其增速将会愈益趋缓。当然就我国来说，将来经济增速尽管也可能面临同样趋缓的命运，但凭着拥有社会主义制度的优势和现有深厚的原创式潜力，将

---

① 参见记者郭静原报道《国内首款云端人工智能芯片发布》，《经济日报》2018年5月4日。
② 因为若按此逻辑，在中古时期各国经济增长的基数都很低，其经济增长的速度就应很快了，然而事实是那时经济发展却十分缓慢，甚至停滞。据著名经济史学家麦迪逊的研究发现，在高度发达的欧洲工业化国家，18世纪以前平均每年人均GDP的增长仅0.05%，要1400年才翻一番。

来至少要比当前发达国家的增速快一些,是毫无疑义的。我国现在如果把技术的后发优势效应和原创式效应叠加在一起,前述预计 2028 年,即在 10 年内 GDP 以年均增长 6.5% 速度达到在总量上超过美国就更没有什么问题了。

五 我国现正处于第五个长波的上升期

在近代世界经济发展史上,有所谓短周期(又称基钦周期约三年半)、中周期(又称尤格拉周期,约 9—10 年)、长周期(又称康德拉季耶夫周期,约 50—60 年)。长周期又称长波,是由俄国经济学家康德拉季耶夫(1892—1938 年)在 1925 年的一篇论文中提出来的。随后,美国经济学家熊彼特(1883—1950 年)沿袭康氏的思路,以自己的创新理论为指引,和能形成主导产业兴衰的重大技术革命的发展为依托,把百多年来资本主义经济发展过程划分为三个长波,并以三种周期在时间上的重叠交叉共同作用的节点为标志,判定长波的起点、终点和从上升到下降的转折点。即认为:第一个长波是由蒸汽机问世引起的第一次产业革命时期,起于 1783 年,终于 1842 年,从上升到下降的转折点是 1813—1814 年;第二个长波是由蒸汽机引起的铁路化时期,或称钢铁时代,起于 1842 年,终于 1897 年,从上升到下降的转折点是 1869—1870 年;第三个长波是由电气、化学、汽车业蓬勃兴起发展的时期,或称电气、化学、汽车时代,起于 1897 年,终于 1939 年,从上升到下降的转折点是 1924—1925 年。后来又有经济学家提出,第二次世界大战后世界进入了第四个长波时期,是由电子、核能、计算机、网络、航空航天等高新技术引起的,起于 1949 年,终于 2008 年,从上升到下降的转折点是 1973—1974 年。其中在 20 世纪 90 年代,从作为世界唯一超级大国的美国来看,它的经济因享有"冷战"结束和信息技术网络等高新科技迅猛发展的有利条件,曾一度获得连续 10 年(1991 年 3 月至 2001 年 11 月)的增长。但随即便开始下滑至 2008 年跌至谷底。这可以说是第四个长波中因"冷战"结束扰动而出现的一个特殊现象。

这里应当说明,马克思主义经济学认为,上述资本主义社会经济中的中周期、短周期是由资本主义经济的基本矛盾引起并必然要产生的,因而与社会主义经济或社会主义市场经济无关。有的硬要从我国社会主义经济发展中去找出中周期和短周期,如果不是在缘木求鱼,就是在张冠李戴,误用一些非经济的或某种偶然因素去解释本来属于规律性范畴的经济周期问题。其结果就不可避免地把社会主义经济发展中的起伏波动视同资本主义经济特有的范畴去考察,因而混淆了两种不同性质经济的原则。然而就长波来说,既然主要是由重大技术革命,以致引起主导产业的兴衰而形成的,那就与不同性质的经济制度无关,不仅资本主义经济会受其影响，社会主义经济也同样要受其影响。

按此长波论逻辑，我认为当前世界已进入第五个长波时期。它主要是由信息互联网和人工智能技术引起的，起于 2009 年。受 2008 年国际金融危机的冲击，世界经济在约 10 年的缓慢复苏后，现正在继续缓慢攀升。IMF 公布：2017 年全球经济在 2016 年、2017 年分别增长 3.2%、3.7%，并预测 2018 年、2019 年都将可能是 3.9%，从而恢复到危机前约 20 年的年均增长水平。[①] 这样，我们在可预见的将来很可能会出现：一是伴随着第四次工业革命高潮的到来，特别是以人工智能、量子信息、移动通信、物联网、区块链为代表的新一代信息技术加速突破应用；二是由甲醇制烯烃（由煤变油）技术的生成、对深海可燃冰的开发、以清洁高效可持续为目标的能源利用；三是对石墨稀等新材料新技术的开发、航空航天事业的深入发展，等等，便有可能不断地引领推动新产业的产生、升级，从而使经济在新的更高层级上继续不断发展。因此，这第五个长波就有可能延续到 21 世纪中叶。若能如此，前面设定我国今后年均经济增长 6.5% 的 10 年期间（2018—2028 年经济总量开始超过美国的年份），则正处于这第五个长波的上行期，因而那 6.5% 的年均增长指标有此上行期的支撑，就如虎添翼，何愁不能实现。进而言之，以习近平同志为核心的党中央所提出的"两个一百年"强国梦的时限，也恰好处于这第五个长波的机遇期，因此实现这个梦想的客观条件无限好，只待我们去开发、去利用、去落实。当然，一艘巨轮在前进的航程中，难免有顽石暗礁，有汹涌波涛。但这正是七尺男儿千载难逢的大显身手的好时机。"长风破浪会有时，直挂云帆济沧海"，只要大家都看清形势、挺直腰杆、撸起袖子加油干，中华民族伟大复兴的中国梦就必将计日程功！

[①] 《IMF 上调今明两年世界增长预期》，《环球时报》2018 年 1 月 23 日第 11 版。

试论改革开放40年的根本成就和根本经验

田心铭

【作者简介】 田心铭，男，1947年生，湖北荆州人。1970年毕业于北京大学哲学系，留校任教。1990年晋升为教授，被国家人事部授予"有突出贡献的中青年专家"称号。教育部高等学校社会科学发展研究中心原主任、研究员，《高校理论战线》杂志原总编辑。教育部普通高中思想政治课程标准实验教材编写指导委员会主任，中国无神论学会副理事长。中国社会科学院马克思主义研究院特聘研究员。主要从事马克思主义哲学、马克思主义中国化、马克思主义理论与思想政治教育学科的教学、研究及社会科学杂志的编辑工作。发表理论文章200多篇。代表性著作有《认识的反思》、《论学习马克思主义》、《反腐败论》（主编）、《当代大学生哲学思潮》（合著）、《马克思主义哲学体系的当代构建》（副主编）等。

以1978年12月党的十一届三中全会召开为标志，中国进入以改革开放为鲜明特点的历史新时期，已经走过了40年光辉历程。

总结是对过去的回顾与反思，但总结过去不只是为了珍藏自己的历史和经验，更是为了将来，为了以史为鉴，不忘初心、继续前进。如何认识改革开放40年的成就和经验，直接关系到今后的路应该怎么走，应该坚持和发扬什么，反对和克服什么。总结复杂的历史过程和丰富的实践经验，有时需要把复杂的问题说简单，即透过复杂现象揭示事物的本质，综合丰富的经验归结为根本之点。本文就什么是改革开放40年的根本成就和根本经验这两个重大问题做一些探讨。

一　根本成就：中国特色社会主义

中国改革开放40年的根本成就是什么？如果用一句话来概括，那就是：中国特色社会主义。

40年来取得的成就是一个极为丰富的整体，可以从多种不同角度去总结。例如，可以分别从经济、政治、文化、社会、生态文明建设以及党的建设、军队和国防建设、对外关系等不同方面去梳理，也可以从体制改革、法制完善、科技创新、生产力发展、综合国力增强、人民生活改善和素质提高等不同角度去研究；可以从纵向方面，把这40年的历史放到1949年新中国成立以来近70年的中国现代史、1840年鸦片战争以来100多年的中国近代史、5000年来的中华文明史的长河中去考察，也可以从横向方面，把中国放到同时期的世界历史背景中与不同国家、与世界各国的总体状况去比较。历史告诉我们，40年来中国共产党领导中国人民进行的改革开放新的伟大革命极大激发了人民群众的创造性，极大解放和发展了社会生产力，极大增强了社会发展活力，使得人民生活显著改善，综合国力显著增强，国际地位显著提高，实现了中华民族从站起来到富起来的伟大飞跃，又迎来了从富起来到强起来的伟大飞跃。

2008年12月，在纪念党的十一届三中全会召开30周年大会上，胡锦涛总书记在回顾总结改革开放30年各方面的成就后得出一个结论："改革开放以来我们取得一切成绩和进步的根本原因，归结起来就是：开辟了中国特色社会主义道路，形成了中国特色社会主义理论体系。"[1] 这一论断揭示了改革开放取得成就的"根本原因"是开创了中国特色社会主义。那么，开创中国特色社会主义与改革开放取得的成就之间，除了"根本原因"与结果的关系之外，是否还有其他关系呢？随着实践发展和认识深化，2012年11月，党的十八大报告总结包括改革开放30多年在内的中国共产党人接力探索的历史，得出一个结论："中国特色社会主义道路，中国特色社会主义理论体系，中国特色社会主义制度，是党和人民九十多年奋斗、创造、积累的根本成就。"[2] 2013年11月党的十八届三中全会通过的《关于全面深化改革若干重大问题的决定》指出："改革开放最主要的成果是开创和发展了中国特色社会主义，为社会主义现代化建

---

[1]《十七大以来重要文献选编》（上），中央文献出版社2009年版，第796页。
[2]《十八大以来重要文献选编》（上），中央文献出版社2014年版，第9页。

设提供了强大动力和有力保障。"① 这些论述进一步揭示了，对于改革开放新时期来说，中国特色社会主义本身就是"根本成就"或"最主要的成果"。

党的十八大后不久，习近平总书记在党中央政治局第一次集体学习时阐述十八大的精神，他讲的第一条就是："深刻领会中国特色社会主义是党和人民长期实践取得的根本成就。"② 为什么中国特色社会主义本身就是"根本成就"？这的确是一个需要我们认真学习、深刻领会的重要问题。

中国特色社会主义首先是作为一条道路被我们探求到的。1982 年，邓小平在党的十二大开幕词中提出"走自己的道路，建设有中国特色的社会主义"③，这是我们党第一次把"中国特色社会主义"写在自己的旗帜上。30 年后的 2012 年 11 月，习近平在参观《复兴之路》展览时，回首来路，展望前程，告诫全党："全党同志必须牢记，道路决定命运，找到一条正确的道路多么不容易，我们必须坚定不移走下去。"④此后不久，2013 年 1 月，在新进中央委员会的委员、候补委员研讨班上，习近平回顾总结我们党在革命、建设、改革各个历史时期探索并形成符合中国实际的新民主主义道路、社会主义改造和社会主义建设道路、中国特色社会主义道路的历程，得出结论说："道路问题是关系党的事业兴衰成败第一位的问题，道路就是党的生命。"⑤ 他还引用毛泽东的话强调："在革命中未有革命党领错了路而革命不失败的。"⑥

自从 1848 年鸦片战争失败时起，先进的中国人就历经千辛万苦寻求救亡图存的道路。十月革命后，中国人找到了马克思列宁主义，得出了"走俄国人的路"的结论。中国共产党成立后，经过 90 多年接力探索，付出各种代价，才开辟出中国特色社会主义道路。这条道路，是以党长期奋斗的成果为基础，在改革开放新时期开创的。"没有改革开放，就没有中国特色社会主义。"⑦

可见，中国近代以来的历史告诉我们，开创出这条道路，是改革开放取得的最重要的成果，是"根本成就"。

改革开放以来，随着理论和实践的发展，"中国特色社会主义"具有越来越丰富的内涵。党领导人民把实践、理论、制度、文化紧密结合，既把成功的实践上升为理论，又以正确的理论指导新的实践，还把实践中已见成效的方针

---

① 《十八大以来重要文献选编》（上），中央文献出版社 2014 年版，第 511 页。
② 《十八大以来重要文献选编》（上），中央文献出版社 2014 年版，第 73 页。
③ 《邓小平文选》第 3 卷，人民出版社 1993 年版，第 3 页。
④ 《十八大以来重要文献选编》（上），中央文献出版社 2014 年版，第 83—84 页。
⑤ 《十八大以来重要文献选编》（上），中央文献出版社 2014 年版，第 117 页。
⑥ 《十八大以来重要文献选编》（上），中央文献出版社 2014 年版，第 117 页。
⑦ 习近平：《在党的十九届一中全会上的讲话》，《求是》2018 年第 1 期。

政策及时上升为党和国家的制度，同时推动文化繁荣兴盛，从而开创了由道路、理论体系、制度、文化相互关联、融为一体的中国特色社会主义。在党的十九大报告中，习近平对作为改革开放"根本成就"的"中国特色社会主义"作出完整概括，对其中的道路、理论体系、制度和文化分别给予明确定位，指出："中国特色社会主义是改革开放以来党的全部理论和实践的主题，是党和人民历尽千辛万苦、付出巨大代价取得的根本成就。中国特色社会主义道路是实现社会主义现代化、创造人民美好生活的必由之路，中国特色社会主义理论体系是指导党和人民实现中华民族伟大复兴的正确理论，中国特色社会主义制度是当代中国发展进步的根本制度保障，中国特色社会主义文化是激励全党全国人民团结奋进的强大精神力量。"找到了"必由之路"，创立了指导党和人民的"正确理论"，建立了"根本制度保障"，形成了"强大精神力量"，这不就是我们取得的最重要、最宝贵的成就吗？还有什么成就比这更加具有根本性的意义呢？

可见，改革开放的主题就是中国特色社会主义，改革开放的事业就是开创中国特色社会主义的事业，改革开放的成就就是建设中国特色社会主义的成就。40年来的改革开放新时期，就是中国特色社会主义的开创时期。总结改革开放，必须始终不忘这个根本成就。如果仅仅看到各方面的进步而忘记了中国特色社会主义这个根本成就，那是只见树木、不见森林，捡了芝麻、丢了西瓜，是言不及义，忘记了事物的根本。如果否认改革开放的根本成就是中国特色社会主义，而将其归结到其他某些不同的甚至相反的方面，那就曲解了中国改革开放的本质，背离了改革开放的正确方向。

总结过去是为了引领未来。确认根本成就是中国特色社会主义，不仅是要紧紧抓住这个主题去总结历史，更是为了抓住这个主题引领未来，继续接力奋斗，把这篇大文章写下去。习近平把总结过去和引领未来的千言万语归结为一句话："坚持和发展中国特色社会主义。"他强调：说一千道一万，归结为一点，就是坚持和发展中国特色社会主义。[①] 由党的十九大确立为行动指南的习近平新时代中国特色社会主义思想，就是在新时代坚持和发展中国特色社会主义的思想。不忘初心，牢记使命，就是要保持政治定力，始终坚持和发展中国特色社会主义。

[①]《习近平在新进中央委员会的委员、候补委员学习贯彻党的十八大精神研讨班开班式上发表重要讲话强调 毫不动摇坚持和发展中国特色社会主义 在实践中不断有所发现有所创造有所前进》，《光明日报》2013年1月6日。

二 根本经验：坚持把马克思主义基本原理同中国具体实际相结合

认识到中国特色社会主义是改革开放40年的根本成就和取得其他一切成就的根本原因，还应该进一步追问：为什么我们党能够成功开创中国特色社会主义事业？根本的历史经验是什么？透过根本成就探究历史经验，可以看到，改革开放40年的经验归结到一点，就是坚持把马克思主义基本原理同中国具体实际相结合的原则。

这条"结合"原则，是党在七大确立起来并一贯坚持的原则。中国共产党人总结长期实践中成功的和失败的经验，在延安整风中提出了把马克思列宁主义普遍真理同中国具体实际相结合的思想，并经过整风成为全党共识。1945年4月党的六届七中全会通过的《关于若干历史问题的决议》开宗明义对党的全部历史作出一个重大结论："中国共产党自一九二一年产生以来，就以马克思列宁主义的普遍真理和中国革命的具体实践相结合为自己一切工作的指针，毛泽东同志关于中国革命的理论和实践便是此种结合的代表。"[①] 随后不久，党的七大通过的《中国共产党章程》规定："中国共产党，以马克思列宁主义的理论与中国革命的实践之统一的思想——毛泽东思想，作为自己一切工作的指针。"[②] 这就庄严宣告，中国共产党已经把马克思主义普遍真理同中国实际结合起来，实现了马克思主义中国化，并将这一伟大飞跃的成果命名为毛泽东思想，确立为党的指导思想。与此同时，也就确立了把马克思列宁主义理论和中国革命具体实际相结合的原则。1956年党的八大通过的党章再次明确规定必须坚持这一原则："党在自己的活动中坚持马克思列宁主义的普遍真理同中国革命斗争的具体实践密切结合的原则，反对任何教条主义或者经验主义的偏向。"[③]

新时期的改革开放是从端正党的思想路线破题的。改革开放起步阶段我国思想领域最鲜明的特征，是强调"解放思想，实事求是"。坚持实事求是，就是要把马克思主义同中国具体实际相结合。党的十一届三中全会前夕，邓小平在多次讲话中反复强调一个思想："毛泽东思想的基本点就是实事求是，就是把马列主义的普遍原理同中国革命的具体实践相结合。"[④] 1978年12月邓小平在十一届三中全会前夕召开的中共中央工作会议上的讲话，"实际上是三中全会的

---

① 《建党以来重要文献选编（1921—1949）》第22册，中央文献出版社2011年版，第73页。
② 《建党以来重要文献选编（1921—1949）》第22册，中央文献出版社2011年版，第533页。
③ 《建国以来重要文献选编》第9册，中央文献出版社1994年版，第314页。
④ 《邓小平文选》第2卷，人民出版社1994年版，第126页。

主题报告"①。他在这个讲话中强调:"根本的是要学习马列主义、毛泽东思想,要努力把马克思主义的普遍原则同我国实现四个现代化的具体实践结合起来。"②党的十一届三中全会公报提出,"把马列主义、毛泽东思想的普遍原理同社会主义现代化建设的具体实践结合起来,并在新的历史条件下加以发展",是"党中央在理论战线上的崇高任务"。③这就从理论指导的高度为新时期改革开放确立了基本原则,指明了前进方向。

我们党正是遵循这条"结合"原则,才探索出一条中国特色社会主义道路。1982年,当邓小平在党的十二大第一次对"有中国特色社会主义"作出明确表述时,他就把这条道路看作是坚持"结合"的结果,他说:"把马克思主义的普遍真理同我国的具体实际结合起来,走自己的道路,建设有中国特色的社会主义,这就是我们总结长期历史经验得出的基本结论。"④2008年,在纪念十一届三中全会召开30周年之际,我们党回顾总结30年来的历程,明确得出一个重要结论:"三十年的历史经验归结到一点,就是把马克思主义基本原理同中国具体实际相结合,走自己的路,建设中国特色社会主义。"⑤

中国共产党历来重视总结经验,善于从自己的经验中学习。每当重要历史关头,党都要从自己极为丰富的经验中找出根本之点,上升为理论,作为行动的指南。坚持"结合"原则,就是党把全部历史经验归结为一点得出的基本结论。

党的十八大以来,习近平多次对这一基本结论作出深入阐述。

2016年,习近平总结建党95年来的历史和经验,向全党同志提出了"不忘初心、继续前进"的八条要求,其中首要的一条就是:"坚持马克思主义的指导地位,坚持把马克思主义基本原理同当代中国实际和时代特点紧密结合起来,推进理论创新、实践创新,不断把马克思主义中国化推向前进。"⑥

2018年5月4日,在纪念马克思诞辰200周年大会上,习近平抚今追昔,用三个"结合起来"实现"伟大飞跃"对党的全部历史作出概括。他指出:中国共产党诞生后,"把马克思主义基本原理同中国革命和建设的具体实际结合起来",实现了中华民族从东亚病夫到站起来的"伟大飞跃";改革开放以来,

---

① 《邓小平文选》第2卷,人民出版社1994年版,第140页。
② 《邓小平文选》第2卷,人民出版社1994年版,第153页。
③ 《三中全会以来重要文献选编》(上),人民出版社1982年版,第12—13页。
④ 《邓小平文选》第3卷,人民出版社1993年版,第3页。
⑤ 《十七大以来重要文献选编》(中),中央文献出版社2009年版,第809页。
⑥ 习近平:《在庆祝中国共产党成立95周年大会上的讲话》(2016年7月1日),《光明日报》2016年7月2日。

"把马克思主义基本原理同中国改革开放的具体实际结合起来",实现了中华民族从站起来到富起来的"伟大飞跃";在新时代,"把马克思主义基本原理同新时代中国具体实际结合起来",中华民族迎来了从富起来到强起来的"伟大飞跃"。他由此得出的历史结论是用三个"完全正确"郑重宣示的:"历史和人民选择马克思主义是完全正确的,中国共产党把马克思主义写在自己的旗帜上是完全正确的,坚持马克思主义基本原理同中国具体实际相结合、不断推进马克思主义中国化时代化是完全正确的!"①

面对改革开放 40 年无比丰富的经验,只有将其归结为把马克思主义基本原理同中国具体实际相结合这条已被历史证明是完全正确的原则,才能抓住根本,提纲挈领,作出正确的深刻的总结。

三 一条贯穿 40 年改革开放理论和实践的红线

中国共产党是建立在马克思主义理论基础上的以实现共产主义为最终目的的党。把马克思主义基本原理同中国具体实际相结合,是党对待马克思主义的根本态度。坚持和发展中国特色社会主义,是党在现阶段的根本任务。由此就决定了,坚持"结合"原则,坚持和发展中国特色社会主义,像一条红线贯穿在 40 年改革开放的理论和实践之中。

"结合"原则有两个基本要点,一是坚持以马克思主义为指导,二是坚持一切从实际出发。坚持"结合"原则,就是把这两方面统一起来,既反对理论脱离实际,又反对实践脱离科学理论,既反对否定马克思主义指导地位和马克思主义基本原理,又反对无视新的实践发展用教条主义的态度对待马克思主义。正是这两方面的统一,凝结成了中国特色社会主义这一根本成就

十一届三中全会后不久,1979 年 3 月,邓小平在党的理论工作务虚会上提出了"坚持四项基本原则"。他在论述"必须坚持马列主义、毛泽东思想"时,批评有人"公然反对马列主义的基本原理","反对马列主义普遍真理与中国革命实践相结合而产生的毛泽东思想",强调"我们将永远高举毛泽东思想的旗帜前进"。②他运用马克思主义基本原理分析"实现四个现代化"这个"最重要的新问题",阐述了几个迫切的理论问题,其中首要的问题是"社会主义的基本矛盾和目前时期的主要矛盾"。他重申了毛泽东在《关于正确处理人民内部矛盾的问题》中提出的关于社会主义社会基本矛盾的观点,指出生产力发展水

---

① 习近平:《在纪念马克思诞辰 200 周年大会上的讲话》(2018 年 5 月 4 日),《光明日报》2018 年 5 月 5 日。

② 《邓小平文选》第 2 卷,人民出版社 1994 年版,第 171、172 页。

平低，不能满足人民和国家的需要，就是我们目前时期的主要矛盾。① 这篇讲话在我国改革开放新时期的历史起点上为坚持马克思主义基本原理，反对各种否定马克思主义的错误思想确立了不可逾越的基本原则，抓住了社会基本矛盾和主要矛盾问题作为把马克思主义基本原则同中国具体实际相结合的切入点。

新时期的改革开放是从十一届三中全会决定把全党工作重点转移到社会主义现代化建设上来起步的，是围绕着经济建设这个中心展开的，所以经济体制改革自然成为改革的开端和重点。这里我们着重通过对经济体制改革的回顾和思考，来讨论本文所关注的改革开放的根本成就和根本经验问题。

1984年10月20日召开的党的十二届三中全会对经济体制改革作出全面部署，全会通过的《关于经济体制改革的决定》（下称《决定》）是经济体制改革的纲领性文件。邓小平在会议通过《决定》后发言时表示："我的印象是写出了一个政治经济学的初稿，是马克思主义基本原理和中国社会主义实践相结合的政治经济学。"② 我们看到，这个《决定》一开头就明确规定：经济体制改革"必须按照把马克思主义基本原理同中国实际结合起来，建设有中国特色的社会主义的总要求"③ 进行。按照这个总要求，《决定》对改革的一系列重大问题作出阐述，指出："社会主义社会的基本矛盾仍然是生产关系和生产力、上层建筑和经济基础之间的矛盾。我们改革经济体制，是在坚持社会主义制度前提下，改革生产关系和上层建筑中不适应生产力发展的一系列相互联系的环节和方面。这种改革，是在党和政府的领导下有计划、有步骤、有秩序地进行的，是社会主义制度的自我完善和发展。"④ 按照这个《决定》，唯物史观关于社会基本矛盾的理论，是我国改革的理论基础；改革生产关系和上层建筑中不适应生产力发展的一系列环节和方面，是我国改革的理论根据；在坚持社会主义制度的前提下实现社会主义制度的自我完善和发展，是我国改革的基本性质；建立起有中国特色的充满生机和活力的社会主义经济体制，促进生产力发展，是我国改革的基本任务；改革必须在党和政府的领导下有计划、有步骤、有秩序地进行；要"把是否有利于发展社会主义社会生产力作为检验一切改革得失成败的最主

---

① 《邓小平文选》第2卷，人民出版社1994年版，第179—181页。
② 《邓小平文选》第3卷，人民出版社1993年版，第83页。
③ 《十一届三中全会以来党的历次全国代表大会中央全会重要文件选编》（上），中央文献出版社1997年版，第339页。
④ 《十一届三中全会以来党的历次全国代表大会中央全会重要文件选编》（上），中央文献出版社1997年版，第344页。

要标准"①。

邓小平在全会通过《决议》后的发言中说,虽然他有"马克思主义的基本原理和中国社会主义实践相结合的政治经济学""这么一个评价","但是要到五年之后才能够讲这个话,证明它正确"。② 这表明,他期待着在改革的实践中检验和发展这些理论。

31 年后的 2015 年 11 月 23 日,习近平在主持中共中央政治局就马克思主义政治经济学基本原理和方法论进行集体学习时,重提 1984 年党中央《关于经济体制改革的决定》和邓小平对这个《决定》的评价。他回顾说:"我们党把马克思主义政治经济学基本原理同改革开放新的实践结合起来,不断丰富和发展马克思主义政治经济学。""30 多年来,随着改革开放不断深入,我们形成了许多重要的理论成果。"③ 这些理论成果,马克思主义经典作家没有讲过,改革开放前我们也没有这方面的实践和认识,是适应当代中国国情和时代特点的政治经济学。他列举了多项重要理论成果,并从六个方面深入阐述了如何不断形成新的理论成果,不断开拓当代中国马克思主义政治经济学新境界。第一,坚持以人民为中心的发展思想。第二,坚持新的发展理念。第三,坚持和完善社会主义基本经济制度。第四,坚持和完善社会主义基本分配制度。第五,坚持社会主义市场经济改革方向。第六,坚持对外开放基本国策。④ 这些重要论述具有高度概括性,有极为丰富的思想理论内涵,既坚持又发展了十二届三中全会《决定》提出的基本理论观点和指导原则,为构建中国特色社会主义政治经济学指明了方向,显示出正在当代中国逐步形成的政治经济学鸿篇巨制的结构和轮廓。

回顾自 1978 年十一届三中全会、1984 年十二届三中全会以来的改革历程,重温从邓小平到习近平关于经济体制改革的论述,我们处处都感受到,中国的经济体制改革贯穿着一条把马克思主义政治经济学基本原理同中国经济发展实际相结合,不断开辟中国特色社会主义经济体制建设和经济发展道路的红线。

中国的改革是全面的改革。改革开放以来,党的历次三中全会都研究讨论深化改革问题。40 年来,从农村到城市,从试点到推广,从经济体制改革到全面深化改革,我国以经济体制改革为重点,发挥经济体制改革的牵引作用,推

---

① 《十一届三中全会以来党的历次全国代表大会中央全会重要文件选编》(上),中央文献出版社 1997 年版,第 345 页。
② 《邓小平年谱(1975—1997)》(下),中央文献出版社 2004 年版,第 1006 页。
③ 《十八大以来重要文献选编》(下),中央文献出版社 2018 年版,第 2—3 页。
④ 《十八大以来重要文献选编》(下),中央文献出版社 2018 年版,第 4—6 页。

进政治体制、文化体制、社会体制、生态文明体制和党的建设制度改革，不断扩大开放，成功实现了从高度集中的计划经济体制到充满活力的社会主义市场经济体制的历史转折，不断形成和发展符合当代中国国情的新的体制机制，为社会主义现代化建设提供了强大动力和制度保障。特别是党的十八大以来，以习近平同志为核心的党中央蹄疾步稳推进全面深化改革，作出了《关于全面深化改革若干重大问题的决定》，形成了以全面深化改革为动力的"四个全面"战略布局，全面深化改革取得了重大突破。40年来的改革开放推动着我国建立并不断完善了中国特色社会主义制度，国家治理体系和治理能力现代化水平明显提高，全社会发展活力和创新活力明显增强，实现了人民生活从温饱到小康的历史性跨越，实现了经济总量跃居世界第二的历史性飞跃。

实践充分证明，我们党把马克思主义基本原理同中国具体实际相结合，领导中国人民实行改革开放，坚持和发展中国特色社会主义，是完全正确的和非常成功的。

四 在新的历史起点上推进改革开放"新的伟大革命"

40年改革开放的根本成就和根本经验，为我们在新时代继续推进改革开放新的伟大革命提供了历史的启示。

把改革看作一种革命，是党在新时期提出来的一个重要观点。"新的伟大革命"是指导我们在新时代推进改革开放的重要理论。

邓小平在改革开放初期提出，"我们把改革当作一种革命"[①]。习近平在党的十八届三中全会上论述"全面深化改革"时说："改革开放是我们党在新的时代条件下带领人民进行的新的伟大革命。"[②]

我们党曾经领导人民完成了中国新民主主义革命和社会主义革命，为什么说改革开放是"新的伟大革命"呢？

讨论这个问题不能离开马克思主义关于"革命"的基本原理和我们党领导人民进行革命的历史。

当马克思1859年在《政治经济学批判》序言中总结自己的研究成果，对他创立的唯物史观作出经典表述时，"社会革命"的概念是这样提出来的："社会的物质生产力发展到一定阶段，便同它们一直在其中运动的现存生产关系或财产关系（这只是生产关系的法律用语）发生矛盾。于是这些关系便由生产力的

[①]《邓小平文选》第3卷，人民出版社1993年版，第82页。
[②]《十八大以来重要文献选编》（上），中央文献出版社2014年版，第508页。

发展形式变成生产力的桎梏。那时社会革命的时代就到来了。随着经济基础的变更，全部庞大的上层建筑也或慢或快地发生变革。"① 这表明，在唯物史观的理论体系和话语体系中，"社会革命"是生产力和生产关系、经济基础和上层建筑矛盾运动的必然产物，是社会形态从低级走向高级的变革。"革命是历史的火车头。"②

人类历史进程中有不同的社会革命。马克思在他总结1848年革命经验的著作《1848年到1850年的法兰西阶级斗争》中阐述了无产阶级社会主义革命区别于历史上其他社会革命的特点和目标："这种社会主义就是宣布不断革命，就是无产阶级的阶级专政，这种专政是达到消灭一切阶级差别，达到消灭这些差别所由产生的一切生产关系，达到消灭和这些生产关系相适应的一切社会关系，达到改变由这些生产关系产生出来的一切观念的必然的过渡阶段。"③无产阶级社会主义革命是不断革命，是以实现共产主义为目标的彻底的革命。

我们党把马克思主义的社会革命理论尤其是无产阶级社会主义革命理论同中国具体实际相结合，创立了中国新民主主义革命理论，夺取了新民主主义革命的胜利；又创造性地开辟了一条适合中国特点的社会主义改造的道路，实现了由新民主主义到社会主义的过渡，确立了社会主义制度。

改革开放是"新的伟大革命"的理论，是党把马克思主义唯物史观和革命理论同中国新的实践相结合的成果，是指导新时代推进改革开放的理论。这一理论既坚持了马克思主义基本原理，又符合中国改革开放的实际。

第一，改革开放是解放和发展生产力的革命。

按照马克思主义的观点，革命之所以发生，是因为生产力的发展受到了阻碍；革命的根本目的，就是解放和发展生产力。邓小平说："我们所有的改革都是为了一个目的，就是扫除发展社会生产力的障碍。"过去我们进行了新民主主义革命，新中国成立后完成了土地革命，又进行了农业、手工业和资本主义工商业的社会主义改造，那是一个伟大的革命。"改革的性质同过去的革命一样，也是为了扫除发展生产力的障碍。""从这个意义上说，改革也可以叫革命性的变革。"④

习近平也是运用马克思主义社会基本矛盾的理论来揭示改革的历史必然性和历史使命的，他强调"要学习和实践马克思主义关于生产力和生产关系的思

---

① 《马克思恩格斯文集》第2卷，人民出版社2009年版，第591、592页。
② 《马克思恩格斯文集》第2卷，人民出版社2009年版，第161页。
③ 《马克思恩格斯文集》第2卷，人民出版社2009年版，第166页。
④ 《邓小平文选》第3卷，人民出版社1993年版，第134、135页。

想"。他指出，物质生产力是全部社会生活的物质前提，生产力和生产关系、经济基础和上层建筑相互作用、相互制约，支配着整个社会发展进程，解放和发展生产力是社会主义的本质要求，所以，"我们要勇于全面深化改革，自觉通过调整生产关系激发社会生产力发展活力，自觉通过完善上层建筑适应经济基础发展要求，让中国特色社会主义更加符合规律地向前发展"①。

如果说在改革开放初期邓小平提出改革是解放和发展生产力的革命，这是运用马克思主义基本原理作出的理论预见，那么党的十八大以来习近平关于改革的历史作用的论断，则是被改革开放以来的实践证明了的科学结论。习近平指出，实践"充分证明了改革开放是决定当代中国命运的关键抉择，是当代中国发展进步的活力之源，是党和人民事业大踏步赶上时代的重要法宝，是坚持和发展中国特色社会主义、实现中华民族伟大复兴的必由之路"②。

第二，改革开放是中国共产党人一以贯之的伟大社会革命的一部分。

理解习近平改革开放是"新的伟大革命"的思想，要将其置于习近平关于"革命"的系列论述中去解读。党的十八大后不久，2013年1月5日，在新进中央委员会的委员、候补委员学习贯彻十八大精神研讨班上，习近平响亮地提出："革命理想高于天。"他强调："没有远大理想，不是合格的共产党员；离开现实工作而空谈远大理想，也不是合格的共产党员。"③ 五年之后的2018年1月5日，习近平又在学习贯彻党的十九大精神研讨班上发表讲话，"伟大社会革命"成为讲话中反复出现的关键词。他强调：不要忘记我们是共产党人，我们是革命者，不要丧失了革命精神。全党同志必须保持革命精神、革命斗志，勇于把我们党领导人民进行了97年的伟大社会革命继续进行下去。他把新时代中国特色社会主义置于党和人民进行的"伟大社会革命"中去阐释，指出：历史和现实都告诉我们，一场社会革命要取得最终胜利，往往需要一个漫长的历史过程。新时代中国特色社会主义是我们党领导人民进行伟大社会革命的成果，也是我们党领导人民进行伟大社会革命的继续，必须一以贯之进行下去。④

这些重要论述告诉我们，改革开放之所以是"新的伟大革命"，是因为它是建党97年来一直在进行的伟大社会革命的成果，是我们必须继续推进下去的

---

① 习近平：《在纪念马克思诞辰200周年大会上的讲话》（2018年5月4日），《人民日报》2018年5月5日。
② 习近平：《在庆祝海南建省办经济特区30周年大会上的讲话》（2018年4月13日），《光明日报》2018年4月14日。
③ 《十八大以来重要文献选编》（上），中央文献出版社2014年版，第116页。
④ 《习近平在学习贯彻十九大精神研讨班开班式上发表重要讲话强调 以时不我待只争朝夕的精神投入工作 开创新时代中国特色社会主义事业新局面》，《光明日报》2018年1月6日。

以实现共产主义为最终目标的漫长革命历史过程的一部分，总之，是中国共产党人一以贯之的伟大社会革命的一部分。

革命都是社会矛盾运动的产物，革命本身就是解决矛盾的斗争。40年的改革开放既然是一种革命，就必然是充满矛盾斗争的砥砺奋进的历程。各种矛盾斗争的焦点是：要不要坚持中国特色社会主义，要不要坚持把马克思主义同中国具体实际相结合的原则。这一斗争贯穿改革开放的全过程，决定着改革开放的方向和得失成败。中国特色社会主义这一根本成就，是在同各种否定中国特色社会主义的思潮和主张的斗争中取得的。把马克思主义基本原理同中国具体实际相结合的根本经验，是同反对各种否定以马克思主义为指导并将其同中国具体实际相结合的错误思想进行斗争的经验。这一斗争今天仍然存在，今后还将继续进行下去。

党的十九大宣告中国特色社会主义进入了新时代，确立了习近平新时代中国特色社会主义思想的历史地位。我们纪念改革开放40周年，必须以习近平新时代中国特色社会主义思想为指导，在新的历史条件下推进改革开放新的伟大革命。

推进改革开放新的伟大革命，必须进行伟大斗争。习近平在党的十九大报告中强调："社会是在矛盾运动中前进的，有矛盾就会有斗争。"党要团结带领人民有效应对重大挑战、抵御重大风险、克服重大阻力、解决重大矛盾，必须进行具有许多新的历史特点的伟大斗争。为了夺取伟大斗争的胜利，必须充分认识这场伟大斗争的长期性、复杂性、艰巨性，发扬斗争精神，提高斗争本领。

进行伟大斗争，推进新的伟大革命，必须坚定对马克思主义的信仰，对中国特色社会主义和共产主义的信念。习近平说，他在主持起草党的十八大报告时，专门要求写了这样一段话："对马克思主义的信仰，对社会主义和共产主义的信念，是共产党人的政治灵魂，是共产党人经受住任何考验的精神支柱。"[①] 笔者认为，习近平反复强调的这一段话，应该成为每一个共产党员的座右铭。这一重要论断把马克思主义同社会主义、共产主义紧紧联系在一起，表明了其间不可分割的内在关联，揭示了它们作为共产党人政治灵魂的崇高地位和精神支柱的伟大作用。改革开放是社会主义的自我完善和自我发展，全面深化改革的总目标是完善和发展中国特色社会主义制度，推进国家治理体系和治理能力现代化；中国特色社会主义是社会主义而不是别的什么主义，是科学社会主义

---

① 习近平：《在全国党校工作会议上的讲话》（2015年12月11日），《求是》2016年第9期。

基本原则与中国实际和时代特征相结合的产物；社会主义经过一个长过程发展代替资本主义，最终走向共产主义，是马克思主义揭示的人类社会发展的必然趋势。这就决定了，归根到底，只有全党同志确立对马克思主义的信仰，学习掌握马克思主义基本原理并且把它同中国具体实际相结合，矢志不渝地坚持和发展中国特色社会主义，新时代的改革开放才能始终坚持正确的方向，不断获得强大精神动力，创造新的辉煌业绩。

邓小平改革观的鲜明特色和重要启示

金民卿

【作者简介】金民卿，哲学博士，研究员，博士生导师，中国社会科学院马克思主义研究院副院长，国务院政府特贴专家，中国社会科学院"马克思主义理论创新智库"秘书长、登峰计划"马克思主义中国化优势学科"学术带头人，马克思主义理论研究和建设工程项目首席专家，中国历史唯物主义学会副会长兼秘书长，全国党建研究会特邀研究员。主要从事哲学与文化意识形态、马克思主义中国化、毛泽东思想等问题研究。出版《马克思主义中国化的思想逻辑》《马克思主义中国化思想史论》《马克思主义中国化研究文稿》《青年毛泽东的思想转变之路》《中国化马克思主义的初步形成》《文化全球化与中国大众文化》等著作多部，在《人民日报》《光明日报》《求是》《马克思主义研究》等报刊发表论文两百余篇。

邓小平是中国共产党领导的中国第二次革命的开创者，中国改革开放和社会主义现代化建设的总设计师。在开创中国特色社会主义的过程中，他始终坚持社会主义方向的改革，独立自主的改革，全面深刻的改革，渐进飞跃的改革，开放包容的改革，形成了内涵丰富、特色鲜明的改革观，引领中国改革开放的发展方向，对当前的全面深化改革具有重要的启示价值：我们必须坚定不移地坚持中国特色社会主义的正确方向，毫不动摇地坚持四项基本原则，坚持独立自主地走自己的改革之路，坚持用发展的方法认真解决好发展中出现的新问题，把顶层设计和摸着石头过河有机结合起来。

一 社会主义方向的改革

这是从改革的方向、性质和目标来看的。在邓小平看来,改革是社会主义制度的自我完善,必须矢志不渝地坚持社会主义方向,坚定不移地走中国特色社会主义道路,旗帜鲜明地反对资产阶级自由化,毫不动摇地坚持四项基本原则。

改革是当代中国发生的一次带有全局性变动的重大社会转型,朝着什么方向改革是一个根本性的大问题,不仅决定着改革本身的兴衰成败,而且关系着党、国家和民族的前途命运以及全体人民的幸福。对此,邓小平特别强调指出:"在改革中坚持社会主义方向,这是一个很重要的问题。"[1] 这就明确告诉人们,中国改革必须沿着社会主义的方向进行,始终坚持社会主义的根本原则。"一个公有制占主体,一个共同富裕,这是我们所必须坚持的社会主义的根本原则"[2],在改革中必须始终坚持这两个根本原则,防止和反对两极分化,决不允许产生新的资产阶级,否则,"改革就算失败了"[3],人们就会再次起来进行革命。改革是中国社会主义现代化建设的根本动力,我国的现代化是有制度内涵的现代化,邓小平对此讲得很明白:"我们搞四个现代化建设,人们常常忘记是什么样的四个现代化,是社会主义的四个现代化"[4],社会主义这四个字是决不能丢掉的。这就从现代化的角度再次阐明了改革的基本方向问题。

改革的方向与改革的性质和目标密切相关,沿着社会主义方向进行改革,其根本目标就是要使社会主义的道路更加通畅、理论更加系统、制度更加成型。邓小平多次强调:"改革是社会主义制度的自我完善。"[5] 这个论断清楚地界定了改革的根本性质和目标,任何背离社会主义制度的改革举措都是不允许的。目标决定了任务,改革的根本任务就是要充分发展社会主义生产力,发挥社会主义制度的优越性。在发展社会主义生产力这个问题上,决不能有任何动摇,全党全国人民必须始终牢记,只有发展才是硬道理,任何打着"左"的或右的旗号来阻挡发展的做法,都是必须加以反对的,有"左"反"左",有右反右。

当然,在改革的过程中,我们不是没有遭遇障碍。对于改革方向和性质的理解,始终存在着分歧和争论,最典型的就是两种改革观的对立。邓小平提出,

---

[1] 《邓小平文选》第3卷,人民出版社1993年版,第138页。
[2] 《邓小平文选》第3卷,人民出版社1993年版,第111页。
[3] 《邓小平文选》第3卷,人民出版社1993年版,第139页。
[4] 《邓小平文选》第3卷,人民出版社1993年版,第173页。
[5] 《邓小平文选》第3卷,人民出版社1993年版,第142页。

改革有两种，一种是中国共产党所进行的坚持四项基本原则的改革，另一种则是那些资产阶级自由化分子所倡导的"资本主义化"的改革："某些人所谓的改革，应该换个名字，叫作自由化，即资本主义化。他们'改革'的中心是资本主义化。我们讲的改革与他们不同，这个问题还要继续争论的。"① 邓小平的话道出了两种改革观对立的实质。事实正是这样，每一次中国的重大改革举措出台之前，少数人总是不失时机地发声，诱导、干扰甚至左右中国改革的方向，甚至要"代替"中国共产党来规划中国改革的对策，力图把改革引向资产阶级自由化的方向。

在此有必要指出，过去总有一些人拿着邓小平的"不争论"来回避或否定改革性质上的"姓社姓资"问题，其实邓小平所说的"不争论"是在改革的具体政策和做法上的不争论，并不是"姓社姓资"这个重大问题上的不争论。正是因为存在着激烈的争论甚至尖锐的冲突，邓小平反复强调，坚持四项基本原则是改革沿着社会主义方向发展的根本保证，在社会主义现代化建设的整个过程中，都必须旗帜鲜明地反对资产阶级自由化，毫不动摇地坚持四项基本原则，以确保我们的改革不误入歧途，不走向邪路。1993年9月，他在同邓垦谈话时再次强调："我们在改革开放初期就提出'四个坚持'。没有这'四个坚持'，特别是党的领导，什么事情也搞不好，会出问题。出问题就不是小问题。社会主义市场经济优越性在哪里？就在四个坚持。"②

二 独立自主的改革

这是从改革的主体、立足点和根本依据上来看的。在邓小平看来，当代中国的改革是中国共产党领导中国人民进行的自主性改革，决不能照搬别国模式，走依附改革的路子，更不可能屈从于任何外来势力，成为别国的附庸，必须立足于社会主义初级阶段的基本国情，走自己的路，建设中国特色社会主义。

作为一项宏大的社会转型工程，改革发展必然要有独立的行为主体，这个主体是中国共产党领导下的全体中国人民，而决不可能是外来的什么力量。中国的改革是为了发展中国特色社会主义，而不是做给其他国家、做给某些外国势力看的。"中国的事情要按照中国的情况来办，要依靠中国人自己的力量来办。独立自主，自力更生，无论过去、现在和将来，都是我们的立足点。中国人民珍惜同其他国家和人民的友谊和合作，更加珍惜自己经过长期奋斗而得来

---

① 《邓小平文选》第3卷，人民出版社1993年版，第297页。
② 《邓小平年谱（1975—1997）》（下），中央文献出版社2004年版，第1363页。

的独立自主权利。任何外国不要指望中国做他们的附庸，不要指望中国会吞下损害我国利益的苦果。"① 这就是说，中国的改革必须由中国共产党和中国人民自己做主，决不可能成为附庸他人的手段，决不能走依附他人的改革路子，任何人要借改革的名义来操控中国是不可能成功的。

改革的自主性决定了，中国人民必须独立自主地根据自己国家的历史传统、实践历程和国情特点来确定改革发展的战略决策。邓小平讲道："我们要根据社会主义国家自己的实践、自己的情况来决定改革的内容和步骤。每一个社会主义国家的改革又都是不同的，历史不同，经验不同，现在所处的情况不同，各国的改革不可能一样。"② 我们一定要切合中国的实际，根据自己的特点选择和建构制度体系和管理方式。中国最大的实际就是正处于社会主义初级阶段，必须立足于这个最大的国情来制定路线方针政策，独立探索适合中国特点的道路，即中国特色社会主义道路，这也就是人们耳熟能详的那段话："把马克思主义的普遍真理同我国的具体实际结合起来，走自己的道路，建设有中国特色的社会主义，这就是我们总结长期历史经验得出的基本结论。"③

在这里，一个不可回避的问题是，中国毕竟是一个后发国家，在启动改革开放、开始搞现代化建设之际，世界上已经存在着苏联模式的社会主义建设道路，已经存在着西方模式的现代化模式。如何正确借鉴这些现存的模式和路径，既有效吸收其优长之处，又有效避免模式崇拜和路径依赖，对于当代中国共产党人无疑是一个巨大的考验。对此，邓小平有着自己明确的答案。一方面，社会主义的建设和发展没有也不可能有固定不变的普世性模式，各国的情况不同、条件不同，决不能按照一个模式去套，一定要尊重各国党和人民，由他们自己去探索道路，解决问题。苏联的社会主义建设模式是苏联共产党根据苏联国情确定的，有成功经验，也存在严重不足。中国进行社会主义建设不可能照搬照抄苏联模式，或套用其他国家的模式，中国不套其他国家的，其他国家也不能套中国的。另一方面，中国搞改革开放和现代化建设，也不能照搬西方的模式，外国的经验可以借鉴但绝对不能照搬。一些坚持资产阶级自由化的人，总是企图要中国按照西方的现代化模式进行资本主义化的改革，走依附西方国家的现代化道路。对此，邓小平提出：中国的历史、文化、国情、制度同西方国家不一样，不可能照搬西方模式，在谈到政治体制改革时他明确指出："不能照搬西

---

① 《邓小平文选》第 3 卷，人民出版社 1993 年版，第 3 页。
② 《邓小平文选》第 3 卷，人民出版社 1993 年版，第 241 页。
③ 《邓小平文选》第 3 卷，人民出版社 1993 年版，第 3 页。

方的，不能搞自由化。"① 在同美国前总统卡特会见时他曾毫不客气地指出：一些人谈到民主制度时总是把它同美国的政治制度联系起来，认为美国的制度是最理想、最完善的民主制度，但中国决不能照搬美国的制度，如果照搬就肯定会出现动乱局面。

模式照搬是不能成功的，路径依赖是要失败的，中国必须要探索适合中国自己的模式。"世界上的问题不可能都用一个模式解决。中国有中国自己的模式，莫桑比克也应该有莫桑比克自己的模式。"② 中国特色社会主义就是我们自己探索出来的一个新模式，一个新事物，这个新事物不是美国、日本、欧洲或其他国家提出来的，而是中国自己提出来的。正是按照这种自主改革的思路，我们既没有走封闭僵化的老路，也没有走改旗易帜的邪路，而是不断发展和完善中国特色社会主义的道路、理论和制度。经过几十年的改革发展，以中国特色社会主义为根本内容的中国道路、中国模式在世界上产生了巨大影响。

当然，中国模式的影响日隆，也引起了一些国家的惊慌和不满，它们总希望中国走依附于它们的改革之路，成为它们的附庸，为此不断给中国的自主改革制造麻烦。对此，邓小平明确表态，我们不怕别人打压，决不会屈从于别人，要坚决顶住压力，坚定不移地推进独立自主的改革大业，毫不动摇地沿着中国特色社会主义道路前进。1989年政治风波之后，面对西方某些国家的制裁，邓小平指出："中国是独立自主的国家。为什么说我们是独立自主的？就是因为我们坚持有中国特色的社会主义道路。否则，只能是看着美国人的脸色行事，看着发达国家的脸色行事，或者看着苏联人的脸色行事，那还有什么独立性啊！现在国际舆论压我们，我们泰然处之，不受他们挑动。"③ "世界上希望我们好起来的人很多，想整我们的人也有的是。我们自己要保持警惕，放松不得。要维护我们独立自主、不信邪、不怕鬼的形象。我们绝不能示弱。你越怕，越示弱，人家劲头就越大。并不因为你软了人家就对你好一些，反倒是你软了人家看不起你。……谁敢来打我们，他们进得来出不去。"④ 我们就是要高举马克思主义的旗帜，坚持走社会主义的道路，"中国的社会主义是变不了的。中国肯定要沿着自己选择的社会主义道路走到底。谁也压不垮我们。"⑤ 邓小平的话果敢有力，掷地有声，那些企图改变中国改革方向、颠覆中国发展道路的势力，只

---

① 《邓小平文选》第3卷，人民出版社1993年版，第178页。
② 《邓小平文选》第3卷，人民出版社1993年版，第261页。
③ 《邓小平文选》第3卷，人民出版社1993年版，第311—312页。
④ 《邓小平文选》第3卷，人民出版社1993年版，第319—320页。
⑤ 《邓小平文选》第3卷，人民出版社1993年版，第320—321页。

能在中国共产党人果敢的自主改革与中国特色社会主义事业的辉煌发展面前低头让步。

三 全面深刻的改革

这是从改革的程度、深度和影响力上来看的。在邓小平看来,改革是一场包括经济、政治、文化、社会的全方位改革,是中国近代以来又一次深刻的革命性的社会变革,是中国共产党领导的第二次革命,不仅在实践上而且在理论上实现了巨大的历史性飞跃。

当代中国的改革是全面性的社会变革运动。邓小平在改革开放初就指出,中国的改革和社会主义现代化事业,是一场"根本改变我国经济和技术落后面貌,进一步巩固无产阶级专政的伟大革命。这场革命既要大幅度地改变目前落后的生产力,就必然要多方面地改变生产关系,改变上层建筑,改变工农业企业的管理方式和国家对工农业企业的管理方式,使之适应于现代化大经济的需要"[①]。从20世纪70年代后期开始,我国的社会主义改革全面展开,在经济领域,围绕着调整不适应生产力发展的生产关系这个核心问题,不断推进社会主义市场经济取向的经济体制改革;在政治领域,围绕着社会主义民主和法治建设这个核心问题,逐步进行政治体制改革;在文化领域,围绕着社会主义精神文明建设这个核心问题,全面探索创新文化体制;在科技领域,围绕着有利于技术进步这个核心问题,逐步建立创新性的科技体制。1992年初,邓小平在南方谈话中总结性地说道:"改革开放以来,我们立的章程并不少,而且是全方位的。经济、政治、科技、教育、文化、军事、外交等各个方面都有明确的方针和政策,而且有准确的表述语言。"[②] 这就是说,新时期中国的改革不是零星的、局部的,而是从农村到城市、从东部到西部、从沿海到内陆、从经济到政治、从文化教育到科技军事,实现了全方位的社会变革。

新时期的中国改革不仅是全面的,而且是极其深刻的革命性变革,是中国共产党领导的第二次伟大革命。邓小平认为,过去我们进行了新民主主义革命、社会主义改造和革命,建立了社会主义经济基础,大大地解放和发展了生产力,是一场伟大的革命;十一届三中全会后,我们党领导人民进行的改革,在性质和程度上同以前的革命一样,"也是为了扫除发展社会生产力的障碍,使中国摆脱贫穷落后的状态。从这个意义上说,改革也可以叫革命性的变革"[③]。对于不

[①] 《邓小平文选》第2卷,人民出版社1994年版,第135—136页。
[②] 《邓小平文选》第3卷,人民出版社1993年版,第371页。
[③] 《邓小平文选》第3卷,人民出版社1993年版,第135页。

同领域的改革，他都从革命性的深度来理解和看待。例如，他谈到农村改革时说道："这几年进行的农村的改革，是一种带有革命意义的改革"①；谈到精简机构时说道："精简机构是一场革命。"② 基于改革的复杂性、深刻性和风险性，以及对于中国特色社会主义发展的极端重要性，邓小平把改革看作是决定中国命运的关键一招，是中国共产党领导中国人民所进行的第二次伟大的革命："改革是中国的第二次革命。这是一件很重要的必须做的事，尽管是有风险的事。"③ 只有深化改革，而且是综合性的改革，才能够保证我国在20世纪内达到小康水平，并为21世纪更好前进打下坚实的基础。

改革的全面深刻性不仅体现在实践上，而且体现在全党全国人民的思想解放上，体现在党的理论创新上。在改革的实践中，以邓小平为核心的党的第二代中央领导集体，大胆解放思想，深入实践探索，开展理论创新，不断把群众实践创造的新经验进行理论提升，紧紧围绕着什么是社会主义和怎样建设社会主义这个核心，系统回答了建设和发展中国特色社会主义的一系列重大问题，创立了邓小平理论，成功实现并不断推进马克思主义中国化的第二次历史性飞跃。

四 渐进飞跃的改革

这是从改革的方法和路径上来看的。在邓小平看来，改革虽然是具有革命性意义的重大社会变革，但必须采取逐步推进的方法，走"渐进式改革"之路，正确处理改革、发展、稳定的关系，既要通过改革实现发展又必须保持社会稳定，不能引起剧烈的社会动荡。

邓小平是中国共产党人运用马克思主义唯物辩证法的典范。早在20世纪50年代，他就提出了"照辩证法办事"的论断，毛泽东曾经说过："要照辩证法办事。这是邓小平同志讲的。"④ 改革进程中，邓小平坚持两点论和重点论相结合，提出了"一个中心两个基本点"、"两手抓两手都要硬"、经济发展要实现"波浪式前进"、"隔几年上一个台阶"等著名论断，把唯物辩证法科学运用于改革方法和路径的探索，科学把握量变与质变、平衡与不平衡的辩证统一关系，形成渐变飞跃的改革方法。

中国的改革是前无古人的开创性事业，没有既定的路径可循，没有现成的

---

① 《邓小平文选》第3卷，人民出版社1993年版，第78页。
② 《邓小平文选》第2卷，人民出版社1994年版，第396页。
③ 《邓小平文选》第3卷，人民出版社1993年版，第113页。
④ 《毛泽东文集》第7卷，人民出版社1999年版，第200页。

经验可仿，必须摸着石头过河，一边试验一边改正，一边探索一边积累，一边争论一边推进。改革是触及深层利益结构变动的社会变革，不可避免地存在着各种怀疑和争论，不可能一蹴而就，必须采取稳步推进的方法进行，耐着性子一步一个脚印地展开。正如邓小平所说："我们的方针是，胆子要大，步子要稳，走一步，看一步。"① 在谈到经济特区时，他指出这是一个试验，只能在实践中摸索前进，积累经验，"深圳经济特区是个试验，路子走得是否对，还要看一看。它是社会主义的新生事物。搞成功是我们的愿望，不成功是一个经验嘛。"② 在南方谈话中，他再次谈到，改革从一开始有不同意见，这是正常的；中央的政策就是允许看，允许等，不搞强迫运动，不搞一刀切，让改革的政策在实践中逐渐被人们所接受，而后在全国推开来。

中国改革的实践体现了邓小平这种渐次推进、渐变飞跃的思想。在改革步骤上，采取先行试点、再渐次推开的方法，由点到线再由线到面有序推进。在改革内容上，从经济领域开始，之后逐步推及到科技、教育、文化、政治等各个领域。在改革进程上，从农村开始启动，取得了成功之后再启动城市改革和整个经济体制改革。在经济体制的选择上，先突破高度集中统一的计划经济体制，建立"计划经济为主、市场调节为辅"的体制，党的十二届三中全会上又进一步提出了"有计划的商品经济"的概念，党的十三大探索形成了"国家调节市场、市场引导企业"的机制，到1992年在党的十四大上最终确立了社会主义市场经济体制。在政治体制改革方面，邓小平特别强调要谨慎设计，必须要有领导有秩序地逐步推进，决不能匆忙行事。他说："这个问题太困难，每项改革涉及的人和事都很广泛，很深刻，触及许多人的利益，会遇到很多的障碍，需要审慎从事。……要先从一两件事上着手，不能一下子大干，那样就乱了。国家这么大，情况太复杂，改革不容易，因此决策一定要慎重。"③ 先富带动共富的政策、对外开放政策、农业发展中的"两个飞跃"构想、沿海与内地发展上的"两个大局"战略等重大改革政策设计，也都体现了渐变飞跃的思路。

渐变飞跃的思想尤其体现在对改革发展稳定关系的科学把握上。邓小平反复强调：一方面，发展才是硬道理，我们必须要追随日新月异的世界形势，抓住机遇，发展自己；另一方面，稳定是改革发展的根本条件和重要保证，没有稳定的环境什么都做不成，就根本无法进行改革开放，已经取得的改革发展成

---

① 《邓小平文选》第3卷，人民出版社1993年版，第113页。
② 《邓小平文选》第3卷，人民出版社1993年版，第130页。
③ 《邓小平文选》第3卷，人民出版社1993年版，第176—177页。

果也会丧失,"中国一定要坚持改革开放,这是解决中国问题的希望。但是要改革,就一定要有稳定的政治环境。……离开国家的稳定就谈不上改革和开放。"① 对于破坏中国社会稳定、制造社会动荡的人,必须加以制裁和限制,在这个方面决不能手软,"中国的问题,压倒一切的是需要稳定。凡是妨碍稳定的就要对付,不能让步、不能迁就。"② 邓小平的这些话,是针对特定事件和人物讲的,但具有长远的指导意义。

五 开放包容的改革

这是从改革的国际环境和对外开放的条件来看的。在邓小平看来,当今世界的总体格局和时代特征已经发生了重大变化,和平与发展是当今世界的两大主题,中国的发展离不开世界,必须要打破闭关自守的做法,实施对外开放政策,大胆吸收一切优秀文明,借鉴世界社会主义运动和各国现代化建设的经验教训。

开始于20世纪70年代后期的中国改革,是在一个开放的世界中进行的。如何看待当今世界的总体格局和时代特征,是制订政策的一个重要立足点。邓小平对此做了深入研究和科学论述。在他看来,虽然当今世界仍然处于资本主义与社会主义两种前途命运博弈的时代,这个根本的时代本质和发展趋势没有变化,但是时代主题和重大问题已经发生了重大的阶段性变化,和平与发展已经成为当今时代的两大主题,新的世界大战在相当长的时间内打不起来,中国一定要抓住这个历史性的战略机遇,集中力量搞好自己的经济建设。这是我们进行改革开放的时代依据。

世界格局和时代特征的变化,使得中国的发展同世界各国日益密切地联系在一起。中国在开放条件下进行改革,必须在政策走向上实现根本性改变。长期以来,中国吃了闭关自守的大亏,当世界技术革命蓬勃发展的时候,我们却脱离了世界,信息不灵,长期停滞。为此,我们一定要汲取历史教训,扫除改革和发展的障碍,摒弃闭关自守的政策,一定要融入世界文明进步的大潮之中,采取对外开放的正确政策,加大同世界各国的交流合作,在开放中改革和发展,"实现四个现代化必须有一个正确的开放的对外政策。我们实现四个现代化主要依靠自己的努力,自己的资源,自己的基础,但是,离开了国际的合作是不可能的。"③

---

① 《邓小平文选》第3卷,人民出版社1993年版,第284页。
② 《邓小平文选》第3卷,人民出版社1993年版,第286页。
③ 《邓小平文选》第2卷,人民出版社1994年版,第233—234页。

对外开放是在经济全球化条件下发展社会主义的重要条件和必然选择。邓小平指出："社会主义要赢得与资本主义相比较的优势，就必须大胆吸收和借鉴人类社会创造的一切文明成果，吸收和借鉴当今世界各国包括资本主义发达国家的一切反映现代社会化生产规律的先进经营方式、管理方法。"① 我们就是要通过对外开放，积极参与经济全球化，从世界各国吸收借鉴先进的技术、经验和管理方式。邓小平多次强调，先进的技术、先进的科学、先进的经验、先进的管理体制，等等，本身没有阶级性和制度性，不论资本主义国家还是社会主义国家都可以拿来为自己服务。例如，市场经济作为资源配置的有效方式，不存在姓社姓资的问题，把市场经济和资本主义画等号，把计划经济和社会主义画等号，都是错误的理论观点和做法，计划和市场都是经济手段，资本主义国家和社会主义国家都可以运用。在邓小平的大力推动下，当代中国共产党人以创新的勇气和智慧，把市场经济体制同社会主义制度相结合，充分发挥市场在资源配置中的作用，充分发挥社会主义制度的优越性，创造性地探索和创立了社会主义市场经济体制，有效破解了社会主义发展中的一个重大难题，推动了马克思主义政治经济学在当代的丰富和发展。

改革的开放包容性，不仅体现在我们学习什么方面，同时也体现在向哪些国家学习方面，这就是对外开放的全方位性和多层次性。其实，新中国成立后，中国在极其艰难的条件下也力图实施对外开放，但由于历史条件限制，我们当时主要是向苏联等社会主义国家开放；随着社会主义阵营内部的矛盾加大，中国对外开放的阻力和难度不断增加。改革开放后，中国追随时代发展的步伐，制订了全新的对外开放战略和方针政策，不断扩大思想的包容性和开放的全面性，在继续扩大对社会主义国家、发展中国家开放的同时，不断加大对资本主义国家的开放力度。当然，我们决不学习和引进资本主义国家中不适合中国的东西，特别是各种丑恶颓废的东西。

总的来说，在领导改革开放和社会主义现代化建设、全面开创中国特色社会主义事业的过程中，邓小平对改革的方向、性质、目标、主体、依据、立足点、程度、影响、方法、路径等方面，做了深入思考和全面论述，高度强调了改革的社会正义性、独立自主性、全面深刻性、渐进飞跃性和开放包容性，形成了具有丰富内容和鲜明特色的改革观思想，构成了邓小平理论科学体系的重要组成部分，为改革开放事业提供了根本的理论指导。

---

① 《邓小平文选》第 3 卷，人民出版社 1993 年版，第 373 页。

六　邓小平改革观的当代启示

自从邓小平开创中国特色社会主义道路、启动改革开放和社会主义现代化建设以来，中国特色社会主义事业取得了辉煌成就。而随着世情、国情、党情继续发生深刻变化，我们也面临着一系列新的重大挑战，必须在新的历史起点上全面深化改革。邓小平改革观的丰富内容和鲜明特色对于全面深化改革具有极其重要的启发意义，我们应该结合新的时代特点和任务，深入学习把握和运用。

第一，必须坚定不移地坚持中国特色社会主义的正确方向。改革的方向是一个根本性的大问题，方向不同，结果也迥然不同，这一点通过中国和前苏东国家的对比就可以清楚地看出来，坚持正确方向，改革就在正确的道路上健康顺利发展，否则就会走向邪路而陷入困境、最终失败，乃至于亡党亡国。在十八届三中全会召开之前，就有一些国内外势力对中国下一步的改革作出各种断言，企图使当下中国的改革偏离中国特色社会主义的正确道路，走改旗易帜的"颠覆性"变革的路子。对此，习近平同志反复指出：中国共产党一定要领导人民在新的历史起点上全面深化改革，但是决不会在根本性问题上出现颠覆性错误，一旦出现这种错误就无法挽回和弥补。在对《中共中央关于全面深化改革若干重大问题的决定》所作的说明中，他特别强调："我们在改革开放上决不能有丝毫动摇，改革开放的旗帜必须继续高高举起，中国特色社会主义道路的正确方向必须牢牢坚持。"[1] 在十八届四中全会召开之前，一些人又开始频频发声，借助我们党"推进国家治理体系和治理能力现代化"的改革目标，试图在中国推行带有鲜明阶级性的"宪政"和"公民社会"等。对此，习近平强调：中国推进国家治理体系和治理能力现代化，就是要坚持和完善中国特色社会主义的政治发展道路，推动中国特色社会主义制度更加成熟和定型，因此必须坚持党的领导、人民当家作主和依法治国的有机统一，这是决不能动摇的。这就再次告诉人们：中国共产党领导中国人民在新的历史起点上的全面深化改革，是有坚定方向的，这就是中国特色社会主义的正确方向。当前，以习近平同志为核心的党中央正带领全党全国人民，沿着中国特色社会主义道路开拓前进，为实现中华民族伟大复兴的中国梦而不懈努力，这是中国共产党人的思想共识，是全体中国人民的集体意志，是当代中国发展进步的根本方向，任何人都动摇不了、改变不了。

---

[1] 《习近平谈治国理政》，外文出版社2014年版，第87页。

第二，必须毫不动摇地坚持四项基本原则。基本路线是发展中国特色社会主义的根本和灵魂，决不能有丝毫的动摇。邓小平早就说过，党的基本路线"不能改变，谁改变谁垮台"①，就会被打倒。党的基本路线是由"一个中心、两个基本点"构成的完整整体，不可割裂。当前，在经济建设为中心和改革开放问题上基本没有什么异议，但是在四项基本原则问题上，总有这样那样的杂音噪音，有的人甚至把四项基本原则看作是阻碍当代中国发展的"绊脚石"，想尽一切办法来否定四项基本原则。不久前，围绕着人民民主专政问题，思想界争论得非常热烈，有的人把坚持人民民主专政看作是"对党的基本路线的背离"，"重提阶级斗争为纲"，"要回到'文革'时代"。这种观点如果不是对历史和理论的无知，就是抱着特定的政治目的而刻意在混淆是非。改革开放以来，中国共产党从来就没有放松人民民主专政问题，邓小平在南方谈话中专门谈到这个问题："依靠无产阶级专政保卫社会主义制度，这是马克思主义的一个基本观点。……运用人民民主专政的力量，巩固人民的政权，这是正义的事情，没有什么输理的地方。"② 进入21世纪后，江泽民也特别强调：虽然剥削阶级作为一个阶级在我国已不存在，但一定范围内的特殊形式的阶级斗争还将长期存在，特定情况下甚至还很尖锐，在人民民主专政这个问题上要理直气壮，"我们社会主义政权的专政力量不但不能削弱，还要加强。在这个问题上，切不可书生气十足"③。其实，某些人的这些争论只是表面现象，核心是要放弃四项基本原则，是要把中国的改革引向改旗易帜的邪路，对此中国人应该有清醒的认识，不能再为表面的假象所迷惑而随声附和。

第三，必须坚持独立自主地走自己的改革之路。中国的改革是在中国共产党领导下的自主性行为，是为了推动中国经济社会发展，实现国家振兴、民族复兴、人民幸福，而不是做给其他国家、某些势力看的，也不是为某些利益集团服务的，改什么和不改什么，怎样改和改到什么程度，这是由中国改革的独立主体即中国共产党和中国人民自己来决定的，任何外来势力、某些特殊利益集团的指手画脚都是不能成功的。但是，我们不能不看到，总有一些人想尽一切办法要把改革引向其他邪路上去。十八届四中全会召开之前，就有一些人为我国的国家治理体系和治理能力现代化"出谋划策"，试图要党和国家按照西方的政治制度模式来规划改革方案。当然，这种一厢情愿的"设计"注定是不会成为现实的。以习近平同志为核心的党中央明确指出，我国的国家治理体系

---

① 《邓小平文选》第 3 卷，人民出版社 1993 年版，第 324 页。
② 《邓小平文选》第 3 卷，人民出版社 1993 年版，第 379 页。
③ 《江泽民文选》第 3 卷，人民出版社 2006 年版，第 223 页。

怎么发展、怎么完善，我们自己有主张、有定力，决不照搬西方政治制度模式，决不会接受任何外国颐指气使的说教。这就再次宣示：我们所进行的改革是独立自主的改革，决不会走依附改革的路子。

第四，必须坚持用发展的方法认真解决好发展中出现的新问题。中国特色社会主义事业是不断向前发展的，在不发展的时候会有因为落后而出现的问题，但是，发展起来以后又会出现新的问题和困难，这些问题和困难并不比不发展的时候少，解决这些发展后的问题比解决发展起来的问题还要复杂、还要困难，对此我们要有清醒的认识。在改革开放的启动时期，改革的对象主要是不符合生产力发展要求的生产关系、体制机制和思想观念等。经过几十年发展之后，当前改革的对象主要是改革开放以来所形成的新的问题和矛盾：产业结构失衡问题、收入分配不公问题、公平正义缺失问题、理想信念动摇问题、少数领导干部腐化变质问题，等等。为此，我们必须在新的历史起点上，通过全面深化改革的实践探索解决问题的方法，在推进实践和理论创新的过程中形成新的政策决策和思想理论。

第五，必须把顶层设计和摸着石头过河有机结合起来。从感性认识上升到理性认识，从实践经验上升到科学理论，是马克思主义认识论的基本原理和内在要求。经验往往是片段的、分散的、不系统的，只有经过深度的理论总结和逻辑提升，才能成为系统的、完整的、理性的科学理论。实践活动如果总是停留在重复前人实践、遵循既往经验的层面，就会陷入缓慢的长期爬行状态，而只有在科学理论指导下才能更加符合规律，更加具有主动性和自觉性。改革开放已经走过了40年的历史，中国共产党人对中国特色社会主义建设规律的认识日益深化、日益成熟，形成并不断发展和完善中国特色社会主义理论体系这一马克思主义中国化的重大理论创新成果。新的历史起点上全面深化改革，一方面，要继续大胆试验、大胆探索，重视积累和总结实践经验；另一方面，一定要破除经验主义和实用主义思维，高度重视科学理论指导和宏观政策制订，搞好顶层设计，增强改革的自觉性、战略性和规范性。

应准确解读我国新时代社会主要矛盾的科学内涵

卫兴华

【作者简介】卫兴华，1925年生，山西五台人，中国人民大学荣誉一级教授、博士生导师。曾任国务院学位委员会经济学科评议组成员，全国哲学社会科学经济学科规划小组成员，中国人民大学学术委员会副主任，校学位委员会理论经济学分会主席，《中国人民大学学报》总编辑，中国综合大学系统《资本论》研究会会长。获国务院政府特殊津贴。兼任南京大学、山西大学、福建师范大学等30余所高校的名誉教授、客座教授。出版著作（含主编、合著）40余本，其中有《卫兴华经济学文集》（3卷）、《卫兴华自选集》、《我国新经济体制的构造》、《市场功能与政府功能组合论》等。发表论文、文章近800篇，学术成果获国家级和省部级奖25项，其中有孙冶方经济科学第一、二届论文奖，国家级教学成果一等奖、国家教委优秀教材一等奖等。

立足于对社会主要矛盾的科学判断来确定党和国家的工作重心和根本任务，是事关中国特色社会主义建设事业全局的根本性问题。党的十九大报告提出："中国特色社会主义进入新时代，我国社会主要矛盾已经转化为人民日益增长的美好生活需要和不平衡不充分的发展之间的矛盾。"① 以此取代原有的社会主义初级阶段的主要矛盾，即人民日益增长的物质文化需要和落后的社会生产之间的矛盾。这一新的重大判断和历史性论断，坚持运用矛盾分析法看待社会发展的马克思主义理论精髓，为制定新时代中国特色社会主义改革发展的新方略提供了基本依据。鉴于目前对社会主要矛盾内涵的主流解读囿于生产力落后以及城乡、区域发展和收入水平等现象层面的不平衡，有必要从理论层面加以澄清。

一 从供给侧和需求侧的关系认识当前中国社会主要矛盾

社会主义初级阶段社会主要矛盾的转化问题，是马克思主义政治经济学和中国特色社会主义政治经济学的一个重要理论和实践问题，是马克思主义关于社会主要矛盾理论的创新与发展，也是改革开放 40 年来生产力大幅度提高、人民生活质量和水平显著提升的结果。正确解读和运用这一理论，有助于明确和把握解决这一主要矛盾的途径、动力和方略，从而有助于顺利实现"两个一百年"的奋斗目标。

然而，从十九大以来的有关论著看，目前对此存在着解读和认识上的重大差别。在包括权威媒体的诸多讲解中，较普遍地把作为社会主要矛盾主要方面的"不平衡不充分的发展"，解读为区域和城乡发展不平衡、收入不平衡，落后地区发展不充分，生产力不平衡，还存在落后的生产力等。具有代表性的观点认为：发展不平衡，主要指各区域各方面发展不够平衡，制约了全国发展水平的提升；发展不充分，主要指一些地方、一些领域、一些方面还有发展不足的问题。这种观点还认为：从社会生产力看，我国仍有大量传统的、相对落后甚至原始的生产力，而且生产力水平和布局很不均匀；从城乡区域发展看，发展水平差距仍然较大，特别是老少边穷地区经济社会发展还比较落后；从收入分配看，收入差距仍然较大。这些发展不平衡不充分问题相互掣肘，带来很多社会问题，是现阶段各种社会矛盾的主要根源。这种作为主流观点的解读不够准确，既脱离了十九大报告的本意，不符合习近平同志的一再论述，也不符合 2018 年政府工作报告的有关解读。

从理论逻辑上看，"发展不平衡不充分"本是指相对于美好生活需要而言供给还不充分，形成需求侧与供给侧的不平衡。如果离开这一主题，大谈无直接关联的多种不平衡，就会偏离对当前社会主要矛盾的本质的把握，有点离题。

---

① 习近平：《决胜全面建成小康社会　夺取新时代中国特色社会主义伟大胜利——在中国共产党第十九次全国代表大会上的报告》，人民出版社 2017 年版，第 11 页。

从现实层面看，这种局限于生产力落后、城乡和地区差异的解读，并不能从实际经济生活情况说明供给不能充分满足美好生活需要所形成的供求不平衡，究竟表现在哪里。

第一，"发展不平衡不充分"的突出问题并不内在地取决于城乡、区域发展和收入水平的不平衡以及生产力落后等内容。十九大报告和习近平同志的多次有关讲话，都没有把作为新的社会主要矛盾主要方面的不平衡不充分发展解读为城乡、区域发展和收入水平的不平衡以及生产力落后等。虽然十九大报告中也提到"城乡区域发展和收入分配差距依然较大"，但那是作为另外的"不足"问题讲的，与主要矛盾不挂钩。

十九大报告首先论述了"过去五年的工作和历史性变革"，讲了所取得的巨大成就，又一分为二地提出我国还存在的七个方面"不足"。其中有些内容并不涉及主要矛盾，包括第三个方面的"不足"即"社会文明水平尚需提高"等。而且，这七个方面的"不足"是分别用分号明确区别开来的。第一个"不足"就是作为社会主要矛盾供给侧的不平衡不充分发展。它明确指出："发展不平衡不充分的一些突出问题尚未解决，发展质量和效益还不高，创新能力不够强，实体经济水平有待提高，生态环境保护任重道远。"[①] 在这里，已经清楚地说明了不平衡不充分发展的主要内涵。

"发展不平衡不充分"构成我国经济社会发展中的首要"不足"，是全部"不足"的核心内容之一，但并不是其全部。从人民日益增长的美好生活需要看，人民需要质量和科技含量更高的消费品，需要美好的生态环境等。但是，目前的生产与供给不充分，主要原因在于发展质量和效益不高，科技创新和创新驱动发展不够，虚拟经济干扰实体经济的发展，生态环境保护措施存在不足等，这就形成供给侧与需求侧的不平衡。十九大报告所讲的第二个"不足"是"民生领域还有不少短板……城乡区域发展和收入分配差距依然较大"，这一"不足"与前述的"不足"存在着严格的区别。有的学者和其他人士容易将这两种有别的"不足"混在一起，用后者解读前者，这种理解显然是一种偏离。

第二，初级阶段社会主要矛盾针对的是需求侧和供给侧两个方面的关系和矛盾。从理论逻辑上看，初级阶段的社会主要矛盾，无论转化前或转化后，都是从需求侧和供给侧两方面的关系和矛盾讲的。原有主要矛盾中的"落后的社

[①] 习近平：《决胜全面建成小康社会 夺取新时代中国特色社会主义伟大胜利——在中国共产党第十九次全国代表大会上的报告》，人民出版社2017年版，第9页。

会生产",是直接相对于"人民日益增长的物质文化需要"讲的。现在所讲的主要矛盾中的"不平衡不充分发展",是直接相对于"人民日益增长的美好生活需要"讲的。由于不能充分满足人民日益增长的美好生活需要,从而形成供给与需求的新的不平衡。不能离开这个根本关系和矛盾,侈谈其他无关的不平衡不充分。而且,更应注意到的一个重要问题是:讲主要矛盾是从总体、从宏观层面来讲的。原来讲主要矛盾是人民日益增长的物质文化生活需要同落后的社会生产之间的矛盾,是从当时全国整体上着眼的,广大人民群众处于绝对贫困状态,连日用必需品也需凭票限量供应,温饱问题尚有待解决,其根本原因是生产力绝对落后。其实,当时同样存在多种发展不平衡,如生产力布局和发展不平衡,生产设备总体上落后,但也有一部分新建的先进技术设备和当时属于现代化的企业。同样存在城市发展快于农村、东部沿海地区发展高于中西部地区、个人收入也很不平衡的情况。以收入差别为例,1956年工资改革后的工资级别分25个等级,高低相差16倍多。高校教师和科研人员的工资分13级,一级教授为345元,助教最低为42.5元。虽然有多种发展不平衡,但当时社会主要矛盾的表述可以完全不考虑多种不平衡的存在,并不影响从总体上对社会主要矛盾的表述。同样,它也不影响从总体上说生产力绝对落后,人民生活绝对贫困这种总体的判断。为了缓解和改变这一主要矛盾,就要大力发展生产力,发展商品经济,进行改革开放,发展多种所有制经济,不断提高人民的物质文化生活水平,现已总体上实现了小康水平。因此,可以说,改革开放40年,是解决和消除原有社会主要矛盾的40年,是走向民富国强的40年。

中国特色社会主义进入新时代,新时代的社会主要矛盾已转化为人民日益增长的美好生活需要和不平衡不充分发展的矛盾。转化前后的两种主要矛盾,都属于社会主义初级阶段的主要矛盾,都是供给和需求的矛盾。只不过是供给侧和需求侧的内涵发生了质的变化,两侧都升级了。这是随着40年改革开放的成果不断扩大,主要矛盾由逐渐的量变转向质变,供求双方的内涵都升华了。有些低端日用消费品产能过剩,表明温饱问题已总体上解决,生活需要的档次和质量提高了、内容拓宽了。既需要高品质的物质文化生活,也需要青山绿水蓝天白云,还有民主、法治、公平、正义、安全等。这种美好生活需要的转化,是生产力快速发展的结果,是生产和供给总水平提高的结果,是我国进入世界中高收入阶段的结果。这也是从总体上来讲的,并不排除低收入群体和部分贫困人口的存在,以及某些方面差距和落后的存在。但是,人民日益增长的美好生活需要目前还不能充分满足。因而还存在着生产供给与美好生活需要的不平衡,形成了新的社会主要矛盾。试问:如果没有生产力的快速发展,社会财富的不断增长,生产供给质量和档次的提高,哪来美好生活需求的日益增长?社会主要矛盾的转化,如十九大报告所述,是以"我国社会生产力水平总体上显著提高,社会生产能力在很多方面进入世界前列"为前提的,接着才讲"更加突出的问题是发展不平衡不充分"。可见,用生产力落后,还存在"原始的生产力"、乡村落后、中西部落后等来解读不平衡不充分的发展,是与十九大报告本意相悖的。那种解读等于说,我国进入新时代,生产供给侧的水平和质量没有变化、没有提高,而需求侧的档次和质量却大幅度提升了,发生了质的变化,凭空转化为人民日益增长的美好生活需要了,是与旧有的生产力落后和区域城乡不平衡等形成了矛盾。这种逻辑显然是悖理的。

第三,对社会主要矛盾的主流解读与实际经济生活状况明显相悖。兹举点事例:一个事例是,作为美好生活需要的重要一环,是国人出境旅游人次不断增多。从2002年到2017年,由8300万人增加到1.3亿人。除旅游外,还要购买大量高档高质消费品。联合国世界旅游组织发布的报告显示,中国游客多年蝉联境外消费冠军。2016年,境外消费达2610亿美元。2015年,中国人买走全球46%的奢侈品,这使我国购买力大量外流。这一情况既表明我国人民富起来了,又表明对他们是作为美好生活需要不可缺少的高档高质消费品,而国内还不能充分供应,形成新的供需不平衡。这种情况与城乡不平衡、区域不平衡等有关吗?解决矛盾的办法,一是治标,降低相关消费品进口关税,让国人将购买力留在国内。二是治本,通过创新驱动发展、供给侧结构性改革,国内能自行生产出这类产品来。第二个事例:广大群众作为美好生活需要的智能手机和高科技消费品,需要有高级芯片,但我国还不能自己生产,需每年花2000亿美元从美国进口,这又是国内生产供给不能充分满足国人高端消费需求的表现。现在已有经验教训,如果依靠大量进口芯片或其他高科技产品,以平衡国内高端需求,存在受制于人的隐患,可能带来遭受巨大损失的风险,国内生产应尽快补足这一短板。这种短缺的产生与解决,也与城乡区域和收入等发展不平衡无关。还可举个总的事例:城市需要的优质米面、肉类、豆类、蔬菜、水果等,需要农村供应;农村需要的诸如高效医药、优质奶粉、优质油盐,以及其他优质工业消费品等,需要城市供应。但在质量、品种、档次和安全等方面还不能充分满足城乡人民美好生活需要,这能用区域城乡不平衡、收入不平衡等来说明吗?再者,城乡人民的美好生活需要,要求消除假冒伪劣商品、有毒消费品、金融欺诈、不安全因素等。这类问题的产生与解决同样与生产力落后、区域城乡不平衡等无关。

二 从社会主要矛盾解决途径认识"不平衡不充分发展"

在论述商品经济和资本主义的历史发展时，马克思指出："问题和解决问题的手段同时产生。"① 新时代中国社会主要矛盾的解决，同样也需要将主要矛盾与解决矛盾的途径联系起来。目前的主流解读，将新时代社会主要矛盾中的发展不平衡不充分，片面解读为还存在着落后生产力，以及在区域、城乡和收入等方面存在着不平衡，必然导致一个问题，即解决上述问题的思路与十九大报告解决社会主要矛盾的途径相悖。怎样解决新的社会主要矛盾，这与怎样理解发展不平衡不充分的内涵密切相关，十九大报告和 2018 年的政府工作报告都有明确说明，但该种解读离开了这些说明。

解决新的社会主要矛盾的途径是什么？解决新的社会主要矛盾，就是要解决作为社会主要矛盾主要方面的发展不平衡与不充分。十九大报告和习近平同志的多次讲话已讲清楚了。十九大报告的第八部分"提高保障和改善民生水平，加强和创新社会治理"，实际上回答了解决新的社会主要矛盾的主要途径。其中讲到："不断满足人民日益增长的美好生活需要，不断促进社会公平正义，形成有效的社会治理、良好的社会秩序，使人民获得感、幸福感、安全感更加充实、更有保障、更可持续。"为此提出七项战略举措：一是优先发展教育事业；二是提高就业质量和收入水平；三是加强社会保障体系建设；四是坚决打赢脱贫攻坚战；五是实行健康中国战略；六是打造共治共建共享的社会治理格局；七是有效推进国家安全。此外，还强调生态文明建设。在十九大报告的第一部分还指出："必须认识到，我国社会主要矛盾的变化是关系全局的历史性变化，对党和国家工作提出了许多新要求。我们要在继续推动发展的基础上，着力解决好发展不平衡不充分问题，大力提升发展质量和效益，更好满足人民在经济、政治、文化、社会、生态等方面日益增长的需要。"② 从这段话中可以看出：其一，社会主要矛盾的变化，包括由"落后的社会生产"提升为"不平衡不充分"的发展，都是"关系全局的历史性变化"，而区域城乡发展不平衡，某些方面发展落后等，是原已存在的老问题，不存在关系全局的历史性变化。其二，解决不平衡不充分发展的重要环节是"大力提升发展质量和效益"。其三，还要满足人民政治、文化、社会、生态等方面的需要，所有这些都与区域、城乡等方面的不平衡无关。十九大报告的第三部分也讲到解决社会主要矛盾的途径：

---

① 《马克思恩格斯文集》第 5 卷，人民出版社 2009 年版，第 107 页。
② 习近平：《决胜全面建成小康社会 夺取新时代中国特色社会主义伟大胜利——在中国共产党第十九次全国代表大会上的报告》，人民出版社 2017 年版，第 11—12 页。

"明确新时代我国社会主要矛盾是人民日益增长的美好生活需要和不平衡不充分的发展之间的矛盾,必须坚持以人民为中心的发展思想,不断促进人的全面发展、全体人民共同富裕。"十九大报告第五部分"贯彻新发展理念,建设现代化经济体系"同样与解决发展不平衡不充分的短板相关。它指出:"我国经济已由高速增长阶段转向高质量发展阶段,正处在转变发展方式、优化经济结构、转换增长动力的攻关期,建设现代化经济体系是跨越关口的迫切要求和我国发展的战略目标。必须坚持质量第一、效益优先,以供给侧结构性改革为主线,推动经济发展质量变革、效率变革、动力变革,提高全要素生产率,着力加快建设实体经济、科技创新。"①可以看出:十九大报告不是集中在一处诠释社会主要矛盾转化问题和解决不平衡不充分发展的途径,而是分散在多处论述的。之所以如此,正是因为经济、社会、政治、文化、生态等各方面的发展,都与新的社会主要矛盾相联系,都与在发展中要解决发展不平衡不充分的短板密切相关。

这里再引证2018年3月政府工作报告中的有关说明,这是经党中央研究通过的。其中讲到今年的工作任务,是认真贯彻习近平新时代中国特色社会主义经济思想。第一任务就是"大力推动高质量发展……要着力解决发展不平衡不充分问题,围绕建设现代化经济体系,坚持质量第一、效益优先,促进经济结构优化升级"。这就表明,今后发展经济,首先要着力于解决新的社会主要矛盾中发展不平衡不充分的问题,解决的途径重在提高质量和效益,优化经济结构等。

无论十九大报告还是政府工作报告,无论讲新的社会主要矛盾的内涵或解决不平衡不充分发展的途径,都没有提及区域、城乡和其他不平衡。事实上,这些方面的不平衡只能缩小,难以完全消除。因此,不可能依靠消除这些方面的不平衡解决新的社会主要矛盾。如果说,改革开放40年中的经济社会发展是围绕着解决原有的社会主要矛盾进行的,那么,今后直到21世纪中叶,经济社会的发展,是要围绕着新的社会主要矛盾展开的。而基本解决新的社会主要矛盾,需要到21世纪中叶才能完成。至于完全满足人民美好生活需要,完全实现全民共同富裕,应是在社会主义高级阶段。

当然,从我国发展经济社会的总体战略任务、实现"两个一百年"的奋斗目标,最终实现全体人民的共同富裕的原则来讲,缩小区域城乡发展差距,缩

---

① 习近平:《决胜全面建成小康社会 夺取新时代中国特色社会主义伟大胜利——在中国共产党第十九次全国代表大会上的报告》,人民出版社2017年版,第30页。

小收入分配差距,着力提高老少边穷地区的生产和生活水平,是完全必要的,并且要纳入发展战略目标的整体布局中。但这与相对于人民日益增长的美好生活需要而言的发展不平衡不充分,是内涵不同的两回事情。

应当指出,在讲解十九大精神的论著中,也有部分论文,对社会主要矛盾中的不平衡不充分的发展进行了符合十九大原著的说明。如张高丽同志在《开启全面建设社会主义现代化国家新征程》一文中讲:"我国社会主要矛盾的变化是关系全局的历史性变化……我们要坚持以经济建设为中心,坚持稳中求进工作总基调,贯彻新发展理念、建设现代化经济体系,坚持质量第一、效益优先,以供给侧结构性改革为主线,着力加快建设实体经济、科技创新。"[①] 没有从区域城乡等发展不平衡去解读。刘云山同志在《深入学习贯彻习近平新时代中国特色社会主义思想》一文中,讲社会主要矛盾也未涉及区域城乡等不平衡。它指出:"新时代我国社会主要矛盾是人民日益增长的美好生活需要和不平衡不充分的发展之间的矛盾,必须坚持以人民为中心的发展思想,不断促进人的全面发展、全体人民共同富裕;明确中国特色社会主义事业总体布局是'五位一体'、战略布局是'四个全面'。"[②] 同样没有提及与此无关的其他多种不平衡和生产力落后等。

三 从整体性和层次性两个方面深化认识社会主要矛盾

人民日益增长的美好生活需要和不平衡不充分发展之间的社会主要矛盾,如前所说,是从整体性来考察的。尽管存在多方面发展的差别,但总的说,物质文化生活水平较普遍地都提高了。毋庸讳言,我国还存在收入差距过大的事实,存在贫富分化。这是引起社会诸多矛盾的一个不容忽视的因素,是建设社会主义应消除两极分化、最终达到全民共同富裕的一个绕不开的难点,也可以说,是中国特色社会主义肌体的一个痛点。事实上,习近平同志已经关注这一问题。他在 2015 年 10 月 29 日的讲话中明确指出:"共享发展注重的是解决社会公平正义问题。'治天下也,必先公,公则天下太平矣。'让广大人民群众共享改革发展成果,是社会主义的本质要求,是社会主义制度优越性的集中体现,是我们党坚持全心全意为人民服务根本宗旨的重要体现。……我国经济发展的'蛋糕'不断做大,但分配不公平问题比较突出,收入差距、城乡区域公共服务水平差距较大。……我们必须坚持发展为了人民,发展依靠人民,发展成果

[①] 张高丽:《开启全面建设社会主义现代化国家新征程》,《人民日报》2017 年 11 月 8 日。
[②] 刘云山:《深入学习贯彻习近平新时代中国特色社会主义思想》,《人民日报》2017 年 11 月 6 日。

由人民共享，作出更有效的制度安排，使全体人民朝着共同富裕方向稳步前进，绝不能出现'富者累巨万，而贫者食糟糠'的现象。"①

还有一个不容回避但又似乎难以回答的理论和现实问题，很需要讲清楚。因为它与社会主要矛盾的转化问题是密切相连的。大家都知道，邓小平曾明确指出："如果导致两极分化，改革就算失败了。"②而我国从20世纪90年代开始出现收入差距过大的趋势，逐渐形成贫富两极分化现象。怎样评价？能否套用邓小平的预言，作出肯定的回答。我认为，正确回答这一问题，需要首先弄清有关的一些比较复杂的理论和现实问题。过去讲两极分化，一般是指由于社会分配关系严重不公平，造成富者愈富、贫者愈贫的两极分化，是绝对的两极分化。形象地描述，就是"朱门酒肉臭，路有冻死骨"。这一般是与以私有制为基础的剥削制度相联系的，邓小平也是从绝对两极分化意义上提出警示的。我把贫富分化分为绝对两极分化和相对两极分化。我国出现的两极分化是相对两极分化。尽管富者可以愈富，但贫者不会愈贫或恒贫。评价改革得失成败的标准，还是邓小平提出的三条标准：是否有利于发展社会主义社会的生产力，是否有利于增强社会主义国家的综合国力，是否有利于提高人民的生活水平。

众所周知，改革开放40年来，我国的社会生产力快速发展。根据统计资料显示，从1978年到2017年的40年中，我国GDP总量由3678亿元增加到82.7万亿元，按可比价格计算，年均增长约9.5%；人均GDP由1978年的385元增加到2016年的53935元。中国的经济总量所居世界的位次，由1978年的第十位已跃居仅次于美国的第二位。全国居民恩格尔系数由1978年的60%以上下降到2017年的29.3%，这表明中国第一次进入联合国划分的20%至30%富足区间。③恩格尔系数大幅下降，表明人民群众总支出中，用于食物消费支出占比减少，是一个家庭或国家富裕程度的简洁度量指标。

再从综合国力的发展来看：综合国力包括经济、政治、外交、军事、国际地位等多个方面。改革开放40年来，我国的国力空前提高。习近平同志在2016年1月18日的讲话中指出：我国在世界经济和全球治理中的分量迅速上升，我国是世界第二经济大国、最大货物出口国、第三大货物进口国、第二大对外直接投资国、最大外汇储备国、最大旅游市场，成为影响世界政治经济版图变化的一个主要因素。十九大报告中又指出，我国已从站起来走向富起来和强起来，我国已经消除了100多年中任由列强宰割、不断割地赔款的国家耻辱。

---

① 《习近平关于社会主义经济建设论述摘编》，中央文献出版社2017年版，第25页。
② 《邓小平文选》第3卷，人民出版社1993年版，第139页。
③ 数据来源于《2016中国统计年鉴》和《中华人民共和国2017年国民经济和社会发展统计公报》。

再从第三个判断标准来看，改革开放40年来，我国总体上消灭了绝对贫困，稳定解决了十几亿人的温饱问题，总体上实现了小康，不久将全面建成小康社会。虽然个人财富和收入差距较大，甚至存在相对两极分化，但又不能否认，低收入群体的实际收入和购买力也远比改革开放前提高不少。1956年，在职人员最低收入为三十几元，现在，包括农民工收入，较低的也有两三千元，增加近100倍，而平均物价上涨约在10倍以上。所以，可以说，40年来，我国既出现了一批富裕和比较富裕的阶层，又出现了在世界上人数最多的中产阶层，低收入群体也解决了温饱问题。还有部分贫困人口，通过大力精准扶贫、脱贫和实行低保，将会全部摆脱贫困状态。可以说，中国人民生活从短缺走向充裕，从贫困走向小康，从而社会主要矛盾发生了质的转化。

由此可见，从生产力的快速发展，综合国力的大幅度提高和人民生活质量从总体上显著改善来看，我国改革开放40年的成就是显著的、成功的。

但是，要一分为二地分析问题。如果从社会主义的本质要求来看，从消除两极分化、实现全民共同富裕的社会主义基本原则来看，我国作为社会主义国家，出现相对贫富分化，毕竟不是发展与改革的成就，而是社会主义生产关系体系发展中的一种缺失。邓小平的警示还是有远见的。的确，发展起来后的问题，并不比发展起来前的问题少。富起来时的相对两极分化，比绝对贫穷时的共同贫穷产生的矛盾和问题会更多。为了从理论上说明这个问题，我们有必要印证马克思的一段论述："一座房子不管怎样小，在周围的房屋都是这样小的时候，它是能满足社会对住房的一切要求的。但是，一旦在这座小房子近旁耸立起一座宫殿，这座小房子就缩成茅舍模样了。这时，狭小的房子证明它的居住者不能讲究或者只能有很低的要求；并且，不管小房子的规模怎样随着文明的进步而扩大起来，只要近旁的宫殿以同样的或更大的程度扩大起来，那座较小房子的居住者就会在那四壁之内越发觉得不舒适，越发不满意，越发感到受压抑。"[①]

当生产力绝对落后、物质匮乏、各种生活必需品凭票限量供应时，平均主义的供给方式使大家没有攀比，也没有怨恨，知道是国家穷。随着生产力快速发展，财富几十倍成百倍地增长，蛋糕越做越大。但分配不公，富人切去大块，给穷人留下一小块，尽管穷人的这一小块比过去也增大了，但相对差距越来越大。有些人的资产几十亿、几百亿、上千亿，某些高管和高级演艺人员的年收入几百万、几千万，有的富豪年收入几亿、几十亿，而低收入群体年收入只有

[①] 《马克思恩格斯选集》第1卷，人民出版社1995年版，第349页。

三四万元，不少农民工还经常被业主欠薪。这种贫富的分化，会引发多种社会矛盾。缓解和消除贫富分化问题，是解决新时代社会矛盾不容忽视的问题。我们既不能劫富济贫，也不能限制富豪更富。至少在社会主义初级阶段必然如此。但是，为缩小贫富差距过大的情况，应有积极的对策。邓小平讲过，只要坚持公有制为主体，不会产生两极分化。因此，一方面，要如习近平同志所指出的，做强、做优、做大国有经济，重视坚持、发展和完善公有制为主体、多种所有制经济共同发展的"基本经济制度"；另一方面，个人资产几十亿、几百亿，年利润几亿、十几亿的大企业主在缩小贫富差距中，可以起一定的积极作用。他们可多谋职工之利，多从事一些社会救助事业，多为社会作贡献。这既有利于缓解收入差距过大的矛盾，有利于共同富裕，也有利于减少弱势群体的仇富心理和社会矛盾。也应看到，虽然由于存在贫富分化的现象，会诱发诸多社会矛盾，但由于我国存在一个人数较多的中产阶层，有利于维持社会基本稳定，我们应在发展中继续扩大中等收入阶层。综上所述，可以看出，我们在研究新时代社会主要矛盾转化问题时，不能不研究这方面问题。我们既不能因为存在贫富差距过大现象，否认总体上说人民群众的生活水平显著提高，存在日益增长的美好生活需要。又需要看到，由于存在较大收入差距的事实，对美好生活需要的具体情况也是分不同层次的，解决社会主要矛盾的途径也是多方面的。因此，对"美好生活需要"和发展不平衡不充分的概念，应有个比较科学的符合实际的理解和把握。

　　首先，人民日益增长的美好生活需要是一个动态的概念，不是一个内涵固定化的概念，因为美好生活需要会不断提高和扩展。其次，由于人的财富积累和收入层次的不同，对美好生活需要的具体内容也会有所不同。再次，从美好生活需要的实现情况来说，存在三种不同的状况：一是已实现或可实现的美好生活需要，这是有支付能力的需要；二是根据条件将会实现从而正在期待的美好生活需要；三是处于期盼性的美好生活需要，期盼通过自己的努力和国家的扶持，能够实现美好生活需要。需要看到，也存在广大人民群众共同的美好生活需要。比如，都希望能得到优质的医疗、优质的文化与教育、优质安全的社会消费品，水更净、天更蓝，环境优美，生活安全，公平正义，民主法治等。这种现实的人民日益增长的美好生活需要，还不能得到充分满足，因而同样存在供给侧相对于需求侧来说的不平衡。

　　对于这方面的问题，习近平同志始终是一目了然的。无论十九大报告提出社会主要矛盾转化前或转化后，他一直秉持以人民为中心的发展思想，来提出问题和解决问题。他在2012年11月15日十八大结束后的讲话中说："我们的人民热爱生活,期盼有更好的教育、更稳定的工作、更满意的收入、更可靠的社会保障、更高水平的医疗卫生服务、更舒适的居住条件、更优美的环境,期盼孩子们能成长得更好、工作得更好、生活得更好。人民对美好生活的向往,就是我们的奋斗目标。"[①] 在十九大报告中又进一步提出:增进民生福祉是发展的根本目的。必须多谋民生之利、多解民生之忧,在发展中补齐民生短板、促进社会公平正义,在幼有所育、学有所教、劳有所得、病有所医、老有所养、住有所居、弱有所扶上不断取得新进展,深入开展脱贫攻坚,保证全体人民在共建共享发展中有更多获得感,不断促进人的全面发展、全体人民共同富裕。确保国家长治久安、人民安居乐业。这段话既讲了人民日益增长的美好生活需要的基本方面,又提出了发展中存在的短板,同样属于发展不平衡不充分的问题。怎样解决这些短板,或者说,怎样解决人民日益增长的美好生活需要和不平衡不充分的发展之间的矛盾,正是党和政府的战略任务,需要按照习近平新时代中国特色社会主义经济思想来加以解决。

---

① 《习近平关于社会主义经济建设论述摘编》,中央文献出版社2017年版,第19页。

为守住不发生系统性金融风险的底线尽绵薄之力

李慎明

【作者简介】李慎明，第十二届全国人大常委会委员，第十二届全国人大内务司法委员会副主任委员。中国社会科学院原副院长、党组副书记，世界社会主义研究中心主任，研究员、博士生导师。党的十六大、十七大代表；第十、十一届全国人大常委会委员。中央马克思主义理论研究和建设工程咨询委员会委员、首席专家；全国哲学社会科学评审委员会国际问题组组长；国务院学位委员会第六、第七届学科评议组政治组成员；中国政治学会会长；中共中央文献研究会副会长；中共党史研究会副会长；中国科学社会主义学会副会长；中国国际文化交流协会副理事长；全国党的建设研究会、中国国际战略学会、中国国际友好联络会顾问等；中央统战部专家咨询组成员。中国社会科学院研究生院教授，清华大学、南开大学、北京交通大学、郑州大学、国家行政学院、国家教育行政学院、俄罗斯科学院远东研究所等兼职教授。俄罗斯科学院、莫斯科大学名誉博士。国家中医药管理局改革发展专家咨询委员会顾问。主要研究方向：党的建设、民主政治、国际战略。主要著作：《忧患百姓忧患党——毛泽东关于党不变质思想探寻》《对习近平总书记所讲社会主义的体悟》《居安思危——苏共亡党二十年的思考》《人为什么而活着》《全球化背景下的中国国际战略》《全球化背景下的中国大党建》《李慎明自选集》《中国和平发展与国际战略》《战争和平与社会主义》《纵马湘赣》《王震传》（合著，上、下册）等，任八集电视片《居安思危——苏共亡党的历史教训》和六集电视教育片《苏联亡党亡国20年祭——俄罗斯人在诉说》总撰稿。主编《世界社会主义跟踪研究报告——且听低谷新潮声》（系列）、《全球政治与安全报告》（黄皮书系列）等20多部学术著作。先后在《人民日报》《光明日报》《求是》等中央重要报刊发表文章200多篇。数部作品获国家有关奖项。

习近平总书记在党的十九大报告中明确指出："世界正处于大发展大变革大调整时期"，"我们生活的世界充满希望，也充满挑战"，"当前，国内外形势正在发生深刻复杂变化，我国发展仍处于重要战略机遇期，前景十分光明，挑战也十分严峻"，"中国特色社会主义进入了新时代，这是我国发展新的历史方位"，我们要"守住不发生系统性金融风险的底线"。

习近平总书记高度重视金融工作和金融安全。2017年4月25日，他在中央政治局第四十次集体学习时强调："金融安全是国家安全的重要组成部分，是经济平稳健康发展的重要基础。维护金融安全，是关系我国经济社会发展全局的一件带有战略性、根本性的大事。金融活，经济活；金融稳，经济稳。必须充分认识金融在经济发展和社会生活中的重要地位和作用，切实把维护金融安全作为治国理政的一件大事，扎扎实实把金融工作做好。"

在中国特色社会主义新时代，认真学习和坚决贯彻习近平总书记关于"守住不发生系统性金融风险的底线"的思想十分重要。

愿拙作的出版，能为我们构建不发生系统性金融风险的底线尽绵薄之力。

我的第一个职业是中国人民解放军炮兵第13师的新闻干事，1978年当解放军报的记者，1983年给王震同志当秘书，1994年到解放军军事医学科学院工作，1998年到中国社会科学院工作，从来没有专门学过和从事过经济特别是金融工作的人，怎么就论起了"金融危机"？

1997年，我在解放军国防大学基本系整整学习一年，较为系统地学习、研究了国际战略学，收获甚大。大家都知道，经济是基础，政治是经济的集中表现，而战争则是政治表现的最高形式。真正要了解战争、懂得战争直至警示战争，就必须首先懂得经济。我个人还认为，广义的战争中，包括了金融战，并且这是当今和平与发展时期隐性战争表现的主要形式之一。也就是1997年在解放军国防大学学习之时，我开始关注世界经济特别是美国经济。到2000年底，就世界经济特别是美国经济，我就搜集了10本厚厚的相关资料。

中国社会科学院，有260多个二、三级学科。1998年8月到中国社会科学院工作后，又接触了不少不同专业的非常有见识的老中青专家学者，进一步拓宽了自己的知识面,加深了自己对国际战略其中包括世界经济特别是美国经济的认识。

1999年4月,在中国社会科学院召开的一个国际问题研讨会上,我第一次提出了美国经济潜伏着严重危机的观点。参加会议的新华社一位资深记者,事后还特地写了份内参上报,强调与会100多位专家学者,没有一位学者赞成关于美国经济潜伏着严重危机的观点。

毛泽东多次谈到,要认真听取不同意见。陈云说,有钱难买反对自己意见的人。此后,我又认真研究了一些专家学者不同意美国经济潜伏着严重危机的理由,但也更加坚定了自己关于美国经济潜伏严重危机的看法。这就有了到中国社会科学院工作后的第一篇研究报告:《世界格局已发生重大变化我急需抓紧组织并抓紧进行国际战略问题研究》,该文刊发于1999年8月13日、14日《中国社会科学院要报·信息专报》第108期、109期上。报告解密期过去后,又公开发表于《求是·内部文稿》1999年第23期,改题为:《世界格局变化与国际战略问题研究》。在此篇报告中的第二部分"21世纪前二三十年甚至上半个世纪,整个世界将极不平静"中第四点,我谈道:

> 美国经济潜伏着严重的危机。关于美国是否已经形成比较严重的泡沫经济这个问题,时下言人人殊。有人认为,"美国经济永远是一块繁荣的绿洲"。但我们也需注意,国际著名投资家、美国对冲基金的掌门人乔治·索罗斯在1999年初即说:"美国经济呈现出与1987年时的日本完全相同的资产泡沫,这种状况仍在加剧","下一次严重的经济危机很可能在资产泡沫高潮结束后的美国发生"。美国财政部长罗伯特·鲁宾在同年3月下旬也表示:尽管美国经济总体状况良好,但是,世界经济的增长正越来越多地依赖于美国,这会使美国招致危险,而且"这种危险日益增加"[1]。美国的专家还认为:"全球增长的不平衡模式正在美国经济中形成泡沫。这些泡沫最终会破裂,并且引发衰退。尽管几乎没有经济学家认为今年美国会出现这种情况,但在下个世纪出现衰退的危险正在加大'。"[2] 美国联邦储备委员会主席艾伦·格林斯潘也告诫国会:"在饱受金融灾难折磨的世界经济中,美国不可能永远是一块繁荣的绿洲。"[3] 上述分析和评述提醒我们,必须重视对美国泡沫经济的研究和应对。假若在21世纪二三十年代直至中叶前

---

[1] 《美国存在着"资产泡沫"问题——索罗斯就世界金融问题答记者问》,《日本经济新闻》1999年1月22日。
[2] 《美国存在着"资产泡沫"问题——索罗斯就世界金融问题答记者问》,《日本经济新闻》1999年1月22日。
[3] 《美国存在着"资产泡沫"问题——索罗斯就世界金融问题答记者问》,《日本经济新闻》1999年1月22日。

后，美国的泡沫经济破灭，将会给世界经济带来灾难性的后果。战争往往与经济危机如影随形。大的世界性的经济危机，有可能带来世界性的战争，尽管不一定是世界大战。因为世界霸权主义和强权政治者，往往会选择战争来摆脱经济危机的阴影。美国倘若衰落，将会给其他帝国主义国家带来崛起的机遇。旧有的平衡一旦被打破，围绕争夺新的世界霸权的角逐便会进入白热化，新的维护民族权益和民族独立的斗争也会风起云涌。

现在大家读上述相关论述时就会发现，我对美国经济潜伏严重危机没有更多阐发自己的观点，而主要引用西方特别是美国国际著名投资家、美国对冲基金的掌门人乔治·索罗斯、美国联邦储备委员会主席格林斯潘、美国财政部长罗伯特·鲁宾、美国联邦储备委员会主席艾伦·格林斯潘等四位政要的观点加以佐证。为什么？"春江水暖鸭先知"，这四位大家才可能有说服力。我这个名不见经传的小人物作此预测，谁人注意？！我的主要目的，是想引起国内各界特别是相关人士对美国可能出现的经济危机的重视。我所强调的只是："美国的泡沫经济破灭，将会给世界经济带来灾难性的后果。战争往往与经济危机如影随形。大的世界性的经济危机，有可能带来世界性的战争，尽管不一定是世界大战。"这一结论，可能现在仍具有极为强烈的针对性和现实性，并更加需要我们高度关注。

研究国际政治、世界格局和国际战略，就必然要研究世界经济特别是美国经济，这就有了自己近20年来对国际金融危机的系列看法。我的学生整理出了16篇，2017年7月间，先后在微信、微博、网站上发出后，在社会上引起了较为强烈的反响。社科文献出版社要结集出版时，我整理了一下自己电脑里的资料，又新发现如下四篇。一是2001年2月笔者在人民日报社在海南三亚召开的"全球化论坛"上的讲稿，原载《世界经济与政治》2001年第5期，题为《试谈新世纪的全球化指导原则与实践》。二是2005年12月27日笔者在中国社会科学院第四届国际论坛"全球经济失衡及其对中国的影响"研讨会上的发言，刊于《国际经济评论》2006年第2期，题为《如何看待世界经济的发展趋势》。三是2011年8月16日发表于《环球时报》的《李慎明：更大金融灾难或还在后头》。四是《红旗文稿》2010年第10期上的《七大资源匮乏呼唤加快经济发展方式转变》。以上这四篇，都有不少新观点、新资料。比如，2005年12月27日在中国社会科学院第四届国际论坛"全球经济失衡及其对中国的影响"研讨会上的发言时说："经济全球化和新的高科技革命，可以使美国摆脱正常的商业周期危机的影响，但却无法使其摆脱长波周期危机的规律"，"美国经济这一轮严重的经济衰退甚至是大萧条延期到来的时间越长,其衰退程度便会愈加严重。这正如同洪水正在集聚,如果不及时疏导,而是仅加固堤坝,将来的堤坝就会垮得越惨"。

敝帚自珍。笔者对拙作《七大资源匮乏呼唤加快经济发展方式转变》也十分看重。文中说:"在未来一些年内,我国所面临的所有新情况、新困难中,可持续发展的七种资源可能出现相对匮乏的情况是最重要、最基础性的。"这七个资源是土地资源、政府投入性资源[①]、物质资源、环境资源、市场资源、劳动力资源、外资资源。文中又说:"30 年来,全国耕地净减少了 2 亿亩左右。2 亿亩左右耕地进入房地产商品开发和基础设施建设等领域,对拉动全国 GDP 的增长,增加中央和地方各级财政收入,推动国民经济发展,改善广大人民群众生活起到了相当大的作用。但如果今后农业科技没有较为重大的进步,就不可能再有较多的耕地资源进入商品领域,否则就会与确保粮食这一战略性资源的安全发生根本性矛盾。"最近重读《毛泽东谈社会主义政治经济学批注和谈话》,又有了新收获。毛泽东说:"现在我们都不算土地的价值。从古以来,没有不被破坏的房屋,但是有不被破坏的土地。我国现有十五亿八千万亩耕地,组成部分是留下来,是人们千秋万代的劳动所经营出来的。到现在我们也是每年把自己的劳动加到上面去。土地是最基本的生产资料,经济学家最好能算算土地的价值。"[②] 这也进一步加深了笔者对土地资源特有的重要性的认识。此文的最后结论是:"从一定意义上讲,转变'经济增长方式'和调节'收入分配方式'刻不容缓。这'一个转变'和'一个调节'是当前经济社会可持续发展的'牛鼻孔'。抓住了这两个'牛鼻孔',就牵住了整个经济社会发展的'牛鼻子',改革开放和社会主义现代化建设就可能打开新的局面。"

当今国际金融危机仍在深化,有时形势发展变化也很快。对当今国际金融危机和世界格局如何看呢?2017 年 10 月 14 日,中国社会科学院召开了第八届世界社会主义论坛。笔者把自己在论坛上的发言《国际金融危机与世界大发展大变革大调整》也收入此集子之中。这样也就反映了笔者新近一个时期对国际金融危机的看法。2017 年 5 月 14 日,中华人民共和国主席习近平在"一带一路"国际合作高峰论坛上发表主旨演讲中明确提出:"从历史维度看,人类社会正处在一个大发展大变革大调整时代。"在同一讲话中,他还明确指出之所以得出这一结论的主要依据是:"和平赤字、发展赤字、治理赤字,是摆在全人类

[①] 笔者原称城乡居民存款再投入资源,刘国光同志看了初稿后,建议改为此提法。
[②] 《毛泽东谈社会主义政治经济学批注和谈话》(下册),中华人民共和国国史学会,第 579 页。

面前的严峻挑战。这是我一直思考的问题。"[1] 这篇发言的主要内容是阐发对习近平总书记对上述判断的思考。这样，本书总共为 21 篇，一并奉献给各位读者，敬请大家批评指正。

笔者这样一个外行怎么敢对国际金融危机作出判断预测，并这么笃信？在给学生授课时，笔者曾几次给他们讲："我本人真的十分愚钝，如果能明白一点事理的话，完全是因为真心信仰马克思主义，结合实际认真读一点马克思主义经典作家的原著。真信真学是相辅相成、相互促进的。另外还有很重要一点，就是必须站在占人口绝大多数的普通百姓的立场上读。习近平总书记之所以很快得到全国最广大人民群众的深深拥戴，根本一点，就是他在西北黄土高原上山下乡那近八年间，在贫苦百姓那里凤凰涅槃、脱胎换骨而完成自己世界观的转变的。为什么人的问题，是根本的问题；世界观的转变，是根本的转变。这是至理名言。我们应该牢记，不应该忘记。"

（本文是《李慎明论金融危机》自序）

---

[1] 《人民日报》2017 年 5 月 15 日。

习近平新时代中国特色社会主义思想的本质特征

邓纯东

【作者简介】邓纯东，中国社会科学院马克思主义研究院党委书记、院长，研究员，博士后合作导师、中国社会科学院"马骨干"博士生导师。研究方向：马克思主义中国化、中国特色社会主义理论体系。承担国家重大交办委托课题和特别重大交办委托课题3项、承担马克思主义理论研究和建设工程交办委托课题2项、主持国家社科基金课题两项。每年在《人民日报》《光明日报》《求是》等报刊上发表多篇理论文章。每年主持马克思主义研究院主办的马克思主义及其中国化系列国内论坛10余个，国际论坛3个。主编《中国特色社会主义理论"新思想 新观点 新论断"研究丛书》（6本）、《社会主义核心价值观丛书》（12本）、《中国梦与中国特色社会主义研究丛书》（10本）、《"中国道路为什么能成功"丛书》（10本）。

党的十九大把十八大以来党的理论创新成果概括为习近平新时代中国特色社会主义思想，实现了党的指导思想的又一次与时俱进。习近平新时代中国特色社会主义思想作为马克思主义中国化最新成果，与所有科学理论一样，都有其区别于其他理论、学说的特质、特点。总结、提炼习近平新时代中国特色社会主义思想的特征，对于我们学习、掌握好这个理论，总结改革、建设经验，将中国特色社会主义事业推向前进，是非常必要的。

本文认为，在习近平新时代中国特色社会主义思想的丰富内容中，至少可以总结、提炼出八大本质特征。

一 体现鲜明的问题导向

习近平新时代中国特色社会主义思想体现了鲜明的问题导向，这个理论来源于当代中国改革与建设的实践，是对实践中需要解决的问题的马克思主义回答。

问题是时代的格言，是实践的呼唤，也是深化哲学社会科学研究的动力。正如习近平总书记所说："世界上伟大的哲学社会科学成果都是在回答和解决人与社会面临的重大问题中创造出来的。"[①] 在马克思所生活的时代，资本主义所固有的矛盾不断激化，无产阶级深受资产阶级的剥削和压迫，无产阶级革命亟须科学理论的指引。面对这些"时代之问"，马克思深入现实、回应现实，凭着惊人的毅力和胆识不断深化理论研究，创造形成了马克思主义这一科学理论，并运用这一科学理论指导无产阶级及全人类的解放事业。

可以说，强烈的问题意识是马克思主义理论的基本特征，也是马克思主义理论永葆生机和活力的源泉。理论的生命力就在于关注社会现实、解答实际问题。作为21世纪的马克思主义，习近平新时代中国特色社会主义思想凸显了鲜明的问题导向和问题意识。习近平总书记指出："每个时代总有属于它自己的问题，只要科学地认识、准确地把握、正确地解决这些问题，就能够把我们的社会不断推向前进。"[②] 习近平新时代中国特色社会主义思想正是从对当代"中国问题"的解答中不断丰富和发展的，其所有思想观点都始终关注中国社会的主题，始终关注中国人民的期望。习近平新时代中国特色社会主义思想的全部内容，回应中国国家富强、民族振兴、人民幸福的需求，洞察当代中国发展、中华民族伟大复兴的历史使命，都是为了解决我们在中国特色社会主义伟大事业的实践中出现的新情况、遇到的新问题提出的科学对策。要发现真问题就需要有发现问题的科学方法。习近平总书记特别强调开展调查研究的重要性。他指出，搞好调查研究必须多层次、多方位、多渠道地调查了解情况，要避免蜻蜓点水式的调研，要坚持"从群众中来、到群众中去"的思想路线，树立求真务实的作风，鼓足追求真理、修正错误的勇气，发现真问题，研究新情况。

当代中国社会的主题是建设中国特色社会主义。党的十九大报告明确指出："中国特色社会主义是改革开放以来党的全部理论和实践的主题，是党和人民历

[①] 习近平：《在哲学社会科学工作座谈会上的讲话》，人民出版社2016年版，第12页。
[②] 习近平：《之江新语》，浙江人民出版社2007年版，第235页。

尽千辛万苦、付出巨大代价取得的根本成就。中国特色社会主义道路是实现社会主义现代化、创造人民美好生活的必由之路,中国特色社会主义理论体系是指导党和人民实现中华民族伟大复兴的正确理论,中国特色社会主义制度是当代中国发展进步的根本制度保障,中国特色社会主义文化是激励全党全国各族人民奋勇前进的强大精神力量。"[①] 因此,"全党要更加自觉地增强道路自信、理论自信、制度自信、文化自信,既不走封闭僵化的老路,也不走改旗易帜的邪路,保持政治定力,坚持实干兴邦,始终坚持和发展中国特色社会主义"[②]。但在推进这个伟大事业的实践中,随时会出现问题、困难,这需要中国共产党人作出科学分析,准确判断,提出解决之道、应对之策。习近平新时代中国特色社会主义思想正是这样直面我们改革和建设中的问题,为推动解决这些问题提出方针、方略。可见,习近平新时代中国特色社会主义思想体现了鲜明的问题导向,是关于当代中国改革与建设实践中出现的问题的马克思主义回答,这正是它的科学性、生命力和伟大价值的体现。

二 始终坚持马克思主义基本原理

习近平新时代中国特色社会主义思想始终坚持马克思主义基本原理,特别是贯穿于其中的马克思主义立场、观点、方法。

习近平新时代中国特色社会主义思想之所以是当代中国的马克思主义,其根本原因就在于它坚持了马克思主义基本原理,体现了马克思主义的立场、观点和方法,并根据新的实践对马克思主义进行创新和发展。马克思、恩格斯在《神圣家族》中就明确指出:"历史活动是群众的活动,随着历史活动的深入,必将是群众队伍的扩大。"[③] 在十八届中央政治局常委同中外记者见面时,习近平总书记指出:"人民对美好生活的向往,就是我们的奋斗目标。"[④] 习近平总书记在党的十九大报告中又指出:"中国共产党人的初心和使命,就是为中国人民谋幸福,为中华民族谋复兴。"[⑤] 以人民为中心的发展思想正是对马克思主义唯物史观的继承和发展。

[①] 习近平:《决胜全面建成小康社会 夺取新时代中国特色社会主义伟大胜利——在中国共产党第十九次全国代表大会上的报告》,人民出版社2017年版,第16—17页。
[②] 习近平:《决胜全面建成小康社会 夺取新时代中国特色社会主义伟大胜利——在中国共产党第十九次全国代表大会上的报告》,人民出版社2017年版,第17页。
[③] 《马克思恩格斯文集》第1卷,人民出版社2009年版,第287页。
[④] 《习近平谈治国理政》,外文出版社2014年版,第4页。
[⑤] 习近平:《决胜全面建成小康社会 夺取新时代中国特色社会主义伟大胜利——在中国共产党第十九次全国代表大会上的报告》,人民出版社2017年版,第1页。

面对同样的社会问题，用不同的思想来指导，会产生不同的认识，形成不同的解决方案。习近平新时代中国特色社会主义思想的来源是马克思主义原理，特别是贯穿其中的立场、观点、方法。习近平总书记强调要坚持和完善党的领导，坚持社会主义公有制、共同富裕；强调要以马克思主义为指导，坚持批评、抵制一切非马克思主义、反马克思主义的错误思想观点，高度重视、大力加强党的意识形态工作；强调坚持人民民主专政的国体、人民代表大会的政治制度；强调坚持党的工人阶级先锋队性质、全心全意为人民服务的宗旨和民主集中制的组织原则，等等。这些都是马克思主义的重要原理，是马克思主义经典作家阐述的科学社会主义理论的重要原则。

习近平新时代中国特色社会主义思想的理论灵魂是马克思主义。习近平总书记在主持中央政治局第四十三次集体学习时强调："马克思主义就是我们党和人民事业不断发展的参天大树之根本，就是我们党和人民不断奋进的万里长河之泉源。背离或放弃马克思主义，我们党就会失去灵魂、迷失方向。在坚持以马克思主义为指导这一根本问题上，我们必须坚定不移，任何时候任何情况下都不能动摇。"[1] 始终坚持马克思主义基本原理，特别是贯穿于其中的马克思主义立场、观点和方法，这是习近平新时代中国特色社会主义思想从根本上区别于很多社会主义流派的地方，从根本上区别于欧洲、亚洲一些形形色色的共产党、工人党的理论。习近平新时代中国特色社会主义思想始终坚持用马克思主义立场、观点、方法分析中国现实和世界现实。

马克思主义不是教条，它并不提供对一切问题的现成答案。那种试图从马克思主义经典著作中寻章摘句，对现实问题直接找答案的做法，不仅达不到目的，而且还十分有害。正如邓小平所说："绝不能要求马克思为解决他去世之后上百年、几百年所产生的问题提供现成答案。列宁同样也不能承担为他去世以后五十年、一百年所产生的问题提供现成答案的任务。真正的马克思列宁主义者必须根据现在的情况，认识、继承和发展马克思列宁主义。"[2]

对待科学的理论要有科学的态度。恩格斯深刻地指出："马克思的整个世界观不是教义，而是方法。它提供的不是现成的教条，而是进一步研究的出发点和供这种研究使用的方法。"[3] 理论的生命力在于不断创新。辩证唯物主义、历史唯物主义不仅是世界观，更是科学的方法论。习近平总书记在中央政治局集体学习时多次谈到辩证唯物主义、历史唯物主义这一马克思主义的科学世界观

---

[1]《习近平谈治国理政》第2卷，外文出版社2017年版，第66页。
[2]《邓小平文选》第3卷，人民出版社1993年版，第291页。
[3]《马克思恩格斯文集》第10卷，人民出版社2009年版，第691页。

和方法论。他指出,要学习掌握唯物辩证法的根本方法,不断增强辩证思维能力,提高驾驭复杂局面、处理复杂问题的本领。在推进中国特色社会主义事业的过程中,要善于处理整体与局部、当前与长远、重点与非重点的关系,在权衡利弊中做到趋利避害;在全面深化改革的过程中,要突出改革的系统性、整体性、协同性,要坚持"顶层设计"与"摸石过河"相结合;坚持普遍联系而不是孤立封闭地观察事物,坚持全面而不是片面地、系统而不是零散地观察事物。习近平总书记还特别强调实干兴邦,他多次指出,实干兴邦、空谈误国。这就是坚持实践第一的原则,不断推进中国特色社会主义事业向前发展。

三 体现中华优秀传统文化的精髓

文化是一个国家、一个民族的灵魂。习近平总书记在2013年和2014年的几次讲话中都谈到,中国特色社会主义理论深深植根于中国优秀文化传统,中国特色社会主义是从五千年的中国历史文化传统中走出来的。习近平总书记在提出一系列解决当代中国国家治理问题的对策时,在提出一系列推进改革发展的决策时,许多理念、观点都体现了中华优秀传统文化的精髓。

习近平新时代中国特色社会主义思想强调的道路自信、理论自信、制度自信、文化自信这"四个自信",其中的文化自信就包括中华优秀传统文化、中国革命文化和社会主义先进文化。正如党的十九大报告所指出的:"中国特色社会主义文化,源自于中华民族五千多年文明历史所孕育的中华优秀传统文化,熔铸于党领导人民在革命、建设、改革中创造的革命文化和社会主义先进文化,植根于中国特色社会主义伟大实践。"[1]

中华文明得以绵延不绝、生生不息,很重要的原因是我们民族长期形成了体现中华民族特质的精神纽带、文化血缘、民族基因。习近平总书记在庆祝中国共产党成立95周年大会上的讲话中强调:"在5000多年文明发展中孕育的中华优秀传统文化,在党和人民伟大斗争中孕育的革命文化和社会主义先进文化,积淀着中华民族最深层的精神追求,代表着中华民族独特的精神标识。"[2]

中华优秀传统文化作为中华民族的精神血脉和文化标识,具有凝心聚力的重要作用,对于推动中国特色社会主义事业发展,实现中国现代化和中华民族的伟大复兴具有重要的价值。习近平总书记对传统文化的重视,一方面体现在弘扬和继承中华优秀文化中。例如,在治理国家时,他指出要有"治大国如烹

---

[1] 习近平:《决胜全面建成小康社会 夺取新时代中国特色社会主义伟大胜利——在中国共产党第十九次全国代表大会上的报告》,人民出版社2017年版,第41页。
[2] 《习近平谈治国理政》第2卷,外文出版社2017年版,第36页。

小鲜"的态度，夙夜在公、勤勉工作；在生态环境建设上，要从"天育物有时，地生财有限，而人之欲无极"的古代智慧中把握环境和人类生产生活之间的平衡；在廉政建设中，要考察历史上廉政建设的成败得失，运用历史智慧推进反腐倡廉建设。另一方面，习近平总书记更强调要发掘优秀传统文化的资源，为中国特色社会主义现代化建设事业服务。优秀传统文化是历史的产物，是中华民族在农业社会基础上形成的，因此，要对优秀传统文化进行创造性转化和创新性发展，以此来服务于中国特色社会主义的实践。这方面我们有许多成功的经验，例如，"实事求是"的思想路线，"小康社会""以人为本""和谐社会"等理念的提出，都是中国共产党从优秀传统文化中汲取合理成分形成的中国化马克思主义成果。

今天，我们推进中国特色社会主义伟大事业、建设社会主义现代化强国、实现中华民族伟大复兴的中国梦，应该从中华优秀传统文化中吸取精华，并根据新的时代特征进行创造性转化、创新性发展。对此，习近平总书记指出："要坚持古为今用、以古鉴今，坚持有鉴别的对待、有扬弃的继承，而不能搞厚古薄今、以古非今，努力实现传统文化的创造性转化、创新性发展，使之与现实文化相融相通，共同服务以文化人的时代任务。"[①] 习近平新时代中国特色社会主义思想中的许多内容，既表现了对中华优秀传统文化的尊重，也体现了中华优秀传统文化的特质，包括其中的家国情怀、价值取向、语言风格，都真正具有中国特色、中国风格、中国气派、中国味道。

四 体现实事求是的思想路线

习近平总书记在纪念毛泽东同志诞辰 120 周年座谈会上的讲话中指出："实事求是，是马克思主义的根本观点，是中国共产党人认识世界、改造世界的根本要求，是我们党的基本思想方法、工作方法、领导方法。不论过去、现在和将来，我们都要坚持一切从实际出发，理论联系实际，在实践中检验真理和发展真理。"[②] 实事求是的思想路线在习近平新时代中国特色社会主义思想里有着鲜明的体现。

对于当下的中国而言，我们正经历着最为广泛而深刻的社会变革，也正在进行着人类历史上最为宏大而独特的实践创新。但是，这种历史性变革不是简单延续中国历史文化的母版，不是简单套用马克思主义经典作家设想的模板，

[①] 《习近平谈治国理政》第 2 卷，外文出版社 2017 年版，第 313 页。
[②] 《习近平谈治国理政》，外文出版社 2014 年版，第 25 页。

不是其他国家社会主义实践的再版,也不是国外现代化发展模式的翻版。面对这些新情况,一切想当然、回避问题的做法都是无济于事的,唯有立足现实,实事求是地进行调查研究才能推动中国特色社会主义事业的发展。

习近平新时代中国特色社会主义思想正是坚持实事求是的原则,从对当代中国实践提出的问题的解答中产生和发展的。党的十八大以来,习近平总书记深刻把握时代潮流,敢于面对中国特色社会主义现代化建设事业所面临的诸多挑战和问题,提出许多重要的理论创新观点,如:坚持和发展中国特色社会主义,必须进行具有许多新的历史特点的伟大斗争。这种伟大斗争是为了坚持和发展中国特色社会主义而进行的一系列伟大变革和创新,是为了实现中华民族伟大复兴的中国梦而实施的突破遏制、回应挑战、补齐短板的斗争。面对中国改革将要触及深层次利益关系和矛盾,他指出,改革已经进入攻坚时期;面对中国经济发展所遇到的结构调整、动力转换等问题,他提出,中国经济已经进入新常态。这些科学命题正是在实事求是路线的正确指导下,作出的科学判断。也就是说,习近平新时代中国特色社会主义思想来源于当代中国改革与建设的实践,这一思想紧紧围绕中国社会所关注的主题,回应国家富强、民族振兴、人民幸福的需求,解决当代中国发展实践中出现的新情况、遇到的新问题。

关于如何治党治国治军,关于如何搞好改革发展,不同的个人、不同的单位在一定的历史条件下的认识都具有一定的局限性,表现在有些同志要求过高,超越历史阶段,或者离开中国实际而盲目崇外;有一些人又过于故步自封,僵化保守。我们过去的社会主义建设,包括改革开放以来的实践,在这方面都有经验教训。我们党在领导革命、建设、改革的实践中,如何真正做到实事求是,这是一个永恒的话题,也是一个很大的难题。我们党成立90多年来的实践表明,真正做到了实事求是,我们的事业才顺利,才能取得胜利和进步。众所周知,由于种种原因,在这个问题上,我们当然有辉煌的成功经验,也有很大的甚至惨痛的教训。因此可以说,在推进中国特色社会主义伟大事业继续前进的道路上,我们党必须把实事求是这个思想路线贯彻落实好,真正以这个思想路线分析、看待形势,提出我们改革、发展的方针政策。这是确保中国特色社会主义顺利前进、不走邪路的关键。自党的十八大以来,习近平总书记在推进中国特色社会主义伟大事业方面提出的一系列新思想,非常精准,体现了我们党实事求是的思想路线,完全是以实事求是的精神解决中国改革、发展的问题,提出了各方面的理念和方略。

五 是对国内外社会发展经验教训的科学总结

"明镜所以照形,古事所以知今。"在学习习近平新时代中国特色社会主义思想时,我们不难发现,习近平总书记在推进中国特色社会主义伟大事业、在全面从严治党方面提出的重要思想,其内容、理念和观点、判断,固然是习近平总书记高超的马克思主义理论水平、观察力和见识水平的表现,同时有许多内容、观点也是分析、总结了历史与现实、国内与国外经验和教训的科学结论。习近平新时代中国特色社会主义思想的丰富内容,真正做到了论从史出,是在总结古今中外历史经验教训的基础上提出我们现在的对策,有理有据。例如,习近平总书记多次谈到,为什么坚定理想信念是党的建设的关键问题,其重要原因就是总结吸取苏共垮台、苏联解体东欧剧变的惨痛教训。习近平总书记在庆祝中国共产党成立95周年大会上的讲话中指出:"我们回顾历史,不是为了从成功中寻求慰藉,更不是为了躺在功劳簿上、为回避今天面临的困难和问题寻找借口,而是为了总结历史经验、把握历史规律,增强开拓前进的勇气和力量。"[①] 可见,习近平新时代中国特色社会主义思想体现了历史与现实在治国理政方面的经验教训。

习近平总书记曾经深刻地指出,苏共垮台、苏联解体的原因固然是多方面的,有客观也有主观原因,有历史也有现实原因,但非常关键的原因是作为国家的领导者——苏联共产党,从党员到领导干部的理想信念丧失,自己对自己的制度、党的领导都不信任了,对社会主义制度、对马克思主义科学理论的信念动摇了,在敌对势力的进攻面前,苏共解散,苏联解体,教训十分深刻。因此,习近平总书记深刻指出,理想信念动摇是最危险的动摇,理想信念滑坡是最危险的滑坡。苏共在拥有20万党员时能取得十月革命的胜利,建立世界上第一个社会主义国家;在拥有200万党员时能打败凶恶的希特勒法西斯;在拥有近2000万党员时却失去执政地位,使国家和人民都付出了惨重代价,教训十分深刻。党的十八大以后,习近平总书记多次强调,加强党员干部的理想信念是党的建设的关键任务,是关系党和国家命运的问题,"我们党是否坚强有力,既要看全党在理想信念上是否坚定不移,更要看每一位党员在理想信念上是否坚定不移"[②]。这表明,习近平新时代中国特色社会主义思想正是体现了历史与现实的统一,是分析、总结古今中外经验教训的科学结论。

[①] 《习近平谈治国理政》第2卷,外文出版社2017年版,第32页。
[②] 《习近平谈治国理政》第2卷,外文出版社2017年版,第34—35页。

六 是正确对待世界文明成果的典范

中国特色社会主义是与时代同行的社会主义，始终保持开放的姿态，广纳世界先进文明成果。习近平总书记在联合国教科文组织总部演讲时指出："如果世界上只有一种花朵，就算这种花朵再美，那也是单调的。不论是中华文明，还是世界上存在的其他文明，都是人类文明创造的成果。"① 人类文明多样性是世界的基本特征，也是人类进步的源泉。"文明因交流而多彩，文明因互鉴而丰富，对各国人民创造的优秀文明成果，都应该采取学习借鉴的态度，都应该积极吸纳其中的有益成分。"② 习近平总书记对当代世界，包括西方资本主义国家、发达国家对我们有用的文明成果，采取马克思主义的科学态度，进行认真分析、研究、批评，借鉴有益的东西又坚决抵制有害的东西。习近平总书记关于借鉴国外有益成果的论述，强调借鉴不是照搬，不能生搬硬套。借鉴不是照抄照做，这才是正确的、科学的马克思主义态度。有些人崇洋媚外，认为西方发达资本主义国家什么都是好的，动不动就拿国际惯例、"现代"文明的规律教育别人；有些人认为西方经验为我们改革提供了现成的答案。例如，前些年在学术界、社会思潮中较为风行的"普世价值论""西方文明优越论"等都是这些错误思潮的表现。习近平总书记坚决反对这种态度，坚决反对照搬西方的一切。

习近平总书记也强调要学习借鉴对我有益的西方文明成果。2017年1月，他在联合国日内瓦总部的演讲中指出："每种文明都有其独特魅力和深厚底蕴，都是人类的精神瑰宝。"③ 对于西方国家在经济发展、社会治理、科学教育、文化发展等方面的没有意识形态属性、反映客观规律的治理机制、制度和办法，符合科学规律的理念等，习近平总书记采取马克思主义的态度，科学分析，敢于对其借鉴和改造。比如国家治理现代化的提出，是在坚持以马克思主义国家学说为指导，坚持中国共产党国家治理的优秀传统基础上，借鉴了西方一些优秀的技术性内容。再比如生态文明作为中国特色社会主义总体布局的一环、绿色发展作为五大发展理念的重要内容等，就是在参考了一些发达国家的做法后改造、创新提出的科学理念、思想。因此我们说，习近平新时代中国特色社会主义思想是正确对待世界文明成果的典范。

---

① 《习近平谈治国理政》，外文出版社2014年版，第258页。
② 《习近平总书记系列重要讲话读本》，学习出版社、人民出版社2016年版，第204页。
③ 《习近平谈治国理政》第2卷，外文出版社2017年版，第544页。

七 体现科学理论系统性和协调性的统一

习近平新时代中国特色社会主义思想作为我们党的行动指南，充分体现了科学理论的系统性和协调性的统一。其所蕴含的思想理论、政策措施等相互联系，充分体现了全国与地方、重点与一般、长期与短期的协同效应。

第一，习近平新时代中国特色社会主义思想全面系统地回答中国特色社会主义建设各个方面的问题，是推进经济建设、政治建设、文化建设、社会建设、生态文明建设"五位一体"总体布局的科学指南，不是零散的，不是顾此失彼的。党的十九大报告指出，习近平新时代中国特色社会主义思想从理论和实践的结合上系统回答了新时代坚持和发展什么样的中国特色社会主义、怎样坚持和发展中国特色社会主义这一重大时代课题，其中包括："新时代坚持和发展中国特色社会主义的总目标、总任务、总体布局、战略布局和发展方向、发展方式、发展动力、战略步骤、外部条件、政治保证等基本问题，并且要根据新的实践对经济、政治、法治、科技、文化、教育、民生、民族、宗教、社会、生态文明、国家安全、国防和军队、'一国两制'和祖国统一、统一战线、外交、党的建设等各方面作出理论分析和政策指导，以利于更好坚持和发展中国特色社会主义。"①"四个全面"战略布局是一个完整的系统，"四个全面"战略布局的每一个"全面"，是其中的子系统。

第二，习近平新时代中国特色社会主义思想的系统性还体现在管党治国的理论中，不仅对我们的工作对象提出一系列要求，而且对工作主体（党和政府的各级机关）也提出系统的要求。习近平总书记不仅对我们党的事业如何推进、国家如何治理提出马克思主义的方针、目标和任务，而且对担负这个伟大任务的主体——领导我们事业的核心力量的中国共产党的自身建设提出一系列要求。他强调，打铁必须自身硬，执政党必须把自身建设好，不断提高党员队伍、各级领导干部的思想水平。管党治党一刻不能松懈，全面从严治党必须落实管党治党责任，形成各级党组织建立党建工作责任制，党委抓、书记抓、各有关部门抓、一级抓一级、层层抓落实的工作格局，落实全面从严治党的主体责任和监督责任。在推进国家治理体系现代化方面，习近平同时强调不仅是制度的现代化，而且要重视治理主体——各级领导机关、国家工作人员的素质现代化，包括思想政治素质、工作作风、公仆意识建设等都是国家治理现代化必须坚持

---

① 习近平：《决胜全面建成小康社会　夺取新时代中国特色社会主义伟大胜利——在中国共产党第十九次全国代表大会上的报告》，人民出版社 2017 年版，第 18 页。

的前提。这些思想，体现了对工作主体的要求。这些内容与西方国家的治理理念相比，具有极大的优越性、科学性。

第三，习近平新时代中国特色社会主义思想关于推动发展的力量、党的领导核心、党的自身建设、对领导对象的吸引力和凝聚力等，都是围绕中国特色社会主义这个伟大事业系统展开的。伟大斗争、伟大工程、伟大事业、伟大梦想，各方面的内容相互协调、相互衔接，构成系统完备、整体推进的理论体系。党的十九大报告指出："伟大斗争，伟大工程，伟大事业，伟大梦想，紧密联系、相互贯通、相互作用，其中起决定性作用的是党的建设新的伟大工程。"① 在党的自身建设方面，提出的自我净化、自我革新、自我完善、自我提高，又与严格的党内生活、从严治党、党内外监督的加强相协调，构成了习近平新时代中国特色社会主义思想中党的建设理论的科学性、完整性与系统性。

习近平总书记指出："改革开放是一个系统工程，必须坚持全面改革，在各项改革协同配合中推进。"② 他多次强调，改革开放是复杂的系统工程，各级领导干部要有系统思维。

八 是道路自信、理论自信、制度自信、文化自信的集中展现

习近平总书记在庆祝中国共产党成立 95 周年大会上的讲话中指出："当今世界，要说哪个政党、哪个国家、哪个民族能够自信的话，那中国共产党、中华人民共和国、中华民族是最有理由自信的。"③ 在当代世界，中国共产党最有理由自信，这个自信根源于党领导人民进行的成功实践，根源于客观的事实，而这个客观的事实又根源于国家制度、治理体制，包括意识形态。党的十八大以来，我国国家治理的制度、机制、办法包括意识形态建设都是在习近平新时代中国特色社会主义思想的指导下形成的。这些成果集中表明了中国的道路自信、理论自信、制度自信、文化自信的客观根据，所以说是"四个自信"最集中的展示。

中国共产党在长期革命、建设、改革中形成的成功经验，包括在革命战争时期经过艰苦卓绝的斗争取得新民主主义革命的胜利，在新中国成立以后努力探索在落后的东方大国建设社会主义、实现国家现代化，在党的十一届三中全会以来进行社会主义改革和建设等一系列实践中形成的认识、制度、体制、路

---

① 习近平：《决胜全面建成小康社会 夺取新时代中国特色社会主义伟大胜利——在中国共产党第十九次全国代表大会上的报告》，人民出版社2017年版，第17页。
② 《习近平谈治国理政》，外文出版社2014年版，第68页。
③ 《习近平谈治国理政》第2卷，外文出版社2017年版，第36页。

线和政策等，就是今天中国道路、制度、理论、文化的核心内容。纵观鸦片战争以来170多年的中国近现代史，以及世界社会主义运动产生以来100多年的历史，不难发现，只有社会主义能够救中国，只有中国特色社会主义能够发展中国。习近平新时代中国特色社会主义思想，强调我们必须坚定不移地走中国特色社会主义道路，强调坚定不移地坚持改革，并在改革中坚持社会主义原则和方向，强调我们党和国家的各项工作必须坚持以马克思主义为指导，强调坚持和完善党的领导决不动摇，强调必须走中国特色社会主义法治道路，强调我们的文化建设必须以马克思主义为灵魂，强调要坚持十一届三中全会以来我们党推进中国特色社会主义事业实践证明正确有效的一系列路线、方针、政策、制度，等等。这是中国人民经历了100多年奋斗得到的结论，是我们的国家长治久安，各族人民团结和睦、共同繁荣进步，全体人民不断迈向幸福美好生活的保证。习近平新时代中国特色社会主义思想既指出了我们国家富强、民族振兴、人民幸福的正确路径，又体现了中国共产党人对于自己经历了无数艰难困苦、摸索试验，总结正反两方面的经验教训得到的认识，形成的道路自信、理论自信、制度自信、文化自信。

总之，中国特色社会主义进入新时代，这是我国发展新的历史方位，我国社会主要矛盾已经转化为人民日益增长的美好生活需要和不平衡不充分的发展之间的矛盾。这就要求我们着力解决好发展不平衡不充分问题，更好满足人民各方面的需要。我们要坚定"四个自信"，努力把握习近平新时代中国特色社会主义思想的本质特征，努力践行习近平新时代中国特色社会主义思想，努力实现十九大提出的目标，建设社会主义现代化强国，实现中华民族伟大复兴的中国梦。

新时代中国特色社会主义与 21 世纪马克思主义

姜 辉

【作者简介】 姜辉，现任中国社会科学院信息情报研究院党委书记兼副院长，研究员，博士生导师，兼任中国社会科学院中国特色社会主义理论体系研究中心主任、习近平新时代中国特色社会主义思想研究中心执行主任、世界社会主义研究中心副主任。国家有突出贡献中青年专家，国务院政府特殊津贴专家，国家百千万人才，文化名家暨"四个一批"人才，国家"万人计划"哲学社会科学领军人才，中央马克思主义理论研究和建设工程主要专家。

长期从事马克思主义理论、科学社会主义与国际共产主义运动、当代世界社会主义、中国特色社会主义研究。代表性学术成果有著作《欧洲发达国家共产党的变革》《当代西方工人阶级研究》《西方世界中的社会主义思潮》《21 世纪世界社会主义的新特点》《阶级结构与"第三条道路"》《欧洲社会民主主义的转型》等，译著主要有《欧洲社会主义百年史》《关于阶级的冲突》《新市场社会主义》《英国和美国的社会阶级》等。在《中国社会科学》《马克思主义研究》《教学与研究》等重要学术期刊和《人民日报》《光明日报》《求是》等中央主要报刊上发表论文 130 余篇。

习近平同志在纪念马克思诞辰 200 周年大会上的讲话中指出，可以告慰马克思的是，马克思主义指引中国成功走上了全面建设社会主义现代化强国的康庄大道，中国共产党人作为马克思主义的忠诚信奉者、坚定实践者，正在为坚持和发展马克思主义而执着努力。中国特色社会主义经过长期发展进入新时代，推动科学社会主义进入新的发展阶段。列宁曾说，共产党人"如果不愿落后于实际生活，就应当在各方面把这门科学推向前进"[①]。新时代，中国共产党人在理论、实践、制度等各方面极大地推进科学社会主义新发展。正如习近平同志指出的，科学社会主义在中国的成功，对马克思主义、科学社会主义的意义，对世界社会主义的意义，是十分重大的。新时代中国特色社会主义，使科学社会主义在 21 世纪焕发出强大生机活力，让马克思主义放射出更加灿烂的真理光芒。

一 理论贡献：习近平新时代中国特色社会主义思想是 21 世纪马克思主义的科学理论形态

"一切划时代的体系的真正的内容都是由于产生这些体系的那个时期的需要而形成起来的。"[②]回顾 170 年来马克思主义发展史和科学社会主义发展史，我们可以清楚地看到，不同历史时期的马克思主义代表人物，顺应时代发展，回答时代课题，从而不断推动马克思主义和科学社会主义的丰富发展，在不同时期形成了既一脉相承又独具特色的理论形态。中国特色社会主义进入新时代，形成了习近平新时代中国特色社会主义思想，这一伟大思想，既是马克思主义中国化的最新成果，也是 21 世纪马克思主义和科学社会主义的最新理论形态。在当代中国，坚持习近平新时代中国特色社会主义思想，就是真正坚持马克思主义、真正坚持科学社会主义。

恩格斯曾说，我们的理论"是一种历史的产物，它在不同的时代具有完全不同的形式，同时具有完全不同的内容"[③]。马克思、恩格斯所处的时代是自由资本主义时代，他们科学地回答了"资本主义向何处去、人类社会向何处去"的时代课题，创立了马克思主义，社会主义由空想变为科学；列宁所处的时代是垄断资本主义时代，他科学回答了"帝国主义向何处去、无产阶级革命向何处去"的时代课题，形成列宁主义，指导十月革命取得伟大胜利，社会主义由理论变为现实制度。毛泽东在半封建半殖民地的中国，科学回答了"中国向何

[①]《列宁专题文集·论马克思主义》，人民出版社 2009 年版，第 96 页。
[②]《马克思恩格斯全集》第 3 卷，人民出版社 1960 年版，第 544 页。
[③]《马克思恩格斯文集》第 9 卷，人民出版社 2009 年版，第 436 页。

处去、中国革命向何处去"的时代课题，形成了毛泽东思想，领导人民完成新民主主义革命，建立了新中国。进入改革开放历史新时期，几代中国共产党人在不同时期，接续回答了"建设什么样的社会主义、怎样建设社会主义"，"建设一个什么样的党、怎样建设这个党"，"实现什么样的发展、怎样发展"等一系列时代课题，形成了邓小平理论、"三个代表"重要思想、科学发展观，从而不断推进中国特色社会主义理论体系的形成和发展。党的十八大以来，"国内外形势变化和我国各项事业发展都给我们提出了一个重大时代课题，这就是必须从理论和实践结合上系统回答新时代坚持和发展什么样的中国特色社会主义、怎样坚持和发展中国特色社会主义"①。习近平新时代中国特色社会主义思想，就是科学回答了这个重大时代课题，从而既极大地丰富和发展了中国特色社会主义理论，又把21世纪科学社会主义推向一个新的发展阶段。

习近平同志反复强调，要锲而不舍地推进马克思主义中国化时代化大众化，发展21世纪马克思主义、当代中国马克思主义。"只有民族的才是世界的，只有引领时代才能走向世界。要立足时代特点，推进马克思主义时代化，更好运用马克思主义观察时代、解读时代、引领时代，真正搞懂面临的时代课题，深刻把握世界历史的脉络和走向。"② 我们要坚持用马克思主义观察时代、解读时代、引领时代，用鲜活丰富的当代中国实践来推动马克思主义发展，用宽广视野吸收人类创造的一切优秀文明成果，坚持在改革中守正出新、不断超越自己，在开放中博采众长、不断完善自己，不断深化对共产党执政规律、社会主义建设规律、人类社会发展规律的认识，不断开辟当代中国马克思主义、21世纪马克思主义新境界。习近平新时代中国特色社会主义思想，就是坚持马克思主义时代性与现实性、世界性与民族性的统一。一方面，立足新时代中国实际，实现了马克思主义中国化新的历史飞跃；另一方面，面对当今世界的深刻变化，深入思考21世纪的时代课题题和时代任务，以深远的时代眼光和宽广的世界眼光审视马克思主义和社会主义在21世纪发展的理论需要与实践需要，深刻把握了时代发展趋势和世界发展走向，科学地构造了21世纪马克思主义和科学社会主义的最新理论形态。

习近平新时代中国特色社会主义思想博大精深、内容丰富，深化了对共产党执政规律、社会主义建设规律、人类社会发展规律的认识，在整体上、各个方面都把科学社会主义推向前进。习近平同志指出："解决好民族性问题，就有

---

① 习近平：《决胜全面建成小康社会　夺取新时代中国特色社会主义伟大胜利——在中国共产党第十九次全国代表大会上的报告》，人民出版社2017年版，第18页。
② 《习近平谈治国理政》第2卷，外文出版社2017年版，第66页。

更强能力去解决世界性问题;把中国实践总结好,就有更强能力为解决世界性问题提供思路和办法。"[1] 他指出:"新中国成立以来特别是改革开放以来,中国发生了深刻变革,置身这一历史巨变之中的中国人更有资格、更有能力揭示这其中所蕴含的历史经验和发展规律,为发展马克思主义作出中国的原创性贡献。"[2] 习近平新时代中国特色社会主义思想,是 21 世纪马克思主义和科学社会主义创新发展最集中、最丰富、最现实的体现,作出了巨大的原创性贡献。

从对科学社会主义发展创新上看,以习近平同志为主要代表的中国共产党人,在续写坚持和发展中国特色社会主义这篇大文章中,在新时代深化了对中国特色社会主义建设规律的认识。比如,提出"八个明确"和"十四个坚持",是对中国特色社会主义整体性、开创性的丰富发展;提出道路、理论、制度、文化"四位一体"有机统一,拓展了中国特色社会主义的科学体系;提出以人民为中心的发展思想,深化了社会主义本质理论;提出我国社会主要矛盾发生历史性转化,丰富了社会主义初级阶段理论,也发展了社会主义发展阶段理论;在新时代全面深化改革,提升了社会主义发展动力理论;推进国家治理体系和治理能力现代化,丰富发展了社会主义现代化理论;推进"五位一体"总体布局和"四个全面"战略布局,完善了社会主义全面发展理论;践行创新、协调、绿色、开放、共享的新发展理念,拓展了社会主义发展途径和发展目标理论;坚持党的全面领导,提出关于党的领导"两个最"的重要论断,即中国共产党领导是中国特色社会主义最本质的特征,是中国特色社会主义制度的最大优势,丰富发展了马克思主义执政党建设理论;阐明人类社会历史发展的必然趋势,提出科学认识两大社会制度关系的新思想,丰富了关于正确处理社会主义与资本主义之关系的理论;提出推动构建人类命运共同体,丰富发展了马克思主义关于未来社会的理论,等等,这些具有重大理论意义和鲜明时代意义的新理念新思想新战略,是对科学社会主义的重大创新,同对马克思主义哲学和政治经济学的重大创新一道,共同构成了新时代创新性、系统性、典范性的理论成果,为发展 21 世纪马克思主义作出了原创性贡献。

二 实践贡献:新时代中国特色社会主义是 21 世纪世界社会主义走向振兴的中流砥柱

中国特色社会主义进入新时代,在中华人民共和国发展史上、中华民族发

---

[1] 《习近平谈治国理政》第 2 卷,外文出版社 2017 年版,第 340 页。
[2] 《习近平谈治国理政》第 2 卷,外文出版社 2017 年版,第 66 页。

展史上具有重大意义，在世界社会主义发展史上、人类社会发展史上也具有重大意义。新时代中国特色社会主义，与世界社会主义发生了更加密切、更为明确的联系，意味着科学社会主义在21世纪的中国焕发出强大生机活力，在世界上高高举起了中国特色社会主义伟大旗帜。这表明，随着中国日益走近世界舞台的中央，随着其综合国力和国际影响力不断增强，中国特色社会主义不再是局限于本国的事业，而是作为21世纪世界社会主义最为重要、最有作为的组成部分，发挥着重要影响、作出原创性贡献的伟大事业，是为人类对更好社会制度的探索提供全新选择、贡献中国方案的伟大事业。

近30年来，世界社会主义运动经历了从苏联解体东欧剧变步入低谷到21世纪初谋求振兴的过程。在每个重要的历史节点，中国特色社会主义都对世界社会主义的发展发挥了至关重要的历史转折性作用，成为世界社会主义运动的主心骨、风向标和根据地。总的来看，有三个重要历史节点非常重要：苏联解体东欧剧变、资本主义危机和全球化发生波折。

第一个历史节点：20世纪80年代末90年代初，苏联解体、苏共垮台、东欧剧变，"社会主义失败论""历史终结论"一度甚嚣尘上，"中国崩溃论"在国际上不绝于耳。然而中国顶住了巨大压力和挑战，没有在那场"多米诺骨牌"式的剧变中倒塌。正如邓小平所说："只要中国社会主义不倒，社会主义在世界将始终站得住。"[①]中国捍卫和挽救了社会主义。

第二个历史节点：21世纪初由国际金融危机引发的整个资本主义危机。这场危机距苏联解体东欧剧变也就不到20年，从苏联解体东欧剧变引发的所谓"社会主义危机"和"历史的终结"，在较短的时间内却变为"资本主义危机"和"资本主义的终结"。这应验了列宁说过的一句生动的哲理："历史喜欢作弄人，喜欢同人们开玩笑，本来要进这间屋子，结果却跑进了那间屋子。"[②]其实，这正是历史在偶然性中为必然性开辟道路的最生动体现。在这个发展过程中"历史之手"给我们的一个最大惊喜，就是在"神奇翻转"中打开了中国特色社会主义这个"看得见风景的房间"。这标志着世界资本主义在其发展的长周期中开始进入一轮规模较大的衰退期，而世界社会主义总体上仍然处于苏联解体东欧剧变之后的低潮，但以中国特色社会主义发展取得的巨大成就为主要依托和标志，世界社会主义进入走出低谷的谋求振兴期。中国发展和振兴了社会主义。

---

① 《邓小平文选》第3卷，人民出版社1993年版，第346页。
② 《列宁全集》第25卷，人民出版社1988年版，第335页。

第三个历史节点：21世纪过了15年后，以英美等主要西方国家发生的逆全球化潮流为转折，表明资本主义对整个世界的驾驭和统治能力显著下降，显得力不从心；中国则高扬起继续推进全球化的旗帜，并推动全球化朝着公平、合理的方向发展。正如习近平同志所指出的："20年前甚至15年前，经济全球化的主要推手是美国等西方国家，今天反而是我们被认为是世界上推动贸易和投资自由化便利化的最大旗手，积极主动同西方国家形形色色的保护主义作斗争。"① 可以说，这是由长期以来资本主义主导的全球化开始向由社会主义主导的全球化方向转变。这对于世界社会主义发展来说也具有重要转折性意义。就是这个关键的历史时期，中国特色社会主义进入新时代，意味着科学社会主义在21世纪的中国焕发出强大生机活力。中国特色社会主义成为21世纪世界社会主义发展的引领旗帜，成为世界社会主义走向振兴的中流砥柱，必将为世界社会主义和科学社会主义新发展作出更大贡献。中国特色社会主义引领和塑造了21世纪社会主义。

中国特色社会主义是世界社会主义的重要组成部分，是苏联解体东欧剧变后世界社会主义进入新阶段的一种新的实践探索，而进入新时代的中国特色社会主义则具有更加重要的示范引领作用和世界意义。从长远的历史眼光来看，从19世纪中叶科学社会主义诞生到21世纪中叶，大体上两个世纪的时间，我们可以将其划分为三个大的历史阶段，也就是"三个七十年"：从1848年《共产党宣言》发表标志科学社会主义诞生到1917年俄国十月革命，是社会主义发展的"第一个七十年"。这一时期的历史任务是促进马克思主义与工人运动相结合，建立工人阶级政党，进行社会主义革命、夺取政权。科学社会主义的发展体现在马克思主义形成和丰富完善上，并在社会主义运动中取得主导地位。从1917年十月革命到20世纪80年代末苏联解体东欧剧变，是社会主义发展的第二个历史阶段，也就是"第二个七十年"，主要历史任务是促进马克思主义与各国实际相结合，回答经济文化比较落后的国家建设社会主义、巩固和发展社会主义、殖民地半殖民地国家民族解放运动、如何从民主革命转变为社会主义革命建立新的社会制度，以及社会主义改革等问题。科学社会主义的新发展在俄国主要是列宁主义的形成，在中国则是毛泽东思想的形成，以及改革开放时期中国特色社会主义理论体系的开创与初步发展。从20世纪80年代末90年代初苏联解体东欧剧变到21世纪中叶，是社会主义发展的第三个阶段，也就是"第三个七十年"，主要历史任务是巩固、发展和完善社会主义制度，使社会主

---

① 《习近平谈治国理政》第2卷，外文出版社2017年版，第212页。

义制度的优越性充分体现出来,科学社会主义新发展的最新理论形态就是习近平新时代中国特色社会主义思想,它就是当代中国马克思主义的最新成果,也是21世纪马克思主义开创性、奠基性、典范性的理论成果。

邓小平作为伟大的战略家曾在20世纪末有过"七十年"的设想:"我们中国要用本世纪末期的二十年,再加上下个世纪的五十年,共七十年的时间,努力向世界证明社会主义优于资本主义。我们要用发展生产力和科学技术的实践,用精神文明、物质文明建设的实践,证明社会主义制度优于资本主义制度,让发达的资本主义国家的人民认识到,社会主义确实比资本主义好。"[①] 今天,社会主义发展的"第三个七十年"基本过半,在接下来的30多年里,正是中国"分两步走"建设社会主义现代化强国的历史时期,中国特色社会主义新时代的新发展必将对世界社会主义的发展具有重要的历史意义、时代意义和世界意义。从一定意义上说,中国特色社会主义代表着世界社会主义的未来,这是中国共产党对社会主义事业及人类社会发展与文明进步的历史担当。根据党的十九大描绘的宏伟蓝图,到21世纪中叶,中国将全面建成富强民主文明和谐美丽的社会主义现代化强国,成为综合国力和国际影响力领先的国家,中华民族将以更加昂扬的姿态屹立于世界民族之林。新时代中国特色社会主义将以全面发展的巨大成就,成为世界社会主义走向振兴当之无愧的中流砥柱。那时候,世界上越来越多的人民就会认识到,"社会主义确实比资本主义好"。

三 制度贡献:新时代中国特色社会主义全面展示21世纪社会主义制度的优越性

21世纪世界社会主义发展振兴的重要标志性成果,是社会主义制度赢得比资本主义更广泛的制度优势。21世纪初,资本主义危机的一个最为集中、最为突出的表现,就是资本主义制度的无效和衰败。福山从"历史终结论"到资本主义"制度衰败论",论证了资本主义政治体制和机制的衰败失灵;皮凯蒂的《21世纪资本论》,论述了资本主义经济制度的衰败失灵;还有许多西方理论家以各种方式述说着资本主义民主、自由、平等这些长期以来被视为"永恒法则"的价值信条的破灭和衰败,论说着资本主义的价值危机、制度危机、生态危机、整个体系危机等。因而在21世纪中叶,社会主义在制度方面赢得比资本主义更广泛的优势,是世界社会主义振兴的最为重要的标志。如果说以往我们更多地从理论上根据历史规律来阐释社会主义制度的优越性,那么21世纪我们

---

① 《邓小平年谱(1975—1997)》(下),中央文献出版社2004年版,第1255页。

则必须运用高于和好于资本主义制度的经济效率和治国理政能力,来真真切切地展现社会主义制度的优越性,这是新时代中国特色社会主义对人类社会发展和制度文明作出的巨大历史贡献。

改革开放40年来,我们不仅走出了一条不同于西方国家的成功发展道路,而且形成了一套不同于西方国家的成功制度体系,显示了独特优势。习近平同志指出,我们的制度和国家治理体系,是我国历史传承、文化传统、经济社会发展的基础上长期发展、渐进改进、内生性演化的结果。这表明,中国特色社会主义制度的独特优势来源于:它是内生性演化的结果,不是外来性嫁接的产物;它是在本国经济社会发展基础上长期发展的结果,不是主观设计、一蹴而就的东西;它是对本国发展建设之鲜活实践经验的总结升华和对社会发展规律的深刻把握与创造性运用。它超越了西方的那种关于市场与政府、国家与社会、集中权威与民主自由、公共领域与私人领域等的机械的对立两分,因而形成了对比于西方社会制度的独特优势。它超越了一些发展中国家在现代化进程中遭遇的"中等收入陷阱"、政治混乱和社会动荡陷阱,同时实现了经济快速增长、社会和谐稳定、充满改革活力,因而成为许多发展中国家在社会制度和运行体制上效仿的榜样。因而我们无论是成功应对各种危机还是创造发展奇迹,其原因不能简单归结为"后发优势",不能带有偏见地归结为"走了别人修的路",也不是偶然的幸运和天时地利,其成功奥秘恰恰在于中国特色社会主义制度的独特优势,以及由这种制度产生的能够团结一切可以团结的力量的优势、强大动员能力和集中力量办大事的优势、有效促进社会公平正义的优势,等等。因而,我们的自信归根到底就是来源于中国特色社会主义制度不可比拟的优越性。

今天,中国共产党全面深化改革,不断发展和完善中国特色社会主义制度,不断提高运用中国特色社会主义制度有效治理国家的能力。我们党根据本国传统、现实国情和长期治理经验,创造性地推进治国理政事业,创造了不同于历史上其他社会主义国家的治理模式,也不同于西方资本主义国家的治理模式,形成了对比于西方社会治理的独特优势,也为如何治理社会主义社会提供了成功经验。正如习近平同志指出的:"当代中国的伟大社会变革,不是简单延续我国历史文化的母版,不是简单套用马克思主义经典作家设想的模板,不是其他国家社会主义实践的再版,也不是国外现代化发展的翻版,不可能找到现成的教科书。"[①] 中国的制度创新,是符合中国当今实际的最鲜活的独创版和现实版。通过不断改革创新,使中国特色社会主义在解放和发展社会生产力、增强

[①] 习近平:《在哲学社会科学工作座谈会上的讲话》,人民出版社2016年版,第21页。

社会活力、促进人的全面发展上比资本主义制度更有效率，更能在竞争中赢得比较优势，把中国特色社会主义制度的优越性充分体现出来。党的十九大报告指出，坚持全面深化改革，坚持和完善中国特色社会主义制度，不断推进国家治理体系和治理能力现代化，吸收人类文明有益成果，构建系统完备、科学规范、运行有效的制度体系，充分发挥我国社会主义制度优越性。深入研究中国特色社会主义制度的特殊性与普遍性的关系，研究如何将"中国特殊"转化为"世界一般"，这是中国特色主义制度具有越来越重要的国际影响力的体现。所以，把中国特色社会主义制度体系、制度特征、制度优势、制度有效性进行归纳总结，提炼具有一般规律性、可为借鉴的普遍意义的经验和因素，为世界上其他一些国家在社会制度建设上提供全新选择，为人类制度文明发展作出中国的原创性贡献。

中国特色社会主义制度建设的成果，不仅是中国的，也是世界的；不仅为我国社会主义现代化建设、实现民族复兴提供保障，而且对促进人类进步和世界文明发展作出贡献。中国是一个拥有13亿多人口的发展中大国，制度建设和创新的每一个重大进步和成就，都会对整个世界产生广泛、深远的影响。邓小平曾充满自信地展望："我们的制度将一天天完善起来，它将吸收我们可以从世界各国吸收的进步因素，成为世界上最好的制度。"[①] 在中国共产党谋求为人类对更好社会制度的探索提供中国方案的21世纪，习近平同志指出：我们坚信，"随着中国特色社会主义不断发展，我们的制度必将越来越成熟，我国社会主义制度的优越性必将进一步显现，我们的道路必将越走越宽广"[②]，我国发展道路对世界的影响也必将越来越大。这是道路自信、理论自信、制度自信、文化自信的集中体现，也是对社会主义事业及人类社会发展与文明进步的历史担当。我们坚信，在中国共产党的领导下，通过全面深化改革，中国特色社会主义制度必将更加成熟更加定型，也更加完善，其优越性和优势得到更加充分的发挥和体现，中国特色社会主义制度成为世界上最好的制度，以其独特的制度成果丰富了人类制度文明的宝库。中国特色社会主义进入新时代，到21世纪中叶建成富强民主文明和谐美丽的社会主义现代化国家，使世界上五分之一的人在社会主义制度下实现共同富裕，过上美好的生活，充分展现社会主义制度的巨大优越性，这是对21世纪世界社会主义新发展的巨大历史贡献，是对人类历史发展和人类文明进步的巨大贡献。

---

① 《邓小平文选》第2卷，人民出版社1994年版，第337页。
② 《习近平谈治国理政》，外文出版社2014年版，第22页。

1893 年，恩格斯在《共产党宣言》意大利文版序言中的结尾做了这样的期盼和展望："新的历史纪元正在到来。意大利是否会给我们一个新的但丁来宣告这个无产阶级新纪元的诞生呢？"[①] 恩格斯展望和期盼的是 20 世纪初意大利社会主义运动的新发展。历史发展的实际进程是，20 世纪初的时候，列宁领导下的俄国布尔什维克党和人民，用十月社会主义革命的伟大胜利，宣告了社会主义由理论和运动变为鲜活的现实制度，从而开辟了世界社会主义发展的新纪元。那么在 21 世纪初的时候，以习近平同志为核心的中国共产党领导中国人民开创了中国特色社会主义新时代，再次证明了社会主义优越于资本主义，成为世界社会主义发展的鲜明引领旗帜和中流砥柱。今天我们完全有理由相信和期望：新时代中国特色社会主义的历史意义犹如 20 世纪初的十月革命一样，必将造成 21 世纪世界社会主义走向振兴的新局面，造成 21 世纪马克思主义、科学社会主义大发展的新局面。

[①] 《马克思恩格斯文集》第 2 卷，人民出版社 2009 年版，第 26—29 页。

改革开放 40 年：中国走出自己的发展道路

武　力

【作者简介】 武力，1981 年毕业于北京师范大学历史系，获历史学学士学位；1984 年毕业于中国人民大学中共党史系，获法学硕士学位；1997 年在荷兰莱顿大学做访问学者。现为中国社会科学院当代中国研究所研究员、副所长，博士后流动站合作导师；中国社会科学院研究生院博士生导师；享受国务院政府特殊津贴。

长期从事中共党史、中华人民共和国史和中国现代经济史研究，多次参加和主持国家社科基金重大项目和国际合作项目。主要代表作有：《中华人民共和国经济史》（主编）、《中国发展道路》（主编）、《中国共产党与当代中国经济发展研究》（独著）、《新中国产业结构演变研究（1949—2016）》（主编）、《中国共产党"三农"思想政策史》（主编）、《中国国家资本的历史分析》（合著）、《中国十个五年计划研究报告》（合著）。

中国自鸦片战争至 1949 年国民党政权失败退出中国大陆的一百多年间，封建地主阶级政权（清政府）、农民阶级政权（太平天国）、资产阶级政权（南京临时政府）、大地主和大资产阶级政权（南京国民党政府）都不能解决中华民族救亡图存、振兴发展的问题，即实现中国的民族独立和工业化。在这种情况下，以马克思列宁主义为指导思想的中国共产党探索出一条"农村包围城市"武装夺取政权的新民主主义革命道路，由弱到强，经过28年的奋斗，终于取得了新民主主义革命的胜利，建立了中华人民共和国。

一 1978年以前的探索和社会主义道路

1949年10月1日新中国的成立，标志着中国的历史翻开了新的一页，从此结束了近代一百多年来中国半殖民地、半封建社会的历史，彻底扫除了阻碍中国进步的封建主义、官僚资本主义，中华民族以新的面貌屹立于世界民族之林。新中国成立初期的土地改革、没收官僚资本、民主建政、镇压反革命和抗美援朝等一系列运动，为新中国的现代化奠定了政治、经济和社会制度基础。但是，中国生产力发展水平落后、人均资源匮乏的贫穷落后问题，却不是靠革命本身就能够解决的，如何在"吃饭"问题还没有解决的条件下，突破"贫困陷阱"，实现经济发展的"赶超"，以保证国家的安全和中华民族的复兴，在民主革命和国民经济恢复任务完成以后，就摆在刚刚取得全国地位执政三年的中国共产党面前。

自从1840年中国被迫进入世界资本主义开辟的全球化体系以后，中国的发展就受到了外部世界的制约。1950年爆发的朝鲜战争，以及后来的台湾海峡危机、越南战争，都使得中国共产党在选择中国经济发展道路和战略时，不得不受到世界形势的影响，并将国家安全放到首要位置来考虑。

朝鲜战争结束以后，美国驻军台湾地区的问题却并没有解决。1953年8月，在朝鲜停战协定签订之后，美国与台湾国民党当局举行了首次海空军联合演习。1953年9月，美国与台湾当局秘密签订了"军事协调谅解协定"，并在台北成立"协调参谋部"。根据协定，国民党军队的编制、监督、装备由美方负责；如果发生战争，国民党军的调动指挥，必须获得美方的同意。协定中的"军事协调区"包括金门、澎湖、大陈、马祖及台湾，美国第七舰队、第十三和第二十航空队为参加协定的单位。本来美国第七舰队是以朝鲜战争期间"维护台湾海峡中立"为借口而进驻的。而朝鲜战争结束后，美台双方又签订了这样一个协定。它是继1950年6月美国宣布向台湾派遣第七舰队以后，企图长期把台湾置于自己势力范围的又一严重部署。1953年11月，美国副总统尼克松访台，表示美国重视台湾的战略地位。12月，台湾当局正式向美国政府提出美台共同防御条约草案。1954年1月，美国第七舰队在台湾海域进行军事演习，公开向中国政府炫耀武力。1954年9月8日，美国推动的《东南亚集体安全防御条约》在马尼拉签订，此时，台湾成为美国完成对中国大陆环形包围圈的最后一环。

1955年1月24日和28日，美众、参两院分别以410票赞成、3票反对和83票赞成、3票反对通过《福摩萨决议案》。美国国会正式授权总统：为保证国民党控制台澎，可以动用美军保卫国民党控制的任何区域，也可采取其他必要措施。

美国阻止中国统一和直接威胁中国安全的行径，都是建立在中美之间相差悬殊的武器装备上面，进一步说，是建立在相差悬殊的工业化水平上面，从朝鲜战争爆发后美国派兵非法进驻我国台湾，到1955年用原子弹威胁中国以阻止中国的统一，都使得中国共产党和政府的决策者坚定了优先快速发展重工业的决心。正如经过毛泽东亲自修订的党在过渡时期总路线宣传提纲中所说："因为我国过去重工业的基础极为薄弱，经济上不能独立，国防不能巩固，帝国主义国家都来欺侮我们，这种痛苦我们中国人民已经受够了。如果现在我们还不建立重工业，帝国主义是一定还要来欺侮我们的。"[①]

1955年2月，陈云在中国共产党全国代表会议上代表中共中央对"一五"计划草案进行说明时也解释了优先发展重工业与国防的关系："除了经济上的考虑，我们还必须有国防上的考虑。大家知道，我们还处在帝国主义国家包围之中，以美国为首的帝国主义侵略集团正在积极准备新的世界战争。为了加强我们的国防，为了建设一支强大的、现代化的、包含各个技术兵种的人民解放军，以便收复台湾，保卫我国领土，打击帝国主义侵略者，我们不能不优先发展重工业。"[②] 早在1953年，当梁漱溟认为农民太苦时，毛泽东就是用工业化是"大仁政"的道理，来说服党内和民主人士支持优先发展重工业战略的。

优先快速发展重工业的战略确定了，但是资金从哪里来的问题并没有解决，被美国断言连吃饭问题都解决不了的新中国，又受到西方世界的敌视和封锁，庞大的建设资金从哪里来？

新中国成立之初，我国是一个典型的农业国，1952年，不仅我国第一产业就业人员占总经济活动人口的比例高达83.5%，而且农业人均生产资料非常缺乏，据1954年国家统计局的调查，全国农户土地改革时平均每户拥有耕畜0.6头，犁0.5部，到1954年末才分别增加到0.9头和0.6部。加上人多地少，农业能够为工业化提供的剩余非常少。另外，工业产值仅占国内生产总值的17.6%，其自我积累的能力也非常有限。1952年国民经济恢复任务完成时，中国大陆的人均GDP仅为119元人民币，人均储蓄存款仅为1.5元人民币，国家外汇储备仅为1.39亿美元，财政总收入183.7亿元，用于经济建设的资金尚不

---

① 《建国以来重要文献选编》第4册，中央文献出版社1993年版，第705页。
② 《陈云文集》第2卷，中央文献出版社2005年版，第593页。

足100亿元。①1952年,中国天然原油年产量为19.54万吨,为旧中国天然原油最高年产量8.2万吨的2.3倍。难怪当时毛泽东感慨地说:"现在我们能造什么?能造桌子椅子,能造茶壶茶碗,能种粮食,还能磨成面粉,还能造纸,但是,一辆汽车、一架飞机、一辆坦克、一辆拖拉机都不能造。"②

如前所述,经济极端落后和非常有限的财力,与即将开始的优先发展重工业建设所需要的巨额资金之间存在着巨大的缺口,而朝鲜战争和随后的第一次台海危机又使得新中国必须加快工业化的步伐,而此时苏联又答应全面援助中国经济建设,特别是尖端科技和国防工业,这也是一个难得的历史机遇。在这种严峻形势下,西方国家政治与经济上的孤立和封锁,以及与苏联东欧社会主义国家的经济同构,也决定了新中国只能在半封闭的状态下发展内向型经济,这意味着中国必须依靠自身实行迅速而大规模的资本积累来启动工业化进程,有限和分散的农业剩余几乎是我们获取这种积累的唯一途径。为了加速工业化,中国就需要建立起一个高度集中的计划经济体制,以确保国家拥有强大的资源动员和配置能力,而新民主主义经济体制不能满足这样的要求。所以,新中国很快开始了由新民主主义经济向苏联模式的社会主义经济过渡。统购统销政策出台,农业合作化和资本主义工商业改造步伐的加快,都是加快工业化的产物。

应该指出,在1978年改革开放以前有关中国发展道路的探索中,以"自力更生"和高积累为手段、以优先快速发展重工业为目标的超常规发展,虽然导致各个方面的紧张和工农业关系的失调,人民的生活水平长期得不到提高,人民群众的积极性无法得到提高,但是也的确达到了传统社会主义发展模式的部分预期目标:第一,在短时期内建立起相对完整的现代工业体系。第二,在某些方面实现了跨越式发展,建立起强大的国防工业,拥有了"两弹一星"。第三,通过大规模的基础设施改造和投资,为后来的发展奠定了基础,其中尤其以农田改造、水利建设和重工业发展最为突出,保证了20世纪80年代农业的高速增长和城乡轻工业的快速发展。第四,通过强制性的推广低成本、覆盖全社会的初等教育和医疗保障,提高了人力资本。

此外,这个时期社会主义所具有的"集中力量办大事"的优越性也体现出来,例如:通过集中财力保证了"一五"时期三分之一的重点项目在国防工业;通过"大会战"的方式实现了石油工业的飞速发展;通过"集体攻关"的

---

① 武力主编:《中华人民共和国经济简史》,中国社会科学出版社2008年版,第67页。
② 《毛泽东文集》第6卷,人民出版社1999年版,第329页。

方式加速了科技创新;通过"三线建设"缩小了沿海与内地工业发展的差距;通过"工业学大庆""农业学大寨""全国学人民解放军"等精神激励来替代物质激励不足,等等。但是上述这些优越性就总体上来说,随着经济的发展和国际环境的改善,已经呈现出成本上升和效益递减的特征,即越来越不能适应经济发展的需要。

二 1978—2012 年中国特色社会主义道路的形成

毛泽东曾经说过:"错误和挫折教训了我们,使我们比较地聪明起来了,我们的事情就办得好一些。"① 新中国成立后前 30 年的经验教训,特别是"文化大革命"十年的失误深刻教育了中国共产党和全国人民,认识到以单一公有制和行政管理为特征的计划经济体制不仅阻碍了中国的发展,而且人民群众的生活长期得不到改善,也导致了对社会主义的信仰危机。正如邓小平在 1977 年 12 月指出的那样:"人民生活水平不是改善而是后退叫优越性吗?如果这叫社会主义优越性,这样的社会主义我们也可以不要。"② 因此,党的十一届三中全会以后,邓小平一再强调要大力发展生产力和改善人民生活。1980 年 4 月,他指出:"根据我们自己的经验,讲社会主义,首先就要使生产力发展,这是主要的。只有这样,才能表明社会主义的优越性。社会主义经济政策对不对,归根到底要看生产力是否发展,人民收入是否增加。这是压倒一切的标准。空讲社会主义不行,人民不相信。"③

因此,迅速改变人民生活贫困的迫切愿望,特别是睁开眼睛看世界后发现中国与世界发展的差距正在拉大的巨大压力,就成为中国共产党在 1978 年以后突破传统思想束缚、推动改革开放的最大动力。

1978 年十一届三中全会以后,中国共产党在充分吸取过去经验教训的基础上,解放思想、实事求是、与时俱进,很快就突破了前 30 年形成的发展模式,实现了对传统社会主义模式的根本性突破和创新,引导中国走上了中国特色社会主义市场经济发展道路。而同时,国际环境的变化和国内经济发展的水平也为其提供了客观条件。

首先,根据战后 30 多年来国际政治经济格局的变化,中国共产党提出了和平与发展是当今世界的主题,改变了我们对待外部环境和世界性战争不可避免的认识,从而使中国走上了充分利用国外资源和市场来发展自己的道路。中国

---

① 《毛泽东选集》第 4 卷,人民出版社 1991 年版,第 1480 页。
② 《邓小平思想年谱(1975—1997)》,中央文献出版社 1998 年版,第 53 页。
③ 《邓小平文选》第 2 卷,人民出版社 1994 年版,第 314 页。

也由此真正摆脱了战时经济的束缚。

第二，国际环境的缓和以及对其正确的判断，也为改变国内长期实行的优先发展重工业战略和居高不下的高积累政策提供了可能。中国经济终于有了农、轻、重均衡发展，积累与消费并重的宽松环境，从1979年开始，中国共产党就开始调整农、轻、重的关系，并通过提高农产品收购价格，普遍提高职工工资来扩大消费，真正实行了新中国30年来一直追求的协调发展政策。

第三，与上述协调发展和提高人民消费水平的目标相匹配，必然是"放权让利"的体制变革，允许地方政府、企业和人民群众"八仙过海，各显神通"。而这种改革自然也就从过去束缚最多、危机最深的农业开始。家庭联产承包责任制的普遍推广和乡镇企业的"异军突起"，不仅从根本上改变了农村经济的微观机制，也为城市改革提供了榜样和示范。于是，在"让一部分人、一部分地区先富起来"政策的引导下，加上"放权让利"的制度和政策保障，在20世纪80年代形成了一个上下结合的、以诱致性变迁为主的强大改革动力，中国共产党终于在80年代突破了单一公有制、计划经济和按劳分配这三个过去作为社会主义经济制度基石的理论束缚，从而为建立新型的社会主义市场经济发展道路奠定了微观经济结构和基础。

第四，从"放权让利"和农村改革一开始，就自然出现了市场调节，长期受到抑制的市场因素迅速复活，并日益显示出它调节经济的灵活性、及时性和有效性，于是随着改革开放的深入和所有制结构及实现形式的多样化，市场机制调节的范围和配置资源的作用越来越大，并最终导致在中共十三大上提出了"国家调控市场，市场引导企业"的经济体制改革目标，而这个目标到十四大上则正式形成了社会主义市场经济理论。于是，作为传统社会主义经济理论和实践模式的又一个基石"计划经济"被突破和创新。

40年来，中国国民经济总量从1978年的3645亿元，猛增到2011年的47.2万亿元，增长了128.5倍，年均增长率接近10%，经济总量在世界各国中的排名，也由1978年的第十位跃升至2010年的第二位。这不仅开创了中国经济发展史上前所未有的"高速"时代，也是世界经济发展史上的一个奇迹。但是，40年来，在人民收入水平有了很大提高的同时，阶层之间、地区之间的收入差距也在不断拉大，这不仅有违社会主义共同富裕的目标，也导致内需不足、社会不和谐以及发展方式的转变进展迟缓。好在自党的十六大以来，中国共产党开始高度重视建立和谐社会并提出科学发展观，提高人民收入、改善分配结构，使经济发展成果为全体人民共享，成为"十一五"规划和"十二五"规划的重要内容。截至2010年底，"十一五"规划中的八项民生指标全部完成：城乡居民收入大幅增长，免费九年制义务教育全面实现，城镇基本养老保险覆盖人数、新型农村合作医疗覆盖率提前达标，全国城镇新增就业5500万人。"十二五"规划则提出：在保持城乡居民年均收入增长7%的基础上，建立健全基本公共服务体系，促进就业和构建和谐劳动关系，合理调整收入分配关系，努力提高居民收入在国民收入分配中的比重、劳动报酬在初次分配中的比重，健全覆盖城乡居民的社会保障体系。

总之，经过新中国成立之后的探索，中国共产党终于完成了社会主义发展道路的成功转型，再一次向全世界证明：社会主义是可以与时俱进并且有着巨大的优越性。这种优越性不仅体现在其经济体制比资本主义具有更大的包容性，可以充分发挥国有经济、私营经济、外资经济的积极作用，可以有机地融入全球化的世界经济并获得共赢，而且还体现在它所具有的强大经济发展动力和充分利用各种资源的能力上。

三 十八大以来中国特色社会主义道路的拓展

经过30多年的改革开放和快速发展，特别是党的十八大以后，中国的政治、经济与社会发展进入一个新的历史阶段，即进入完成工业化、全面建成小康社会和跨越"中等收入陷阱"的冲刺阶段。

在政治建设方面，提出了"全面依法治国"和"全面从严治党"，将提高国家治理体系现代化和党治理国家能力现代化放在突出位置；提出加强和完善党的全面领导。2018年2月召开的中共十九届三中全会又提出："面对新时代新任务提出的新要求，党和国家机构设置和职能配置同统筹推进'五位一体'总体布局、协调推进'四个全面'战略布局的要求还不完全适应，同实现国家治理体系和治理能力现代化的要求还不完全适应。全党必须统一思想、坚定信心、抓住机遇，在全面深化改革进程中，下决心解决党和国家机构职能体系中存在的障碍和弊端，加快推进国家治理体系和治理能力现代化，更好发挥我国社会主义制度优越性。"[①]

改革开放以来，党在开辟和坚持中国特色社会主义道路，推进社会主义民主政治建设的过程中，始终把人民当家作主作为社会主义的本质属性。一方面，综合国力空前提高，人民生活水平大幅度提高，成功地跨越了"贫困陷阱"；另一方面，市场经济和多种经济成分共同发展，也导致了资本主导和分配上的"马泰效应"，并进而侵蚀到党员，尤其是掌握权力和资源的党的领导干部，特

[①] 《中国共产党第十九届中央委员会第三次全体会议公报》，《人民日报》2018年3月1日。

别是党的高级干部，使不少人忘记了党的性质、使命，忘记了全心全意为人民服务的宗旨，甚至少数人走上了违法乱纪、以权谋私和贪污腐败的道路。党的十八大以后，以习近平同志为核心的党中央制定了"八项规定"，提出了"将权力关进制度的笼子"；进而提出了"全面从严治党"，并将其作为四个战略布局之一，制定了一系列党内监督问责条例法规。党的十九大更进一步提出全面加强和改善党的领导，深化党和国家机构改革。《中共中央关于深化党和国家机构改革的决定》和《深化党和国家机构改革方案》充分体现了加强党的全面领导和建立国家治理体系现代化的原则和目标。党的十九届三中全会提出："深化党和国家机构改革，必须贯彻坚持党的全面领导、坚持以人民为中心、坚持优化协同高效、坚持全面依法治国的原则。"[①] 例如，习近平同志在会上针对改革开放以来如何处理好党政关系这一重大问题时指出，处理好党政关系，首先要坚持党的领导，在这个大前提下才是各有分工，而且无论怎么分工，出发点和落脚点都是坚持和完善党的领导。中国共产党是执政党，党的领导地位和执政地位是紧密联系在一起的。党的集中统一领导权力是不可分割的。不能简单讲党政分开或党政合一，而是要适应不同领域特点和基础条件，不断改进和完善党的领导方式和执政方式。

在经济发展方面，中国经济已经进入由高速增长转为高质量发展的新阶段。中国长期以来形成并有效的依靠投入为主的由外延性、粗放型发展方式，随着工业化的即将完成和资源、环境、劳动力的约束，必须转向依靠创新和提高效益为主的内涵型的发展。从世界各国经济发展的历史和工业化规律来看，当一个国家的工业化进入成熟阶段后，那种赶超型的后发优势、劳动力转移和资源配置优化的"红利"开始消失，而有效需求不足、产业升级所导致的传统产能过剩和"资本沉没"，都会使经济增长速度转入中速或低速。我国的经济经过多年的接近年均10%的高速增长，无论是从发展的波浪式还是产业结构的调整，都进入一个调整期，实际上这个调整期在2008年就已经来到，只是在"保增长"的刺激政策下延续了几年。另外，从世界经济来看，经过十多年的发展，从2008年开始，也进入了一个增长缓慢的深度调整期，而已经高度融入世界经济的中国，必然要受到影响。因此，2012年我国的国内生产总值从2011年的9.3%降至7.8%，到2015年进一步降至6.9%，中国经济从而结束了年均增长9%以上的高增长阶段，转入中高速增长的"新常态"。与这种新的发展形势和要求相适应，中国共产党的十八届五中全会提出了"创新、协调、绿色、开放、

---

① 《中国共产党第十九届中央委员会第三次全体会议公报》，《人民日报》2018年3月1日。

共享"的新发展理念。提出通过"全面深化改革"来转换动力,克服"人口红利"消失、资源环境压力加大、世界经济增长乏力的困难,实现"全面建成小康社会"的目标。

在消除贫困方面,十八大以来实现了重大突破,并制定了时间表。早在改革开放之初,邓小平就提出"贫穷"不是社会主义,1992年又提出"两极分化"也不是社会主义。但是在中国这样一个人口众多、人均资源匮乏、发展不平衡的发展中大国,彻底消除贫困并不是一件容易的事情;而在市场经济和全球化的条件下,怎样抑制贫富差距也是世界各国没有解决的问题。改革开放以来,我们摆脱了苏联模式的束缚,实行了多种经济成分共同发展和按要素与贡献分配的体制。但是作为社会主义本质特征的"共同富裕",改革开放的总设计师邓小平从一开始就提出来了。2015年10月,中共十八届五中全会提出:"坚持共享发展,必须坚持发展为了人民,发展依靠人民,发展成果由人民共享,作出更有效的制度安排,使全体人民在共建共享发展中有更多获得感,增强发展动力,增进人民团结,朝着共同富裕方向稳步前进。"2015年11月,习近平同志在扶贫开发工作会议上指出:"消除贫困、改善民生、逐步实现共同富裕,是社会主义的本质要求,是我们党的重要使命。"

改革开放以来,中国的经济社会发展实际上是四个转型同时进行的:一是工业化,二是市场化,三是城市化,四是国际化。在这个转型过程中,虽然中国共产党制定了明确的共同富裕目标,但是由于温饱问题还没有解决,大量的剩余劳动力闲置在农村,处于隐性失业状态,"发展是硬道理"决定了加快发展处于优先位置,而分配则要服从这个大道理,因此资本、技术等要素在分配上就处于主导地位。上述四个变化,尤其是市场化所产生的"马泰效应",必然导致城乡之间、区域之间,以及阶层之间的收入差距扩大。当1997年中国经济由"卖方市场"转为"买方市场"后,尽管内需不足第一次成为制约经济增长的因素,我国实行了扩大内需的政策。但是由于国际市场的发展空间还很大、国内消费也由"衣食为主"的温饱型向"住行为主"的富裕型升级,加上基础设施欠账很多,投资空间很大,因而21世纪的头十年里,受出口和投资的拉动,中国经济不仅持续高速增长,而且呈现出"重化"工业化的特点,房地产、铁路、公路、基本建设等迅猛发展。虽然十六大以来在"科学发展观"的指导下,实行了"反哺"和大量"惠民"政策,财政也开始由"建设型"向"服务型"转变,加大了公共品的供给和"均等化",使得收入和贫富差距有所缩小,但是成效尚不突出。2015年中共十八届三中全会提出要在"十三五"期间"我国现行标准下农村贫困人口实现脱贫,贫困县全部摘帽,解决区域性整体贫困"。并作为指令性指标，不仅充分体现了全体人民共享发展成果的理念，也显示出党中央迎难而上，敢于啃硬骨头的决心。2013年以来的五年里，脱贫攻坚取得决定性进展，贫困人口减少6800多万，易地扶贫搬迁830万人，贫困发生率由10.2%下降到3.1%。

坚定不移将新时代改革进行到底

李建平

【作者简介】李建平,福建师范大学原校长,现任全国中国特色社会主义政治经济学研究中心(福建师范大学)主任,福建师范大学习近平新时代中国特色社会主义思想研究院院长,经济学院/马克思主义学院教授、博士生导师。兼任中国《资本论》研究会副会长、中国经济规律研究会副会长、全国马克思主义经济学说史研究会副会长等。长期从事《资本论》和社会主义市场经济研究,已发表学术论文100多篇,出版著作和教材100多部(含主编)。教学科研成果获国家级和省部级奖10多项以及"21世纪世界政治经济学杰出成果奖"等。享受国务院政府特殊津贴专家、国家有突出贡献中青年专家、中央马克思主义理论研究和建设工程与国家社会科学基金重大项目第一首席专家。

党的十九大报告指出:"只有社会主义才能救中国,只有改革开放才能发展中国、发展社会主义、发展马克思主义"[①],并把坚持全面深化改革作为新时代坚持和发展中国特色社会主义的十四条基本方略的第三条。习近平总书记在党的十九届一中全会的讲话中,着重对当前和今后一个时期的重点工作作了部署,

---

① 《党的十九大报告辅导读本》,人民出版社2017年版,第21页。

指出要全面推进各领域各方面改革，不断提高国家治理体系和治理能力现代化水平，为决胜全面建成小康社会、开启全面建设社会主义现代化国家新征程提供强大动力，这是向全党发出新时代全面深化改革的动员令。在2018年新年贺词中，习近平总书记指出："改革开放是当代中国发展进步的必由之路，是实现中国梦的必由之路。我们要以庆祝改革开放40周年为契机，逢山开路，遇水架桥，将改革进行到底"①，这就吹响了新时代改革的进军号。

一 新时代推进改革的新特点

中国特色社会主义进入了新时代，这是承前启后、在新的历史条件下继续夺取中国特色社会主义伟大胜利的时代。新时代改革呈现出新的特点：

1. 改革的主要理论依据社会主要矛盾发生了新变化。1981年党的十一届六中全会通过的历史决议指出："我国所要解决的主要矛盾，是人民日益增长的物质文化需要同落后的社会生产之间的矛盾。"② 这一提法沿用了三十多年时间，成为当时改革开放的重要理论依据。党的十九大作出了在科学社会主义发展史上完全崭新的表述："中国特色社会主义进入了新时代，我国社会主要矛盾已经转化为人民日益增长的美好生活需要和不平衡不充分的发展之间的矛盾。"③ 我国社会主要矛盾的变化是关系全局的历史性变化，它必然影响经济社会发展和党与国家各项工作的方方面面，也为新时代推进改革提供了新的理论依据。这个新表述表明人民需要层次的拓展提升和经济社会发展的前进上升，标志着解决这一矛盾的方向、重点、途径、机制等都有了新的内涵和要求，解决发展的不平衡不充分已成为今后的主攻方向。

2. 新时代改革站在新的历史起点上。中国的改革是从1978年党的十一届三中全会后开始的，近40年来，在中国共产党的领导下，中国人民披荆斩棘，攻坚克难，成功走出一条中国特色社会主义道路。改革改变了整个国家的面貌，丰富了人民的物质文化生活，在国际上产生了巨大影响。特别是十八大以来的五年，我们党以巨大的政治勇气和强烈的责任担当，全面深化改革取得重大突破，解决了许多老大难问题，办成了许多想办而没有办成的大事，这就为新时代改革打下了坚实的基础。党的十九大对新时代改革作出了全面部署和统筹安排，改革将伴随社会主义现代化强国建设的全过程。新时代的改革站在了一个新的历史起点上。一是因为改革进入深水区，每往前一步都很不容易。十九大

---

① 《国家主席习近平发表二〇一八年新年贺词》，《人民日报》2018年1月1日。
② 《中国共产党中央委员会关于建国以来党的若干历史问题的决议》，人民出版社1981年版，第54页。
③ 《党的十九大报告辅导读本》，人民出版社2017年版，第11页。

提出的发展不平衡不充分的一些突出问题、民生领域还有不少短板等七个方面的困难和挑战，需要着力加以解决。二是随着新一轮科技革命和产业革命的孕育兴起，出现了许多新事物、新现象。例如，移动平台、数字平台的蓬勃发展，不仅从衣、食、住、行等各个方面改变人们的生活，也对就业创业、社保福利等带来新的冲击。三是改革的国际环境也存在一些不确定因素，全球贸易保护主义正在抬头，"黑天鹅"和"灰犀牛"也有可能不期而至。新时代改革可谓任重道远！

3. 习近平新时代中国特色社会主义思想为新时代改革提供了强大的理论武器。恩格斯说过："每一时代的理论思维，包括我们这个时代的理论思维，都是一种历史的产物，它在不同的时代具有完全不同的形式，同时具有完全不同的内容。"[①] "一个民族要想站在科学的最高峰，就一刻也不能没有理论思维。"[②] 党的十八大以来，随着世情、国情、党情的新变化，围绕新时代坚持和发展什么样的中国特色社会主义、怎样坚持和发展中国特色社会主义这个重大时代课题，以习近平同志为核心的党中央进行了艰辛的理论探索，取得了重大的理论创新成果，创立了习近平新时代中国特色社会主义思想。这一科学思想深刻回答了新时代坚持和发展中国特色社会主义的总目标、总任务、外部条件、政治保证等基本问题，思想内涵十分丰富，最重要、最核心的内容就是十九大报告提出的"八个明确"以及与之密切联系的十四条基本方略。习近平新时代中国特色社会主义思想不仅开辟了马克思主义的新境界，也开辟了中国特色社会主义新境界、治国理政的新境界，成为党和国家十分宝贵的精神财富。新时代改革虽然是"雄关漫道真如铁"，但幸运的是，从它"迈步从头越"的第一天起，就在习近平新时代中国特色社会主义思想的指导之下，为将改革进行到底提供了理论上的望远镜和显微镜。

二 新时代推进改革的新任务

我国进入了新时代，但仍然还处在社会主义初级阶段，生产力和生产关系之间、经济基础和上层建筑之间既相适应又相矛盾的状况仍然是社会的基本矛盾，因此，改革将伴随新时代社会主义现代化强国建设的全过程。在这个全过程的或长或短的若干时段上，虽然改革的总目标是一致的，但改革任务的侧重点是有所不同的，这是我们在推进改革中需要明确的。

---

① 《马克思恩格斯文集》第 9 卷，人民出版社 2009 年版，第 436 页。
② 《马克思恩格斯文集》第 9 卷，人民出版社 2009 年版，第 437 页。

1. 明确从现在起到 2050 年改革的总目标总任务。党的十九大报告对未来三十多年中国特色社会主义的发展作了清晰的战略安排：从现在起到 2020 年，是全面建成小康社会决胜期；从 2020 年到 2035 年，基本实现社会主义现代化；从 2035 年到 21 世纪中叶，把我国建成社会主义现代化强国。在这个长过程中，改革的任务就是：“坚持和完善中国特色社会主义制度，不断推进国家治理体系和治理能力现代化，坚决破除一切不合时宜的思想观念和体制机制的弊端，突破利益固化的藩篱，吸收人类文明有益成果，构建系统完备、科学规范、运行有效的制度体系，充分发挥我国社会主义制度的优越性。"[1] 这里特别强调制度创新的重要性，因为破最终是为了立，有人算过，十九大报告有 101 次提到制度，6 次提到制度创新。习近平总书记在党的十九届一中全会上的讲话中，明确把完善和发展中国特色社会主义制度、推进国家治理体系和治理能力现代化看作新时代改革的总目标。"历史和现实都告诉我们，一场社会革命要取得最终胜利，往往需要一个漫长的历史过程。只有回看走过的路、比较别人的路、远眺前行的路，弄清楚我们从哪儿来、往哪儿去，很多问题才能看得深、把得准。"[2] 明确改革的总目标，就是"远眺前行的路"，弄清楚我们"往哪儿去"，才能充满信心将改革进行到底。

2. 明确全面建成小康社会决胜期的改革任务。党的十九大对从现在到 2020 年的经济建设、政治建设、文化建设、社会建设、生态文明建设都作出明确部署，要坚定实施科教兴国等七大战略，突出抓重点、补短板、强弱项，坚决打好防范化解重大风险、精准脱贫、污染防治三大攻坚战，这是党对人民的庄严承诺，开弓没有回头箭，改革任务之重大、之具体、之迫切，可想而知。就以经济领域的改革来说，新时代经济发展正由高速增长阶段转向高质量发展阶段。何为高质量发展？就是能够很好满足人民日益增长的美好生活需要的发展，是体现新发展理念的发展，是创新成为第一动力、协调成为内生特点、绿色成为普遍形态、开放成为必由之路、共享成为根本目的的发展。实现高质量发展，主线是深化供给侧结构性改革，努力做好质量变革、效率变革、动力变革三篇大文章，在促进建设实体经济与科技创新、现代金融、人力资源协同发展的产业体系和构建市场机制有效、微观主体有活力、宏观调控有度的社会主义市场经济体制上下功夫，探索现代化经济体系建设规律。

3. 明确 2018 年的改革任务。习近平总书记在 2018 年新年贺词中指出："中

---

[1] 《党的十九大报告辅导读本》，人民出版社 2017 年版，第 21 页。
[2] 习近平：《以时不我待只争朝夕的精神投入工作 开创新时代中国特色社会主义事业新局面》，《人民日报》2018 年 1 月 6 日。

共十九大描绘了我国发展今后三十多年的美好蓝图。九层之台，起于累土。要把这个蓝图变为现实，必须不驰于空想，不骛于虚声，一步一个脚印，踏踏实实干好工作。"① 未来三十多年的改革总目标无疑是宏伟的，但是它的实现要靠年复一年改革任务胜利完成的不断积累，这也是中国 40 年改革获得成功的一条重要经验。从哲学上说，事物的发展就是由不断量变到部分质变再到总的质变，而不能简单地毕其功于一役。2018 年是全面贯彻党的十九大精神的开局之年，是决胜全面建成小康社会、实现"十三五"规划承上启下的关键一年。2018 年中央经济工作会议传递出的改革任务信息，可用深、细、实三个字来概括。一是深，就是深化，对党的十九大提出的高质量发展作了深入论述，明确指出这是我国经济发展进入新时代的基本特征，是当前和今后一个时期确定发展思路、制定经济政策、实施宏观调控的根本要求。为了正确把握高质量发展的质和量的规定性，就必须加快形成相关的各种体系，如指标、政策体系等，创建和完善制度环境。这就意味着与以往增长速度比高低、以 GDP 论英雄的做法彻底告别，这是一个事关重大而影响深远的改革。二是细，就是不再停留在一般的号召，而是把改革任务具体化，突出抓重点、补短板、强弱项。比如三大攻坚战中，重点是防控金融风险，坚决打击违法违规金融活动，加强薄弱环节监管制度建设；精准扶贫则要瞄准特定贫困群众的精准帮扶，向深度贫困地区聚焦发力；污染防治重点是打赢蓝天保卫战，对产业、能源、运输等进行结构调整。三是实，就是实在，有很强的可操作性。2018 年的 8 项重点工作，比如深化供给侧结构性改革中的要素市场配置化改革，提出要在破（破除无效供给）、立（大力培育新动能）、降（大力降低实体经济成本）上下功夫，听得懂、记得住、看得见、摸得着。再如复杂的住房制度改革，简单说就是两多（多主体供应、多渠道保障）一并（租购并举）。可以说，这次中央经济工作会议对 2018 年改革任务的表述之细、指导方向之明确，是前所未有的。

三 新时代推进改革的新要求

党的十九大后，习近平总书记就如何学习贯彻十九大精神，作了一系列重要讲话，对包括新时代全面深化改革在内的各项工作提出了新要求。

1. 不忘初心，一以贯之。习近平总书记在中央党校学习贯彻党的十九大精神研讨班开班式上的讲话中强调，新时代中国特色社会主义是我们党领导人民进行伟大社会革命的成果，也是我们党领导人民进行社会革命的继续，必须一

---

① 《国家主席习近平发表二〇一八年新年贺词》，《人民日报》2018 年 1 月 1 日。

以贯之进行下去。要做到一以贯之，第一，要树立历史的观点。历史、现实、未来是相通的，历史是过去的现实，现实是未来的历史。要把新时代改革进行到底，就要认真回顾和深入总结改革开放的历程，特别是党的十八大以来形成的改革新经验，更加深刻地认识全面深化改革的历史必然性，更加自觉地把握改革的内在规律性，更加坚定地肩负起全面深化改革的重大责任。第二，要增强大局观念。不谋万世者，不足谋一时；不谋全局者，不足谋一域。习近平总书记多次强调，要"正确把握改革大局，从改革大局出发看待利益关系调整，只要对全面改革有利、对党和国家事业发展有利、对本系统本领域形成完善的体制机制有利，都要自觉服从改革大局、服务改革大局，勇于自我革命，敢于直面问题，共同把全面深化改革这篇大文章做好"[①]。只有从全局高度谋划和推进改革，才能把准方向，敢于担当，善始善终，善作善成。第三，最根本的一条是"不忘初心，牢记使命，就不要忘记我们是共产党人，我们是革命者，不要丧失了革命精神"[②]。改革是一项人民的事业，改革的目的就是为了增进人民的福祉；改革要紧紧依靠人民群众，没有人民的支持和参与，任何改革都不能取得成功。在新时代的改革征程中，无论遇到任何困难和挑战，只要有人民支持和参与，就没有克服不了的困难，就没有越不过的坎。

2. 尽锐出战，精准施策。将新时代的改革进行到底，就要按照习近平总书记在新年贺词中所指出的，"全社会要行动起来，尽锐出战，精准施策，不断夺取新胜利"[③]。尽锐出战，就要真刀真枪推进改革，狠抓工作落实，从实施方案、实施行动到督促检查、改革成果、宣传引导都要一抓到位；就要分兵把守，守土有责，主动出击，甚至贴身紧逼，使改革取得实实在在的成效；就要充分发动群众为改革献计献策，一起为改革发力；各级党政主要负责同志要亲自挂帅，做到重要改革亲自部署、重大方案亲自把关、关键环节亲自协调、落实情况亲自督查，扑下身子，狠抓落实。改革要达到预期的目的，精准施策至关重要。习近平总书记十分重视改革施策的精准性，强调改革要"突出重点、对准焦距、找准穴位，击中要害，推出一批能叫得响、立得住、群众认可的硬招实招，处理好改革'最先一公里'和'最后一公里'的关系，突破中梗阻，防止不作为，把改革方案的含金量充分展示出来，让人民群众有更多获得感"[④]。而

[①] 《习近平谈治国理政》第 2 卷，外文出版社 2017 年版，第 104 页。
[②] 习近平：《以时不我待只争朝夕的精神投入工作 开创新时代中国特色社会主义事业新局面》，《人民日报》2018 年 1 月 6 日。
[③] 《国家主席习近平发表二〇一八年新年贺词》，《人民日报》2018 年 1 月 1 日。
[④] 《习近平谈治国理政》第 2 卷，外文出版社 2017 年版，第 102 页。

要做到精准施策，必须坚持问题导向，因为改革都是问题逼出来的。那么，如何发现改革中的问题呢？那就是要对实际做深入细致的了解，就要开展调查研究。习近平总书记在党的十九届一中全会上的讲话中，号召在全党大兴调查研究之风，认为调查研究是谋事之基、成事之道，没有调查就没有发言权、决策权。通过深入的调查研究，"切实把存在的矛盾和问题搞清搞透，把各项工作做实做好"[1]。

3. 逢山开路、遇水架桥。改革是一场深刻的社会革命，是前无古人的崭新事业。中国近40年的改革，特别是十八大以来的五年蹄疾步稳、大刀阔斧的改革，为新时代改革打下坚实的基础。中国特色社会主义进入了新时代，不仅在新中国发展史、中华民族发展史上具有重大意义，而且在世界社会主义发展史、人类社会发展史上也意义非凡，因此新时代的改革将更加繁重、更加艰巨。习近平总书记在十九届中央政治局第一次集体学习时强调指出："新征程上，不可能都是平坦的大道，我们将会面对许多重大挑战、重大风险、重大阻力、重大矛盾。"[2] 横亘在前进路上的，是一座又一座高山、一条又一条大河。要将改革进行到底，就必须逢山开路、遇水架桥，争当当代新愚公，誓叫天堑变通途。愚公移山精神是中华优秀传统文化的重要标识，也是我们党砥砺奋进的红色基因。党的十八大以来，习近平总书记多次号召要弘扬愚公移山精神，强调"立下愚公志，打好攻坚战"，并赋予愚公移山精神新的时代内涵，使之成为新时代建设社会主义现代化强国和实现中华民族伟大复兴的强大精神动力。在新时代推进改革的征途中，弘扬愚公移山精神，一要把准方向，敢于担当。要胸怀全面深化改革的大目标，咬定青山不放松。要有以身许党许国、报党报国的历史使命感和强烈的责任感，这样才能对认准的事，敢于面对，有责任不推脱，有风险勇承担。二要奋发进取，埋头苦干。不仅要当好改革促进派，还要当好改革实干家。空谈误国，实干兴邦，历史和现实都表明，"幸福都是奋斗出来的"[3]。三要再接再厉，久久为功。全面深化改革是一项长期性的系统工程，不可能一蹴而就，需要我们学习愚公移山的韧劲，每天挖山不止。我们坚信，没有比人更高的山，没有比脚更长的路，只要坚持不懈，锲而不舍，就可滴水穿石，取得全面深化改革的最后胜利。

---

[1] 习近平：《在党的十九届一中全会上的讲话》，《求是》2018年第1期。
[2] 习近平：《切实学懂弄通做实党的十九大精神 努力在新时代开启新征程续写新篇章》，《人民日报》2017年10月29日。
[3] 《国家主席习近平发表二〇一八年新年贺词》，《人民日报》2018年1月1日。

中国政治发展的经验优势、理论建构与实践导向

张树华

【作者简介】张树华，现任中国社会科学院信息情报研究院院长，《国外社会科学》主编，中国社会科学院研究生院博士生导师。全国政协委员（社科界）。毕业于南开大学（1986）、国立莫斯科大学（1994）。先后在中国社会科学院苏联东欧研究所、政治学研究所、图书馆（文献信息中心）工作。研究领域为世界政治、苏联—俄罗斯问题、比较政治。近年来在国内外重要刊物上发表论文、研究报告及文章400余篇，出版专著（译著）20余部（其中专著、主编9部），研究成果多次获中国社会科学院（省部级）颁发的优秀科研成果奖和优秀对策信息奖。曾主持或参加十余项国家社会科学基金项目、中国社会科学院重大（重点）课题研究。代表作有：《私有化是福是祸？——俄罗斯经济改革透视》《过渡时期的俄罗斯社会》《当代俄罗斯政治思潮》《中外功勋荣誉制度研究》《民主化悖论——冷战后世界政治的困境与教训》等。

一 当代中国政治发展的经验与理论总结

（一）中国政治发展道路的开创性与独创性

当代中国政治发展起始于中国共产党领导中国人民建设新中国的历史基点。马克思主义是中国革命、建设、改革与发展的重要指导思想。马克思主义关于政治发展的基本原理，揭示了人类政治发展的客观规律，这个客观规律为中国革命、建设和改革指明了方向，也指引了当代中国的建设、改革与发展。但是，中国的政治发展有其特殊性，中国共产党并没有将马克思主义教条化，也没有盲目照抄照搬他国政治模式，而是解放思想，实事求是，将马克思主义基本原理与中国实际相结合，吸取世界上其他国家的经验与教训，坚持带领人民走出了一条具有中国特色的政治发展道路。① 新中国成立60多年来，中国共产党带领中国人民实现了国家独立、民族解放和广大人民当家作主，保证了国家的主权安全、政治安全和社会安定。国家政治发展的战略将国家振兴与人民民主相结合，面对新中国成立之后贫穷落后的国情，以实现社会主义工业化、现代化为目标，充分调动人民群众的支持与活力，既实现了国家发展的战略目标，又始终坚持人民民主。② 人民民主是政治民主、经济民主和社会民主的统一。③ 以工人阶级领导的、工农联盟为基础的人民民主专政的国体与人民代表大会制度的政体共同奠定了政治民主的根基，实现了"多数人的统治"④。新中国成立后，按照过渡时期的总路线和总任务，党领导人民逐步实现国家对农业、对手工业和资本主义工商业的社会主义改造。⑤ 社会主义改造实现了把生产资料私有制转变为社会主义公有制的目标，标志着社会主义制度在我国基本建立起来，实现了社会主义经济民主。政治民主与经济民主为社会民主的实现奠定了基础，社会民主实现了最广大人民的基本权利的平等，包括政治权利、经济权利和社会权利（集体生存权和集体发展权）。新中国成立之后前30年的建设与改革，为改革开放之后经济社会的飞速发展奠定了坚实基础。改革开放之后，面对国内外复杂的环境，我国的政治发展不仅更加注重国家治理能力建设，而且注重在实现集体权利的基础之上保障并渐进有序地扩大个人民主权利。

改革开放40年来，中国取得的伟大成就被国际上誉为"21世纪最重大的政治事件"。特别是20多年前，以苏联为首的许多国家在"冷战"的政治对抗中失败后，或分崩离析、或改弦易辙。中国没有重蹈苏联解体东欧剧变、亡党亡国的覆辙，在中国共产党的正确领导下，不仅实现了经济发展和民族复兴，而且始终保持着改革、发展、稳定的良好势头。2008年世界性的金融危机爆发

---

① 参见《中国共产党章程》，第1—10页总纲部分，人民出版社2012年版；《十八大以来重要文献选编》（上），中央文献出版社2014年版，第1—44页。
② 参见房宁《中国的民主道路》，中国社会科学出版社2014年版，第80—95页。
③ 参见房宁《民主政治十论》，中国社会科学出版社2007年版，第208—211页。
④ 《列宁全集》第22卷，人民出版社1990年版，第53页。
⑤ 参见《建国以来重要文献选编》第4册，中央文献出版社1993年版，第700—701页。

后，西方社会经济制度和社会治理模式或碰壁或搁浅，国际上不少国家面临着不稳定和不确定的未来，中国波澜不惊的应对和表现显得尤为突出，中国经济愈益成为世界经济发展的强大推动力。经济上的成就不是孤立的，中国奇迹的基石在于中国政治经济体制的相互促进。中国稳定的政局和政治治理形式作为经济发展的保障机制，起到了保驾护航的重要作用。中国政治发展的价值取向和经验原则丰富着世界政治面貌，丰富了人类发展的内涵和理念，无疑将深刻影响世界格局与人类政治文明的发展。

坚持中国特色社会主义发展道路，坚持走中国特色社会主义政治发展道路是"中国奇迹"的政治表彰和政治根源。中国特色社会主义政治发展冲破了西方所谓"自由、民主、人权"口号的攻击与围堵，用实际行动证明了政治发展要走自己的路，彰显了集发扬民主、保持稳定、保证效能于一体的全面政治发展的思想价值，为广大发展中国家探索适合本国国情的政治发展道路提供了宝贵经验。[1]

（二）坚持中国共产党的领导，保证发展始终有一个稳定的政治核心

中国共产党是中国工人阶级的先锋队，同时是中国人民和中华民族的先锋队，是中国特色社会主义事业的领导核心，代表中国先进生产力的发展要求，代表中国先进文化的前进方向，代表中国最广大人民的根本利益。[2] 始终坚持中国共产党的领导是历史和人民的共同选择，是当代中国政治发展的主要经验。党的领导主要是政治、思想和组织的领导。[3] 党的领导起始于带领中国人民挽救国家危亡、实现人民解放的爱国主义伟大事业，贯穿于社会主义现代化建设事业的全部历史过程，政治领导、思想领导和组织领导不仅体现在党领导社会主义事业的各个方面，而且是历史发展的必然趋势，是人民的共同期盼，承载了人民群众对在党的领导下建设社会主义现代化事业的坚定信仰。

政治领导、思想领导和组织领导是相互统一、不可分割的。党的领导的首要问题是政治领导，即正确的路线、方针、政策和政治方向的领导。[4] 坚强的政治领导是国家政权和全部社会生活的领导核心，服务于党和国家发展的战略目标。中国人民在党的正确政治方针指引下，依照党的正确的路线、方针、政策，取得了新民主主义革命的胜利，建立了人民民主专政的共和国，新中国成立后

---

[1] 参见张树华《民主化悖论——冷战后世界政治的困境与教训》，中国社会科学出版社 2015 年版，第 370—373 页。
[2] 《中国共产党章程》，人民出版社 2012 年版，第 1 页。
[3] 《中国共产党章程》，人民出版社 2012 年版，第 10 页。
[4] 参见中共中央文献研究室编《新时期党的建设文献选编》，人民出版社 1991 年版，第 535 页。

进行社会主义改造,确立了社会主义制度,按照中央改革开放的历史性部署,进行社会主义现代化建设,取得建设中国特色社会主义事业的伟大成就。党的坚强有力的政治领导把握了社会主义事业的发展方向和大局,是当代中国政治发展的政治优势。思想领导体现为党的指导思想、思想路线和思想工作。毛泽东思想和中国特色社会主义理论体系是党的思想领导的伟大结晶。思想领导塑造了党的领导的灵魂、建构起党的领导的信仰体系,是政治领导、组织领导的前提和基础。组织领导服从和服务于政治领导、思想领导,体现在以组织原则和组织路线把全党各级党组织、领导干部、普通党员和人民群众组织起来,同心协力进行社会主义建设。组织领导以促进社会主义事业发展为指向、以为人民服务为根本宗旨,注重发挥党组织的战斗堡垒作用和党员的先锋模范作用,突出党组织的先进性、政治领导力和思想感召力。

新中国成立后,在党的领导下建立的议行合一体制,建立在中国革命、建设、改革的基础之上,符合中国的国情。议行合一体制是人民民主的制度形式,是以代表制民主的形式实现人民当家作主,不同于西方自由民主选举体制下的代议制民主。而这一制度差别,往往成为西方中心主义者攻击中国"不民主""专制"的靶子。面对种种偏见和攻击,我们应该坚持"四个自信",保持政治定力。中国政治自信来源于改革开放40年来的发展的巨大成就。特别是2008年国际金融危机之后,在西方经济普遍低迷的情况下,中国仍保持稳步发展,引领世界经济的增长。而近年来西方民主政治陷入泥潭,暴露出西式民主的结构性弊病——金钱政治、短视政治、失灵政体带来的"资本绑架权力、治理失灵、议而不决、缺乏长远政治战略与规划",等等。[①] 近年来一些国家和地区模仿西式所谓大规模自由竞争选举,不仅未能带来和平与稳定,反而撕裂了社会政治基础,导致了激进主义、宗教极端主义、民族分裂势力、地方帮派势力盛行,威胁国家主权安全,引发政治冲突,导致政治衰退。

坚持中国共产党的领导,保证了中国特色社会主义发展始终有一个稳定的政治核心。这一稳定的政治核心,有利于制定维护国家统一、民族团结、国民经济持续健康发展的战略规划,有利于形成代表最广大人民根本利益和国家长远利益的方针政策,有利于集中力量调配、整合资源,"集中力量办大事"[②],有利于维护稳定的政治发展氛围,维护社会安定,有利于"寻求最大公约数、

---

① 参见《西式民主怎么了》,学习出版社2014年版,第35—57页。
② 参见《邓小平文选》第3卷,人民出版社1993年版,第377页。

增进最大共识度、形成最大凝聚力"①,避免因利益分裂、社会冲突消耗改革发展的认同与合力。

(三) 始终坚持人民主体地位,不断夯实执政基础和增强发展动力

坚持人民主体地位是当代中国政治发展的出发点与归宿。人民民主始终是当代中国政治发展的重要内容。将人民民主与提高国家的政治发展力相结合,是当代中国政治发展的主要经验。新中国成立后,国家建设是头等大事,党领导人民真正实现当家作主是国家建设的根本宗旨和动力来源。面对"一穷二白"的国情、西方强势围堵的世情,实现国家的跨越式发展,缩小与西方发达国家的差距,实现政治独立、经济自足、国家振兴是这一时期国家建设的首要任务。在这一艰难的历史时期,政治发展服从于国家建设的大局,主要战略就是实行广泛、有效的社会动员,尽最大可能争取人民群众的支持、激发人民群众的活力,集中民力民智建设新中国,进而改变国家贫穷落后的面貌。② 人民群众作为新中国的主人投身国家建设,在政治权利得以保障的前提下,逐步实现了经济权利与社会权利。国家发展为人民权利的实现提供了根本政治保障,人民权利在国家发展的大局中得到彰显。

我国自20世纪70年代末实行改革开放以来,政治发展的道路和模式为经济发展、社会进步开辟了道路,使国家关于改革发展的大政方针得以顺利实行。改革开放以来的国家发展方略回答了什么是社会主义、怎样建设社会主义的问题,广大人民群众在党的领导下,遵循中国特色社会主义发展道路,在中央关于改革开放的战略方针指引下,围绕建设社会主义现代化国家、实现共同富裕,逐步进行经济建设、社会建设、文化建设,取得了举世瞩目的成就。人民群众的生存权、发展权等基本社会权利在改革开放的大潮中,得以保障、丰富与有序完善。政治发展和民主政治建设的理论和实践探索,始终服从和服务于改革开放的大局,并与经济改革、社会转型保持协调,追求政治发展与经济建设、社会进步的相互促进、相得益彰。政治发展始终坚持民主、秩序、效率的相互统一。

进入21世纪,随着国际形势风云变幻、国际竞争日趋激烈、国内社会结构深刻变动、社会阶层分化调整、社会问题不断涌现,改革发展面临提高国家治理能力、提升经济发展质量、促进社会公平正义、发展成果由人民共享的格局转向。政治发展遵循"四个全面"的总体布局,既要与经济、社会、文化、生

---

① 《中国人民政治协商会议第十二届全国委员会第二次会议政治决议》,2014年3月12日政协第十二届全国委员会第二次会议通过。
② 参见房宁《当代中国的民主政治发展》,《中国政协理论研究》2009年第2期。

态的发展保持平衡，又要兼顾民主、秩序、效率的有机统一，更要在国际舞台上彰显中国道路的思想价值与实践意义。政治发展的能力愈益关系改革发展事业的成败、关涉人民群众的幸福安康、影响着国家的前途和命运。不断提高政治发展力成为凝聚共识、抵御风险、推进发展、弘扬价值的重要动力和不竭源泉。

二 当代中国政治发展的特征与优势

中国特色社会主义政治发展是全面性、协调性和实践性的统一，是民主、秩序、效能等政治价值的有机统一。近70年来，特别是改革开放40年来，中国的政治以提高政治发展力为宗旨，实现了全面的、真实的、有效的人民民主。中国的政治发展进程以持续、稳定的政治发展，提高了中国在国际上的政治竞争力和政治影响力，实现了政治稳定、政治秩序、政治绩效、政治能力、政治动员、政治廉洁等指标的协调性和全面性的增长。当代中国的政治发展冲破了西方固有的"民主—专制"二元对立的思维定式和双重标准，抵制住了西方以"民主、自由、人权"为幌子的文化霸权的侵扰，破除了"民主激进主义"和"民主原教旨主义"的干扰，以坚定的政治立场、开放的发展视野顺应人民的意愿，秉承全面、协调、包容的发展理念，开辟了独具特色、卓有成效的政治发展道路。[①]

政治发展是一定时期、一定社会政治进程中民主、效率与秩序三组要素的协调发展或最佳组合。政治发展包含三组相互依赖、相互作用的变量和价值追求：民主（公平、权利、自由）、秩序（稳定、法治）、效率（效能、责任、廉洁）。民主、秩序和效率三组之间是内在的对立统一关系。[②] 科学的政治发展观的本质含义是民主、效率、秩序三组价值要素的协调进步、相比增长和共同发展。[③]

民主切忌泛化，不能单兵突进，不能盲目移植。面对来自"西式民主"的压力和诱惑，应保持清醒头脑。政治发展是全局的、全方位的。多年来的国际政治实践表明，在政治发展战略上，一味地强调民主"急速推进"，并不能提高政治发展的能力和质量，往往还会事与愿违。第二次世界大战以来，国际上有些国家盲目移植西方民主制度，不仅未能解决发展问题，反而陷入政治权威溃散、经济停滞、战乱频发、种族矛盾加剧、社会混乱的困境。冷战结束近30年来，一些国家和地区爆发的、以"推广民主"为旗号的"街头政治""广场

[①] 参见张树华、赵卫涛《"民主化"悖论与反思》，《红旗文稿》2015年第9期。
[②] 张树华：《民主化悖论——冷战后世界政治的困境与教训》，中国社会科学出版社2015年版，第374页。
[③] 张树华：《中国与俄罗斯：政治发展的理论价值与现实意义》，《俄罗斯中亚东欧研究》2008年第3期。

民主"乃至"颜色革命"等,不仅没有带来民族振兴,反而使国家陷入政治衰退的怪圈。

当代中国政治以全面发展的格局统合民主、秩序、效率,在不同时期和不同战略目标的要求下,实现民主、秩序、效率等政治价值的有序发展。中国政治发展的特征和经验突出表现在以下几个方面:

(一)稳定性

稳定性体现在稳定的政治秩序、有序的政治参与、法治与民主并行、有效的国家治理能力等几个方面。稳定的政治秩序是当代中国得以进行一切改革与发展的必要条件。有序的政治参与建立在政治制度稳固、可调适的基础之上,既保障人民的权利,又促进了政治制度在充满活力的环境中得以完善。法治与民主并行,意味着将政治发展的价值要素——民主与秩序相融合、相平衡,使人民群众公平、自由、发展的权利得以在法治的轨道上实现,并致力于权力监督、遏制腐败。有效的国家治理能力体现在当代中国的政治体系既能够抵御环境的挑战、冲击,有制度韧性,能够吸纳意见诉求,又能够实施高质量、见成效的政治管理,还能够解决公共危机带来的一系列问题。

(二)发展性

谋求发展是当代中国政治发展的出发点和目标。当代中国政治发展是中国特色社会主义现代化事业的有机组成部分,与经济发展、社会发展、文化发展、人的全面发展相互协调、相互促进。这意味着政治发展与其他几个方面的发展紧密联系,政治作为上层建筑的一部分,不能脱离经济基础而单兵突进,也不能庸俗化和简单化,演绎成类似西方选举政治一样的"短视政治"。政治发展不仅致力于政治领域的各项发展目标,而且致力于中国特色社会主义现代化建设事业,服务于国家发展的大局。

(三)持续性

当代中国政治发展按照社会主义改革发展总体事业的部署而连续进行。从新中国成立之初服务于实现工业化、现代化的跨越式发展,到改革开放之后服务于中国特色社会主义建设事业,当代中国政治发展一方面始终与国家发展总体战略保持同步;另一方面,在发展大局的指导下,政治发展也有自身的战略、规划、步骤,依照规划逐步展开,是连续的、循序渐进的发展过程。政治发展犹如单行道,几乎容不得有试错机会。经济改革不能贪大求洋,需要精耕细作和"摸着石头过河",同样,政治改革也不能急功近利和激进冒进。尤其是中国还是一个人口众多、发展不平衡的大国,还未完成国家统一大业,还面临着民族分离和领土完整的种种威胁与挑战。

（四）协调性

协调性一方面体现在政治发展价值目标（民主、秩序、效率）的协调与平衡，另一方面体现在政治发展与经济、社会、文化的发展相互协调。当代中国政治发展注重民主、秩序、效率的协调与均衡，在不同历史时期，政治发展服务于国家发展的阶段性战略，进而调整价值目标的侧重点，而不是仅仅追求某一个或者某几个价值要素。同时，政治发展注重与经济发展保持同步、相互促进，并致力于带动社会、文化、人的和谐发展。

（五）包容性

提倡"包容性"，绝不意味着拒绝一般意义上的民主，而是以全面政治发展的理念带动民主的进步，通过政治发展解决社会问题，为经济提供政治保障，带动经济发展、文化进步和社会和谐。拒绝对"民主、自由、人权"的抽象化、简单化的议论，超越了西式狭隘的"民主、自由"说教，以开阔的发展视野探讨民主和政治改革的方向与着力点。当代中国政治发展致力于实现政治稳定、政治秩序、政治绩效、政治能力、政治动员、政治廉洁等指标的包容性增长。[①]

三 中国政治发展的理论建构

（一）树立全面的政治发展观

政治发展是一个社会在一定历史文化条件下政治制度与经济体制等相互作用而产生的社会政治结果。政治发展进程包含两个方面的含义，即政治发展、进步或政治倒退、衰败。[②] 政治发展作为人类社会发展的重要方面，既体现了人类社会发展的本质属性和普遍规律性，又体现出政治发展作为政治上层建筑的一个部分所呈现的特征。政治发展并不是神秘莫测的历史运动，而是建立在一定社会的经济基础之上，在特定的历史文化条件下，以人为实践主体的政治实践活动。作为一种历史性存在，政治发展从社会内部孕育，伴随着人类社会从低级向高级演化的过程，逐渐由低级向高级发展。政治发展的影响因素包括：经济基础、现实国情、历史文化条件、国际国内环境，等等。

政治发展遵循人类社会政治发展的基本规律，体现了客观规律性与特殊性的辩证统一。这意味着要始终站在马克思主义的立场，借鉴其他国家政治发展的先进经验，吸取教训，兼收并蓄人类政治文明的优秀成果。不同国家的历史发展阶段、经济基础、现实国情、社会结构、国际环境不同，政治发展因而具

---

① 参见张树华、赵卫涛《"民主化"悖论与反思》，《红旗文稿》2015 年第 9 期。
② 张树华：《中国道路的政治优势与思想价值》，《红旗文稿》2011 年第 1 期。

有特殊性。特殊性体现为主权性、历史性、发展性，等等。特殊性意味着不同国家的政治发展进程有着自身的特点，遵循自身独特的发展脉络。

对政治发展的判断标准不能一概而论，更不能以一些流行的、西式的、泛化的政治标准对别国政治指手画脚。政治发展要走自己的路，不能盲目移植别国的政治发展模式，否则会带来政治衰退甚至社会混乱。近年来，沉醉在"颜色革命"胜利喧嚣中的国家不久便尝到了盲目移植西式民主的苦果，导致了政治动乱和政治衰退。而政治衰退对社会的综合性毁坏效应，犹如多米诺骨牌，破坏力极大。

要树立全面、科学的政治发展观。全面的政治发展观具备以下几个特性：全面协调性、动态发展性、主权历史性。全面协调性不仅要求政治发展价值要素（民主、秩序、效率）的有机统一、平衡协调、因势而动，而且要求政治发展应当有利于经济发展和社会进步，强调政治发展与经济发展、文化发展、社会发展、人的发展的相互协调和共同进步。[①] 动态发展性强调政治发展是长期、复杂、永无止境的历史过程，是历史性的社会存在，是循序渐进的、分阶段、多层面的发展过程。政治发展必须以特定社会的经济基础与现实国情为基础，建立多维的发展构架，服务于国家发展战略。在不同的社会历史条件下，政治发展有着不同的含义和要求。政治发展要遵循社会发展和人类政治发展的一般性规律，速度过快或过慢都将破坏政治发展的正常进程，而政治发展的效应是贯穿性的，一旦出现政治衰退，其负面效应将波及社会的各个层面，造成严重的社会倒退。主权历史性强调政治发展要立足国情，坚持走自己的路，充分发挥我国社会主义政治制度的优越性，积极借鉴人类政治文明的有益成果，决不照搬西方政治制度模式。[②]

坚持全面的政治发展观，在推进全面政治发展的框架内发展民主，全面实现人民的民主权利要求遵循以下政治原则：

1. 坚持四项基本原则。党的十一届三中全会决定将全党的工作重心转移到社会主义现代化建设上来，这是党和新中国历史上一次伟大的转折，是党中央作出的关系中国共产党和中国人民命运的战略决策。邓小平指出："我们要在中国实现四个现代化，必须在思想政治上坚持四项基本原则。这是实现四个现代化的根本前提。这四项是：第一，必须坚持社会主义道路；第二，必须坚持无产阶级专政；第三，必须坚持共产党的领导；第四，必须坚持马列主义、毛泽

---

① 参见张树华《民主化悖论——冷战后世界政治的困境与教训》，中国社会科学出版社2015年版，第374页。

② 《十八大以来重要文献选编》（上），中央文献出版社2014年版，第20页。

东思想。"① 四项基本原则是社会主义中国的立国之本,是社会主义制度的基石,是党中央制定一系列具有中国特色社会主义方针政策的基础,是维护改革开放和现代化建设所必需的安定团结的政治局面的根本政治保证。坚持四项基本原则保证了改革开放的政治方向,保证了改革开放和现代化建设有一个团结稳定的环境和统一的意志与行动。

2. 坚持党的领导、依法治国与人民当家作主的有机统一。党的领导、人民当家作主和依法治国的有机统一,是社会主义民主政治的基本规律和根本特征。党的领导是人民当家作主和依法治国的根本保证。人民当家作主是社会主义民主政治的目标和本质。依法治国是党领导人民治理国家的基本方略。发展社会主义民主,必须坚持党的领导、人民当家作主和依法治国的有机统一,三者缺一不可。②

3. 坚持民主集中制。民主集中制是中国共产党的根本组织制度和领导制度。中国共产党在领导中国革命与建设的长期实践中,把马克思主义建党理论与中国具体实际相结合,形成了具有中国特色的民主集中制思想。民主集中制是民主与集中、纪律与自由的有机结合和辩证统一,是党的群众路线和马克思主义认识论在党的组织原则上的体现。民主集中制是社会主义制度的一个不可分的组成部分。③ 在社会主义制度下,民主基础上的集中和集中指导下的民主相结合,个人利益服从集体利益,局部利益服从整体利益,暂时利益服从长远利益。民主集中制是中国国家组织形式和活动方式的基本原则。④

(二)发扬社会主义民主、提高政治发展力

在当代中国,发展民主必须在全面政治发展的框架下推进,同时也必须以有效的民主形式推动政治发展。在政治发展的框架中推进民主,意味着要发展优质民主,而不要劣质民主。优质民主以主权安全、政治秩序稳定、经济社会有序稳步发展为前提,政治制度的吸纳整合能力与人民权利的渐进有序扩展相互促进、相互融合。优质民主对政治发展起促进作用,劣质民主将破坏政治发展的稳固格局,其破坏效应具有贯穿性,将点燃社会发展的其他阴暗面,进而分裂国家,引发混乱、阻碍发展。劣质民主徒具民主的形式,丧失内涵和实质。劣质民主表现为民主泛化、意识形态化、模式化、格式化、工具化、庸俗化。⑤

---

① 参见《邓小平文选》第 2 卷,人民出版社 1994 年版,第 164—165 页。
② 参见《十七大以来重要文献选编》(上),中央文献出版社 2009 年版,第 234—239 页。
③ 《邓小平文选》第 2 卷,人民出版社 1994 年版,第 175 页。
④ 《习近平在庆祝全国人民代表大会成立 60 周年大会上的讲话》(单行本),人民出版社 2014 年版,第 8 页。
⑤ 参见张树华《冷战后西方民主与民主化研究:理论困境与现实悖论》,《红旗文稿》2011 年第 11 期。

应当把推进民主融入政治发展的轨道,以提高政治发展力为目标,融合民主、秩序、效率等价值要素,统合政治运行的力量安排。

政治发展力是容纳政治发展全方位因素的综合能力,包括国家治理能力、政治理论能力、政治制度能力(完善的制度架构、制度吸纳整合的能力)、政治宣传能力、价值建构能力,等等。政治发展力不是发展形式的综合,也不是抽象内涵的概括,而是以政治发展目标为指引,考量政治发展的各个层面,设置评估参数和数据库,为政治发展提供评价体系和政策性支持。当代中国应以政治发展力统合全面的政治发展,以政治竞争力树立政治发展的自信。当代中国政治发展力的评价原则应是有利于解放和发展社会生产力,有利于推动经济社会持续健康发展,有利于实现好、维护好、发展好最广大人民根本利益,有利于巩固党的执政基础和执政地位。

民主是政治发展的价值追求和必然趋势之一,民主在政治发展的过程中不断丰富价值内涵、创新实践形式、检验实施效果。民主作为政治发展的重要价值要素之一,与秩序、效能等共同构建起全面政治发展的总体格局。

民主是历史的、具体的、发展的,深受一国历史文化条件的影响,服从于一个国家经济、社会、文化发展的总目标。发展民主应选择合适的路径、合理的速度、有效的方式,这样才能使民主政治更有效、更优质,否则就会陷入"花瓶民主、对抗政治和劣质民主"的泥潭。

民主发展是当代中国政治发展的重要组成部分,人民民主是政治发展的价值依规和实践起点。与国际上一些国家表面上奉行自由民主、实质上是"财阀统治""寡头民主"不同,中国的民主是最广泛而真实的人民民主。中国共产党是政治发展的领导力量,也是发展民主的根本政治保障。发展民主,必须要在中国共产党的领导下,在中国特色社会主义现代化事业的大局下,尊重国情,立足实际,沿着中国特色社会主义政治道路稳步推进。发展民主、坚持中国特色社会主义政治道路,是全面建成小康社会、全面深化改革、全面推进依法治国、全面从严治党,推动改革开放和社会主义现代化建设迈上新台阶的必由之路。

四 中国政治发展的实践导向

(一) 加强党的政治建设、全面推动政治发展

1. 党的建设是当代中国政治建设的全部和重中之重。党的十九大报告指出,中国特色社会主义政治发展道路,是近代以来中国人民长期奋斗历史逻辑、理论逻辑、实践逻辑的必然结果。而在当代中国,党的政治生态直接影响整个社会的政治生态和成败兴衰。党的政治建设,直接制约和影响国家其他方面政

治建设的方向、进程和效果。① 因此，加强党的政治建设是中国特色社会主义政治建设的重中之重。

改革开放40年来的政治实践表明，坚持走中国特色社会主义政治发展道路，完善和发展中国特色社会主义政治制度，都离不开党的领导和党的政治建设。习近平总书记多次强调，中国特色社会主义最本质的特征是中国共产党领导，中国特色社会主义制度的最大优势是中国共产党领导。② 党政军民学，东西南北中，党是领导一切的。历史已经并将继续证明，没有中国共产党的领导，民族复兴必然是空想。坚持党的领导是当代中国的最高政治原则，是党和国家的根本所在、命脉所在，是全国各族人民的利益所系、幸福所系，是中华民族的命运所系、前途所系，是夺取新时代中国特色社会主义伟大胜利、实现中华民族伟大复兴的根本保证。

2. 党的政治建设是一个永恒课题。政党是有共同政治纲领、政治路线、政治目标的政治组织。任何政党都应重视政治、研究政治，都应按政治规律进行政治活动。中国共产党作为马克思主义政党，具有崇高政治理想、高尚政治追求、纯洁政治品质、严明政治纪律，必须始终把准政治方向、坚持政治领导、夯实政治根基、涵养政治生态、防范政治风险、永葆政治本色、提高政治能力。只有这样，我们党才能不断发展壮大、从胜利走向胜利。

党是最高政治领导力量，政治属性是党的第一属性。旗帜鲜明讲政治，是我们党作为马克思主义政党区别于其他政党的重要特征，也是我们党的光荣传统和最大优势。政治问题，任何时候都是涉及党的根本问题。党内存在的各种问题，从根本上讲，都与政治建设软弱乏力、政治生活不严肃不健康有关。

在97年的光辉历程中，讲政治一直是我们党的优良传统。早在1929年12月的古田会议上，毛泽东同志就提出思想建党、政治建军的重大政治原则，要求从思想上政治上把党的队伍组织起来、武装起来。毛泽东多次强调："革命的政治工作是革命军队的生命线"，"政治工作是一切经济工作的生命线"。邓小平同志明确指出："到什么时候都得讲政治。"随着我们党领导中国人民进行革命、建设和改革的伟大事业不断向前发展，党的建设的内涵与外延、内容与形式都与时俱进地不断扩展和丰富，但讲政治始终是不变的主题。

党的政治建设是党的根本性建设。正是在深刻总结党的建设历史经验的基础上，习近平在党的十九大报告中指出："把党的政治建设摆在首位。旗帜鲜明

---

① 王庭大：《党的政治建设是党的根本性建设》，《人民日报》2018年7月27日。
② 《习近平关于全面从严治党论述摘编》，中央文献出版社2016年版，第12页。

讲政治是我们党作为马克思主义政党的根本要求。党的政治建设是党的根本性建设，决定党的建设方向和效果。保证全党服从中央，坚持党中央权威和集中统一领导，是党的政治建设的首要任务。"①

新时代，必须要牢牢抓住全面加强政治建设这条主线，把党的政治建设作为党的根本性建设，为党不断从胜利走向胜利提供重要保证。要把准政治方向，坚持党的政治领导，夯实政治根基，涵养政治生态，防范政治风险，永葆政治本色，提高政治能力，为我们党不断发展壮大、从胜利走向胜利提供重要保证。②

3. 政治方向是党生存发展第一位的问题，事关党的前途命运和事业兴衰成败。要坚守的政治方向，就是共产主义远大理想和中国特色社会主义共同理想、"两个一百年"奋斗目标，就是党的基本理论、基本路线、基本方略。加强党的政治建设就是要发挥政治指南针作用，引导全党坚定理想信念、坚定"四个自信"，把全党智慧和力量凝聚到新时代坚持和发展中国特色社会主义伟大事业中来；就是要推动全党把坚持正确政治方向贯彻到谋划重大战略、制定重大政策、部署重大任务、推进重大工作的实践中去，经常对表对标，及时校准偏差，坚决纠正偏离和违背党的政治方向的行为，确保党和国家各项事业始终沿着正确政治方向发展；就是要把各级党组织建设成为坚持正确政治方向的坚强战斗堡垒，教育广大党员、干部坚定不移沿着正确政治方向前进。

4. 坚持党的政治建设为统领，加强党的全面领导。党的十八大以来，在全面从严治党实践中，我们把党的政治建设摆上突出位置，在坚定政治信仰、增强"四个意识"、维护党中央权威和集中统一领导、严明党的政治纪律和政治规矩、加强和规范新形势下党内政治生活、净化党内政治生态、正风肃纪、反腐惩恶等方面取得明显成效。实践使我们深刻认识到，党的政治建设决定党的建设方向和效果，不抓党的政治建设或背离党的政治建设指引的方向，党的其他建设就难以取得预期成效。

中国特色社会主义最本质的特征是中国共产党领导，中国特色社会主义制度的最大优势是中国共产党领导，党是最高政治领导力量。要建立健全坚持和加强党的全面领导的组织体系、制度体系、工作机制，切实把党的领导落实到改革发展稳定、内政外交国防、治党治国治军等各领域各方面各环节。

---

① 习近平：《决胜全面建成小康社会 夺取新时代中国特色社会主义伟大胜利——在中国共产党第十九次全国代表大会上的报告》（2017年10月18日），《人民日报》2017年10月28日。
② 《习近平在中共中央政治局第六次集体学习时强调：把党的政治建设作为党的根本性建设 为党不断从胜利走向胜利提供重要保证》，《人民日报》2018年7月1日。

5. 坚持党的政治领导，最重要的是坚持党中央权威和集中统一领导。党的十九大报告明确指出："保证全党服从中央，坚持党中央权威和集中统一领导，是党的政治建设的首要任务。"要引导全党增强"四个意识"，自觉在思想上政治上行动上同党中央保持高度一致。既要看到党内政治生活状况总体是好的，又要正视还存在一些不容忽视的问题，尤其是"七个有之"仍然不同程度存在。比如，一些人无视党的政治纪律和政治规矩，搞任人唯亲、排斥异己，搞团团伙伙、拉帮结派，搞自行其是、阳奉阴违。这些问题严重破坏党的团结和集中统一，严重影响党和人民事业发展。要从根本上解决这些问题，必须保证全党服从中央，坚持党中央权威和集中统一领导，彻底消除个人主义、分散主义、自由主义、本位主义、宗派主义、圈子文化以及码头文化。

我们要应对重大挑战、抵御重大风险、克服重大阻力、化解重大矛盾、解决重大问题，必须进行具有许多新的历史特点的伟大斗争。在复杂的形势下，在艰巨的任务前，只有保证全党服从中央、坚持党中央权威和集中统一领导，才能把全党8900多万名党员和450多万个基层党组织牢固凝聚起来，把全国各族人民紧密团结起来，形成万众一心、无坚不摧的磅礴力量，去完成伟大的历史使命。

新时代要切实落实党的政治建设的首要任务，首先是保证全党服从中央、坚持维护党中央权威和集中统一领导，关键是坚决维护以习近平同志为核心的党中央的核心、全党的核心地位。习近平同志作为党中央的核心、全党的核心，是党心所向、民心所向。维护党中央权威是具体的而不是抽象的，必须把维护党中央权威与维护习近平同志的核心地位有机统一起来。全党要自觉增强"四个意识"，在政治立场、政治方向、政治原则、政治道路上始终同以习近平同志为核心的党中央保持高度一致。

6. 要坚持以人民为中心的政治理想和宗旨，扩大和夯实党的执政基础。加强党的政治建设，要紧扣民心这个最大的政治，把赢得民心民意、汇集民智民力作为重要着力点。要站稳人民立场，贯彻党的群众路线，同人民想在一起、干在一起，坚决反对"四风"特别是形式主义、官僚主义，始终保持党同人民群众的血肉联系。要教育和激励广大党员、干部锐意进取、奋发有为，把精力和心思用在稳增长、促改革、调结构、惠民生、防风险上，用在破难题、克难关、着力解决人民群众最关心最直接最现实的利益问题上。[①] 全党要切实维护人

[①] 《习近平在中共中央政治局第六次集体学习时强调：把党的政治建设作为党的根本性建设　为党不断从胜利走向胜利提供重要保证》，《人民日报》2018年7月1日。

民群众合法权益，提高党的执政能力和领导水平，谱写中国特色社会主义伟大事业的崭新篇章。

7. 全面从严治党、营造良好的政治生态。营造良好的政治生态，是政治建设的一项长期任务，也是党的政治建设的基础性、经常性工作。坚决把反腐败斗争进行到底，使我们党永不变质、永不变色。领导干部特别是高级干部要明大德、守公德、严私德，做廉洁自律、廉洁用权、廉洁齐家的模范。要扎紧制度的篱笆，发挥巡视利剑作用，推动全面从严治党向基层延伸，让人民群众真正感受到，清正干部、清廉政府、清明政治就在身边、就在眼前。

浚其源、涵其林，养正气、固根本，锲而不舍、久久为功。要把树立正确选人用人导向作为重要着力点，突出政治标准。要贯彻落实新形势下党内政治生活的若干准则，让党员、干部在党内政治生活中经常接受政治体检，增强政治免疫力。要加强党内政治文化建设，让党所倡导的理想信念、价值理念、优良传统深入党员、干部思想和心灵。要弘扬社会主义核心价值观，弘扬和践行忠诚老实、公道正派、实事求是、清正廉洁等价值观，以良好政治文化涵养风清气正的政治生态。

8. 以政治建设为统领，提高党的各项建设的质量和水平。新时代党的建设总要求提出"以党的政治建设为统领"，明确了党的政治建设的统领地位。把党的政治建设作为党的根本性建设，关键是充分发挥其对党的思想建设、组织建设、作风建设、纪律建设、制度建设和反腐败斗争的统领作用。

加强政治建设、全面从严治党，关键是增强风险意识，提高执政本领，目的是提高党的领导能力，率领中国人民实现中华民族伟大复兴的"中国梦"。党在内忧外患中诞生，在磨难挫折中成长，在战胜风险挑战中壮大，始终有着强烈的忧患意识、风险意识。要教育引导各级领导干部增强政治敏锐性和政治鉴别力，做到眼睛亮、见事早、行动快。

党的政治建设落实到干部队伍建设上就要不断提高各级领导干部特别是高级干部把握方向、把握大势、把握全局的能力，辨别政治是非、保持政治定力、驾驭政治局面、防范政治风险的能力，善于从政治上分析问题、解决问题。各级领导干部特别是高级干部要练就一双政治慧眼，不畏浮云遮望眼，切实担负起党和人民赋予的政治责任。

（二）推进党和政府机构改革、提高政治效能

党的十九大报告指出，不断推进国家治理体系和治理能力现代化，坚决破除一切不合时宜的思想观念和体制机制弊端，突破利益固化的藩篱，吸收人类文明有益成果，构建系统完备、科学规范、运行有效的制度体系，充分发挥我

国社会主义制度优越性。

《中共中央关于深化党和国家机构改革的决定》和《深化党和国家机构改革方案》充分体现了党的十九大精神的要求。此次机构改革与宪法修正案、组建国家监察委员会等，是新时代一场伟大而深刻的变革，构成了中国特色社会主义政治建设的重要组成部分，必将对中国今后的发展产生深远而重大的影响。

冷战结束后，特别是2008年国际金融危机以来的国际政治局势表明，以美国为代表的西方自由民主模式存在结构性弊端，西方政党政治陷入困境，政治发展遭遇政治红灯。一些照搬西式民主模式的新生"民主国家"也陷入了治理混乱和政治泥潭。西式民主模式并不必然带来国家的良治和善政，西式政党竞争并不能巩固国家职能、提高政治效能、增进社会福祉和社会公平。

习近平多次指出，党政军民学，东西南北中，党是领导一切的。第十三届全国人民代表大会第一次会议表决通过的宪法修正案中明文规定，中国共产党领导是中国特色社会主义最本质的特征。此次党和国家机构改革方案贯彻全面加强党的领导的指导思想，体现出强烈的政治性、全面性、深刻性，突出了法治化、科学化、专业化的精神，有利于推动中国建设和发展，有利于提高党的领导能力，有利于提高政府效能和部门行政绩效，有利于推进经济发展和改革开放，有利于提高市场活力，有利于社会稳定和谐。

深化党和国家机构改革，目标是构建系统完备、科学规范、运行高效的党和国家机构职能体系，形成总揽全局、协调各方的党的领导体系，职责明确、依法行政的政府治理体系，中国特色、世界一流的武装力量体系，联系广泛、服务群众的群团工作体系，推动人大、政府、政协、监察机关、审判机关、检察机关、人民团体、企事业单位、社会组织等在党的统一领导下协调行动、增强合力，全面提高国家治理能力和治理水平。

第一，有利于集中统一、提高效能。近些年来，一些领域党的领导弱化，党的建设缺失。突出表现为，党的机构设置和职能配置还不够健全有力，保障党的全面领导、推进全面从严治党的体制机制有待完善；一些领域党政机构重叠、职责交叉、权责脱节问题比较突出。党的集中统一领导是中国特色社会主义的政治优势，对此不必遮遮掩掩，完全可以理直气壮。

根据坚持党中央集中统一领导的要求，科学设置党和国家机构，准确定位、合理分工、增强合力，防止机构重叠、职能重复、工作重合。党的有关机构可以同职能相近、联系紧密的其他部门统筹设置，实行合并设立或合署办公，整合优化力量和资源，发挥综合效益。

第二，有利于科学合理配置机构、降低行政成本。长期以来，一些政府机构设置和职责划分欠科学，职责缺位和效能不高；一些领域中央和地方机构职能上下一般粗，权责划分不尽合理；一些领域权力运行制约和监督机制不够完善，滥用职权、以权谋私、不作为、乱作为等问题仍然存在。

坚持问题导向，撤销、合并、重组等形式有利于实现部门职能优化协同。聚焦发展所需、基层所盼、民心所向，优化党和国家机构设置和职能配置，坚持一类事项原则上由一个部门统筹、一件事情原则上由一个部门负责，加强相关机构配合联动，避免政出多门、责任不明、推诿扯皮，下决心破除制约改革发展的体制机制弊端，使党和国家机构设置更加科学、职能更加优化、权责更加协同、监督监管更加有力、运行更加高效。

第三，有利于应对未来的各类风险和挑战，全面提高国家治理能力。我国人口众多、幅员辽阔，自然灾害多发频发。为应对天灾人祸，化解安全风险，必须优化应急力量和资源，构建有利于统一指挥、专常兼备、反应灵敏、上下联动、平战结合的统一高效的应急管理体制。此次将过去分散在十多个部门的防灾减灾救灾职责集中起来，组建应急管理部，意义重大。可以避免过去抢险救援多头分散、专业化和协调性不足等问题，提高化学、生物等新型危险的预警、处置、投送、救援等能力，有利于应对自然灾害和各类安全风险，大大提升我国防范和应对风险的综合能力。

（2018年7月完稿，王强、齐冰、张彰博士对此文有贡献）

掌握科学的历史思维和方法，提高解决改革与发展基本问题的能力

——习近平历史观研究

艾四林

【作者简介】艾四林，哲学博士、教授，清华大学马克思主义学院院长、清华大学习近平新时代中国特色社会主义思想研究院院长，教育部人文社会科学重点研究基地清华大学高校德育研究中心主任，《高校马克思主义理论研究》主编。兼任中央马克思主义理论研究和建设工程首席专家，国务院学位委员会马克思主义理论学科评议组成员，中国科学社会主义学会副会长，中国历史唯物主义学会副会长。主要从事马克思主义基本理论、马克思主义发展史、国外马克思主义的教学研究，主持完成多项国家社科基金重大项目等课题研究，获国家级教学成果奖一等奖等教学科研奖励，入选国家万人计划首批哲学社会科学领军人才，新世纪百千万人才工程国家级人选、全国文化名家暨四个一批人才。

习近平非常重视历史，在一系列重要讲话中经常引用历史典故、回顾史实，用宽广的历史视角分析现实问题，总结治国理政之道。在习近平看来，历史是最好的老师和教科书，也是最好的清醒剂，只有重视历史才能正视现实，只有在对历史的深入思考中，才能更好地把中国特色社会主义事业不断推向前进。

一 高度重视历史和对历史的学习

历史有两层含义：一是指已经发生了的过去的事；二是指对以往事情的记载和研究。人们不能从自己的愿望出发使历史重演，也不能凭主观愿望将历史任意改变，但人们可以认识、描述、诠释、领悟、探究历史。马克思主义创始人十分重视历史和历史研究，恩格斯在其撰写的《英国状况——评托马斯·卡莱尔的〈过去和现在〉》一文中指出："我们根本没有想到要怀疑或轻视'历史的启示'；历史就是我们的一切，我们比其他任何一个先前的哲学学派，甚至比黑格尔，都更重视历史"[1]，在这里，恩格斯提出了一个重要思想，即"历史就是我们的一切"。

历史是对前人治理国家和社会的思想与智慧的记述，既记录着成功的经验，也记录着失败的教训。习近平强调，历史科学不同于一般的科学，是"百科全书"，而历史研究是一切社会科学的基础，因此，作为科学的历史，必须是客观历史的真实记录。

"明镜所以照形，古事所以知今。"历史、现实和未来，不是相互割裂的，而是相互贯通的。忘记历史甚至背叛历史，就不可能更好地理解现实、做好今天的事情，更不可能更好地开辟未来。从历史的经验中，我们得到启示，增长了智慧，我们懂得继承什么，创新什么，我们学会应该做什么。因此，习近平反复强调："历史是最好的教科书"，"历史是最好的老师"，"世界的今天是从世界的昨天发展而来的。今天世界遇到的很多事情可以在历史上找到影子，历史上发生的很多事情也可以作为今天的镜鉴。重视历史、研究历史、借鉴历史，可以给人类带来很多了解昨天、把握今天、开创明天的智慧"[2]。

历史不仅提供经验，还提供教训，不仅告诉人们该做什么，还告诉人们不该做什么，它可以帮助人们在复杂的社会生活中尤其是在治国理政中保持清醒。在此意义上，习近平指出，历史也是"最好的清醒剂"。20世纪80年代末90年代初发生的苏联解体东欧剧变的深刻教训就是，一个无产阶级政党，如果忘记了初心，丧失理想信念，就会失去凝聚力，不打自垮。对此，习近平强调，苏联解体东欧剧变的教训要牢牢记住。近些年来，世情国情党情发生了复杂而深刻的变化，因此，我们党在抓好经济建设这个中心工作的同时，一刻也不能放松和削弱意识形态工作，这是我们党极端重要的工作。在习近平看来，"革命

---

[1] 《马克思恩格斯全集》第3卷，人民出版社2002年版，第520页。
[2] 《习近平致信祝贺第二十二届国际历史科学大会开幕》，《人民日报》2015年8月24日。

理想高于天",马克思主义和共产主义信仰是共产党人的命脉和灵魂,并形象地将理想信念比喻为共产党人精神上的"钙",缺失理想信念之"钙",就会得"软骨病"。鸦片战争以后,中国由盛转衰,山河破碎,民不聊生,逐步沦为半殖民地半封建社会,被讥笑为"东亚病夫",受尽西方列强的欺凌。一部中国近代史告诉我们一个基本道理:落后就要挨打,发展才能自强。对此,习近平强调,全党同志必须牢记,保持清醒,他说:"学习中国近现代史,就要了解近代中国所经历的屈辱历史,深刻汲取落后就要挨打、就要受欺负的教训,增强励精图治、奋发图强的历史使命感和责任感,为在 2020 年全面建成小康社会,进而在本世纪中叶把我国建设成为富强民主文明和谐的社会主义现代化强国而努力奋斗。"①

在长期的革命斗争中,我们党形成了许多优良文化传统和精神,例如红船精神、井冈山精神、长征精神、延安精神、西柏坡精神,在今天仍然是我们党不断夺取中国特色社会主义新胜利的强大精神力量和宝贵精神财富。因此,在习近平看来,中国革命的历史还是营养剂。2013 年 7 月 11 日,习近平来到西柏坡,对当地干部群众说:"对我们来讲,每到井冈山、延安、西柏坡等革命圣地,都是一种精神上、思想上的洗礼。每来一次,都能受到一次党的性质和宗旨的生动教育,就更加坚定了我们的公仆意识和为民情怀。历史是最好的教科书。对我们共产党人来说,中国革命历史是最好的营养剂。多重温这些伟大历史,心中就会增加很多正能量。"②

重视对历史的学习和对历史经验的总结与运用,这是我们党能够克服各种艰难险阻,不断取得革命、建设、改革伟大胜利的一个重要原因,也是我们党的一个优良传统。正是基于这样的认识,习近平提出,要把我们党建设成马克思主义学习型政党。在这方面,他高度重视对历史的学习,并要求领导干部要把学习国史、党史作为"必修课"。他说:"这门功课不仅必修,而且必须修好。"③"前事不忘,后事之师。"习近平多次引用过这句话。他号召全党尤其是党的领导干部要读点历史,增加历史知识,"领导干部不管处在哪个层次和岗位,都应该读点历史,通过学习历史不断深化对人类社会发展规律、社会主义建设规律和共产党执政规律的认识,不断丰富自己的历史知识,这样才能使自己的眼界和胸襟大为开阔,认识能力和精神境界大为提高,使自己的领导工作

---

① 习近平:《领导干部要读点历史》,《学习时报》2011 年 9 月 5 日。
② 《党面临的"赶考"远未结束——习近平总书记再访西柏坡侧记》,新华网,2013 年 7 月 13 日。
③ 习近平:《在对历史的深入学习思考中更好走向未来,交出发展中国特色社会主义合格答卷》,《党建》2013 年第 7 期。

水平不断得以提升"①。

二 掌握解析和回答历史问题的科学方法

历史是一个民族安身立命的基础。晚清"开一代新风"的著名思想家龚自珍说:"出乎史,入乎道,欲知大道,必先为史"②,"史之外无有语言焉,史之外无有文字焉。史之外无人伦品目焉。史存而周存,史亡而周亡……灭人之国,必先去其史;隳人之枋,败人之纲纪,必先去其史;绝人之材,湮塞人之教,必先去其史;夷人之祖宗,必先去其史"③。在当今世界,能否正确对待、认识和研究历史直接关系到一个国家的治乱兴衰和一个政党的生死存亡。对此,习近平强调,中国共产党人是马克思主义者,"不是历史虚无主义者,也不是文化虚无主义者"④,要善于运用马克思主义的立场、观点和方法,科学地解析和回答历史问题。

实事求是是我们党的根本思想路线。从我们党走过的 90 多年的历史进程中可以清楚地看到,实事求是的思想路线什么时候贯彻得好,党和人民的事业就能够不断取得胜利,反之则会受到损失,甚至挫折。在历史研究中坚持实事求是,就是要求我们从历史实际出发,科学分析研究历史材料,从中找出历史固有的规律性。习近平强调:"历史就是历史,事实就是事实,任何人都不可能改变历史和事实"⑤,"要坚持用唯物史观来认识和记述历史,把历史结论建立在翔实准确的史料支撑和深入细致的研究分析的基础之上"⑥。

实事求是,就要在一定的历史条件下评判历史人物。"在分析任何一个社会问题时,马克思主义理论的绝对要求,就是要把问题提到一定的历史范围之内。"⑦ 历史人物,都是一定的社会历史条件的产物,研究和评价历史人物,不能脱离其所处的时空条件。"时势造英雄",只有充分理解历史人物所处的"时"与"势",才能透彻地把握历史人物得以产生的社会基础和客观条件,也就可以避免将历史人物盲目神化,又可避免现代人习惯性地用自己的标准来裁

---

① 习近平:《领导干部要读点历史》,《学习时报》2011 年 9 月 5 日。
② 康沛竹选注:《尊隐——龚自珍集》,张岱年主编:《中国启蒙思想文库》,辽宁人民出版社 1994 年版,第 101 页。
③ 康沛竹选注:《尊隐——龚自珍集》,张岱年主编:《中国启蒙思想文库》,辽宁人民出版社 1994 年版,第 90、92 页。
④ 习近平:《在纪念孔子诞辰 2565 周年国际学术研讨会暨国际儒学联合会第五届会员大会开幕会上的讲话》,《人民日报》2014 年 9 月 25 日。
⑤ 习近平:《在纪念全民族抗战爆发七十七周年仪式上的讲话》,《人民日报》2014 年 7 月 8 日。
⑥ 习近平:《让历史说话用史实发言深入开展中国人民抗日战争研究》,《人民日报》2015 年 8 月 1 日。
⑦ 《列宁选集》第 2 卷,人民出版社 2012 年版,第 375 页。

剪历史人物，因而失去评判的科学性和客观性。因此，习近平明确指出："对历史人物的评价，应该放在其所处时代和社会的历史条件下去分析，不能离开对历史条件、历史过程的全面认识和对历史规律的科学把握，不能忽略历史必然性和历史偶然性的关系。不能把历史顺境中的成功简单归功于个人，也不能把历史逆境中的挫折简单归咎于个人。不能用今天的时代条件、发展水平、认识水平去衡量和要求前人，不能苛求前人干出只有后人才能干出的业绩来。"① 例如，在对待毛泽东的评价上，习近平强调，必须实事求是，功过要分明，不能因其功而全盘肯定，也不能因其过而全面否定。毛泽东作为伟大的无产阶级革命家、战略家、理论家和中国共产党、中国人民解放军和中华人民共和国的主要缔造者和领导人，为实现中华民族独立和振兴作出了不可磨灭的伟大贡献，彪炳史册。但同时，我们也并不回避更不会随意否认毛泽东在晚年特别是"文化大革命"中所犯的严重错误。对此，习近平指出："革命领袖是人不是神。尽管他们拥有很高的理论水平、丰富的斗争经验、卓越的领导才能，但这并不意味着他们的认识和行动可以不受时代条件限制。不能因为他们伟大就把他们像神那样顶礼膜拜，不容许提出并纠正他们的失误和错误；也不能因为他们有失误和错误就全盘否定，抹杀他们的历史功绩，陷入虚无主义的泥潭。"② 实事求是地评价历史人物，不仅表现在客观评价其功过，还应客观分析其原因。例如，在谈到毛泽东晚年失误及错误的原因时，习近平强调："有其主观因素和个人责任，还在于复杂的国内国际的社会历史原因，应该全面、历史、辩证地看待和分析"③，"在中国这样的社会历史条件下建设社会主义，没有先例，犹如攀登一座人迹未至的高山，一切攀登者都要披荆斩棘、开通道路"④。

研究历史不能被历史上的一些琐碎事件所蒙蔽，而是要关注历史上的重大事件。习近平认为，看待历史，还要善于分清主流与支流。研究历史，必须坚持唯物辩证法，善于运用矛盾分析法，也就是要在繁杂的历史事物和现象中，去伪存真、去粗取精、由表及里，进而分清主要矛盾和次要矛盾、矛盾的主要方面和次要方面。而历史虚无主义所谓"重构历史""解构历史""还原历史"惯用的主要手法，就是用支流否定主流，用个别现象否定本质，用细节否定整体，并以此来歪曲和丑化我们党的历史。因此，要科学把握我们党90多年的奋斗历程，就要牢牢把握我们党历史发展的主题和主线、主流和本质。在习近平

---

① 《十八大以来重要文献选编》（上），中央文献出版社2014年版，第693页。
② 《十八大以来重要文献选编》（上），中央文献出版社2014年版，第693页。
③ 《十八大以来重要文献选编》（上），中央文献出版社2014年版，第693页。
④ 《十八大以来重要文献选编》（上），中央文献出版社2014年版，第693页。

看来,"90 年来,我们党紧紧依靠人民完成了新民主主义革命,实现了民族独立和人民解放;完成了社会主义革命,确立了社会主义根本制度并取得了社会主义建设的巨大成就;进行了改革开放新的伟大革命,完善和发展了中国特色社会主义"。这三件大事,就是党的历史发展的主流和本质。只有牢牢把握这样的主题和主线、主流和本质,才能够更深刻地认识我们党的光辉历程和伟大业绩,也才能够不断增强人民对我们党的信心和信任,坚定中国特色社会主义信念和共产主义远大理想。

中华五千年文明史就是互学互鉴的交流史。一个国家、民族不可能脱离世界联系而孤立自存。自古以来,中国就以各种各样的方式同世界上许多国家和地区发生政治、经济、文化等各方面的联系,并对世界文明进步作出了重大贡献,产生了巨大影响。而鸦片战争之后,中国从万邦来朝的强国沦为备受列强欺凌的弱国,一度陷入亡国灭种的危机境地,个中原因虽然很复杂,但其中一个重要的原因,就是封建社会统治者闭关自守、夜郎自大。近 40 年来,中国之所以能取得举世瞩目的伟大成就,离不开我们党实行的改革开放政策。习近平强调,学习我国历史的同时,还应该学习一些世界历史知识和借鉴世界文明。2014 年,在中法建交五十周年纪念大会上的讲话中,习近平说:"我青年时代就对法国文化抱有浓厚兴趣,法国的历史、哲学、文学、艺术深深吸引着我。读法国近现代史特别是法国大革命史的书籍,让我丰富了对人类社会政治演进规律的思考。"[①] 当前,中国人民正在为实现中华民族伟大复兴的中国梦而奋斗,因此,"我们不仅要了解中国的历史文化,还要睁眼看世界,了解世界上不同民族的历史文化,去其糟粕,取其精华,从中获得启发,为我所用"[②]。

三 用历史的视角观察当代中国

毛泽东说过:"今天的中国是历史的中国的一个发展;我们是马克思主义的历史主义者,我们不应当割断历史。从孔夫子到孙中山,我们应当给以总结,承继这一份珍贵的遗产。这对于指导当前的伟大的运动,是有重要的帮助的。"[③] 同样,在习近平看来,"观察历史的中国是观察当代的中国的一个重要角度。不了解中国历史和文化,尤其是不了解近代以来的中国历史和文化,就很难全面把握当代中国的社会状况,很难全面把握当代中国人民的抱负和梦想,

---

① 习近平:《在中法建交五十周年纪念大会上的讲话》,《人民日报》2014 年 3 月 29 日。
② 习近平:《在中央党校建校 80 周年庆祝大会暨 2013 年春季学期开学典礼上的讲话》,《理论视野》2013 年第 3 期。
③ 《毛泽东选集》第 2 卷,人民出版社 1991 年版,第 534 页。

很难全面把握中国人民选择的发展道路"①。

在深化中国特色社会主义认识这个问题上,历史无疑是一个重要的维度。当把中国特色社会主义置于中华民族5000多年和社会主义500年这些历史场景中时,我们就能够更清晰地把握中国特色社会主义的历史方位、历史使命和本质特征,也才能够更真切地体会到"社会主义""中国特色"从何而来、为何而来,才能够更加坚定中国特色社会主义道路自信、理论自信、制度自信、文化自信。习近平指出,中国特色社会主义"这条道路来之不易,它是在改革开放30多年的伟大实践中走出来的,是在中华人民共和国成立60多年的持续探索中走出来的,是在对近代以来170多年中华民族发展历程的深刻总结中走出来的,是在对中华民族5000多年悠久文明的传承中走出来的,具有深厚的历史渊源和广泛的现实基础"②。

而没有历史的眼光,就不可能真正理解实现中华民族伟大复兴的中国梦。在近代以前相当长的时间里,中华民族一直居于世界文明发展先进行列,曾为人类文明进步作出巨大贡献。近代以来,先进的中国人不断求索民族复兴之路。孙中山第一个提出"振兴中华"的口号。中国共产党从诞生之日起,就承续着实现中华民族伟大复兴的历史使命。90多年来,中国共产党始终不渝地为实现这一使命而奋斗,一代代革命家和领导人都为逐梦而不断谋划。正是在此意义上,习近平指出:"实现中华民族伟大复兴,是近代以来中国人民最伟大的梦想,我们称之为'中国梦',基本内涵是实现国家富强、民族振兴、人民幸福。""中国梦是历史的、现实的,也是未来的。"③

改革开放是20世纪70年代末我们党和国家作出的重大历史性决策,自此以后,中国进入一个经济社会发展的新时期。改革是一场深刻革命,特别是当改革进入攻坚期和深水区,需要啃硬骨头、涉险滩时,能否达成最大程度的改革共识,攻坚克难,事关改革的成效。在这方面,习近平指出,我们要善于从历史中总结经验,凝聚广泛的改革共识。他说:"历史上,战国时期的商鞅变法,宋代的王安石变法,明代的张居正变法,在当时历史条件下都取得了一定成效。但是,由于当时君主专制的政权性质和社会矛盾的不断激化,各种利益关系错综复杂,加之统治集团内部盘根错节、相互倾轧,改革触动了一些既得利益集团的利益,他们的变法都遭遇了强大阻力,甚至弄得自己身败名裂。清代洋务派代表人物之一张之洞,是有改革观念的一个人。清代末年,社会矛盾

---

① 《习近平致信祝贺第二十二届国际历史科学大会开幕》,《人民日报》2015年8月24日。
② 《习近平谈治国理政》,外文出版社2014年版,第39、40页。
③ 《习近平谈治国理政》,外文出版社2014年版,第49页。

积重难返，大局变革势在必行，各种观点沸沸扬扬，各种人物粉墨登场，搞得莫衷一是，张之洞感叹道'旧者因噎而食废，新者歧多而羊亡；旧者不知通，新者不知本。不知通则无应敌制变之术，不知本则有非薄名教之心。'说的就是因把握不好守成和变革的分寸形成共识之难。"[1]

社会主义核心价值观的提出，是有其深厚的历史文化基础的。不忘本来，是建构社会主义核心价值观的基本原则，民族性则是社会主义核心价值观的基本特征，只有从独特的历史文化的视角才能够深刻理解社会主义核心价值观12个词的中国内涵和性质。在悠久的文明发展中孕育的中华优秀传统文化，是中华民族的"根"与"魂"，已经成为中华民族的基因，深深植入中国人的思想方式和行为方式之中。中华优秀传统文化中的一些思想和理念，比如，"天下兴亡，匹夫有责"，"大道之行也，天下为公"，"民惟邦本"，"天人合一"，"和而不同"，等等，经过创造性转化和创新性发展，能够展现出永不褪色的时代价值，成为社会主义核心价值观的构成要素。正因为如此，习近平多次强调，培育和弘扬社会主义核心价值观，使社会主义核心价值观落实、落小、落细，就必须立足于中华优秀传统文化，并使其成为涵养社会主义核心价值观的重要源泉，相反，"抛弃传统，丢掉根本，就等于割断了自己的精神命脉"[2]。

怎样治理社会主义社会这样全新的社会，在以往的一些社会主义国家中没有解决得很好。我国尚处于社会主义初级阶段，在经济文化落后的国家，如何建设社会主义，如何治国理政，这对于我们党来说也是一个必须解决的新课题。我们党在全国执政以后，不断探索这个问题，虽然也发生了严重曲折，但在国家治理体系和治理能力上积累了丰富经验、取得了重大成果，改革开放以来的进展尤为显著。但是，推进国家治理体系和治理能力现代化，是一个重大的理论和实践课题，我们既不能照搬西方国家的治理经验和模式，也要吸取苏联模式的经验教训，事实也证明，照搬照抄别人的办法都行不通。一个国家的治理方式，总是和它独特历史、文化和经济社会发展水平联系在一起的。同时，在中国的史籍书林之中，既蕴涵着十分丰富的治国理政的丰富经验，又有衰乱之世的深刻教训。习近平指出："我国古代主张民惟邦本、政得其民，礼法合治、德主刑辅，为政之要莫先于得人、治国先治吏，为政以德、正己修身，居安思危、改易更化，等等，这些都能给人们以重要启示。治理国家和社会，今天遇到的很多事情都可以在历史上找到影子，历史上发生过的很多事情也都可以作

---

[1]《习近平关于全面深化改革论述摘编》，中央文献出版社2014年版，第45—46页。
[2]《习近平谈治国理政》，外文出版社2014年版，第164页。

为今天的镜鉴。"① 因此，对中国历史上治国理政的丰富资源进行挖掘、整理和吸收，对形成、发展和完善我国治理体系无疑有着重要的价值。

总之，习近平站在时代和历史的高度围绕历史的本质、历史的价值和意义、如何认识和对待历史、以史为鉴等问题所做的重要论述，集中体现了他的马克思主义历史观。习近平从历史的角度，深刻回答了我国改革和发展中的一系列重大理论和实践问题。系统梳理习近平的历史思维和方法，科学把握习近平的历史观，对于完整准确理解和把握其治国理政新理念新思想新战略具有重要的意义。

（康沛竹参与了本文写作）

---

① 习近平：《牢记历史经验历史教训历史警示，为国家治理能力现代化提供有益借鉴》，《人民日报》2014年10月14日。

政府与市场的"互融共荣"：
经济发展的中国经验

胡乐明

【作者简介】 胡乐明，1965年10月生于山东烟台，现任中国社会科学院经济研究所副所长，中国社会科学院研究生院博士生导师、教授，中国社会科学院大学经济学院特聘教授，享受国务院政府特殊津贴专家，兼任中华外国经济学说研究会副会长和秘书长、中国经济规律研究会副会长、中国《资本论》研究会常务理事等。长期从事马克思主义经济理论、西方经济理论以及中国特色社会主义实践等多个领域的教学和研究工作。近年来，在《马克思主义研究》《经济研究》《人民日报》等权威报刊发表《国家资本主义与"中国模式"》《从国际金融危机看西方新自由主义》《科学理解和阐释资本主义经济危机》等具有重要影响的学术成果50余篇（部），主持完成国家社会科学基金项目、中国社会科学院重大项目以及交办课题等十余项。

改革开放以来，中国经济的转型发展取得了举世瞩目的伟大成就。与此同时，如何"破解中国经济发展之谜"也一直是国内外学界的热点话题。有些学者认为，中国经济发展的成功是自由市场经济发挥作用的结果，是私有化、市场化、自由化的成功；另一些学者则认为，中国经济发展的成功归因于"强大的国家权力",是国家干预主义的胜利。事实上,中国经济发展成就的取得依赖于多方面因素。从经济角度而言,如何处理政府与市场的关系是中国经济体制改革的核心和经济发展的关键,由此解读"中国奇迹"不失为一个可取的理论视角。上述两种认识囿于西方主流经济学的固化思维,不仅难以准确定位和解释发达市场国家的政府与市场作用,更难以合理解释新兴市场经济国家的政府与市场关系的演进路径及其经济发展绩效。

一 经济自由主义与国家干预主义的认知误区

政府与市场的关系,是经济学家长期争辩的主题,并在长期争辩过程中形成了经济自由主义与国家干预主义两大思潮。然而,经济自由主义和国家干预主义貌似对立,在理论逻辑与分析思路方面却存在共通的认知误区,难以准确定位和解释现实世界政府与市场的作用及其演进过程。①

尽管在不同的历史时期,经济自由主义和国家干预主义各有不同的理论表现,在其各自内部也存在认识分歧,而且二者之间的对立已开始出现松动并呈现一定程度的"融合"趋势②,但是二者各自的基本信条始终没有变化。经济自由主义认为,市场机制是市场经济实现资源最佳配置的唯一有效手段,市场机制的自发调节能够导致经济繁荣和社会进步;不存在作为政府公共政策追求目标的所谓公共利益,"社会福利函数"也只是一个虚幻的存在;政府是"无能、低效、腐败的化身",市场解决不好的事情政府也难以解决,政府干预只会破坏经济的正常运行。因此,应充分发挥市场机制的自发作用,限定乃至最小化政府的作用范围。相反,国家干预主义认为,市场的有效性是有条件的,市场不是理想的,存在市场失灵;存在独立于个人的公共利益,由个人偏好可以合乎逻辑地导出社会福利函数;政府作为公共利益的代表,能够有效促进实现社会福利最大化。因此,应充分发挥政府的作用,弥补市场的缺陷和不足。

然而,观点的对立并不意味逻辑的不同。在经济自由主义与国家干预主义那里,市场与政府皆被视作截然两分、彼此独立的制度安排,并基于对市场与政府的静态估价直接导出它们各自的职能范围以及彼此替代的潜在可能。按照他们的逻辑,市场是市场经济的内在秩序,政府则是凌驾于市场经济之上的外在力量;市场是提供私人物品的制度安排,政府则是提供公共物品的制度安排,而且二者之间存在非此即彼的替代选择:"政府失灵"是市场扩展的理论依据,

---

① 胡乐明:《公共物品与政府的作用》,《财经研究》2001年第8期。
② 杨春学、谢志刚:《国际金融危机与凯恩斯主义》,《经济研究》2009年第11期。

"市场失灵"则是政府干预的逻辑起点。但是,从人类社会发展历史来看,政府固然可以被视作使共同体免受外来侵犯而产生的一种外在性保护组织,它更应被视作使共同体繁衍、生存、发展而产生的一种内在性生产组织。中世纪之后,为摆脱封建王权对于新兴资本主义发展的束缚,以"自由"之名驱逐政府于"市民社会"之外的努力日渐高涨,政府与市场的"二分法"逐渐成了西方主流经济学的"金科玉律"。事实上,完全独立的外在化国家并不存在,政府并非一个高居于经济社会之上并与经济社会相脱离的外在组织,相反,政府与市场一样都是市场经济社会内生的组织和协调经济活动的制度安排。政府总在"那里"并总在"行动","外在"的政府"干预"市场经济运行,并非政府的真实存在;同样,寄望于通过扩展明晰的个人产权制度并寻求所有经济问题的"市场解",从而"外化"政府,也只能是一种柏拉图式的精神幻想。

既然政府与市场都是市场经济社会内生的组织和协调经济活动的制度安排,那么现实社会的资源配置也必然是市场和政府相互结合、互融互动的结果,而非二者之间非此即彼的单项选择过程。在经济自由主义那里,"市场万能"是他们鼓吹自由放任的理论基础,"政府失灵"则是他们反对政府干预的现实理由。但是,如果说"政府退出"的全部依据在于市场的完美秩序,那么市场失灵就会成为政府干预的有力根据。正是按照经济自由主义者的逻辑思路,庇古等国家干预主义者发现了在现实世界"理想政府"的存在与位置。事实上,现实世界的市场和政府都有其自身不可克服的缺陷,任何一方的缺陷在逻辑上并不必然保证来自另一方的替代一定是合理的选择。而且,政府与市场既各有其独立性和自主性,又具有一定程度的相互嵌入性和共生性。卡尔·波兰尼曾经深刻指出,主流经济学家们倾向于将市场独立出来,并在假定周围环境不变的条件下静态地分析市场运行与市场规律,但是并不存在与市场无涉的支持性制度环境,现实世界的市场也必然"嵌含"于社会之中,纯粹的自律性市场以及一切试图"脱嵌"的研究都是乌托邦。[1] 类似地,巴泽尔借助"公共领域",明确提出"没有绝对排他的私有产权"。在他看来,任何个人的任何一项权利的强度都要依赖于个人、他人以及"第三方"为保护和分享该项权利而付出的努力,因而政府必然深嵌于市场经济个人产权的界定、实施与控制的整个过程。[2] 脱离了政府的"嵌入",市场必定步履维艰,政府与市场之间存在一种相互渗

---

[1] 参见[匈牙利]卡尔·波兰尼《巨变——当代政治与经济的起源》,黄树民译,社会科学文献出版社2013年版。

[2] 参见[美]Y. 巴泽尔《产权的经济分析》,费方域、段毅才译,上海三联书店、上海人民出版社1997年版。

透的复杂的结构性关系。

国家干预主义与经济自由主义另一个共通的局限是，它们都是一种抽象而机械的短期静态分析而不是具体而科学的动态历史分析。它们关注的是市场体系与配置效率之间的联系。然而，帕累托效率与科技创新和长期发展之间不存在任何理论或历史的联系。[①] 对于一个国家而言，"通过追求静态的资源配置效率，虽然也能部分地实现国民收入与财富的扩大，但是要想持续地实现国民收入与财富的扩大，就必须获得动态的资源配置效率"[②]。所谓动态的资源配置效率也就是一个国家的发展效率，它不仅依赖于市场机制的功能发挥，还依赖于政府作用及其与市场的融合互动。而且事实上，支持垄断、国家指导、企业联合和保护主义等旨在提升发展效率而非弥补市场失灵以实现"静态效率"的政府行为，恰恰是美国等发达资本主义国家实现长期经济增长的重要因素。马祖卡托在其《企业家型政府》中认为，美国等发达国家现在处于世界领先地位的产业的早期发展都是得益于政府的支持，而且即使到今天发达国家政府也并没有奉行自由放任的政策，它们还在利用专利保护、补助基础科研、政府采购等措施来支持企业进行产业升级和技术创新。[③] 不过，现今美国的许多政策已被设计成为隐藏在公众视野之下，不是通过直接高度透明的立法来实施，而是通过间接和被动机制来执行。[④] "政府隐形"模糊了政府的作用，夸大了市场的力量，但是却无法遮蔽一个基本的经济史实：经济自由主义与国家干预主义作为意识形态而流行，为了长期发展，政府与市场却总是同时"在场"。

此外，经济自由主义与国家干预主义同样忽视了世界范围内市场经济的复杂性以及政府与市场关系的多样性。作为西方主流经济学的"普世价值"，经济自由主义与国家干预主义曾在世界各地广泛传播。但是，它们既不能准确定位西方发达市场经济国家的政府与市场，更难涵盖各个市场经济国家政府与市场关系的多样存在。从理论上说，政府与市场的有效边界并不存在某个固定的均衡路径或是单一的静态最优解，而是存在多重均衡路径和多个可能的动态优化组合。[⑤] 也就是说，政府与市场之间并不存在整齐划一、泾渭分明的固定边界。从现实来看，人们通常认为当代发达资本主义国家的市场经济可以区分为

---

① 参见［美］托马斯·罗斯基《中国及其经济改革的理念》，宫武译，《国外理论动态》2013年第6期。
② ［日］青木昌彦等：《市场的作用 国家的作用》，林家彬等译，中国发展出版社2002年版，第89—90页。
③ 参见林毅夫《新结构经济学的理论基础和发展方向》，《经济评论》2017年第3期。
④ 参见［美］戴斯蒙德·金《美国的隐性政府：隐藏国家的代价》，张国华编译，《国外理论动态》2013年第3期。
⑤ 参见陈雨露、马勇《大金融论纲》，中国人民大学出版社2013年版，第540页。

三种类型：以美国为代表的"自由市场经济模式"、以日本为代表的"政府主导型经济模式"和以德国为代表的"社会市场经济模式"。显然，崇尚政府作用的日本模式与注重社会平等和长远利益的德国模式皆非经济自由主义和国家干预主义所能解释的，即使所谓自由经济典范的美国模式，政府也不是一个外在的只限于弥补市场失灵的"有限政府"。美国学者弗雷德·布洛克指出，美国实际上是一个被意识形态所遮蔽的隐形"网络式发展型国家"，政府长期通过四种国家行为，即资源定位、窗口开放、中介经纪和引导推促来推动经济发展。① 事实上，市场经济并非只有一种"标准"模式和演进路径，风俗习性、意识形态、价值观念、文化道德以及发展阶段，对于市场经济国家及其政府与市场关系的形成和演进都有十分关键的影响。除了上述三种类型，我们很容易发现，现实世界里成熟型市场经济与发展型市场经济、古典市场经济与新兴市场经济以及其他市场经济国家的政府与市场关系，也都与经济自由主义和国家干预主义陈腐的"强制"抽象相去甚远。

亚当·斯密之后，经济自由主义成为西方主流经济学的"圭臬"；1929 年世界经济大危机之后，国家干预主义又成为西方主流经济学的"圣经"；20 世纪 70 年代的滞胀使得经济自由主义以"新"的名义重新流行。2008 年的全球金融危机及其持续演化却同时宣告了经济自由主义与国家干预主义的破产。经济史实已经证明，政府与市场之间简单地强调一方必然导致谬误的再现与历史的重复，作为西方发达资本主义国家主流意识形态而交替流行的经济自由主义和国家干预主义，不仅难以揭示现实世界政府与市场的作用，更无法治愈根源于资本主义基本矛盾的经济痼疾。可以预期，经济自由主义与国家干预主义在西方国家的对立与交替的意识形态之争还会持续上演，但是新兴市场经济国家绝非只有两种选择：或者向放松政府管制的市场化方向"滑落"，或者向强化政府管制的统制化方向演变，而是必须且能够开拓出"第三条道路"。

二 处理政府与市场关系的中国实践

毫无疑问，中国在经济领域的改革开放过程是一个市场作用不断扩大的历史过程，但绝不是一个政府不断"退出"从而市场不断替代政府的单边过程。依据 1978 年之后中国经济体制改革的历史进程，处理政府与市场关系的"中国实践"可以大致划分为四个阶段进行分析总结。

---

① 参见［美］弗雷德·布洛克《被隐形的美国政府在科技创新上的重大作用》（上、下），张蔚译，《国外理论动态》2010 年第 6、7 期。

1978年中共十一届三中全会作出以经济建设为中心和实行改革开放的历史性决策，开启了新的历史时期处理政府与市场关系的中国实践。此后，又逐步确立了社会主义初级阶段理论和"一个中心、两个基本点"的基本路线。以此为指导，中国共产党富民强国的执着追求和人民群众为此作出的大胆探索不断推动着政府与市场关系的演进。随着理论认识从"按经济规律办事，重视价值规律作用"到"计划经济为主、市场调节为辅"，再到"有计划的商品经济"直至"国家调节市场，市场引导企业"的不断深化，家庭联产承包责任制、扩大地方和企业自主权、价格体系和价格管理办法以及劳动制度和工资制度改革与发展多种所有制经济等实践探索也渐次展开，使得中国的经济体制由政府主导资源配置和经济发展的计划经济体制顺利转变为政府与市场共同发挥作用的"双轨体制"。到1992年中共十四大召开之前，指令性计划产品占全部工业总产值的比重下降到16%左右，指导性计划产品占比上升到42%左右，市场调节产品占比超过40%。

1992年中共十四大明确提出"建立社会主义市场经济体制"，"使市场在社会主义国家宏观调控下对资源配置起基础性作用"，"更好地发挥计划与市场两种手段的长处"，处理政府与市场关系的中国实践步入新的阶段。在此阶段，以"有利于发展社会主义社会生产力、有利于增强社会主义国家的综合国力、有利于提高人民生活水平"为遵循，中国的经济体制改革快速推进，财政税收体制、金融银行体制、计划管理体制和投资体制以及国有企业管理体制等领域改革不断深化，商品市场、资本市场等各类生产要素市场以及中央银行制度和商业银行体系、现代财政体制和税收制度逐步形成，微观资源配置和经济活动转向主要依靠市场调节。到2002年，政府定价和政府指导价占社会消费品零售总额的比重已由1978年的97%下降到不足4%，市场自发定价占比超过96%。同时，政府职能也从偏重运用行政手段直接管理经济活动，转向偏重运用中长期规划和发展战略以及综合运用经济手段、法律手段和行政手段，组织和调节社会经济活动。

2002年中共十六大进一步提出"在更大程度上发挥市场在资源配置中的基础性作用，健全统一、开放、竞争、有序的现代市场体系"，处理政府与市场关系的中国实践踏着"入世"的脚步迈上了新的台阶。在此阶段，为了"从制度上更好发挥市场在资源配置中的基础性作用"，行政审批制度改革、行政管理体制改革、政府机构改革以及国有资产管理体制改革等举措全面推开。到2011年底，国务院取消和调整行政审批事项超过60%，各地区取消和调整行政审批事项超过50%。这样，政府一方面更加偏重运用国家规划、计划以及产业政策、财政政策及货币政策引导和调节社会经济活动，另一方面也更加注重统筹区域、城乡、经济与社会、人与自然以及国际国内等各个方面协调发展，全面调动各种积极因素，促进社会主义市场经济科学发展。同时，经过前述两个阶段的政府培育与推动，借助国际市场经济一般规则的"催生"与"激励"，市场机制和市场力量已由改革以来的不断"嵌入"发展到自我扩展、整体建构，中国特色社会主义市场经济体制逐步确立。

2012年中共十八大又明确提出，"必须更加尊重市场规律，更好发挥政府作用"，"更大程度更广范围发挥市场在资源配置中的基础性作用"，处理政府与市场关系的中国实践进入了新的时代。在此阶段，为了使"市场在资源配置中起决定性作用，更好发挥政府作用"，经济体制、政治体制、文化体制、社会体制和生态文明体制等各个方面的改革全面深化，国有企业、财税体制、金融体制、土地制度、对外开放等重点领域的改革不断深入，全面实施市场准入负面清单制度，清理废除妨碍统一市场和公平竞争的各种规定与做法，完善价格形成与要素配置市场化机制，进一步减少政府定价的范围和品种，重视发展混合所有制经济，推动国有资本做强做优做大，注重加强政府自身改革和全面准确履行政府职能，重视运用创新政策和发展战略导引供给侧结构性改革和微观经济主体的发展活力。

转型发展，曾是苏联东欧等社会主义国家面临的共同挑战。与接受被新自由主义经济学广为颂扬的"华盛顿共识"和"休克疗法"的国家不同，中国立足本国实际，围绕政府与市场关系这一经济体制改革的核心问题和经济发展的关键因素，大胆探索和建设社会主义市场经济，超越了经济自由主义与国家干预主义的陈腐教条，成功走出了自己的转型发展之路，为发展中国家处理市场与政府的关系提供了重要的启示。

首先，中国经济的转型发展始终坚持社会主义市场经济的改革方向和社会主义现代化国家的发展目标。一种流行观点认为，"引领中国走向现代市场经济的一系列事件并非有目的的人为计划"，中国经济的转型发展是"人类行为的意外后果"[1]。事实上，中国经济的转型发展从一开始便具有明确的方向目标和推进逻辑。[2] 改革开放之初，基于传统计划经济体制之弊端的深刻反思和社会主义初级阶段之现实的清醒认识，中国确立了市场取向的改革方向和现代化国家

---

[1] ［英］罗纳德·哈里·科斯、王宁：《变革中国：市场经济的中国之路》，徐尧、李哲民译，中信出版社2013年版，第Ⅴ页。

[2] 参见蔡昉《破解中国经济发展之谜》，中国社会科学出版社2014年版，第50—51页；郑永年：《中国模式》，浙江人民出版社2010年版，第4页。

的发展目标，并具体化为明确的行动理念和通俗的生活话语，从而迅速凝聚起引领各种资源和各方力量积极参与转型发展的社会共识。此后各个时期，尽管历经诸多理论质疑和现实挑战，但是上述方向、目标不仅没有发生根本变化，反而更加明晰可行。这样，中国经济的转型发展不仅在实践层面具备了前后一致的行动指南，而且具备了取得成功所必不可少的稳定而灵活的意识形态的支撑和保障。经济发展史实表明，任何社会的转型发展若要取得成功，都必须通过意识形态预设制度变迁和经济发展的逻辑后果，以不断增进人们对于转型发展预期收益的广泛认同，形成普遍包容和持续推动转型发展的主流社会共识。

其次，中国经济的转型发展是政府主导的积极的渐进式的动态稳定过程。关于传统社会主义计划经济体制转型发展的路径选择，一种曾被西方主流经济学家广为接受的看法是，必须推行以"华盛顿共识"为基础的"休克疗法"，从而一步跨越计划经济与市场经济的"鸿沟"，迅速建立起现代市场经济有效运行所需要的完整的制度体系。然而，众多原社会主义国家转型发展失败的惨痛实践表明，上述"共识"不过是西方主流经济学家对于"完美市场秩序"宗教般虔诚的再一次不完美的"祈祷"。人类社会的制度变迁，存在激进式变迁和渐进式变迁两种方式。但是除了新旧社会制度交替，激进式变迁往往难以取得理想的效果。因为激进式变迁容易导致政治失序和经济失调，甚至导致严重的社会冲突。因此，即使西方发达资本主义国家也是经历了 19 世纪至 20 世纪的漫长过程方才建立起所谓的"成熟市场经济"。毫无疑问，中国经济的转型发展正确地选择了渐进式变迁，从而确保了政府能够有效把握整个社会经济发展的大趋势和政治发展的大格局，也使市场秩序比较顺利地完成从政府培育到自我生长的演变过程。但是，渐进式变迁也往往由于摩擦成本和时间滞后而导致制度的真空和无序。因此，中国经济的转型发展也不乏"激进"之举，有效应对来自内部和外部的要求快速转型发展的压力与挑战，从而成为一种"积极的渐进式变迁"。这样，中国经济转型发展之巨大的规模、深刻的变迁和快速的发展所引发的挑战和问题都能够在当下的时空得以协调和解决①，为转型发展取得成功提供了必要的动态稳定的秩序体系。

最后，中国经济的转型发展是国家推动下的政府与市场互促共进的双向互动过程。"要么市场多一点，要么政府多一点"，是经济自由主义与国家干预主义执着而无解的"理论猜想"。但是历史分析和实践经验表明，新兴市场经济

---

① 参见林尚立《有效政治与大国成长——对中国三十年政治发展的反思》，《公共行政评论》2008 年第 1 期。

体的成功崛起往往与政府强力推动的产权界定和市场扩展紧密相连,越是发达的市场越是依赖政府在界定产权、维护秩序和优化投资环境等各个方面的有效渗入,越是有效的政府越是善于在公共物品提供、公共事业管理甚至国防安全等领域引入市场力量和竞争机制,政府与市场任何一方的作用缺失都会导致市场经济失去持续发展的应有活力。借鉴历史经验,中国经济的转型发展实践没有陷入西方主流经济学的"理论陷阱",执着于政府与市场之间"非此即彼"的两难选择,而是以"三个有利于"为遵循,秉持"发展是硬道理"的理念,使政府与市场从"板块共存"的互补关系成功演进为"相互嵌入、互融共荣"的共生关系。美国著名中国问题研究专家雷默曾形象地指出,中国需要一种"淡色"的国家形象,将相反的东西和谐地结合在一起;所谓"淡",即是融合"水"与"火"的矛盾结合体。① 正是凭借将西方主流经济学视为水火不容的政府与市场"和谐融合、互促共荣",中国经济的转型发展方能保持取得成功不可缺少的持续不断的社会活力。

"任何社会所出现的任何形式的转型发展都离不开权威、秩序和活力这三大基本要素。权威力量的存在是转型发展的前提,秩序是转型发展的保障,社会与民众的活力是转型发展的内在动力。"② 改革开放以来,中国通过目标明确、积极渐进、双向互动的探索实践,逐步构建起政府与市场之间"互融共荣"的新型关系,为中国经济的转型发展取得成功提供了必要的权威、秩序和活力。英国剑桥大学教授彼得·诺兰指出,如果我们所说的"第三条道路"是指国家与市场之间的一种创造性的、共生的相互关系,那么中国 2000 年以来一直在走它自己的"第三条道路"③。

三 "互融共荣":政府与市场的新型关系

恩格斯曾经指出,政府对于一个国家经济发展的作用可能存在三种情况:沿着同一方向发挥作用从而促进经济发展,沿着相反方向发挥作用从而阻碍经济发展,或者阻碍经济沿着某些方向发展并推动经济沿着另一方向发展从而阻碍或促进经济发展。④ 也就是,政府既是"经济增长的关键,又是人为经济衰退的根源"。中国经济的转型发展既具有自己的独特逻辑,又遵循着市场经济国

---

① 参见徐觉哉《国外学者论中国特色社会主义》,《中国特色社会主义研究》2008 年第 3 期。
② 参见林尚立《有效政治与大国成长——对中国三十年政治发展的反思》,《公共行政评论》2008 年第 1 期。
③ Peter Nolan, "China at the Crossroads", *Journal of Chinese Economic and Business Studies*, UK, Jan. 2005.
④ 参见《马克思恩格斯文集》第 10 卷,人民出版社 2009 年版,第 597 页。

家发展强盛的一般规律,为新兴市场经济国家处理政府与市场关系提供了一种新的选择。中国经验表明,能否发挥政府促进而不是阻碍经济发展的"决定性作用",关键在于能否在目标选择、生产组织、技术创新、制度变迁以及规制调节等方面,形成政府与市场之间相互增进而不是相互抑制的"互融共荣"的新型关系。

1. 目标选择

对于一个国家的经济发展而言,"做什么"远比"怎样做"更为重要。[①] 众所周知,对于"做什么",市场选择具有即时性和灵活性的优势,往往可以实现静态的资源配置效率,但是市场选择由于其短期性和自发性也极易导致社会经济的比例失调乃至长期发展的失败。同时,政府选择具有长期性和战略性的优势,往往可以实现长期的发展效率,但是政府选择失灵也会导致"资源错配"并损害配置效率。因此,为了提升一个国家的长期经济发展效率,必须实现市场选择的即时性与政府选择的长期性的有机统一以及短期效率目标和长期发展目标的有机结合。首先,必须优化国家的长期发展战略和总体目标。一方面,国家的长期发展战略和发展目标必须通过科学预测,顺应和把握现代市场经济的发展规律和发展趋势;另一方面,国家的长期发展战略和发展目标也必须通过"自上而下"与"自下而上"的互动结合,反映和表达社会公众的利益与关切。其次,必须确保国家发展的长远规划与政策取向的相对稳定和连续,以塑造和稳定市场预期并引导市场选择趋向长期化和宏观化。再次,必须建设和完善全国统一、信息公开、竞争有序的市场体系,破除地方保护及其所导致的"市场分割"和"信息扭曲",使市场选择既能反映微观主体的"小目标",也能反映地方政府的"中目标",更能反映整个国家的"大目标"。只有这样,实现政府选择与市场选择的"耦合",才能真正实现国家和人民群众的当前利益与长远利益、局部利益与整体利益的有机结合。

2. 生产组织

现实世界"生产的组织结构"是市场与政府的有机结合,而不是自由市场经济的"独奏"。实证分析发现,公共资本存量与私人资本存量以及要素生产率、私人资本收益率和私人投资率之间存在一种密切的内在函数关系;政府投资或会"挤出"私人投资,但也会"挤入"私人投资;基础设施等公共投资的增加或减少会刺激或阻碍私人投资及其效率的提升以及整个国家的经济发展。[②]

[①] 参见贾根良《从五百年经济政策史中探寻国富国穷的奥秘》,《国外理论动态》2013年第3期。

[②] 参见[美]戴维·艾伦·阿斯乔《基础设施:美国的第三种赤字》,赵渚敏、陈新年译,《世界经济译丛》1991年10月号。

因此，为了繁荣市场和实现国家经济发展目标，必须实现政府与市场二者的生产组织功能的有机融合。首先，必须顺应公共物品及公共支出随着经济发展和社会进步而增加的客观趋势，有效发挥政府组织生产的作用，以增加公共物品供给。这样，一方面满足人们对于公共安全、医疗保健和教育体育等富有收入弹性的公共物品的需求，另一方面为民间投资和社会生产的扩展提供必要的基础设施。其次，必须完善公共物品的提供方式，将政府直接生产和间接生产结合起来，引导私人企业和市场力量参与公共物品生产以提高公共物品的供给效率。再次，应借助全国统一的市场体系的调节力量，规范地方政府组织和协调生产活动的竞争行为，引导各类资源在各个区域合理有序流动。此外，对于具有战略意义和高风险的新兴产业（网络经济、数字经济及生物技术和空间技术）以及金融等重要领域，政府必须发挥"超级企业"的功能，提升国家的资源创造能力，外扩整个社会的生产可能性曲线，同时有效防范社会资本"脱实向虚"和发生系统性金融风险。

3. 技术创新

技术创新是引领经济发展的"第一动力"，是一个国家和地区提升经济竞争力的战略支撑。由于创新活动是一个具有累积性、集体性和不确定性特征的动态过程，一个国家的创新体系的形成和发展绝非通过个体企业的创新活动和市场竞争就能实现的。因此，旨在促进技术创新活动的产生和扩展、推动创新经济的发育和发展的创新政策在西方发达资本主义国家的长期而普遍的存在已是一个不争的事实，而且其创新政策经历了致力于解决市场失灵问题的"创新政策1.0"、解决系统失灵问题的"创新政策2.0"到关注系统变革和转型的"创新政策3.0"的演进。[①] 对于新兴市场经济国家而言，若要取得经济赶超发展的持续动力，必须融合各类创新政策并在技术领域充分发挥政府的驱动作用，同时激发市场的创新活力。[②] 首先，政府应增加智识性基础设施、社会性基础设施以及制度性基础设施的供给，为创新活动提供良好的市场环境。其次，政府应通过扶持国有企业这一重要创新载体，直接配置公共资源以增加技术创新的有效供给，同时利用公共采购、税收补贴等需求侧政策，推动新技术的利用和扩散，引导民间资本流向政府所指引的创新领域。最后，应通过政府与企业之间的双向互动，协调各个主体之间、产业内部、产业之间的创新活动，推动创新网络和创新体系的形成与发展以及整个社会经济体系的创新。

[①] 参见陈志《被"忽视"的产业政策——创新政策的演进与未来》，《学习与探索》2017年第8期。
[②] 参见顾昕《治理嵌入性与创新政策的多样性：国家—市场—社会关系再认识》，《公共行政评论》2017年第6期。

4. 制度变迁

对于任何一个国家尤其是一个新兴市场经济体，制度安排并非静态不变的。正是市场主体与政府之间的持续互动导致的制度演进，决定了一个国家的经济发展路径并最终形成不同形式的市场经济体制及其绩效。也就是，政府与市场任何一方的单边行动或自发扩展都难以建构实现经济持续发展所需要的"制度结构"，致力于赶超发展的新兴市场经济国家的制度变迁必须融合政府与市场双方的智慧和力量。首先，必须通过政府与市场的双向互动，凝聚推动制度变迁的社会主流意识。应通过有效途径，将国家意志和话语框架转化为社会公众普遍的价值追求，并持续地得到新旧利益团体的拥护与忠诚。其次，必须通过政府与市场的双向互动，推动各种制度安排的优化演进并不断塑造出"新"的政府与市场。政府与市场既是制度变迁的"主体"，它们也同时被不断"重塑"。政府可以通过国家行动不断地培育和塑造市场，市场也可以通过自发扩展"倒逼"政府改革。任何一方谋求单边扩展的"脱嵌行动"，必然导致政府与市场关系的扭曲和制度变迁的失败。最后，必须通过政府与市场的双向互动，为市场经济条件下的制度变迁提供必要的权威、秩序与活力。应不断提高政府驾驭市场经济的能力，以持续获取推动制度变迁所需要的权威力量与秩序基础，同时持续激发市场的创新能力，以不断获取推动制度变迁所需要的"潜在收益"和社会活力。

5. 规制调节

与西方主流经济理论隐含的政府部门与私人部门应尽量隔离，以避免政府机构被私人部门所俘获的政策主张相反，现代塑造和创造市场的理论认为，如果政府试图通过塑造和创造新技术、新部门和新市场来推动经济结构的转变，那么就必须鼓励二者之间建立相互依赖的紧密关系和新型的信任关系，政府可以利用自身的感召力、各种经济行为主体之间信任关系的代理人和定位于具体任务的政策工具等，对私人行为者提供方向性的指导和协调。[①] 也就是，如果目标不仅在于静态的配置效率而更在于长期的发展效率，那么政府与市场在规制调节方面必须相互融合，以规范、引导、激励市场主体的经济行为。首先，应使政府规则与市场规则相互"契合"以实现"规制相容"。如果政府规则"超脱"了植根于风俗习性、传统文化和习惯心理的市场规则，必然导致市场主体的行为扭曲。应通过社会文化建设，使市场规则与政府规则相互融合和共同演

[①] 参见贾根良《开创大变革时代国家经济作用大讨论的新纲领》，载《政治经济学报》第 8 卷，经济科学出版社 2017 年版。

进。其次，顺应现代科技"解构权威"与"去中心化"的发展趋势，应充分发挥中介组织和"合同治理"的作用，构建政府部门与私人部门相互协同、相互合作的新型治理格局——"网络治理"。此外，应借助大数据、云计算以及人工智能等现代信息技术，改进政府的规制调节方式，加强对于市场主体的"窗口指导"，以协调企业之间、产业之间的经济活动，避免由于市场调节滞后导致的"结构失衡"。

四 余论

历史经验和理论分析表明，经济自由主义与国家干预主义基于政府与市场的"二分法"试图明确界定二者作用范围的种种学说，不过是一种理论的猜想而非现实的存在。在它们的影响下，许多发展中国家过于关注"市场驱动"的力量而忽视了"政府驱动"的作用，结果导致经济发展绩效不佳。事实上，美国作为西方主流经济学说的倡导者，其政府却一直深深地"嵌入"社会经济生活的诸多方面，从而为自己过去和现在的经济成功奠定了基础。正确处理政府与市场关系的中国实践也表明，要取得经济长期发展的成功，必须超越经济自由主义和国家干预主义的固有认知，构建政府与市场相互嵌入、相互增进的"互融共荣"的新型关系。

但是，对于市场理性与政府理性及其局限也必须保持清醒认识。中国经济的转型发展之所以取得成功，关键并不在于"威权政府"，而是在于始终坚持共产党领导和社会主义发展方向。坚持市场经济的共产党领导和社会主义方向，为中国的政府选择和政府行为长期具有广泛的人民性和公共性提供了根本保障，并能够有效地创造市场和塑造市场。这既是"中国经验"的独特之处，也是众多新兴市场经济国家难以复制之处。

同时，为了弥补市场理性和政府理性的局限，也必须加强社会建设并充分发挥社群治理的重要作用，保持政府、市场和社会之间的平衡共生。英国著名政治学家安东尼·吉登斯指出，最好的社会类型是在竞争的市场、有效的政府和富有活力的市民社会之间达到一种平衡。如果市场影响过大，就会带来不平等和过度商业化；如果政府影响过大，就可能造成专制主义；如果市民社会过于强大，则会造成社会分裂而引起冲突。① 这三者之间的关系也需要引起新兴市场经济国家的重视。

---

① 参见《国家最重要的投资是对人的投资——吉登斯对话录》，《南方周末》2007年12月20日。

我国开放战略要以马克思主义政治经济学为指导

——从比较优势分析到市场权力结构分析

鲁品越

【作者简介】鲁品越，1949年生，上海财经大学首批资深教授，1994年获国务院有特殊贡献的专家津贴。上海市马克思主义理论教学名师，中国人学学会常务理事，全国经济哲学研究会副会长。2011年入选中国校友会网"中国杰出人文社会科学家"。历任东南大学、南京大学教授。出版个人专著10部，其一入选首届"国家哲学社会科学文库"。在《马克思主义研究》《哲学研究》《中国社会科学》等刊物上发表论文200多篇，先后主持"《资本论》哲学思想及其当代价值研究"等5项国家社会科学基金重点和一般项目，以及教育部、上海市多项重点和一般项目。先后获教育部和上海市哲学社会科学优秀成果奖等十余项奖项，以及中组部、中宣部有关机构颁发的"精品教材奖"等奖项。获得上海财经大学首届学术奖、教学基金一等奖等多项奖励和"我心目中的好老师"称号。

我国从20世纪70年年代末实行对外开放以来，特别是加入WTO之后，通过大力度引进外资，社会生产力与整个社会的面貌发生巨大改变，并于2010年成功地成为世界第二大经济体。这一历史经验证明，充分利用外资和推进外贸发展的对外开放战略是完全正确的。在新时代，我国必须进一步对外开放，我国政府在这一方面已经提出一些举措。历史将证明，通过进一步开放，将会使我国社会生产力获得新的更加充分的发展。

但是毋庸讳言，我国改革开放在取得GDP位居世界第二的伟大成就的同时，也为此付出了巨大的代价，如环境污染与资源的无序开发、对国外资本及其核心技术的过度依赖、贫富分化现象严重，等等。幸亏我国坚持了共产党领导的社会主义政治制度和以公有制为主体、多种所有制形式共同发展的基本经济制度，拥有对整个国民经济的控制权，从而有能力克服这些消极现象。否则我国经济将会面临严峻的危机。

如何在对外开放的过程中，防范上述消极现象的发生，这是我国进一步改革开放面临的严峻考验。为此，我们必须找出这些消极现象产生的根源是什么？应当对其进行怎样的深入的理论分析，以寻找防范与克服这些消极现象的发生？

一 霸权主义战略设计与比较优势陷阱

这些消极现象的产生根源，并非对外开放本身，而在于如何进行对外开放。对外开放只是为这些消极现象的泛滥提供了可能，而非必然。如果我们的政策正确，完全可以既能充分利用外资来发展我国的社会生产力，又能将由此带来的消极现象控制在一定的范围之内。那么，这些消极现象产生的根源到底何在？总体上可以说有两个方面：

一是外部的客观根源——西方霸权主义国家的总体战略设计。为国际资本长期利益服务的西方霸权主义战略家们，为我国的对外开放设计了一个政治经济的陷阱——利用他们在资本与技术上的战略优势，通过由他们控制的国际产业链与金融链，使我国在经济与技术上置于国际垄断资本的控制之下，成为高度依赖发达国家，纾解其经济危机与生态环境危机的附庸国。这种附庸国对霸权主义国家的功能主要定位在以下三个方面：其一，使中国永远处于国际产业链的低端，为霸权主义国家生产日常生活用品，为此承担这种生产所要付出的全部资源环境代价（不仅包括生产过程的代价，而且要求中国成为消费品垃圾处理国）；其二，用其控制的国际产业链与金融链，迫使中国人民生产的劳动价值为其发行的纸币充值，使之成为负载劳动价值的货币，由此主宰国际超额剩余价值的分割权，由此支撑霸权主义国家的庞大福利体系与军工体系；其三，利用发达国家的科技优势与品牌优势，通过知识产权而使中国成为其高端产品（包括高端制成品与知识产权）的主要市场。一旦他们的战略目标得以实现，中国必然陷入不能自拔的"中等收入陷阱",永远成为世界上相对贫困的国家。

二是我们自身对于改革开放的战略设计,有可能陷入比较优势陷阱。在霸权主义国家的上述战略设计之下,我国如何既要充分利用国际市场的资本和技术,充分发挥外资外贸对我国经济发展的巨大推动作用,又要同时避免国外政治经济势力对我国经济可能采取的要挟与过度榨取,从而使我国处于依附地位,这是极其严峻的政治经济任务,必须成功应对,否则我们无法向历史和人民交代。这就要求我们在对外开放的各种举措中,不能仅仅贪图一时的经济利益,有可能陷入以"比较优势理论"为基础的战略设计中。这种理论的诱人之处在于:它以简单的道理,使人们追求眼前的最大利益,赚取最多的外汇,从而使GDP总量和外汇储备总量以最快速度增长。而它的严重缺陷,在于疏失了对自身的自主生产力的培育,以至日益缺乏走出"比较优势陷阱"的能力。

所谓"比较优势理论",实质上就是对外贸易中的"机会成本原理"。由于各国的资源禀赋与生产条件不同,从事各种生产的机会成本各异。李嘉图由此来解释国际贸易何以发生。他通过对比英国与葡萄牙的两种商品的生产并指出:"英国的情形可能是生产毛呢需要一百人一年的劳动;而如果要酿制葡萄酒则需要一百二十人劳动同样长的时间。因此英国发现对自己有利的办法是输出毛呢以输入葡萄酒。葡萄牙生产葡萄酒可能只需要八十人劳动一年,而生产毛呢却需要九十人劳动一年。因此,对葡萄牙来说,输出葡萄酒以交换毛呢是有利的。……因为对葡萄牙说来,与其挪用种植葡萄的一部分资本去织造毛呢,还不如用资本来生产葡萄酒,因为由此可以从英国换得更多的毛呢。"[①] 这里讲的"挪用种植葡萄的一部分资本去织造毛呢",就是种植葡萄的机会成本。因为各国都会选择将资源投入到机会成本小的产业,于是葡萄牙生产葡萄酒,而英国则生产毛呢。可见"比较优势理论"的学理依据就是简单的"机会成本原理":任何一国的有限的总资源,一旦投资于A产业,必然放弃投资于B产业所获得的收益,该收益便是投资于A产业所要付出的机会成本。而等量的资源投资于A产业和B产业所付出的机会成本(即减少的国际贸易收入)是不同的,其中机会成本最小的产业便是具有"比较优势"的产业。

从短期收益来看,比较优势理论的确有道理,因为它使企业最大限度地通过投资于"比较优势"产业从国际市场上赚取货币,用由此赚取的货币向国外购买自己不具有比较优势的产品,与把资源投入于这些购买的产品的生产,可以产生出货币盈余,这就是"造不如买"产生的根源。于是,那些在各个产业

[①] 《李嘉图著作和通信集》第1卷,《政治经济学及赋税原理》,商务印书馆1981年版,第113—114页。

都具有绝对优势的发达国家,不必进行全面生产,而是集中于有比较优势的产业;而在各个产业领域都处于劣势的国家,仍然可以投资于自我相比具有比较优越的产业,与他国相交换。于是,如果各国都将资源投入自己具有比较优势的产业,那么,全世界的资源就会得到最优配置:因为改变这种资源配置必然要付出的机会成本(即减少比较优势的产业的资源而减少的收益),将会大于由此获得的收益(增加投入不具比较优势产业的资源所得到的收益),世界的总产出必然减少。李嘉图由此认为,这种"比较优势理论"是国际贸易秩序赖以建立的基本法则:"在商业完全自由的制度下,各国都必然把它的资本和劳动用在最有利于本国的用途上。这种个体利益的追求很好地和整体的普遍幸福结合在一起。由于鼓励勤勉、奖励智巧、并最有效地利用自然所赋予的各种特殊力量,它使劳动得到最有效和最经济的分配;同时,由于增加生产总额,它使人们都得到好处,并以利害关系和互相交往的共同纽带把文明世界各民族结合成统一的社会。正是这一原理,决定葡萄酒应在法国和葡萄牙酿制,谷物应在美国和波兰种植,金属制品及其他商品则应在英国制造。"①

正是因为这种表面的合理性,诱使许多国家,特别是那些在各个方面都不具有绝对优势的发展中国家,将"比较优势理论"作为它们经济战略的指导思想。例如,在我国,有人反对由政府主导的赶超战略,提出应当由市场自发地利用比较优势来确定其投资方向:"遵循比较优势,特别是按照本国的禀赋结构来选择相应的技术结构,会使该国的产业最具市场竞争力,经济剩余最大,资本积累最多,要素禀赋提升最快,技术水平也就相应得以迅速提升。因此,如何更好地利用本国的比较优势是经济持续增长和工业化的关键,任何人为的扭曲性干预均会造成效率和福利的损失。"② 这一思想对发展中国家的对外开放战略影响甚巨。

我们不否认比较优势产业在赚取外汇中的优势地位,发展中国家在短期内确实获得了丰厚的外汇收入。但是伴随着外汇收入增长的,是同时不断增长的陷入"比较优势陷阱"的可能性。最初面临的是"初级产品比较优势陷阱":发展中国家运用廉价的劳动力和廉价的自然资源优势参与国际分工,定位于国际产业链的最低端,由此获得了自己投资于其他生产所不能获得的外汇盈余,但由此一步步地陷入国际产业链中最低端——初级产品环节而难以自拔。一旦初级产品的国际市场价格下滑,或者发展中国家自身的资源逐步枯竭,必然陷

---

① 《李嘉图著作和通信集》第1卷,《政治经济学及赋税原理》,商务印书馆1981年版,第113页。
② 林毅夫、刘明兴:《经济发展战略与中国的工业化》,《经济研究》2004年第7期。

入贫困之中。在这种情况下,发展中国家不得不从"初级产品陷阱"中挣脱出来,用赚取的外汇购买国外的知识产权以进行产业升级,生产制成品出口来替代初级产品的出口,由此提高在国际分工中的地位。这本身的确是一种进步,但在摆脱对初级产品依赖的同时,又逐步陷入对国外技术产权的依赖之中。由于刚刚起步的发展中国家自身研发成果,虽然投入巨额成本,但无法与发达国家的成熟产品竞争。于是国内自主创新产业受到自由市场的打压,失去经过市场试错而发展的机会。发展中国家由此逐步陷入"技术依赖性比较优势陷阱"①。这不但给发达国家对于知识产权漫天要价的机会,而且发展中国家制造业的命运完全掌握在发达国家手中,时刻面临"断奶"而无法生存的危险。这次特朗普对我国中兴集团切断供应链,就是一个典型例证。

那么,这种比较优势理论的缺点到底在哪里?有的学者提出,是因为比较优势只是贸易某一方的国内各产业间的比较优势,而非该产业在国际市场竞争中的竞争优势。② 这一判断只对了一半,因为它没有说明哪个方面的竞争优势。实际上,比较优势虽然只是对国内产业的机会成本的比较,但它本身正是国际经济竞争与合作的产儿,没有国际竞争和合作,各国就不可能集中资源投资于比较优势产业。因而具有比较优势的产业,尽管不一定是某个行业的竞争优势,但却是两个经济体系中的该行业的相对竞争优势,没有竞争优势就不可能进入国际市场。正因如此,主张推行比较优势理论的人,总是强调发展中国家唯有在资源与劳动力方面的竞争力,认为唯有发展具有比较优势的劳动密集型和资源密集型产业才能进入国际市场而取得经济发展。

因此,比较优势理论并不是错在忽视竞争力,也不是错在获取最大国际市场价值,而是错在忽视了这种竞争力和获取市场价值的根源——这就是国际市场的经济权力结构,说穿了,也就是国际市场的生产关系。而这正是马克思主义政治经济学的精髓。从本质上说,马克思主义政治经济学就是以劳动者创造的作为社会关系的劳动价值为基质,分析剩余劳动价值如何通过生产、流通和分配转化为资本权力和金融权力,各种权力如何通过瓜分劳动价值由此产生出市场权力结构的理论。因此,要坚持马克思主义,必须实实在在地以马克思主义政治经济学作为经济决策的指导思想,才可能把握社会经济活动的本质,分析社会经济系统的内在权力结构,从而作出深谋远虑的正确决策。

---

① 王佃凯:《比较优势陷阱与中国贸易战略选择》,《经济评论》2002 年第 2 期。
② 王佃凯:《比较优势陷阱与中国贸易战略选择》,《经济评论》2002 年第 2 期。

二 用马克思主义确立我国对外贸易的发展目标

西方经济学以利益最大化为唯一目标,而马克思主义是以人民为中心,以社会关系分析为基础。在国际经济活动中,特别强调以中国人民与世界人民的根本利益为中心,以中国人民在我国的经济体系中拥有的自主权力为基础。这就形成了依据这两种理论所制定的对外贸易目标上的根本性分歧。

一旦将比较优势理论作为对外开放战略的基础性理论,就自动地陷入一个目标陷阱:把国民经济发展目标单一化了,仅仅以外汇收入增长作为唯一目标。这是因为比较优势实际上是以外汇收入最大化作为比较各个产业优势地位为标准。这样一来,那些尽管在国民经济中地位极其重要的部门,由于不具有最大限度地创造外汇的能力,就会不断萎缩乃至消亡,其产品依赖国外产业的进口。这一错误在于:把资本追求的目标与国家目标混淆了。私人资本所追求的唯一目标是利润最大化,但是私人资本的目标不等于国家的目标,尤其是社会主义国家更不能如此。如上所述,中国在对外开放中,必须以中国人民与世界人民的根本利益为中心,以中国人民在我国的经济体系中拥有的自主权力为基础。因此,除了经济利润之外,国家必须以综合国力的提升、核心竞争力的提升、经济与社会的抗风险能力的提高作为更重要的目标。如果舍本求末,只追求眼前的利润最大化和 GDP 增长,而失去对国家综合国力的培育和国民经济风险的防范能力,从长计议,将会产生无法弥补的严重失误。

因此,社会主义中国的对外开放战略不能仅仅以单纯的利润增长为目标。在对外贸易中,更不能以创汇作为唯一目标。从马克思主义政治经济学立场来看,国际货币是配置国际资源的国际市场权力,因此出口创汇的确是十分重要的,不能否定利用比较优势进行出口创汇,促进我国的外汇储备增长。但是,出口创汇本身并非目的,而是实现更高目的之手段。在新时代,实现民族复兴与人民幸福的中国梦是国家的最高目标。它在经济上可以具体化为如下目标:

一是确保底线,包括国家安全底线、民众生活底线、生态环境底线,这些都是比较优势产业的对外贸易不容突破的底线。因为一旦底线突破,中国梦就无从谈起。

二是培育具有关系各个经济社会领域的基础性、全局性的自主能力,特别是容易被别人卡脖子的产业的自主性。粮食和各类种子生产部门,基础性芯片生产部门,基础性操作系统和定位导航系统,等等,都属于这类事关国家命运的部门和产业。即使这些部门和产业本身暂时并不具有比较优势,也必须采用政府采购等手段,扶持尚处于探索期、生长期、转换升级期的这些部门的发展。

在确保自主性的基础上放宽国际合作，逐步参与国际竞争，以培育这些产业的自我发展能力。

三是用具有比较优势产业在上述底线约束下适度发展，以求 GDP 稳定增长，提供实现上述目标的经济能力。

而在这一切战略决策的背后，还有更具深远意义的理念——这就是把中国改革开放融入与世界各国人民共同建构人类命运共同体的世界历史进程中，为此中国提出了"一带一路"倡议，以及围绕这一倡议所提出的一系列战略决策。

三　用马克思主义确立参与国际市场权力体系建构的战略

比较优势战略的主要缺点，是只进行对外开放的效益分析，而没有更进一步进行国际市场权力结构分析，于是只看到对外开放所获得的短期经济效益，未能看到从根本上决定这种效率的背后，还有更深层次的国际生产关系——国际市场的经济权力结构。正是这种市场权力结构，决定着各国产业的比较优势，并且从根本上决定着国际产业结构布局，决定着各国产业对国际剩余价值的分割，从而决定着国际经济秩序。

国际权力结构决定于三大因素：一是以知识产权为中心的科学技术垄断权，二是以品牌产权为中心的国际市场网络的垄断权，三是以国际货币霸权为中心的金融垄断权，这三者都是资本所有权的高级形式。这些领域的垄断权通过以下各种途径来瓜分国际剩余价值，获取超额利润——

一是标准制定权。上述产权对经济活动的垄断不仅通过政治法律来维护，而且最重要的是通过制定标准来维护。这就要将这些产权掌控过程具体化为各种标准，只有符合这些标准的产品和操作过程才能进入国际经济系统。这种标准对于推行和实施知识产权，达到生产和销售过程的规范化，促进国际市场的统一具有十分重要的作用，这是其积极意义所在。但是与此同时，当资本垄断了标准的制定权，也就从经济领域掌握了排他性，从而达到垄断的目的。于是标准制定权就成为分配国际剩余价值的重要权力。

二是金融控制权。美元霸权是最重要的国际市场权力。正因为美元霸权的存在，各国必须用自己的劳动产品给美元充值——充劳动价值之值，然后才能进行国际贸易。这样一来，金融垄断资本可以通过出售美元——也就是发行美元来分割全球剩余价值。然后，国际垄断金融资本又通过创制各种金融产品来收集全球的货币，通过这些金融产品的价格波动获取巨额剩余价值。

三是产品定价权。通过对科技产权、品牌产权的垄断及其国际标准的实施，并且通过对国际期货市场的价格控制，国际垄断资本获得了各种产品与服务的定价权。正是这种定价权确定了国际产业链上的各个生产环节的价格。所谓"比较优势"正是由这种定价权制定的，而不是各国资源禀赋自身的使用价值决定的。比较优势理论的根本理论缺陷在于：它误认为先有各国资源禀赋，然后自然形成各国产业的价格，由此形成其比较优势。事实恰恰相反：先有定价权确定各个环节产品的价格，然后才能产生各国禀赋所生产产品的比较优势。没有国际市场的价格体系，比较优势就无以产生。正因如此，国际市场的价格一旦发生巨大波动，许多比较优势就不复存在，相关国家就陷入其中而日益贫困。

比较优势理论仅仅看到由现行价格体系所产生的比较优势产业，是相当肤浅的。发展中国家通过比较优势获得的利润，与发达国家通过上述权力得到的超额利润相比，是微不足道的。它们将具有比较优势的产品送到国际市场，只是给国际垄断资本提供被分割的剩余价值，由此转化为国际资本的超额利润。所得的可怜的外汇收入，只是剩下的残汤剩羹。这样的实例实在太多了。

因此，用马克思主义政治经济学确立外贸战略，要发挥现有价格体系下的比较优势产业以赚取外汇，以取得国际市场上的货币权力，但这只能作为最初步的手段。如何使用这些外汇来参加国际竞争与合作，以提升我国在国际市场上的话语权，才是更高的手段。这就要求我们必须仔细地分析国际市场上各个领域的标准制定权、金融控制权与产品定价权的具体发生机制。世界经济体系千头万绪，发达国家不可能包打天下，垄断一切。我们不必与发达国家发生正面冲突，而是要在仔细分析研究的基础上，对这些不断发展的市场权力体系进行补充、改进和创新，与国际社会一道，参与市场权力的制定，以共同建构人类命运共同体。2018年3月26日，以人民币结算的上海石油期货市场在上海国际能源交易中心挂牌交易，就是我国在参与建构国际市场权力方面的一项具有战略意义的举措。同时，我国要积极参与国际高科技产品的研发，自主制定或参与制定各个行业国际标准的建设。只有这样，才能逐步成为享有国际市场权力的主体成员。

此外，我国在引进外资的各种举措中，必须首先进行权力结构分析，然后再进行经济效益分析。经济权力分析的具体内容与原则，我将在专门的文章中讨论。总的设想是必须牢牢坚持以公有制为主体，多种所有制形式共同发展的基本经济制度，确保中国人民对关键行业进行管控的国家主权，在此基础上建立多元有机的资本结构与外贸结构，形成具体化的"命运共同体"，其中的权力与效益相互制衡，谁也离不开谁，谁也不能轻易欺凌他方。这里暂不作详论。

四 用马克思主义原理确立我国产业结构发展的辩证路径

传统的比较优势理论具有人所共知的严重缺陷：它是静态理论，把比较优势本身固化了，这就从根本上违背了经济发展的现实。正如《资本论》所说："辩证法在对现存事物的肯定的理解中同时包含对现存事物的否定的理解，即对现存事物的必然灭亡的理解；辩证法对每一种既成的形式都是从不断的运动中，因而也是从它的暂时性方面去理解；辩证法不崇拜任何东西，按其本质来说，它是批判的和革命的。"① 一个国家的各个产业的比较优势本身必然处于不断变化的过程中。一切比较优势产业本身，在被人们用来发挥其比较优势作用的同时，必然在不断消耗它的比较优势。例如，来自天然禀赋的比较优势产业，每天都在消耗这种天然禀赋（如矿藏），因而今天的比较优势将会越来越成为比较劣势。把全国资源都投入于该产业将会使国家未来陷入危险的境地。廉价劳动力与廉价的土地资源曾经产生出我国中低端制造业的比较优势，但是这些比较优势本身在使用中被不断消耗，新时代，这些低成本优势正在失去。这是传统比较优势理论的自我否定：因为如果我们按照这一理论不投资于这些本来是非比较优势的产业，必然失去原有的比较优势。

另外，如果我们按照比较优势理论，听任市场盲目追求眼前利益的行为，只投资于具有比较优势的产业，而剥夺某些重要的不具有比较优势产业的投资机会，必然在失去原有的比较优势的同时，扼杀新的比较优势产业的诞生。这是因为比较优势本身是可以改变的。一些本来并不具有比较优势的产业，如果经过政府培育，发展成为具有相当规模的产业，则会生成比较优势。美国经济学家克鲁格曼等人发现了"规模效应"的变化对比较优势具有重要影响：由于规模报酬递增和运输成本的存在，生产活动倾向于在规模较大的市场需求附近形成集聚。由此两个国家在进行贸易时，规模大的国家将会生产更多数量的产品而且会成为该差异化产品的净出口国。② 这一思想经过改造，可以被马克思主义政治经济学理论所吸收，这里的改造指的是：企业的规模并非完全由市场自发形成，而与国家所采取的产业政策密切相关。从供给角度来说，如果政府科学地认识到某一产业具有前途，可以通过各种政策工具使其发展成为具有适度规模的产业，从而使其具有成本优势。从需求的角度来说，大国由于对产品的需求量巨大，如果政府采取适应的政府采购政策，有助于扶植本国本来不具备

---

① 《马克思恩格斯文集》第5卷，人民出版社2009年版，第22页。
② 林发勤、崔凡：《克鲁格曼新贸易理论及其发展评析》，《经济学动态》2008年第12期。

比较优势的产业具有规模优势。

因此，中国对外开放战略不能受这种固化的比较优势理论的局限，而应当依据马克思主义的理论，用发展变化的观点，实事求是地分析各个产业的比较优势可能发生的历史变化，以统筹全局，作出高瞻远瞩的战略安排。我国是社会主义大国，应当充分发挥制度优越性，完全能够建立起重要产业的比较优势，我们对此应当充满信心。具体地说，就是从比较优势的发展变化中进行供给侧改革：一是"三去"：去除由资本盲目扩张造成的过剩库存、过剩产能和过高杠杆，有序地通过市场组织现在具有比较优势的产业参与国际竞争，在竞争中不断提高自己的优势地位，同时也要对比较优势的逐步丧失作出预案，及时淘汰失去比较优势的产业，以腾出资源培育新的比较优势；二是"一降"：降低各种不必要的交易成本（特别是恶性竞争产生的成本），以增加各个行业的国际竞争优势；三是"一补"，也即被短板，特别是那些关键产业的短板（如关键芯片），提高我国经济的总体发展能力，从供给（如政府引导性投资，降低相关成本）与需求（如政府采购）两个方面集中优势资源，主动培育一些具有广阔国内外市场的产业，以增强其国际竞争力。事实证明，政府权力在这方面的作用是不可或缺的，否则市场的微观层次的盲目性将毁掉中国的未来。

试论建设海洋强国是中国特色社会主义事业的重要组成部分

董金明

【作者简介】 董金明，1964年出生，上海海事大学马克思主义学院院长、教授，中央马克思主义理论研究和建设工程专家。主要研究方向：马克思主义制度经济理论，马克思主义海洋文明与中国道路。主持国家社会科学基金一般项目1项，教育部人文社会科学项目3项。在《马克思主义研究》《马克思主义与现实》《复旦学报》《当代经济研究》《毛泽东邓小平理论研究》《思想理论教育导刊》《经济纵横》《理论月刊》等期刊上发表学术论文30余篇。获上海市第十一届中国特色社会主义理论体系研究和宣传优秀成果一等奖（省部级，合作研究）、上海市马克思主义学科出版资助、上海市育才奖、上海市"优秀思政课教师"等奖励。

我国是一个陆海兼备的国家，海洋与中华文明的兴衰荣辱紧密相连。新中国成立以来，党和政府高度重视海洋问题，大力发展各项海洋事业。建设海洋强国，是新世纪以来我们党应对国内外海洋情势作出的重大战略部署。党的十八大报告指出，我国应"提高海洋资源开发能力，发展海洋经济、保护海洋生态，坚持维护国家海洋权益，建设海洋强国"。党的十九大报告强调，要"坚持陆海统筹，加快建设海洋强国"。关于建设海洋强国的重大意义，2013年7月30日，习近平总书记在中央政治局就建设海洋强国研究集体学习中深刻指出,建设海洋强国是中国特色社会主义事业的重要组成部分。这一重要论述将海洋强国建设与我国社会主义现代化的总体战略紧密联系起来。深刻认识和全面领会这一重要命题,正确把握海洋强国建设在中国现代化全局中的地位,把握其与中国特色社会主义事业的密切联系,对于我们进一步关心海洋、认识海洋、经略海洋,全面推进海洋强国建设具有重要意义。

一 坚持中国特色社会主义发展道路的必然选择

海洋为什么能够强国?海洋与国运兴衰的关系中到底隐藏着怎样的历史发展规律?当代中国,建设海洋强国与坚持中国特色社会主义发展道路、实现民族复兴之间存在着怎样的必然联系?这些都是我们必须首先弄清楚的重要理论与实践问题。

海洋与强国的关系在本质上是海洋自然地理条件与世界各民族的经济与社会文明发展之间的关系。在遥远的古代,人类征服和利用海洋的能力还很有限,海洋对于大多数国家是天然的安全屏障,而对于少数强国是征服跨海地区的通道。在奴隶制时代走向海洋的迦太基、罗马等国家,充分利用海洋自然条件,成为当时地中海地区的陆海强国;在封建制时代,奥斯曼帝国、阿拉伯帝国、拜占庭帝国等成为跨越欧、亚、非三大洲的陆海大帝国,中国成为亚洲的陆海帝国。而海洋对于历史进步与民族发展重要性的进一步增强则是与海洋作为推进市场交换和民族交往的天然通道和重要推力作用的充分发挥分不开的。封建社会晚期,随着社会生产与技术的发展和进步,人类征服和利用海洋的能力大为增强。进入大航海时代,葡萄牙、西班牙、荷兰、英国等在海外贸易和殖民扩张的基础上相继成为海洋强国。海洋扩张也成为西欧资本主义的产生、确立与发展的重要条件。在世界市场和贸易日益发展的基础上,各地区、各民族的经济、文化交往日益扩大,同时对海洋的争夺、争霸也日趋激烈。在这一背景下产生的西方近代的海权论具有海上争霸的性质,是为侵略、掠夺他国财富服务的,因而是我们所不能赞同的。但近代以来的世界历史发展清楚地告诉我们,走向海洋、利用世界市场、打破自然经济的束缚,发展商品生产与交换,推进生产力发展与社会进步则是各民族发展的必由之路。对大航海时代以来世界性商品贸易的发展和扩张在历史进步中的革命性作用,马克思、恩格斯在《共产党宣言》中给予深刻分析和充分肯定。"美洲的发现,绕过非洲的航行,给新兴的资产阶级开辟了新天地。东印度和中国的市场、美洲的殖民化、对殖民地的贸易、交换手段和一般商品的增加,使商业、航海业和工业空前高涨,因而使正在崩溃的封建社会内部的革命因素迅速发展。"① 随着传统的自然经济和社会关系的解体，一种以市场经济为基本载体的人对物的普遍的依赖性社会随之建立起来。在这种社会形态下，社会上凡有能力的一切人都卷入到这一争取交换价值的生存竞争之中。这种强制性力量使人们必须拼命地发挥自己的才能，以谋取更多的交换价值。其结果是生产力的普遍发展，物质产品和精神产品的巨大增长和世界性交流的加强，并导致西欧诸国成为世界强国。当然，在资本私有制历史条件下，这也导致了人的劳动的异化和人类的普遍竞争和对立。因此，可以说，近代西方国家的发展与强大，得益于对因海上扩张而导致的世界性商品交换和市场的发展。离开了对海洋的充分利用和与世界市场交往的深化，就无法理解近代西方强国的崛起过程，也无法理解现代社会的产生和发展。这就是世界近代以来海洋与强国之间的本质联系。

千百年来，中华文明走过了一条独特的发展之路，这种历史的独特性与中国的自然条件和历史文化传统有关，其中也与海洋因素在历史发展中的作用有关。从海洋因素在中华文明发展中的作用来看，中国古代的航海活动、海洋贸易、海洋科技和文化的发展都充分说明中华民族拥有海洋文明。但与此同时，我们也应该看到，中华海洋文明的发展又具有很大的特殊性和局限性：与传统农耕文明相比之下，它一直处于从属地位。重陆轻海的地缘观念深深地影响了中国的政治经济和文化发展的历史进程。忽视海洋的作用和机会，给我们的民族留下了沉痛的历史教训。与近代以来借助海洋而走向世界强国的西方民族相比，中华民族在近代百余年的发展之路异常艰难曲折。在中国漫长的封建时代，以农业与手工业牢固结合为基础的封建生产方式和社会文化结构使资本主义因素发展缓慢，社会发展和进步的动力逐步消退，并最终使中国在西方资本主义的坚船利炮下被迫打开国门，丧权辱国、割地赔款。中华民族不甘沉沦，自强不息，浴血奋斗，终于在中国共产党的领导下，以马克思列宁主义为根本方法，建立了社会主义的新中国。而在中国这样经济文化落后的东方大国如何进行社会主义建设，实现民富国强和民族复兴，中国共产党领导人民经过了长期的艰辛探索。

中华人民共和国成立后的前三十年中，主要依靠社会主义计划经济的方法建立起了工业化的基础和完整的国民经济体系。党的十一届三中全会以后，中国走上了改革开放、发展市场经济的发展道路。针对我国生产力总体水平低、生产社会化和商品经济不发达的基本国情，我们党自觉遵守和深刻把握历史发

---

① 《马克思恩格斯文集》第 2 卷，人民出版社 2009 年版，第 32 页。

展规律，领导人民开始了社会主义市场经济的伟大实践，作出了商品经济充分发展是社会经济发展不可逾越的历史阶段的重要论断。几十年来，社会主义市场经济的发展对于推进经济发展和社会的整体进步起了重要作用。与此同时，顺应经济全球化的时代潮流，总结历史的经验教训，我国把对外开放作为长期的基本国策，开辟国际和国内两个市场，开发和利用国际与国内两种资源，使我国经济积极参与世界市场竞争与合作，由此不断提高竞争能力和综合国力。中国特色社会主义，就是与坚持改革开放、发展市场经济相结合的社会主义。在这一背景下，海洋再次与中国的国家战略和民族发展进步的根本主题紧密相连。随着我国社会主义市场经济的进一步发展、对外开放的进一步扩大，中华民族积极地、自觉地走向海洋、利用海洋，坚定地维护国家海洋权利、建设海洋强国，成为一种历史的必然选择。

二　捍卫主权完整，维护国家海洋权益的根本保证

海洋属于全人类，海洋和平是人类的梦想与期盼。但自古以来，海洋并不平静，国家之间围绕海洋的争夺构成世界历史演进的一个基本线索。海洋之所以成为国际竞争的焦点，是因为它具有一系列重要的战略价值和利益。在遥远的古代，海洋为人类提供舟楫之便、鱼盐之利；进入大航海时代以后，海洋对于生产生活发挥的作用增大，成为全球通道，促进了经济全球化的发展，西方海洋强国则利用海洋掠夺世界的财富，而落后国家则成为西方列强侵略、扩张和掠夺的对象。进入20世纪以后，随着大陆架制度、领海、专属经济区、公海、国际海底等新的海洋制度的形成，国家管辖海域向国土化方向发展，海洋则成为国家发展的新空间。20世纪50年代以后，海洋交通运输、海洋渔业、海洋盐业、海上油气资源的开发、海洋空间资源、能源资源的利用等，形成了新的产业生长点，海洋则成为资源宝库，成为实现可持续发展的重要保证。这些重要的战略价值和利益是海洋争夺的根源和目标。世界近代以来，以葡萄牙、西班牙、英国等为代表的西方海洋国家争夺海洋的根本目的，是利用海洋霸权进行资本原始积累或扩张海外市场和寻求原料产地，以发展本国的资本主义经济，主要手段是长期进行海上争霸战争和侵略世界上落后的国家和地区。20世纪以来，美国取代英国成为新海权时代的海洋霸主。时代变了，美国称霸海洋的方式也有所变化，一方面仍然采取传统方式控制海洋，另一方面主要利用其强大的海上力量压制其他海洋强国的发展，通过广泛的联盟维护自己的霸权地位。当代美国的世界霸权包括其海洋霸权已成为世界和平的主要威胁。

与西方海洋强国谋求霸权、控制世界财富形成鲜明对照的是，近代中国海

权沦丧并一步步成为西方强国的殖民地、半殖民地。国门洞开、主权丧失、国运多舛，是近代中国留给我们的沉痛记忆和教训。新中国的建立开创了中国历史的新纪元，也开始了中国在独立自主基础上进行和平外交的新时代。当代世界，国家之间的经济、政治、军事等综合国力竞争十分激烈，霸权主义的威胁仍然存在，而围绕海洋的竞争或利益争端更加突出，这些都构成对我国维护主权完整和国家海洋利益的重大威胁和挑战。因此，发展海上力量，建设海洋强国是必然选择。具体分析如下：

第一，有效应对美国海洋霸权对中国遏制战略的需要。尽管中美双方作为太平洋两岸的国家，并没有直接的领土争端，但美国却构成影响中国海洋权益的重要的外部因素。长期以来，美国的霸权性太平洋海权战略一直在不断威胁和侵蚀中国主权，至今仍将中国视为其亚太战略的潜在对手，以"岛链战略"尤其是环绕西太平洋"边缘地带"的军事同盟体系对中国进行遏制。近年来，在南海、钓鱼岛争端激化的形势下，美国偏袒日、菲、越等国和遏制中国的图谋日益彰显。因此，中美在亚太地区的海上利益博弈本质上是中国海洋主权追求与美国海洋霸权诉求之间的矛盾。[①] 面对严峻形势，中国经略海洋别无选择。

第二，解决台湾问题、实现祖国统一大业的需要。台湾岛是我国第一大岛，位于中国大陆东南海面上。台湾问题，又叫台海问题或者两岸问题，是指从1949年中华人民共和国成立、以蒋介石为首的国民党集团败走台湾所衍生的维护国家主权和领土完整的问题。"台独"是当前我国在台海问题上面临的最大挑战，"台独"实质上是要把台湾从我国领土上分裂出去，危害极为严重。同时，台湾问题从产生至今，一直都存在着外部力量（主要是在亚太地区拥有重大战略利益的美国和日本）的干涉。这是我国在台湾问题上面临的又一挑战。台湾问题事关我国主权和领土完整，是我国最为核心的国家利益之所在。而台湾问题的解决与国家的完全统一必须以我们拥有强大的海上力量为前提。

第三，坚定维护中国海洋资源主权的需要。我国的海域蕴藏着极为丰富的海洋资源，但海洋权益却屡屡被侵蚀，并与周边国家存在着复杂的海洋争议。在黄海和东海海域，中国与相关的朝鲜、韩国、日本三国之间有40多万平方公里的争议海域；在南沙海域，中国与菲律宾、印度尼西亚、马来西亚、文莱和越南等五国有争议海域共约184.3万平方公里。[②] 存在于东海和南海海域的岛礁主权斗争形势更是非常严峻，其中中日钓鱼岛主权争端成为中日关系中的一个

---

① 武桂馥：《我国建设海洋强国面临的战略机遇与挑战》，《国家智库》2014年3月。
② 张世平：《中国海权》，人民日报出版社2009年版，第5页。

焦点问题，在作为南海诸岛的中国南沙群岛中，竟有数十个岛礁被邻国侵占。中国的海洋维权已经十分迫切。

第四，保护我国不断增长的海外贸易和海外利益安全的需要。改革开放以来，中国经济一直保持较高的增长速度。这不仅是由于国内市场充足，消费需求旺盛，更因为对外贸易比重越来越大。而海外贸易就不能离开海洋运输线。海洋运输线已成为我国经济发展的生命线，特别是需要大量进口的石油、矿砂、粮食等战略物资和商贸物资均需进出太平洋通道。此外，我国海外利益日益扩大，海外公民的人身、财产安全保护也日见迫切。因此，对海上通道和海外利益安全的保护日益重要。

综上所述，中国应当发展国家海上力量，坚定不移地走海洋强国之路，捍卫主权完整，维护国家海洋利益。

三 坚持陆海统筹实现中华民族永续发展的重要战略部署

在地球家园中，陆地与海洋是人类生活的两种基本自然地理环境。而陆地面积仅占地球总面积的29%，71%的地球表面积是海洋。海洋里蕴藏了丰富的资源，其储存量远比陆地多得多，可以毫不夸张地说，海洋是一个聚宝盆，几乎所有陆地资源在海洋中都能找到。几个世纪以来，随着工业化进程的不断推进，经济增长与资源和环境的矛盾不断加剧，海洋在人类持续发展中的战略价值日益凸显。世界各国新一轮的海洋开发利用热潮就是基于这一深刻的时代背景。20世纪70年代以来，海洋已经成为世人持续关注的热点问题。从我国来看，新中国成立后的60多年来，特别是改革开放40年来，中国已发展成为拥有广泛海洋利益的外向型经济大国，因此，坚持陆海统筹、推进海洋强国建设、开发利用和保护海洋资源、维护国家海洋权益，不仅关系到国家主权和民族尊严，还关系到中国经济与社会的可持续发展，关系到中华民族复兴的长远利益和根本利益。

第一，从经济增长和结构转型来看，海洋经济是我国经济未来重要的增长点和发展空间。自20世纪70年代以来，随着海洋科技的发展和海洋开发的推进，在传统海洋产业之外，一批新兴海洋产业应运而生。近年来，我国海洋经济也不断发展，并逐步成为拉动我国经济增长的强大引擎。2017年海洋生产总值占国内生产总值的9.4%，全国涉海就业人员3657万人。[①] 我国海洋经济发

---

① 国家海洋局：《2017年中国海洋经济统计公报》，中华人民共和国自然资源部网站（http://www.mlr.gov.cn/sjpd/hysj/201804/t20180419_1768258.htm），2018年4月19日。

展布局也日臻完善，海洋科技创新能力不断增强，但是，与世界先进海洋经济国家相比我们还有不小差距。主要是：其一，我国海洋产业以简单资源开发和初级产品生产为主，资源精加工水平不高，总体上还处于粗放型发展阶段。其二，产业发展中的各自为政，无序开发、重复建设明显，致使产业结构出现趋同化趋势，进而影响了整体效率的提升。其三，海洋科技水平有待提高。目前，我国海洋经济中的科技进步贡献率未超过60%，低于发达国家70%—80%的水平。[①]综上所述，从国民经济发展全局的高度对海洋经济发展进行统一规划、协调管理，密切跟踪和把握国际海洋发展的前沿，明确海洋经济发展的总体目标和方向，加强区域的分工与合作，不断提高海洋经济的质量和水平已经势在必行。

第二，从经济社会可持续发展的自然资源基础和保障来看，海洋资源具有重要战略地位。人口与资源的突出矛盾是我国的一个基本国情，也是我国未来发展的最重要的瓶颈。众所周知，我国陆地领土十分辽阔，资源总量丰富，但人口众多，人均陆地资源储量远低于世界平均水平，特别是在油、气能源和水资源方面，而多年的经济高度增长又进一步加剧了资源的紧张。要化解日益严峻的资源危机，必须加大开发和利用海洋资源、发展海洋经济。海洋中蕴藏着丰富的矿产资源、化学资源、动力资源、生物资源等，海洋空间又是海上运输、海上装备、海上牧场、海上机场、海上建筑、海底管线等人类活动或建设项目的广阔天地。随着地球大陆资源的日渐枯竭，在总量上远超过陆地的海洋资源正成为人类生存繁衍和持续发展的最后依托。中国海洋资源的"家底"也十分可观。我国的海域中蕴藏着极为丰富的石油、天然气和海洋生物资源及其他各类资源，可以为国家的长期发展提供50%左右的水产品、约23%的石油和30%的天然气、约37%的原盐和大量的金属矿产，而且海水资源的开发利用可以缓解沿海城镇的淡水危机等。因此，开发利用海洋资源已成为我国实现可持续发展的重要战略抉择。

第三，从陆海生态系统的协调和维护的角度来看，保护海洋环境具有重要地位。长期以来，由于受重陆轻海等思想的影响所致，人们习惯上将海洋视为可以无限索取的对象，视为陆地污染无限容量的接纳地。一方面，海洋渔业资源被过度攫取，海岸线被肆意侵占，植被无度破坏；另一方面，陆地的各种工业和生活污染则源源不断流向海洋。其综合效应则是海域生态系统健康状况的

---

① 国家海洋局海洋发展战略研究所课题组：《中国海洋发展报告（2014）》，海洋出版社2014年版，第174—175页。

严重恶化。由于海洋污染具有流动性、复合性等特征，治理与修复难度很大，所以只有通过陆海生态的统筹治理和管理，限制陆源污染向海洋的排放，合理开发海洋资源，保护海洋环境，构建陆海和谐家园，才能真正实现中华民族的可持续发展。

第四，从"一带一路"倡议的实施来看，海洋经济的发展将是中国经济发展的新引擎。2013年9月和10月，习近平在访问中亚和东盟时，相继提出了共建"丝绸之路经济带"和"建设21世纪海上丝绸之路"的战略构想。2014年"一带一路"同时被写入政府工作报告。2015年3月，国家又发布了《推动共建丝绸之路经济带和21世纪海上丝绸之路的愿景和行动》重要文件。"一带一路"倡议的实施，既是坚持了陆海统筹实现中华民族永续发展的重要战略部署，又是维护海洋权益、建设海洋强国的新举措。海上丝绸之路最早可追溯至汉代。唐中后期，陆上丝绸之路因战乱受阻加之同时期中国经济重心已转到南方，而海路又远比陆路运量大、成本低、安全度高，海路便取代陆路成为中外贸易的主要通道。海上丝绸之路在宋朝达到空前繁盛，明朝海禁后衰落。21世纪海上丝绸之路已不仅仅是一个新构想、新提法，而正成为照亮现实的新经济。它像一条线，把世界97个城市和港口，像珍珠一样串起来，共同享受中国和平发展带来的利益。这条项链包括全球经济总量的92.5%，贸易总量的97%。[①]"一带一路"的建设，对于坚持陆海统筹，建设海洋强国，实现民族振兴的中国梦，其意义和价值不可估量。

四　培育民族精神、增强文化自信的重大举措

建设海洋强国对于当代中国的发展具有重要的文化价值。海洋文明是中华文明的重要组成部分，但我们民族走向海洋的历史是不平坦的、曲折的，对于海洋的情感记忆也是复杂的。当代，世界性的海洋开发的机会与挑战、海洋争端与国家权益维护等问题也引起国人的深切关注。在这一背景下，建设海洋强国，发展海洋文化对于增强综合国力，传承和发扬中华海洋文明，积极吸取世界海洋文明优秀成果，培育民族精神、增强文化自信，推动民族伟大复兴具有十分重要的意义和价值。

第一，通过海洋强国建设，提升综合国力，能够振奋民族精神，增强民族自豪感和自信心。坚持和发展中国特色社会主义首先要增强民族的自信力。从

---

① 《谋求共建串起全球97个城市与港口的海上丝绸之路》，中国海事服务网（http://www.cnss.com.cn/html/2014/gjgkxw_0917/159831.html），2014年9月17日。

海洋国情及其国际比较来看，当代中国可以说是一个海洋大国，但还远不是海洋强国。美国的海洋霸权对我们的国家利益和民族复兴形成重大的威胁和挑战，日、越、菲等周围国家对我国海权主权进行侵害和蚕食，我国海洋经济发展水平和科技能力与世界先进水平相比还有很大差距，我国在国际海洋事务中的话语权还不大，国民的海洋意识还非常薄弱，等等。历史上，中国因忽视海洋而失去重要发展机会以致落后挨打的沉痛教训已深深地刻在我们民族的历史记忆中。因此，在当代的海洋开发与竞争中，通过推进海洋强国战略，大力发展海洋经济、科技、政治、军事、文化等各项事业，增强综合国力，有效维护海洋权益和国家利益，维护民族尊严，谋求未来发展，是增强全体国人自豪感和自信心的重要举措。

第二，海洋强国建设有助于传承和发扬中华海洋文明，弘扬民族优秀文化。中国是一个海陆兼备的国家，有着悠久灿烂的海洋文明。大量的考古学证据和文献可以证明，石器时代居住于河姆渡等沿海地区的先民在劳动实践中创造的区域性文化已经具有海洋文明的特点。在中华民族多元一体格局的形成过程中，随着内陆和沿海族群的相互吸纳、融通，海洋文明逐渐成为中华文化体系中的重要组成部分。中华海洋文明的历史实践丰富多彩，包括渔猎、海耕、航海、贸易、民俗等诸多方面，同时也留下大量关于海洋的著述。从第一部记述海洋的经典《山海经》到以海洋为题材的众多文学作品，再到近代魏源的《海国图志》，他们反映了中华民族对海洋认知的逐步积累和不断深化。并且，在中国各地区、族群诸文化的长期交往、融合过程中，在中国和外部文化的交流中，海洋文明对中华文化和民族精神的形成发挥着特殊的功能。这种功能反映在中华民族总体的精神结构和思想品质之中，使中华文明呈现"海纳百川，有容乃大"的开放性和包容性，"柔远安民，平等亲和"的和谐性和公平性，"精卫填海"、奋斗不息的坚韧性和自强性。总之，海洋文明极大地丰富了中华文明的精神传统，中华民族之伟大、中华文明之灿烂都离不开海洋文明的贡献。当代，传承优秀海洋文化、建设海洋强国是弘扬中华文明思想和精神的重要方面。

第三，海洋强国建设有助于积极吸取西方海洋文明中的合理因素，全面培育民族精神。当代，在充分肯定和传承中华海洋文化精华的同时我们也不应该否认，中华海洋文明的发展也是有很大的特殊性和局限性的，尤其在与西方海洋文明的历史对比中可以更清楚地认识到这一点。发端于地中海的西方海洋文明在人类发展史上具有重要地位和影响。由古代克里特人、腓尼基人和希腊人所创造的古代地中海海洋文明具有商业性、冒险性和竞争意识。这种海洋文明到了文艺复兴时代以后，特别是到了地理大发现时代以后被进一步发扬和强化，并深刻地影响甚至决定了世界历史的总体进程,以至在一定程度上地中海海洋文明被作为世界海洋文明的标尺。西方海洋文明中的扩张性和掠夺性毫无疑问是负面的,是不足取的,但其所具有的开拓精神和竞争意识则是积极的,是值得学习和吸收的。尤其是在当代各民族和国家日益融入全球性市场经济发展进程的条件下更是如此。与之相对照,中华海洋文明的主要不足在于它是一种"非独立"的海洋文明,农耕文明仍占主导,在文化特征上表现为重陆轻海、安土重迁的历史观念根深蒂固,民众的海洋意识淡薄、向海外积极进取创业拓展的动力不足,等等。人类文明本来就是在相互交流和借鉴中共同发展进步的,并且中华文明本来就有海纳百川的气度和传统,通过推进海洋强国建设,积极主动吸收西方海洋文明中有价值的方面,兼收并蓄、吐故纳新,有利于全面培育民族精神,早日实现民族复兴的伟业。

马克思主义理论篇

改变马克思主义被边缘化的状况

陈先达

【作者简介】 陈先达，1930年生，江西省鄱阳县人，中国人民大学一级教授，博士生导师。1953年毕业于复旦大学历史系，1956年从中国人民大学哲学研究班毕业后留校任教至今。曾任中国人民大学哲学系主任，第三届国务院学科评议组成员．校学位评定委员、校务委员，北京市哲学学会会长，全国哲学社会科学规划哲学组组长、北京市社科联顾问、中国历史唯物主义学会名誉会长。现任教育部社会科学委员会委员和哲学学部召集人、中国人民大学校学术委员会主任。1991年起享受国务院政府特殊津贴。

著有《陈先达文集》（6卷本），哲学随笔《哲学心语》《回归生活》《宜园杂论》《史学拾零》《我的人生之路》《散步·路上》等。著作和论文曾两次获中宣部"五个一工程"奖，并获教育部优秀著作奖、北京市哲学社会科学特等奖、一等奖和吴玉章人文社会科学奖等多种奖项。

习近平总书记在哲学社会科学工作座谈会上发表的重要讲话中指出："实际工作中，在有的领域中马克思主义被边缘化、空泛化、标签化，在一些学科中'失语'、教材中'失踪'、论坛上'失声'。这种状况必须引起我们高度重视。"由于年龄关系，我亲身经历和目睹了新中国成立以来马克思主义在高校课堂中地位变化的全过程。可以说，在这个过程中既有马克思主义坚如磐石、不可动摇、学习热情高涨的情况，也有马克思主义被边缘化的情况，这种变化是我国思想领域复杂化和多元化的反映。那么，如何认识这种变化？如何改变马克思主义被边缘化的状况？这值得好好研究。

一 马克思主义被边缘化的问题必须引起高度重视

新中国成立之初我在复旦大学上学时，马克思主义政治课是一门重要课程，当时叫社会发展史。后来，我到中国人民大学哲学研究班学习时，四门政治课也是非常有吸引力的课程。在高校，马克思主义的指导地位，马克思主义政治理论课教员的地位，马克思主义课程的重要性，很少听说有人怀疑过。原因并不复杂，当时没有产生否定马克思主义思潮的经济土壤、政治土壤、思想土壤，也没有现在这样发达的传播媒介。即使有人有不同看法，在前30年也没有成为一种公开化的思潮。但近年来却出现这样的情况：在一些地方，有的马克思主义政治理论课教员羞于在人前说自己是政治理论课教员，马克思主义在课堂、论坛、杂志和出版物中被边缘化的现象很严重。有的学者甚至说马克思主义中国化是个错误的命题：马克思主义需要中国化才有用，说明它是错误的，不是普遍真理；反之，马克思主义既然中国化，说明它不再是马克思主义。按照这种观点的逻辑，经典的传统的马克思主义是错误的；而当代中国的马克思主义又不是马克思主义，那么，马克思主义还剩下什么？什么也不是！这种看法，根本不懂什么是马克思主义。

马克思主义的科学性恰恰在于它不认为自己是绝对的、普遍的、不需要根据实际情况灵活运用的学说。中国化的马克思主义之所以本质上是马克思主义，而不是别的什么主义，是因为从毛泽东思想到中国特色社会主义理论体系，其基本理论和方法都是严格运用马克思主义的立场、观点和方法，都是马克思主义的基本原理和中国实际的结合。习近平总书记已经看到这种马克思主义"失声""失语""失踪"现象的危险性，他在讲话中多次强调了这一问题，并明确指出这种状况必须引起高度重视。

在我看来，在中国这样的社会主义国家出现马克思主义被边缘化现象，不是偶然的，其原因有大环境方面的，也有小环境方面的。就大环境而言，主要是东欧剧变和苏联解体，世界社会主义运动陷入低潮，西方国家尤其是美国推行思想渗透，等等。就小环境而言，主要是改革开放以来，我们经历了深刻的社会变化，其中最重要的有两条：一条是由单一公有制向多种所有制共同发展的转变；另一条是由计划经济向市场经济的转变。这两个变化都是极其重要的变化，没有这两个变化，中国就没有可能成为世界第二大经济实体，也就没有现在这样在国际上举足轻重的地位。可与此相关的是，这种变化在人际关系、意识形态方面也带来一些新问题：所有制多元化必然导致利益的分化，与利益分化相联系的是思想的多元化、价值观念的多元化；由计划经济向市场经济的深刻变化中，市场经济既有解放生产力和发展生产力的积极作用，也会对人际关系和思想意识产生深刻影响。

二 在经济领域一定要牢牢地把握两条

有人可能会说：如果由单一公有制转变为多种所有制并存、由计划经济转变为市场经济会带来如此多的问题，那么何必进行改革呢？这里，有两个原则是不能忽略的：一是多种所有制并存和共同发展，不能动摇公有制的主体地位，要把国有经济做大、做强、做优、做实。如果没有这一条，那么马克思主义的指导地位就会由于失去它强大的经济基础而发生动摇。二是我国的市场经济是社会主义市场经济，"社会主义"这四个字不是空洞的修饰词，而必须是实实在在的。社会主义市场经济是一个整体性的、具有创造性的新概念，它不是社会主义加市场经济，而是不可分割的有机整体。有人说：马克思主义不是在资本主义市场经济条件下产生的吗？对！马克思主义是在资本主义市场经济条件下产生的，但它不是为发展资本主义市场经济、为资本追逐最高利润服务的，而恰恰是为了批判资本主义社会。这里的一个根本区别是，在我们国家搞的是社会主义市场经济。如果单纯搞市场经济，可以不需要马克思主义，只需要各种有利于资源最有效配置和资本最大效益的学科就可以了，因此只需在市场导向下来区分各个学科，那么高校的各门学科的地位就会重新洗牌，文史哲尤其是马克思主义类的学科将会被挤到靠边站的地位。可是，我们的国家是社会主义国家，我们不能单纯搞市场经济，我们民族的发展前途需要马克思主义，因为它是社会主义制度的理论支柱，是中华民族伟大复兴的精神支撑。

市场主体着眼的是利益，是生产物质财富，而社会主义制度关注的不仅是物质财富，更重要的是社会主义制度自身的稳固、国家的安危、人民素质的提升和民族复兴的前途，但是市场经营者是不管这些的。只要观察一下现实生活就知道，市场推销的广告哪一个不是乱花迷眼？不是在催生人类的无止境的消费欲望和奢侈追求？如果我们的市场经济脱离社会主义本质，马克思主义在中国就没有立足之地。西方有位著名政治家曾对东欧的一些所谓改革派说：我不在乎你们是否自称社会主义国家，是否自称是马克思主义者，你们只要接受我的民主化、自由化、市场化的方案就行了。这个西方政治家所谓的民主化，就是多党制，取消共产党的领导；所谓的自由化，就是取消马克思主义的指导地位；所谓的市场化，就是私有化，取消公有制，因为在他看来，公有制与市场经济是不相容的，是垄断的、非竞争的。他的这个方案的实质，就是资本主义复辟。自由、民主、市场经济，都是我们需要的，但前面都有一个前缀词，即应是社会主义的自由、社会主义的民主、社会主义的市场经济。

"社会主义"这四个字是生命线。在我看来，改革开放要不走封闭僵化的老路，要不走改弦易辙的邪路，在经济领域一定要牢牢地把握两条：一条是公有制的主体地位，一条是市场经济的社会主义本质。有了这两条，共产党的领导、马克思主义的指导，才有坚固的经济基础。在这种条件下，即使产生了马克思主义被边缘化的现象，也容易纠正。

三 如何认识我们社会中的一些乱象

当前，我们社会中的一些乱象，包括贫富差距、贪污腐败、道德滑坡，等等，应该如何解释呢？我认为，这里存在一个更深层的问题，就是"制"与"治"的问题。"制"，指的是基本制度；"治"，指的是治理。在社会主义初级阶段，我国的基本经济制度是以公有制为主体、多种所有制经济共同发展，我国的基本政治制度是中国共产党领导的多党合作和政治协商制度、民族区域自治制度以及基层群众自治制度。可是在这种制度下，我们治理能力和治理方式如何？是否到位？这些值得深入研究。再好的制度也要人去执行，制度不会自动起作用。制度的有效性和优越性的发挥，取决于执行者的治理能力和管理能力。这些年来，习近平总书记没少强调国家治理的问题。

当看到有人把腐败以及社会生活中的一些乱象统统归罪于中国共产党，归罪于公有制，归罪于马克思主义指导地位时，我就想起了这个"制"与"治"的问题，想起了柳宗元在《封建论》中反驳一些人否定秦王朝确立的中央集权的郡县制，主张回归分封制时说的一句话："咎在人怨，非郡邑之制失也。"也就是说，秦二世而亡不在"制"而在"治"，即秦二世无道，实行暴政，而不在于郡县制。

其实，当前我国社会生活中的一些乱象，从根本上说也不在于我们的基本政治制度和基本经济制度，我们的基本政治制度和基本经济制度是符合中国国情的；而在于我们有些地方和有些方面的治理和管理还不够到位。例如，对市场导致的贫富差距，对市场失灵导致的各种乱象，从一定程度和一定范围来说，我们没有有效的治理方法。管理市场经济需要相应的法律和相应的道德规范。市场必须管，必须治，放任的市场经济，必然导致贫富差距、诚信缺失、道德滑坡。而且由于对现实问题不满，必然也会影响到马克思主义的威信。现在，有些年轻人不相信马克思主义，主要不是因为他们读了马克思主义著作以后有什么新见解，而是由于对某些社会乱象的不满连带引起的反应。

四　改变马克思主义在一些学科中"失语"、论坛上"失声"的现象

需要强调的是，思想领域也是一样，必须坚持马克思主义在意识形态中的指导地位。如果由于实行市场经济而在思想和教育领域也以经济利益为导向，让经济利益成为我们高校各个专业导向的指挥棒，成为我们思想领域的指挥棒，成为学习动力的指挥棒，成为杂志、出版社的指挥棒，那么在这种弥漫着拜金主义的社会氛围里，马克思主义怎么可能不被边缘化呢？因为马克思主义不是关于发财致富的科学，而是关于人类解放的科学。因此，必须在对思想意识形态领域依法实行有效管理的同时，切实提高马克思主义理论的研究水平和宣传水平，切实提高马克思主义理论工作者的政治地位，培养他们的光荣感和使命感。

我迫切期待改变当前高校中马克思主义在一些学科中"失语"、论坛上"失声"的现象，期待马克思主义理论工作者成为理论战线的战士，成为既有高水平的马克思主义理论学养又有战斗意志的理论战士。应该说，成为这样的战士是光荣的，因为如同握枪的战士一样，马克思主义理论工作者也是思想理论战线的战士。在社会主义中国，尤其在高校的马克思主义学院，首先要有一个理论战士的自觉意识，有了这样的意识，就可以在学术研究中有大的格局、大的眼界和大的成就。在社会主义中国，评价一个马克思主义理论工作者的学术成就，不应该以其出版过几本书、发表过多少文章为标准，而应该以其是否能以问题为中心、是否能解释中国面临的实际问题为标准。在高校中，如果不改变马克思主义学科的评价标准，那么马克思主义被边缘化的状况将是难以彻底改变的。

创新和发展中国特色社会主义政治经济学

简新华

【作者简介】简新华，武汉大学经济与管理学院教授、博士生导师，武汉大学珞珈杰出学者，享受国务院颁发政府特殊津贴专家，国家社科基金学科评审组专家，3项国家社科基金重大招标项目首席专家，兼任中国《资本论》研究会副会长、中国经济规律研究会副会长、中国工业经济学会常务副理事长、全国高校社会主义经济理论与实践研讨会领导小组成员、国家行政学院等多所高等院校兼职教授。

曾经担任武汉大学经济学院副院长、战略管理研究院副院长、经济研究所执行所长、教育部重点研究基地武汉大学经济发展研究中心副主任、湖北省重点研究基地武汉大学人口资源环境经济研究中心主任。

主要研究方向：中国经济发展和改革、社会主义经济理论，重点是工业化、城镇化、"三农"问题、经济结构调整、发展方式转变、所有制和收入分配改革。先后承担包括国家社科基金、自然科学基金、马克思主义理论研究和建设工程、中宣部、教育部的重大、重点项目在内的科研项目20多项，出版学术著作和教材20多本，发表研究论文300多篇，获得科研成果奖励20多项，其中包括中国出版政府奖、中共中央宣传部"五个一工程"奖、教育部高等学校科学研究优秀成果奖、国家计生委中国人口科学优秀成果奖、湖北省社会科学优秀成果奖等省部级以上奖励10项、安子介国际贸易研究奖、世界政治经济学会颁发的"21世纪世界政治经济学杰出成果奖"。

中国特色社会主义进入新时代，经济发展呈现新常态，改革开放进入全面深化的新时期，面临许多新情况、新现象、新特征、新问题，亟须深入研究和合理有效解决，迫切需要在学习、运用习近平新时代中国特色社会主义经济思想的同时，创新和构建新的经济学理论，使其更好地指导新时代的新实践。那么，中国现在应该构建（包括坚持和创新、发展）什么样的经济学？通过什么途径、采用什么方法构建？如何处理中国特色社会主义政治经济学与马克思主义政治经济学和现代西方经济学的关系呢？习近平总书记已经提出了原则性指导意见。

2016 年 7 月 8 日，习近平在主持召开经济形势专家座谈会时指出："坚持和发展中国特色社会主义政治经济学，要以马克思主义政治经济学为指导，总结和提炼我国改革开放和社会主义现代化建设的伟大实践经验，同时借鉴西方经济学的有益成分。中国特色社会主义政治经济学只能在实践中丰富和发展，又要经受实践的检验，进而指导实践。要加强研究和探索，加强对规律性认识的总结，不断完善中国特色社会主义政治经济学理论体系，推进充分体现中国特色、中国风格、中国气派的经济学学科建设。"① 这段论述实际上已经清楚地从总体上说明了中国现在要构建什么样的经济学、构建的基本原则和途径、与马克思主义政治经济学和西方经济学的关系，目前需要的是进一步深入正确理解和具体贯彻落实。

前不久，看了洪永森教授与此相关的两万多字的长篇报告《马克思主义政治经济学、西方经济学与中国经济学的内涵及其相互关系》②、《站在中国人的立场上，用现代方法研究中国问题，用国际语言讲述中国故事》③ 和《中国经济学将会如何演变？》④ 这三篇文章（以下统称《洪文》，后面有关引文皆出自这三篇文章，不再标明注释）的主题都是要"探索如何构建中国特色政治经济学"，包括"如何发展中国特色社会主义市场经济理论"。读后感到提出了一些比较符合实际的有价值的见解，特别是在不少人否定经济学的阶级性、否定或者抛弃社会主义的时候，《洪文》坚持认为"政治经济学既有科学性，又有阶级性"，"应该坚持社会主义理想，创造条件不断完善社会主义制度"，这些都值得肯定（由于篇幅所限，本文不再做详细介绍）。但是，《洪文》关于经济

---

① 参见《坚定信心增强定力　坚定不移推进供给侧结构性改革》，《人民日报》2016 年 7 月 9 日。
② 洪永森：《马克思主义政治经济学、西方经济学与中国经济学的内涵及其相互关系》（https://www.weixin765.com/doc/aqquoqqf.html）。
③ 洪永森：《站在中国人的立场上，用现代方法研究中国问题，用国际语言讲述中国故事》，《经济研究》2017 年第 5 期。
④ 洪永森：《中国经济学将会如何演变？》（http://www.sohu.com/a/151955462_465368）。

学、政治经济学、马克思主义政治经济学、西方经济学、现代西方经济学、中国经济学和怎样构建中国特色政治经济学的论述，存在不少值得商榷的观点。为了更好地构建中国特色社会主义政治经济学，特写此文就教于洪永森教授以及经济学界的同仁们，以利于澄清模糊甚至不恰当的看法，达成正确的共识，更好地创新和发展中国特色社会主义政治经济学。

一 什么是中国特色政治经济学，中国需要构建什么样的经济学？

1. 经济学的名词释义

《洪文》在论述构建中国经济学的过程中使用了"经济学""政治经济学""新政治经济学""马克思主义政治经济学""当代马克思主义政治经济学""西方经济学""西方古典经济学""西方古典政治经济学""现代经济学""现代西方经济学""西方现代经济学""西方自由主义经济学""新古典经济学""中国经济学""中国特色政治经济学""21世纪中国化的马克思主义政治经济学""21世纪马克思主义国际政治经济学""社会主义政治经济学""中国特色社会主义政治经济学"等近二十个名词，除了少数几个做了非严格定义的简单说明之外，大多数名词都没有清楚地说明内涵、外延及其区别和联系。然而，笔者认为，这是现在探索中国经济学构建必须十分明确的问题，否则就会造成认识模糊、思想混乱，甚至可能连现在中国到底应该构建什么样的经济学都不能真正弄清。为了使得构建中国经济学的讨论避免各说各话、引起歧义，认识更明确、更严谨、更准确、更有针对性，本文根据马克思主义政治经济学的基本原理，特对经济学及其分类作出以下说明。

所谓"经济学"，顾名思义，最抽象笼统的界定就是研究经济的科学。由于"经济"在现代是一个内涵丰富、外延广泛的概念，首先包括生产力和生产关系及其相关关系，还包括生产、交换（或者流通）、分配、消费等在内的社会活动（活动内容和活动方式，即运行和发展的内容和方式，主要是社会资源的配置方式和产出的分配方式），构成上述社会活动总体的各类产业部门及其相关关系（产业结构）即国民经济以及与上述所有这些内容有关的制度安排即经济制度等。因此，经济学可以依据研究对象的不同范围层次和具体内容、研究的不同性质和特征进行多种不同的界定和分类。

从最广泛的意义而言，经济学是所有研究人类社会经济活动和经济关系及其规律的学科的总称，包括理论经济学和应用经济学两大类；政治经济学是主要研究生产方式特别是生产关系及其变化规律的最重要的理论经济学，是所有其他经济学分支学科的理论基础，应用经济学则是理论经济学应用于各个不同领域而形成的分支学科。按照研究的科学性不同，政治经济学分为科学政治经济学、庸俗政治经济学即非科学的政治经济学；按照具有的阶级属性不同，政治经济学又分为资产阶级政治经济学、无产阶级政治经济学、小资产阶级政治经济学；按照所处的历史时代的不同，政治经济学可分为古代政治经济学、现代政治经济学；按照研究对象的社会形态的范围不同，政治经济学可分为广义政治经济学（即研究人类各种社会的生产方式特别是生产关系及其变化规律的政治经济学）、狭义政治经济学（即研究某个特定社会形态的生产方式特别是生产关系及其变化规律的政治经济学）；按照研究对象所处的国别地域的不同，政治经济学还可分为中国政治经济学即研究中国的生产方式特别是生产关系及其变化规律的政治经济学、美国政治经济学即研究美国的生产方式特别是生产关系及其变化规律的政治经济学。[1] 这里需要指出的是，通常所说的"中国经济学""美国经济学"，不应该只是指中国政治经济学、美国政治经济学，笔者理解这是一种最宽泛的通俗说法，应该是在中国或者美国存在的所有反映中国或者美国特色的经济学的统称，包括各种理论经济学和应用经济学在内。而且，政治经济学的上述这些不同的分类法又可以交叉配合使用，形成更多更复杂的经济学名称，笔者曾经在其他文章中有过论述，这里不再重复。[2]

需要说明的是，由于长期以来我们把马克思主义政治经济学以外的政治经济学称之为古典政治经济学、庸俗经济学、资产阶级经济学、西方经济学，高等学校的政治经济学课程讲授的也只是马克思主义政治经济学，连专业名称和教科书的书名都是《政治经济学》，因此，习惯上就把政治经济学仅仅看成马克思主义政治经济学，一讲政治经济学，人们马上想到的就是马克思主义政治经济学，其实这种通俗的流行看法是不准确、不科学的。另外，现在中国经济学界使用许多与"西方经济学"有关的经济学名称，比如西方经济学、现代西方经济学、西方现代经济学、西方主流经济学、新古典经济学、新自由主义经济学、凯恩斯主义经济学、供给学派经济学、新制度经济学、新政治经济学等。笔者理解，所谓"西方经济学"是一个流行的通俗说法，实质上就是西方国家

---

[1] 有学者认为，经济学无地域和国别区分，不存在什么"美国经济学"与"中国经济学"的概念，这种看法可能不准确。因为，不同国家的经济情况并不完全相同，都会具有自己的特点，以不同国家的经济为研究对象的经济研究，必然会产生不完全相同的经济理论，形成具有本国特色的经济学，怎么就不能存在"美国经济学"与"中国经济学"及其相应的概念呢？恩格斯在著名的《反杜林论》一书中早就明确指出："人们在生产和交换时所处的条件，各个国家各不相同，而在每一个国家里，各个世代又各不相同。因此，政治经济学不可能对一切国家和一切历史时代都是一样的……政治经济学本质上是一门历史的科学。"《马克思恩格斯文集》第9卷，人民出版社2009年版，第153页。

[2] 参见简新华《发展和运用中国特色社会主义政治经济学引领新常态》，《经济研究》2016年第3期。

的资产阶级政治经济学,其他的诸如西方主流经济学、新古典经济学、新自由主义经济学、凯恩斯主义经济学、供给学派经济学、新制度经济学、新政治经济学,等等,都不过是现代西方经济学的组成部分或者分支、流派而已。

2. 必须正确认识西方经济学与马克思主义政治经济学的区别

《洪文》说,"马克思主义政治经济学主要研究经济制度演化本身,侧重于人与人之间的生产关系。而人与自然之间的关系,即物质的生产方式,并不是政治经济学研究的主要内容。这事实上已经逐渐脱离了亚当·斯密《国富论》的经典研究范畴"(这里的范畴可能应该是范式);还认为,"西方经济学通过1870年代的'边际革命',侧重于研究人与自然之间的关系,研究稀缺资源如何优化配置,逐渐淡化了对经济制度与经济现象的政治分析。马克思主义政治经济学与西方经济学从此分道扬镳"。《洪文》的这些论述,应该是想说明马克思主义政治经济学与包括英国古典政治经济学在内的西方经济学的基本区别或者主要不同。在《洪文》看来,亚当·斯密的《国富论》主要研究经济增长即"发展社会生产力",马克思的《资本论》主要研究生产关系,马克思主义政治经济学与西方经济学的主要区别在于前者"侧重于研究人与人之间的生产关系",后者"侧重于研究人与自然之间的关系"。但是这种看法,既不准确,也不符合实际。

首先,生产关系与经济制度不是一回事,两者不能不加区别地等同使用,因为制度属于上层建筑,经济制度是生产关系的反映或者说是承认、维护生产关系的法律和规章。马克思主义政治经济学肯定会研究经济制度,因为经济制度是生产关系的反映,作为上层建筑会对经济基础(生产关系的总和)产生反作用,而且经济制度对生产力的发展也会产生巨大的影响,但是马克思主义政治经济学的主要研究对象是生产关系,不能说仅是经济制度。

其次,《洪文》所说的亚当·斯密《国富论》研究的主题是经济增长、发展生产力,西方经济学侧重于研究人与自然之间的关系、研究稀缺资源如何优化配置,马克思的《资本论》主要研究生产关系,这似乎是包括英国古典政治经济学在内的西方经济学与马克思主义政治经济学的本质区别。其实,马克思主义政治经济学与西方经济学的区别不在于主要研究人与人之间的关系还是人与物之间的关系的差别,马克思主义政治经济学与西方经济学的根本不同主要在于阶级性和科学性:马克思主义政治经济学是无产阶级的经济学、是科学的经济学;西方经济学则是资产阶级的经济学、不太科学甚至是庸俗的经济学。比如,亚当·斯密和李嘉图提出的劳动价值论虽然有一定的科学价值,是马克思的劳动价值论的来源,但是存在没有发现劳动二重性的严重缺陷,马克思则创立了劳动二重性这个"理解政治经济学的枢纽"①，形成了科学的劳动价值论。而且，两者的基本原理和主要研究范式（研究方法）也存在本质区别。

再次，马克思主义政治经济学（包括经典的和现代的）不是只研究生产关系，完全不研究生产力，更不是不重视生产力特别是生产力的解放、保护和发展。《洪文》也提到马克思在《资本论》第1卷第1版的序言中明确宣布，"我要在本书研究的，是资本主义生产方式以及和它相适应的生产关系和交换关系"。生产是人类社会存在和发展的基础，生产的本质就是通过运用和发展生产力给人类提供更多更好的产品，生产方式是生产力与生产关系的统一，包含有生产力，而且生产关系首先是由生产力决定的。因此，生产力及其发展当然是马克思主义政治经济学不可缺少的重要内容，而且马克思主义政治经济学研究生产关系的最终目的也是为了解放、保护、发展生产力，为人类社会走向共同富裕、实现人的自由全面发展创造必要的物质条件。但是，马克思主义政治经济学研究生产力，研究的不是生产力本身的物理、化学、生物等方面的自然属性和工程技术方面的问题（这些属于自然科学和工程技术科学的研究对象），而是研究生产力怎样决定生产关系的状况及其变化、生产关系又是如何反作用于生产力，更重要的是还要研究生产力的开发、形成、配置、使用、保护、解放和发展的方式，而这些问题主要不是生产力本身的问题，在相当大的程度上又是生产关系问题或者与生产关系有关。比如生产力如何配置？主要通过市场或者计划，而市场、计划都不是生产力本身的范畴，而是生产关系、上层建筑范畴；再比如怎样解放生产力？主要就是要改变不适合或者束缚生产力发展的不合理的生产关系和上层建筑。这正是"政治经济学"为什么在"经济学"前面加上"政治"两个字的重要原因。

即使是马克思和恩格斯面临的主要任务与亚当·斯密不同，不是要研究资本主义的财富（生产力）如何增长，为资本主义经济的发展出谋献策，而是要揭示资本主义生产方式的矛盾运动及其客观规律和必然趋势，为无产阶级革命和建立社会主义、共产主义提供理论基础，也并不是没有研究生产力。马克思的《资本论》不仅主要研究了资本主义生产关系，同样科学地分析研究了资本主义社会生产力的发展，深刻地揭示了资本主义之所以能够像马克思和恩格斯在《共产党宣言》中所说的那样"资产阶级在它的不到一百年的阶级统治中所创造的生产力，比过去一切世代创造的全部生产力还要多，还要大"的基本原因，马克思在《资本论》中指出这主要是由于资本主义社会存在两个力：一是

---

① ［德］马克思：《资本论》第1卷，人民出版社2004年版，第55页。

追求剩余价值的内在动力,二是竞争的外在压力。这难道不比亚当·斯密的《国富论》深刻得多吗?而追求剩余价值、市场竞争是生产力还是生产关系,显然是生产关系!《资本论》还重点研究了资本主义生产关系是怎样阻碍生产力发展,探讨了如何才能消除资本主义生产关系的束缚,解放生产力,发展生产力。从俄国十月社会主义革命胜利开始,由于社会主义社会诞生了,由主要进行社会主义革命转向主要进行社会主义建设,虽然使得从列宁开始的马克思主义政治经济学面临的主要任务与马克思、恩格斯不一样了,成为主要研究社会主义社会如何解放生产力、保护生产力、发展生产力,为社会主义经济发展提供理论指导,但主要还是研究生产关系。

由此可见,政治经济学研究生产力主要是研究如何开发、形成、配置、使用、保护、解放和发展生产力,而研究这些主要又是研究生产关系及其对生产力的反作用,因为决定生产力发展、资源优化配置的因素,除了物质、技术这些自然科学和工程技术科学要研究的因素之外,主要是生产关系,这就决定了政治经济学只能主要研究生产关系。怎么能说主要研究生产关系是马克思主义政治经济学体系、范式的缺陷或者不足呢?无论是经典的还是现代的马克思主义政治经济学不存在轻视、忽视生产力的问题,都是非常重视生产力的作用和生产力发展的。

最后,马克思主义政治经济学不是在 19 世纪 70 年代所谓"边际革命"发生时才同西方经济学"分道扬镳"的,马克思主义政治经济学创立时就与西方经济学"分道扬镳"了。两者"分道扬镳"的表现也不是马克思政治经济学坚持"对经济制度与经济现象的政治分析",而西方经济学"逐渐淡化了对经济制度与经济现象的政治分析"。实际上,两者首先而且主要进行的都是经济分析,也都会进行"政治分析"。

3. 中国现在需要构建的应该是中国特色社会主义政治经济学,不是一般而言的所谓"中国特色政治经济学"

中国现在究竟应该构建什么样的经济学?这是探讨构建中国经济学首先必须明确的问题。《洪文》有两个提法,即"构建中国经济学"和"中国特色政治经济学"。从《洪文》的相关论述来看,"中国经济学"好像是指中国人研究的、以中国经济为研究对象的、为中国经济发展服务的政治经济学,中国现在要构建的"中国经济学"是"中国特色政治经济学"。什么是"中国特色政治经济学"?《洪文》解释说,"我们可以这样定义,中国特色政治经济学主要研究什么样的经济制度能够促进社会生产力的最快发展和形成最佳的生产关系,并且实现两者的有机统一",同时又说"构建中国特色的政治经济学,或者发展 21 世纪中国化的马克思主义政治经济学"，"这其实是在研究范式上回归亚当·斯密《国富论》的经典理论框架"。这些论述存在多重误解。

第一，21 世纪中国化的马克思主义政治经济学绝不是要"在研究范式上回归亚当·斯密《国富论》的经典理论框架"。

什么是"《国富论》的经典理论框架"？《洪文》写道，"《国富论》的一个显著特点，就是抓住经济增长主题，即发展社会生产力，主张用维护私人产权和市场自由竞争的制度以促进资本积累和经济增长，从而使政治经济学有了经典的研究框架"。从上面的引文也可以看出《洪文》还认为，把"人与自然之间的关系，即物质的生产方式"，作为"政治经济学研究的主要内容"是"亚当·斯密《国富论》的经典研究范畴"。

实际上，是主要研究生产力还是主要研究生产关系，不是政治经济学理论框架的主要内容，而是目的、立场、内容、观点和方法。所谓亚当·斯密《国富论》的经典理论框架，是为了服务于资本主义经济的发展、按照资产阶级的立场观点方法、主要采用唯心主义的研究方式而建立的理论框架，这种理论框架虽然有一定的合理性和作用，但是并不科学，最突出的是并没有揭示出资本主义生产方式的基本矛盾及其必然趋势。21 世纪中国化的马克思主义政治经济学[①]则是要服务于社会主义经济的发展、按照无产阶级的立场观点方法、采用历史唯物主义和辩证唯物主义的研究范式，坚持和完善马克思主义政治经济学的经典理论框架而建立新的理论框架。无论是目的、内容还是方法，这两种理论框架都存在本质的不同，实际上经典的马克思主义政治经济学早就突破了"亚当·斯密《国富论》的经典理论框架"，形成了更加科学的理论框架，21 世纪中国化的马克思主义政治经济学还有什么必要、又有什么可能"在研究范式上回归亚当·斯密《国富论》的经典理论框架"？为什么要走并非十分科学的亚当·斯密《国富论》的回头路呢？21 世纪中国化的马克思主义政治经济学如果像《洪文》所说的那样，要回归到以"主张用维护私人产权和市场自由竞争的制度以促进资本积累和经济增长"为主要内容的"亚当·斯密《国富论》的经典理论框架"，21 世纪中国化的马克思主义政治经济学就不是马克思主义政治经济学，而是"21 世纪中国化的资产阶级政治经济学"了。

尽管 21 世纪中国化的马克思主义政治经济学的主要任务之一是要研究如何发展社会生产力，以促进社会主义经济的持续高效发展，但是这并不意味着 21

[①] 什么是"21 世纪中国化的马克思主义政治经济学"，《洪文》没做具体说明，笔者认为，应该是指当代中国特色马克思主义政治经济学，其主要组成部分是中国特色社会主义政治经济学。

世纪中国化的马克思主义政治经济学将像《洪文》所说的西方经济学那样"侧重于研究人与自然之间的关系","偏重关注生产力的发展"。因为,不断改革完善社会主义生产关系和相应的社会主义经济制度才是社会主义社会生产力发展包括科学技术进步的根本途径,而生产关系、经济制度都不是人与物的关系,而是人与人的关系,所以,即使21世纪中国化的马克思主义政治经济学要研究社会生产力的发展,其主要研究对象仍然是社会主义生产关系和相应的社会主义经济制度,也就是社会主义社会中人与人的关系。

第二,《洪文》关于亚当·斯密《国富论》的研究主题的论述自相矛盾。

《洪文》一方面指出"传统政治经济学就是研究经济的公共属性,用马克思的话说,就是人与人之间的生产关系",亚当·斯密《国富论》"延续了'政治经济学的含义'",这就是说主要研究生产关系;另一方面又说"《国富论》一个最显著特点,就是抓住经济增长的主题,即发展生产力",也就是说主要研究人与自然的关系。显然,这两种说法自相矛盾。实际上,亚当·斯密《国富论》作为英国古典政治经济学的代表作,主要研究的也是生产关系。不仅从《洪文》上述对《国富论》显著特点的概括中可以看出,《国富论》实际上主要研究的是生产关系,因为所谓"经济增长主题,即发展社会生产力"的研究主题和目的,绝不是空洞抽象、超阶级的纯粹生产力问题,同样存在为谁发展、谁享有发展成果的属于生产关系的根本问题,而且"主张用维护私人产权和市场自由竞争的制度以促进资本积累和经济增长"更是百分之百的生产关系及相应的上层建筑;更重要的是从《国富论》本身的内容来看,主要也是研究生产关系的,从《国富论》第一章"论分工"开始论述的分工协作专业化,到其重点研究的资本主义财富增长的利己主义动因、市场这只"看不见的手"、各种收入的来源和分配等,虽然都与生产力发展有关,但本身都是生产关系,不是生产力。

分工协作专业化是生产力问题,还是生产关系问题?按照《洪文》的理解,这可能应该是生产力,是人与物的关系,其实不尽然。这恰恰主要是以一定物质技术条件为基础的人与人的关系,是人与人之间的分工合作,不是人与物之间的分工协作!

这里还必须特别指出的是,的确任何社会都要发展生产力,否则无法生存和发展,但是决不能由此就认为发展生产力只是人与物的关系、不是人与人的关系,只是生产力的问题、不是生产关系的问题。实际上,无论从发展生产力的目的还是从发展生产力的方式路径来看,如何发展生产力主要不是生产力本身的问题而是生产关系和上层建筑的问题。首先,发展生产力有一个为谁发展、发展成果由谁享有的问题，毫无疑问这是生产关系问题不是生产力问题；其次，发展生产力必须解放生产力，而解放生产力恰恰就是要把生产力从经济基础（生产关系的总和）和上层建筑的束缚中解放出来，由此可见解放和发展生产力不是生产力本身的问题，而是生产关系甚至包括上层建筑的问题；再次，发展生产力必须依靠科学技术和创新，而科学技术的发展和创新又必须调动科学技术工作者和生产经营者进行科学技术研究、开发和运用的积极性，这也不是生产力本身的问题，而是包括知识产权保护在内的生产关系和上层建筑的问题；最后，发展生产力的关键或者核心问题是必须优化资源配置（生产力配置使用），而配置方式主要是市场机制、计划机制和两者相结合的机制，这同样也不是生产力本身的内容，都是生产关系和上层建筑的因素。

《洪文》强调"中国特色政治经济学必须回归亚当·斯密的原来的经典研究范畴，既要重视生产关系，又要重视社会生产力的发展，二者不可偏废"，这种看法又是不准确的。马克思与亚当·斯密一样，都是重视生产关系和生产力的，并没有偏废任何一方面，在这一点上，根本不存在"中国特色政治经济学必须回归亚当·斯密的原来的经典研究范畴"的问题。而且必须明白的是，生产关系和生产力都重视、"二者不可偏废"，不等于是两者平起平坐、没有主次之分，作为政治经济学必然主要研究生产关系。

第三，中国现在要构建的中国经济学不是《洪文》定义的"中国特色政治经济学"，而应该是"中国特色社会主义政治经济学"。

从前面关于经济学及其分类的说明可见，中国经济学、中国特色政治经济学、中国特色社会主义政治经济学，这三个名词的内涵是存在很大差别的。不仅"中国经济学"非常笼统抽象，所谓"中国特色政治经济学"的说法也比较抽象笼统，从字面上看不出其阶级特征或者社会属性。实际上，至少应该有两种性质不同的"中国特色政治经济学"：一种是以研究如何巩固和完善中国特色社会主义经济制度、持续有效发展中国特色社会主义经济为主要任务的"中国特色社会主义政治经济学"，属于无产阶级的政治经济学；另一种是研究如何建立和巩固中国特色资本主义经济制度、持续有效发展中国特色资本主义经济为主要任务的"中国特色资本主义政治经济学"，属于资产阶级政治经济学。在中国现在明确提出要坚持、创新、发展、运用中国特色社会主义政治经济学的时候，不知为什么洪教授在探讨"如何构建中国特色政治经济学"的长篇报告中，只是一般笼统地说"构建中国经济学""构建中国特色政治经济学"，不明确指出要构建的到底是"中国特色社会主义政治经济学"还是"中国特色资本主义政治经济学"。

我觉得，在坚持社会主义方向的中国，面临的主要任务是如何持续有效发展中国特色社会主义经济，不是要建立和发展中国特色的资本主义经济，需要探索研究的也是如何持续有效发展中国特色社会主义经济，不是建立和发展中国特色资本主义经济。现在需要构建的不是一般意义上的"中国特色政治经济学"，也不是什么其他性质的政治经济学，更不能是"中国特色资本主义政治经济学"，而只能是"中国特色社会主义政治经济学"，因此"社会主义"这四个字不是可有可无的，是决不能省去的。正如《洪文》指出的，现在探索如何构建中国特色政治经济学是要"为中国经济的改革与发展提供理论指导"，而能够发挥这种指导作用的只能是当代中国马克思主义政治经济学的主要组成部分即"中国特色社会主义政治经济学"，不是什么其他任何一种政治经济学。

虽然洪教授在《经济研究》发表的那篇文章中，在介绍习近平总书记的讲话时提到过一次"中国特色社会主义政治经济学"，在专门论述构建中国经济学的两万多字的长篇报告中也有"社会主义政治经济学""构建社会主义经济理论""发展21世纪中国化的马克思主义政治经济学"的说法，但是令人奇怪的是，《洪文》始终都没有明确指出他所说的"中国特色政治经济学"就是"中国特色社会主义政治经济学"，也没有说明前者是后者的简称。更重要的是，《洪文》对"中国特色政治经济学"内涵的界定是抽象模糊的，根本就不是"中国特色社会主义政治经济学"的内涵。由此可见，《洪文》主张中国现在要构建的"中国特色政治经济学"并不是中国特色社会主义政治经济学。

《洪文》写道，"我们可以这样定义，中国特色政治经济学主要研究什么样的经济制度能够促进社会生产力的最快发展和形成最佳的生产关系，并且实现两者的有机统一"。表面看起来，这是一种似乎客观公正、不偏不倚的科学的界定，其实似是而非。《洪文》是承认政治经济学具有阶级性的，作出这种一般化的抽象界定，实在令人费解！难道能说资产阶级政治经济学就完全或者主要不是研究"什么样的经济制度能够促进社会生产力的最快发展和形成最佳的生产关系，并且实现两者的有机统一"吗？如果说资产阶级政治经济学也要研究"什么样的经济制度能够促进社会生产力的最快发展和形成最佳的生产关系，并且实现两者的有机统一"，那《洪文》要构建的到底是"中国特色无产阶级政治经济学"，还是"中国特色资产阶级政治经济学"呢？不得而知。

为什么要这样定义"中国特色政治经济学"？《洪文》强调，"构建中国特色政治经济学，必须防止两种倾向。一种倾向是只关注、侧重于研究社会的生产方式对生产关系的影响，而忽略生产关系对生产力的反作用，忽略人与自然的关系"；另一种倾向是"偏重关注生产力的发展……相对忽视了生产关系与上层建筑的改革与建设"。正是为了防止或者纠正这两种错误倾向,所以中国应该构建"主要研究什么样的经济制度能够促进社会生产力的最快发展和形成最佳的生产关系,并且实现两者的有机统一"的"中国特色政治经济学"。如前所述,实际上经典的和现代的马克思主义政治经济学都不存在这两种错误倾向。

《洪文》还结合苏联东欧国家和中国改革开放以来社会主义经济发展的实践提出,"苏东社会主义运动的失败表明:在社会主义政治经济学中,必须将人与自然的关系(即社会生产力的发展)的研究放在与生产关系同等重要的地位,不能只关注或侧重于研究生产关系",好像苏联东欧社会主义的失败是社会主义政治经济学只注重研究生产关系而不重视研究发展生产力的结果,这种观点显然不符合实际。苏联并不是只重视生产关系变革忽视生产力发展,而是非常重视发展生产力的。从理论上看,列宁甚至强调,"劳动生产率,归根到底是使新社会制度取得胜利的最重要最主要的东西。资本主义创造了在农奴制度下所没有过的劳动生产率。资本主义可以被最终战胜,而且一定会被最终战胜,因为社会主义能创造新的高得多的劳动生产率"[1]。斯大林也说:"社会主义基本经济规律的主要特点和要求,可以大致表述如下:用在高度技术基础上使社会主义生产不断增长和不断完善的办法,来保证最大限度地满足整个社会经常增长的物质和文化的需要。"[2] 从实际上看,苏联社会主义经济曾经蒸蒸日上,由帝国主义国家中的一个弱国在不到 20 年的时间内变成了位居世界第二的强国,并且为打败世界法西斯主义作出了突出贡献。《洪文》还说,"改革开放之后,中国社会阶层分化,收入差距拉大,贪污腐败严重,社会矛盾突出,一个主要原因是我们过去 40 年偏重关注生产力的发展,关注 GDP,相对忽视了生产关系与上层建筑的改革与建设",这种判断也是严重不符合实际的。中国的改革恰恰就是要改革和完善不适应生产力发展的生产关系与上层建筑的环节和部分,是特别重视生产关系与上层建筑的改革与建设的啊!怎么能说是"相对忽视了生产关系与上层建筑的改革与建设"呢?

《洪文》为了进一步说明什么是"中国特色政治经济学",甚至还补充道,"这其实是在研究范式上回归亚当·斯密《国富论》的经典理论框架"。正如前面第一点的论述,这更进一步说明"中国特色政治经济学"完全不是"中国特色社会主义政治经济学",相反,如果真是要"回归亚当·斯密《国富论》的经典理论框架",那就是"中国特色资本主义政治经济学"或者说"中国特色

---

[1] 《列宁全集》第 8 卷,人民出版社 1995 年版,第 193 页。
[2] 斯大林:《苏联社会主义经济问题》,人民出版社 1972 年版,第 31 页。

资产阶级政治经济学"了。

什么是"中国特色政治经济学"？这是首先必须正确、精准、清晰、明确界定的，否则就会模棱两可、导致思想混乱，不仅无法真正弄清中国现在到底要构建什么样的政治经济学，甚至有可能给中国经济学的"西化"留下后门。《洪文》认为中国还是应该坚持社会主义方向的，所以建议洪教授以后论述相关问题时，不要删去"社会主义"这个不能缺少的关键词，不要再使用"中国特色政治经济学"这个很少人使用的有些模糊不清的概念，尽可能采用现在大家都采用的更加明确的"中国特色社会主义政治经济学"，以免引起误解。

二 必须正确评估中国经济学现状

《洪文》提出："毋庸讳言，很少有中国经济学家创立的被国际经济学界所熟悉并承认的关于中国经济的原创性经济理论。究其原因，我认为，研究范式与研究方法未能与国际充分接轨，导致研究成果未能以国际经济学界普遍认知的方式表达，是一个根本原因。"笔者认为，这也是一种似是而非的观点。

首先，必须明确"很少有中国经济学家创立的被国际经济学界所熟悉并承认的关于中国经济的原创性经济理论"，绝不意味着改革开放以来，中国很少有"原创性经济理论"。这个判断是不符合实际的。世界经济发展的历史和经济学说史都表明：成功的经济发展实践必然会产生更符合实际的新的经济理论，完全没有正确的经济理论指导不可能取得经济发展的巨大成功。中国也不可能例外。就像改革开放以来中国经济发展取得了举世瞩目的惊人成就一样，中国的经济学也出现了重大创新和发展，提出了许多原创性经济理论。改革开放以来，中国经济学的创新和发展最集中的体现是，基本形成了主要由八个方面内容[①]构成的中国特色社会主义政治经济学，其具体内容和逻辑联系笔者在其他文章中已有论述，本文也不再重复。

的确，改革开放以来中国经济理论的许多重大创新和发展成果很少有"被国际经济学界所熟悉并承认的"，其原因又是什么呢？认为，《洪文》只是指出了部分原因，而且这不是主要原因。在笔者看来，主要原因在于改革开放以来中国经济理论的许多创新和发展成果是以马克思主义政治经济学为指导、根据马克思主义的立场观点方法、主要运用辩证唯物主义和历史唯物主义而形成的

---

① 中国特色社会主义政治经济学的八个方面的内容是指：社会主义本质理论、社会主义初级阶段理论、以公有制为主体多种所有制经济共同发展理论、以按劳分配为主体多种分配方式并存的理论、社会主义市场经济论、社会主义经济发展新理论、社会主义经济体制改革理论、社会主义对外开放理论。参见简新华、余江《发展和运用中国特色社会主义政治经济学的若干问题》，《中国高校社会科学》2016年第6期。

中国特色社会主义政治经济学的成果，是包括西方国家在内的其他国家都没有的原创性经济理论，而这是现代西方经济学主导的当今"国际经济学界"[①]不熟悉甚至不愿意了解、更不可能承认的原创性经济理论，因为西方经济学包括现代西方经济学是根本否定马克思主义政治经济学和社会主义的，也不承认有什么"中国特色社会主义政治经济学"。当然，中国特色社会主义政治经济学的创新和发展，应该学习、参考、借鉴"国际经济学界"合理有用的研究范式和研究方法，实际上改革开放以来，中国经济学家并不保守，学习采用了不少"国际经济学界"的研究成果，虽然还不够，但是不能"与国际充分接轨"。什么是"与国际充分接轨"？在国内外不少人的心目中就是完全接受和采纳现代西方经济学的研究范式和研究方法，而西方经济学包括现代西方经济学的主要研究范式和研究方法是唯心主义、形而上学和机械唯物论的世界观和方法论（从经济人假设、主观价值论、经济危机心理因素论、重现象和定量分析、轻本质和定性分析等都可以看出），这是与唯物主义和辩证法根本不同的世界观和方法论，中国特色社会主义政治经济学的基本研究方法或者说世界观和方法论只能是历史唯物主义和辩证唯物主义，所以中国只能参考借鉴现代西方经济学合理有用的方法，绝对不能与现代西方经济学"充分接轨"。

笔者相信，洪教授并不否定改革开放以来中国特色社会主义政治经济学的上述重大创新和发展，因为《洪文》明确指出，"中国特色社会主义市场经济理论，是市场经济一般原理在社会主义中国的应用。这样的'应用'是一种理论创新"。《洪文》还进一步强调，"改革开放以来，中国对国际社会主义经济理论与实践的一个重大贡献证明了在以公有制为主导的社会主义混合经济中，可以用市场机制替代计划机制作为基础性调节手段，更有效地配置稀缺资源"。但是，《洪文》关于"中国在社会主义经济建设的探索，主要有两个重大贡献：（1）实行了以公有制为主导的社会主义混合经济制度。（2）引入市场机制作为主要调控手段，而不是以计划经济为主要手段"的论断，是不全面的，也是不准确的。之所以说不全面，从上述改革开放以来中国经济学理论在非常重要的八个方面的主要创新成果就可以看出；之所以说不准确，是由于中国现在的所有制经济不仅是以公有制为"主导"，而且还要以公有制为"主体"，"计划经济"不是手段。这绝不是咬文嚼字、吹毛求疵。因为，主导与主体是有重大差

[①] 所谓"国际经济学界"，实际上主要指的就是在当今世界占主导地位的现代西方经济学界，不太可能是指西方现代马克思主义经济学界。如果《洪文》所说的"国际经济学界"包含国际现代马克思主义经济学界，那改革开放以来中国提出的新理论就不是很少得到"国际经济学界"认可，而是得到不少国际现代马克思主义经济学家的肯定和认可的。

别的，只说主导不提主体，不仅违背中华人民共和国《宪法》的规定，既不全面也不准确，而且还不符合中国特色社会主义要做大做强做优公有制经济的发展趋势。的确，现在中国的实际情况是，公有制经济的比重在产值、就业人数、经营资产的数量上都低于50%了，也可以说是不占主体地位了，但这只是暂时的甚至是不合理的现象，从社会主义经济发展的长远趋势来看，公有制经济必然要占主体地位。中国特色社会主义经济发展现在面临的一个重要任务就是要在继续坚定不移地发展非公有制经济的同时，更需要花大力气做大做强做优公有制经济特别是国有经济。就像市场或者市场机制是经济调节手段，不等于市场经济一样，计划或者说计划机制是经济调节手段，不是计划经济。所谓计划经济，应该是"按照社会总体和每个成员的需要对生产进行的社会的有计划的调节"①的经济形态，其内涵要比计划、计划机制复杂丰富得多。

三 市场经济理论不等同于市场经济一般原理，还包括资本主义市场经济理论和社会主义市场经济理论

《洪文》写道："既然中国是市场经济，那么在总结西方资本主义市场经济几百年发展历史的基础上建立起来的西方现代经济学，对创立中国特色社会主义市场经济理论，就有重要的借鉴意义。市场经济理论就是研究在市场条件下，经济主体如何对稀缺资源进行优化配置的科学。其基本原理与基本分析方法是无国界之分的，可用以研究实行不同政治经济制度但同样运用市场调节机制的所有经济体。换言之，市场经济的一般原理只有一个（如价值规律、供求规律、边际收益递减规律、信息不对称下逆向选择与道德风险等），中国特色社会主义市场经济理论，是市场经济一般原理在社会主义中国的应用。"这段论述有几个问题需要深入探讨说明。

一是市场经济理论、市场经济一般原理、中国特色社会主义市场经济理论的区别和联系应该是什么？笔者认为，广义的或者笼统而言的市场经济理论应该包括三个组成部分，其区别和联系如下：市场经济一般原理，其内容是反映市场经济的基本特征和一般规律或者普遍规律的理论；资本主义市场经济理论，其内容包括市场经济一般原理在资本主义市场经济中的运用和反映资本主义市场经济特有规律的理论；中国特色社会主义市场经济理论，其内容包括市场经济一般原理在中国特色社会主义市场经济中的运用和反映中国特色社会主义市场经济特有规律的理论。

---

① 《马克思恩格斯选集》第3卷，人民出版社1995年版，第630—633页。

所谓市场经济的一般规律即普遍规律，笔者理解，只要是在市场经济条件下就必然存在的普遍规律。马克思主义政治经济学提出的价值规律、供求规律、竞争规律、货币流通规律、节约时间规律、社会再生产规律等是在任何市场经济条件下都存在的一般规律。马克思主义政治经济学还揭示了许多资本主义市场经济特有的规律，比如剩余价值规律、资本积累规律、相对人口过剩规律、无产阶级贫困规律、生产过剩经济危机不可避免规律，等等。西方经济学应该说也提出了一些市场经济的一般原理，到底具体有哪些，可能还需要深入研究和认定，比如《洪文》所认为的市场经济一般规律中的西方经济学提出的"边际收益递减规律"，究竟是不是市场经济的一般规律，就有争论。厉以宁教授就认为："农业中关于施肥量与产量之间的关系的实验表明了边际收益递减规律是存在的……但这仅仅适用于技术完全不变的情况下。在现实生活中，技术不会停止不变，因此不可能把边际收益递减规律说成是生产理论的基础。"[1] 甚至连世界上权威的《新帕尔格雷夫经济学大辞典》都认为"边际生产力理论"存在"局限性"，指出："边际生产力学说对生产要素所得报酬的解释在理论上也是不完全的。"[2] 由此可见，所谓"边际收益递减规律"至多只是特定条件下的特殊规律，不能算是市场经济的一般规律。

二是市场经济理论，究竟是西方经济学创立的，还是马克思主义政治经济学创立的？按照《洪文》的论述，好像主要是西方经济学创立了市场经济理论，其实不然。西方经济学主要研究资本主义市场经济，形成了自己的资本主义市场经济理论，也提出了一些市场经济的一般原理，这是不可否认的。但是，市场经济理论并不是西方经济学的专利，马克思早就提出了科学的市场经济一般原理和马克思主义政治经济学的资本主义市场经济理论。

改革开放以来，中国一直流行这样一种观点，认为西方经济学是关于以私有制为基础的市场经济的理论，马克思主义政治经济学是关于革命的理论和以公有制为基础的计划经济的理论，缺乏市场经济理论，这是不符合实际的看法。事实上，马克思主义政治经济学不仅是关于资本主义生产方式和无产阶级革命的科学理论，不只是分析了资本主义市场经济的基本特征和运行规律，而且提出了当时最完整、最科学的商品经济即市场经济的一般原理（主要特征和普遍规律）。马克思的《资本论》，不仅是"资本主义生产方式论""资本主义市场经济论"，而且是一般商品经济即市场经济论。《资本论》虽然分析的是商品生

---

[1] 厉以宁、秦宛顺编著：《现代西方经济学概论》，北京大学出版社1983年版，第74页。
[2] 《新帕尔格雷夫经济学大辞典》，经济科学出版社1992年版，第348页。

产和流通，没有"商品经济""市场经济"的概念，但是所谓"商品经济"主要就是商品生产和流通，分析商品生产和流通，实际上也就是分析商品经济和市场经济。马克思不仅提出了包括商品、价值、价格、货币等基本范畴和上述普遍规律在内的系统的、逻辑严密的商品经济一般原理，而且形成了马克思主义微观经济学、宏观经济学的理论基础，更是创立了系统的马克思主义的资本主义市场经济理论。①

的确，现代市场经济与马克思时代的市场经济相比，出现了许多新情况、新现象、新特点、新问题，马克思在当时不可能研究和提出相关理论，现代西方经济学进行了研究，提出了一些新理论，我们应该像马克思在创立马克思主义经济学时认真参考借鉴当时的资产阶级经济学那样，在创建和发展中国特色社会主义市场经济理论时认真参考借鉴现代西方经济学的市场经济理论。而且，正如《洪文》所说的，"由于历史条件所限，马克思没有考察市场机制在社会主义条件下如何运作"，但是"社会主义市场经济理论出现了真空，现代西方经济学自然地填补这个漏洞"的判断显然不符合事实。现代西方经济学没有弥补缺乏社会主义市场经济理论的不足，而是中国创立的"中国特色社会主义市场经济理论"填补了这个空白。

四 中国经济学家现阶段的主要任务

《洪文》提出："中国经济学家在相当长一段时间内的主要任务，是运用现代经济学先进的理论与研究方法，结合中国经济现实进行理论创新，从理论上解释中国经济现实并指导中国实践。"笔者认为这种观点也是似是而非、不清晰、不准确的，需要商榷。

第一，"中国经济学家在相当长一段时间内的主要任务"究竟应该是什么？改革开放40年来，中国经济改革开放和发展主要是在以马克思主义政治经济学为指导、同时吸收借鉴现代西方经济学的基础上形成的中国特色社会主义政治经济学的指导下取得巨大成功的。由于未来相当长一段时间内，中国面临的主要任务是要实现社会主义现代化，而不是资本主义现代化，所以未来相当长一段时间内中国经济学家的根本目的是要不断总结中国经济改革开放和发展的经验教训，创立新的经济学理论，为未来中国成功实现社会主义现代化服务。这一根本目的也就决定了未来相当长一段时间内中国经济学家的主要任务是创新、

---

① 参见简新华、余江《发展和运用中国特色社会主义政治经济学的若干问题》，《中国高校社会科学》2016年第6期。

发展、健全、完善中国特色社会主义政治经济学，更好地服务和指导中国社会主义经济改革、发展和现代化建设的实践。

第二，中国经济学家要完成承担的主要任务是否只能"运用现代经济学先进的理论与研究方法"？要正确认识这个重大问题，首先必须明确到底什么是"现代经济学"？所谓"现代经济学"，是改革开放以来在中国广泛流行的说法，但对什么是"现代经济学"，不同的人有不同的理解，甚至完全相反。如前所述，根据所处的历史时代不同，经济学可以划分为古代经济学（或者古典经济学）即存在于古代或者以往时代的经济学与现代经济学即存在于现代的经济学，但是处于同一时代的经济学又可以依据科学性、阶级性、国别地区性、具体研究对象等的不同划分为多种不同类型的经济学。仅就"现代经济学"而言，既有现代西方经济学，也有现代马克思主义政治经济学，而且现代西方经济学中，既有现代凯恩斯主义经济学，还有新古典经济学、新自由主义经济学（即所谓现代西方主流经济学）等，因此不加区别地抽象笼统地讲"现代经济学"，是不清楚、不准确、不严谨的，容易造成认识模糊、思想混乱。实际上，现在多数学者理解的"现代经济学"是"西方经济学"的代名词，就是指的现代西方经济学，甚至只是所谓现代西方主流经济学（即新古典经济学和新自由主义经济学），是不包括现代马克思主义政治经济学在内的，更不包括中国的现代经济学（比如作为现代马克思主义政治经济学重要组成部分的中国特色社会主义政治经济学）。《洪文》有以下几段与现代经济学有关的论述：改革开放以来中国经济学"从政治经济学和计划经济理论为主的理论体系，转变为以市场经济为主要研究对象的现代经济学"；"在总结西方资本主义市场经济几百年发展经验的基础上建立起来的现代经济学"；"运用现代市场经济理论的基本分析方法，结合中国实际，用符合现代经济学规范和国际惯用的术语与方式，来解释中国经济实际运行的规律，这将是中国经济学家对现代经济学的最大贡献，将大大丰富现代经济学特别是市场经济理论的理论内涵，而不是试图去独创另一套有别于现代经济学基本原理的经济理论"。从这些论述可见，《洪文》的所谓"现代经济学"，实际上也是指的现代西方经济学，不包括现代马克思主义政治经济学。运用这种所谓"现代经济学先进的理论与研究方法"是不可能完成创新和发展中国特色社会主义政治经济学这个"中国经济学家在相当长一段时间内的主要任务"的，其结果只会是在中国发展现代西方经济学，把中国引入邪路。《洪文》强调中国不应该"试图去独创另一套有别于现代经济学基本原理的经济理论"，为什么不应该呢？恰恰相反，创新和发展有别于现代西方经济学的中国特色社会主义政治经济学，正是未来中国经济学对世界经济学的最大创新和贡献，因为现代西方经济学连自己的问题都解决不了，我们照搬硬套能行吗？中国经济学家只能主要坚持运用马克思主义政治经济学的基本原理和研究方法，同时参考借鉴现代西方经济学的有用的理论和方法，才能创新和发展中国特色社会主义政治经济学。

第三，经济学在各国只有一个吗？《洪文》写道："王亚南说过，在理论上，经济学在各国只有一个"，想以此来证明中国只能发展世界上唯一的"现代经济学"，但这是站不住脚的。"经济学在各国只有一个"吗？不加区别笼统地这样说，显然不符合事实。实际上，仅就理论经济学而言，世界上至少有两大经济学——西方经济学和马克思主义经济学，即使这句话是王亚南说的，也不准确，更不能以此作为断言世界上只有现代西方经济学这么一个经济学的依据。众所周知，王亚南是老一辈坚定的马克思主义经济学家，他说的"经济学在各国只有一个"，只会是指既反映普遍规律也反映特殊规律的科学的经济学只有一个，那就是马克思主义经济学，无论过去还是现代，肯定不会是西方经济学，更不可能是现代西方经济学。

五 研究范式与研究方法同样具有阶级或者制度属性

如何构建中国经济学？《洪文》认为应该借鉴西方经济学特别是现代西方经济学，毫无疑问这是正确的，但是，如前所述，"中国特色社会主义政治经济学"决不能主要采用、更不能全盘照搬西方经济学包括现代西方经济学的研究范式和研究方法，只能是依据马克思主义政治经济学的立场观点方法，主要是采用历史唯物主义和辩证唯物主义的世界观和方法论。

《洪文》为了论证借鉴西方经济学的合理性，提出"与经济理论本身相比，研究范式与研究方法只是研究工具，本身并不带有任何阶级或者制度属性，没有意识形态色彩"。实际上，这种不做具体分析、不加区别地一概而论的看法，也是不符合事实的。

总体而言，哲学社会科学主要是关于社会关系的科学。在阶级社会中，阶级关系是基本的社会关系，人们必然处在不同的阶级地位中、站在不同的阶级立场上、运用不同的立场观点方法分析和认识事物，形成不同的理论看法，这些看法就构成不同的哲学社会科学。因此，哲学社会科学必然具有阶级性，不同的哲学社会科学必然代表不同的阶级利益，也必然具有不同的政治倾向（因为政治是经济的集中体现）。所谓"意识形态色彩"，实质上就是阶级色彩、政治倾向性。经济学是社会科学，不是自然科学，那种认为经济学是与数学、物理学一样的超阶级的科学的现代西方经济学观点是不符合实际的。经济学作为社会科学，必然具有阶级性；作为意识形态的重要组成部分，当然具有意识形态色彩。在阶级社会中，经济学的阶级性不仅是研究对象和问题有阶级性，而且研究者也有阶级性，即站在什么阶级立场上、从什么阶级利益出发，基本理论观点也有阶级性，即反映什么阶级的利益和诉求，具有意识形态色彩。所以，马克思主义政治经济学与西方经济学无论是基本原理，还是立场观点方法，都存在本质的区别。

比如，对于资本主义市场经济中普遍存在的基本经济关系——劳资关系（即雇佣工人与资本家的关系）的性质的认识和判断，西方经济学与马克思主义政治经济学就根本不同。西方经济学认为，劳资关系是平等互利的交换关系、不存在资本家剥削工人的问题，甚至认为是资本家养活了工人、不是工人养活了资本家；与此相反，马克思主义政治经济学认为，劳资关系本质是不平等的剥削关系，是资本家剥削了雇佣劳动者、工人养活了资本家，不是资本家养活了工人。这种对同一种经济现象或者事物得出两种截然相反的不同结论的情况，不胜枚举，充分证明了经济学的阶级性。

西方经济学往往打着不偏不倚、客观公正、超然于阶级党派和私利、代表全人类、纯粹学术的旗号出现，特别害怕暴露自己的资产阶级属性，因为资本主义少数人剥削多数人、贫富两极分化首先在道义上就是不公平合理的，所以他们总是想方设法掩盖自己的阶级属性，不敢承认自己的资产阶级本性，不可能像马克思主义政治经济学那样，公开宣布是无产阶级的经济学，要为无产阶级的利益服务。

经济学不仅基本理论具有阶级性，基本研究范式特别是思想方法也具有阶级性，绝不是"本身并不带有任何阶级或者制度属性，没有意识形态色彩"。而且，所谓经济研究范式实际上就是经济研究的立场观点方法的总称。在阶级社会中，立场主要就是阶级立场，研究范式还包含基本理论观点和基本思想方法、基本经济范畴和基本理论框架的构建，不仅仅只是具体研究工具和方法（包括话语表达方式），而基本理论观点和基本思想方法、基本经济范畴和基本理论框架的构建也是具有阶级属性的。比如，"经济人假设"是西方经济学研究范式的主要组成部分，就既是一种理论观点，同时也是西方经济学研究范式的起点，就是私有制的反映，是有着浓厚的阶级烙印和意识形态色彩的范式内容。

即使是从技术和工具手段角度而言的属于中性的具体分析研究方法，比如定性分析与定量分析、总量分析与个量分析、存量分析与增量分析、空间上的宏观分析与中观和微观分析及其区域研究、时间上的动态分析与静态分析、现状分析与历史分析、实证分析与规范分析、历史的研究与逻辑的研究、现象与本质分析、形式与内容分析、因果关系分析、必然性与偶然性分析、可能性与现实性分析，文献研究、调查研究、案例研究、对策研究、比较研究，经济预测方法、信息论、系统论、控制论、博弈论（对策论）、大数据、云计算，等等，都是西方经济学和马克思主义政治经济学可以采用的经济研究方法，区别只是运用的程度、水平、正确合理性的不同。以不同基本经济学理论为指导、持有不同立场观点和基本思想方法的经济学家，运用这些具体方法工具的方式、成效也会有差别。如前所述，西方经济学就存在重现象和定量分析、轻本质和定性分析的倾向。

这里还需要说明的是，现代西方经济学运用更为现代的深奥的数学和计量方法进行经济分析研究，现代马克思主义政治经济学在这方面是比较欠缺的，中国经济学理论的创新和发展的确需要学习、参考、借鉴。但是必须认识到的是，数学模型和计量分析是经济研究的重要方法，而历史唯物论和唯物辩证法是更重要的基本方法。因为，即使采用最先进现代的数学模型和计量分析，如果基本的思想方法不对，没有历史唯物论和唯物辩证法的指导与运用，同样得不出正确科学的研究结论。比如，生产过剩经济危机和贫富两极分化的根源到底是什么？马克思主义政治经济学站在无产阶级立场上，运用历史唯物论和唯物辩证法，实事求是地分析研究资本主义生产方式的矛盾运动后，得出的科学结论是资本主义私有制；西方经济学也会分析研究发生的原因及其应对之策，但是西方经济学的基本立场观点方法决定他们不愿意、不可能甚至不敢深究私有制这个本原，只可能停留在现象上，进行浅层次分析，提出头痛医头、脚痛医脚的对策，只能短期暂时缓和矛盾，不可能从根本上解决问题。所以尽管两百年了，生产过剩经济危机和贫富两极分化依然是资本主义社会无法根本消除的痼疾。

改革开放以来，国内有些经济学家自认为是没有片面性的、不追求私利的、真正的、纯粹的学者，以超然于阶级、政治、意识形态的不偏不倚、公正不阿的面貌出现，反对和指责经济学中的意识形态色彩，甚至认为马克思主义政治经济学具有阶级性，是一种意识形态，所以不是科学的经济学。如上所述，经济学必然带有意识形态色彩。带有意识形态色彩绝不是像有些以客观超然面貌自居的人认为的那样，必然是不客观公正的、不合理的、片面的、错误的，甚至不光彩的，关键是要看带有什么性质的意识形态。如果带的是先进的、符合实际的意识形态，就是正确的、科学的意识形态，就是客观公正的、合理的、好的；假若带的是落后腐朽的、不符合实际的意识形态，那才是不正确、不科学的意识形态,就是不客观公正的、不合理的、不好的。

在当今世界,西方国家特别是美国现在的意识形态色彩其实要比中国浓厚得多,不少政治家、学者,特别是新闻媒体,往往都是以"普世价值"的代表、真理的化身自居,站在所谓不偏不倚的"道德制高点"上,以西方的意识形态划线,不是批判谴责这个,就是惩罚制裁那个。实际上,不客观公正、不正确科学的恰恰是他们。以下这个典型事例多少可以证明这一点:美国教育部下属机构国家教育统计中心网站2013年3月22日在"每日语录"一栏中引用毛泽东"对自己,'学而不厌';对人家,'诲而不倦'"的名言,国家教育统计中心因此遭到猛烈抨击。有美国参议员出面表示,教育部必须解释为何引用"共产主义者"的话。该中心网站被迫删除毛泽东的这句话,换成了林肯的一个警句。美国教育部代理新闻秘书还专门公开表示这次引用"很糟糕",像是在道歉。毛泽东这一句没有什么意识形态色彩的名言,竟然被美国人以意识形态为由予以删去。反观中国呢?正如《环球时报》社评文章中所说的那样,"任何一位美国总统及名人的话,哪怕是与中国军队曾经交战的麦克阿瑟的话如今登上中国媒体,大概都不会有障碍"[①]。

《洪文》涉及的内容十分广泛,花了大量篇幅论述了世界和中国的经济发展史和经济学说史中的人和事,由于时间和篇幅限制,本文只是就一些与构建中国经济学这个主题有关的重要问题提出了商榷意见。《洪文》还提出了一些值得深入研究的问题,存在一些值得商榷的看法,包括:如何正确分析和认识第二次世界大战后西方资本主义国家出现的新变化和新现象及其自我修复能力;苏联东欧国家的剧变及其原因到底是什么;传统社会主义计划经济总体上效率不高的原因何在;"改革开放之后,中国社会阶层分化,收入差距拉大,贪污腐败严重,社会矛盾突出"的主要原因是什么;"在借鉴西方现代经济理论时,需要注意将市场经济基本原理与资本主义私有制及相关的资本主义政治制度剥离开来"中的剥离是什么意思、能不能和怎样剥离;我们到底是应该使用"中国语言"讲述"中国故事",还是用"世界语言"讲述"中国故事"等,只能留待以后有机会再探讨了,希望洪永淼教授和经济学界的同仁们批评、斧正。

---

① 参见《美国对毛泽东禁言,言论自由挂了》,《环球时报》2013年4月1日。

论社会主义市场经济的三个根本问题

余 斌

【作者简介】余斌，中国社会科学院马克思主义研究院研究员、博士生导师，马克思主义原理研究部主任、思想政治教育学科第一带头人，中国社会科学院经济社会发展研究中心副主任，中国社会科学院大学经济学院学术委员会委员，中国社会科学院大学首批特聘课程主讲教授，河南大学、厦门大学等高校兼职教授和客座教授，中国社会科学院马研院—琼州学院理论创新基地执行主任，国务院国资委新闻中心国企理论宣传特约研究员，中华外国经济学说研究会理事、中国经济规律研究会常务理事、中国企业改革与发展研究会理事。著有专著8部、合著2部，发表文章160余篇。

坚持和发展社会主义市场经济，必须紧紧抓住和解决好基本制度、生产目的和资源配置这三个根本问题。这三个根本问题也构成了中国特色社会主义政治经济学的核心内容。

一 基本制度

1. 基本经济制度

邓小平指出："社会主义本身是共产主义的初级阶段，而我们中国又处在社会主义的初级阶段，就是不发达的阶段。"① 这个阶段的基本经济制度，与社会主义一般阶段相比，既具有其共性，又有其特性。中共十五大把"公有制为主体、多种所有制经济共同发展"确立为中国的基本经济制度，既坚持了社会主义的共性即公有制的主体地位，表明中国特色社会主义是社会主义，又具有初级阶段的多种所有制经济并存的特性。

马克思曾经指出："如果说商品价值是由商品包含的必要劳动时间决定，而不是由商品一般地包含的劳动时间决定，那么，正是资本才能实现这种决定。"② 而社会生产力的提高就是缩短生产商品（或产品）所需要的社会必要劳动时间。当前，中国社会主义初级阶段的不发达主要是相对于西方发达资本主义国家而言的，从而要提高社会生产力，就需要直接向西方发达国家学习，就像列宁主张学习泰罗制一样，并在一定限度内允许资本主义私有制的存在，利用其来发展社会生产力。列宁指出："我们在设法建立合营公司。我们已经在建立这种公司，这种公司的资本，一部分属于私人资本家，而且是外国资本家，另一部分属于我们。第一，我们通过这种方式可以学习做生意，这对我们是必要的。第二，如果我们认为必要，我们随时都可以取消这种公司，所以可以说，我们一点也不担风险。我们向私人资本家学习，仔细研究我们怎样才能提高，我们犯了哪些错误。"③ 恩格斯也指出："在一个进行交换的商品生产者的社会里，如果谁想把劳动时间决定价值这一点确立起来，而又禁止以竞争施压力于价格这个唯一可行的办法来确立这种对价值的决定，那就不过是证明，至少在这方面，他采取的是空想主义者惯有的轻视经济规律的态度。"④

列宁还指出："同社会主义比较，资本主义是祸害。但同中世纪制度、同小生产、同小生产者涣散性引起的官僚主义比较，资本主义则是幸福。既然我们还不能实现从小生产到社会主义的直接过渡，所以作为小生产和交换的自发产物的资本主义，在一定程度上是不可避免的，所以我们应该利用资本主义（特别是要把它纳入国家资本主义的轨道）作为小生产和社会主义之间的中间环节，作为提高生产力的手段、途径、方法和方式。"⑤ 与苏联一样，中国同样是幅员辽阔、各地气候悬殊、生产力水平差别很大的国家，也还不能实现从小生产到社会主义的直接过渡，因此在各地生产力水平的差距缩小之前，存在一定的所

---

① 《邓小平文选》第 3 卷，人民出版社 1993 年版，第 252 页。
② ［德］马克思：《资本论》第 3 卷，人民出版社 2004 年版，第 102 页。
③ 《列宁全集》第 43 卷，人民出版社 1987 年版，第 284 页。
④ 《马克思恩格斯文集》第 4 卷，人民出版社 2009 年版，第 210 页。
⑤ 《列宁专题文集·论社会主义》，人民出版社 2009 年版，第 225 页。

有制差别，也是不可避免的。

但是，"训练劳动者不靠资本家过日子＝无产阶级专政下的民主"①。因此，虽然由于生产力不发达，需要发展一些非公有制经济，但决不能使非公有制经济超过公有制经济。列宁曾经指出："如果我们只把少数工厂租给承租人，而把大部分工厂保留在自己手中，那租让并不可怕；这是没有什么可怕的。当然，如果苏维埃政权把自己的大部分工厂拿去租让，那是十分荒唐的；那就不是租让，而是复辟资本主义。"② 邓小平也指出："吸收外资也好，允许个体经济的存在和发展也好，归根到底，是要更有力地发展生产力，加强公有制经济。"③ 党的十八大以后，习近平强调指出："公有制主体地位不能动摇，国有经济主导作用不能动摇，这是保证我国各族人民共享发展成果的制度性保证，也是巩固党的执政地位、坚持我国社会主义制度的重要保证。"④ 事实上，中国特色社会主义理论体系包括中国特色社会主义政治经济学的核心问题，就是公有制与私有制的关系问题，也就是公有制的主体地位会不会动摇的问题。

公有制主体地位之所以不能动摇，是因为"把资本主义生产过程从其连续性来考察，或作为再生产来考察，它不仅生产商品，不仅生产剩余价值，而且还生产出资本家和雇佣工人的社会关系，并使之永久化"⑤。显然，社会主义市场经济在发展多种所有制经济时，必须能够阻止非公有制经济中存在的那种资本家和雇佣工人的社会关系的永久化，否则必然会使社会主义初级阶段日益僵化，不仅不能进入社会主义更高级阶段，而且会倒退到资本主义社会中去。所以，邓小平指出，"反对资产阶级自由化还是要讲"⑥。他还提到，社会主义制度具有"能够集中力量办大事的优势"⑦。而这个优势也来源于公有制经济。也正是因为如此，习近平在上面提出的"两个不能动摇"（即公有制主体地位不能动摇和国有经济主导作用不能动摇）就成为社会主义初级阶段基本经济制度必须坚守的基本准则。

而坚持这两个基本准则，除了政治上的意义，也有经济上的意义。这是因为，在同等的外部条件下，得到有效管理的公有制的经济效率比私有制要高，

---

① 《列宁全集》第 37 卷，人民出版社 1986 年版，第 433 页。
② 《列宁全集》第 41 卷，人民出版社 1986 年版，第 151 页。
③ 《邓小平文选》第 3 卷，人民出版社 1993 年版，第 149 页。
④ 《习近平：发展当代中国马克思主义政治经济学》（http://www.ce.cn/xwzx/gnsz/szyw/201511/24/t20151124_7112615.shtml）。
⑤ ［德］马克思：《资本论》（根据作者修订的法文版第一卷翻译），中国社会科学出版社 1983 年版，第 607 页。
⑥ 《邓小平文选》第 3 卷，人民出版社 1993 年版，第 369 页。
⑦ 《邓小平文选》第 3 卷，人民出版社 1993 年版，第 377 页。

这已经被历史所证实。包括中国在内的社会主义国家的公有制经济在外部不利条件的制约下仍然发展得非常快。而且尽管受到各种出现偏差的政治路线和政治运动的干扰，甚至受到腐败分子造成的公有资产大量流失，中国的公有制经济规模在改革开放前后都得到了较快的增长，并带动了中国经济的整体增长。显然，坚持"两个不能动摇"也是加快中国经济发展、实现中国梦的必由之路。

2. 基本分配制度

马克思指出："工资以雇佣劳动为前提，利润以资本为前提。因此，这些一定的分配形式是以生产条件的一定的社会性质和生产当事人之间的一定的社会关系为前提的。"[①] 他还指出："消费资料的任何一种分配，都不过是生产条件本身分配的结果；而生产条件的分配，则表现生产方式本身的性质。例如，资本主义生产方式的基础是：生产的物质条件以资本和地产的形式掌握在非劳动者手中，而人民大众所有的只是生产的人身条件，即劳动力。既然生产的要素是这样分配的，那么自然就产生现在这样的消费资料的分配。如果生产的物质条件是劳动者自己的集体财产，那么同样要产生一种和现在不同的消费资料的分配。"[②]

由此可见，基本分配制度只是基本经济制度的表现。由于社会主义市场经济的基本经济制度是"公有制为主体、多种所有制经济共同发展"，因此，其基本分配制度就是"按劳分配为主体、多种分配方式并存"。

然而，有人鼓吹"从按劳分配到按生产要素贡献分配，既是我国分配制度的伟大变革，也是我国分配理论的重大创新"[③]。但是，所谓按生产要素贡献分配只不过是西方经济学生产函数理论的结论，是一种为资本家剥削工人进行辩护的理论，根本谈不上中国的什么创新。事实上，对于农业生产有着巨大贡献的生产要素——阳光、雨水和空气直到今天无论是在国内还是国外都从来没有参与过农业产品的分配；而且，股东们购买股票支付的是货币，货币本身不是生产要素，对于生产过程没有直接的贡献，但是股东们却可以凭此获得股息，这种分配也谈不上按生产要素贡献分配。更重要的是，即便我们"认可"机器和土地这些生产要素对于财富创造有所贡献，这个贡献也与资本家和地主无关，因为他们本身并没有参与生产过程。如果真的是按生产要素贡献分配，分配物

---

① ［德］马克思：《资本论》第3卷，人民出版社2004年版，第998页。
② 《马克思恩格斯文集》第3卷，人民出版社2009年版，第436页。
③ 蔡继明：《按生产要素贡献分配理论：争论和发展》，《山东大学学报》（哲学社会科学版）2009年第6期。

也应当直接归机器和土地所得,比如把钱财直接贴在机器身上和埋进地里,而不能被资本家和地主拿走。[①] 如果因为资本家和地主是机器和土地这些生产要素的所有者就可以拿走这些分配物,那么,这实际上是按生产要素的所有权进行分配,从而这种理论同样可以为奴隶的所有者即奴隶主剥削奴隶提供辩护。另外,在资本主义社会产生之前,甚至在资本出现之前,生产从而生产要素就已经有了,否则人类社会早就灭亡了。因此,如果从历史的角度来看按生产要素贡献分配,那也与资本没有关系,资本家也无权因此获得利润和收入。而在谈到利润即一些人所谓生产要素贡献所得的性质时,马克思还指出:"随着工人方面的合作事业和资产阶级方面的股份企业的发展,混淆企业主收入和管理工资的最后口实也站不住脚了,利润在实践上也就表现为它在理论上无可辩驳的那种东西,即表现为单纯的剩余价值,没有支付等价物的价值,已经实现的无酬劳动;因此,执行职能的资本家实际上是在剥削劳动,并且在他是用借入资本从事经营的时候,他的剥削的结果就分为利息和企业主收入,即利润超过利息的余额。"[②]

邓小平指出:"社会主义发展生产力,成果是属于人民的。就是说,在我们的发展过程中不会产生资产阶级,因为我们的分配原则是按劳分配。当然分配中还会有差别,但我们的目的是共同富裕。"[③] 他还指出:"如果按资本主义的分配方法,绝大多数人还摆脱不了贫穷落后状态,按社会主义的分配原则,就可以使全国人民普遍过上小康生活。这就是我们为什么要坚持社会主义的道理。不坚持社会主义,中国的小康社会形成不了。"[④] 由此可见,要实现中共十八大报告提出的"全面建成小康社会"目标,必须坚持社会主义的分配原则,必须以按劳分配为主体。

中共十八大报告指出:"规范收入分配秩序,保护合法收入,增加低收入者收入,调节过高收入,取缔非法收入。"[⑤] 这其实也是要维护按劳分配的原则,要把合法的过高收入和低收入者的收入根据按劳分配的原则在多种分配方式并存的情况下进行一些调整。要知道,资产阶级经济学家穆勒都曾看出,"现在劳动产品的分配是同劳动成反比的:产品的最大部分属于从来不劳动的人,次大部分属于几乎只是名义上劳动的人,而且劳动越艰苦和越不愉快,报酬就越少,

---

[①] 余斌:《45 个十分钟读懂〈资本论〉》,人民出版社 2011 年版,第 43 页。
[②] [德] 马克思:《资本论》第 3 卷,人民出版社 2004 年版,第 438 页。
[③] 《邓小平文选》第 3 卷,人民出版社 1993 年版,第 255 页。
[④] 《邓小平文选》第 3 卷,人民出版社 1993 年版,第 64 页。
[⑤] 《胡锦涛在中国共产党第十八次全国代表大会上的报告》(http://news.xinhuanet.com/18cpcnc/2012—11/17/c_ 113711665_ 8. htm)。

最后，从事最劳累、最费力的体力劳动的人甚至连得到生活必需品都没有保证"①。这说明低收入者的收入和过高收入者的收入与其付出或完成的社会必要劳动时间是不相符的。邓小平曾经明确指出："贫穷不是社会主义，发展太慢也不是社会主义。否则社会主义有什么优越性呢？"② 中国经济已经发展到世界第二大经济体了，却还有大量低收入者处于贫穷状态，这与社会主义甚至其初级阶段是不相符的。

习近平在庆祝中国共产党成立 95 周年大会上的讲话中明确指出："带领人民创造幸福生活，是我们党始终不渝的奋斗目标。我们要顺应人民群众对美好生活的向往，坚持以人民为中心的发展思想，以保障和改善民生为重点，发展各项社会事业，加大收入分配调节力度，打赢脱贫攻坚战，保证人民平等参与、平等发展权利，使改革发展成果更多更公平惠及全体人民，朝着实现全体人民共同富裕的目标稳步迈进。"③ 这应当成为中国分配制度改革的根本要求，而要实现这个要求除了坚持上述基本经济制度和基本分配制度是没有别的出路的。

二 生产目的

1. 满足广大人民群众的需要

邓小平在改革开放之初就明确指出："社会主义的经济是以公有制为基础的，生产是为了最大限度地满足人民的物质、文化需要，而不是为了剥削。"④ 他后来在谈到改革开放迈不开步子、不敢闯的问题时指出："判断的标准，应该主要看是否有利于发展社会主义社会的生产力，是否有利于增强社会主义国家的综合国力，是否有利于提高人民的生活水平。"⑤ 显然，这"三个有利于"标准的提出也是为了更好地实现社会主义生产目的。而习近平在谈到供给侧结构性改革时指出，这个改革的根本，是使我国供给能力更好满足广大人民日益增长、不断升级和个性化的物质文化和生态环境需要，从而实现社会主义生产目的。⑥ 这就进一步明确了社会主义（包括社会主义市场经济）的生产目的是满足广大人民日益增长、不断升级和个性化的物质文化和生态环境需要。

---

① 转引自［德］马克思《资本论》第 1 卷，人民出版社 2004 年版，第 705 页脚注。
② 《邓小平文选》第 3 卷，人民出版社 1993 年版，第 255 页。
③ 《习近平：在庆祝中国共产党成立 95 周年大会上的讲话》（http://news.xinhuanet.com/politics/2016—07/01/c_1119150660.htm）。
④ 《邓小平文选》第 2 卷，人民出版社 1994 年版，第 167 页。
⑤ 《邓小平文选》第 3 卷，人民出版社 1993 年版，第 372 页。
⑥ 《习近平在省部级主要领导干部学习贯彻党的十八届五中全会精神专题研讨班上的讲话》（http://news.xinhuanet.com/politics/2016—05/10/c_128972667_3.htm）。

有人提出，在多种所有制经济共存的条件下，无论是私有企业还是公有企业，都要追求利润最大化，都要接受自发的价值规律的调节，特别是私有制企业中，通行的是资本主义的经济规律，从而形成了社会主义经济规律与资本主义经济规律并存的二元结构。这两个对立的方面如何能统一起来呢？

其实，公有企业虽然也有利润要求，但与私有企业还是有所不同的。"资本主义生产的动机就是赚钱。生产过程只是为了赚钱而不可缺少的中间环节，只是为了赚钱而必须干的倒霉事。（因此，一切资本主义生产方式的国家，都周期地患一种狂想病，企图不用生产过程作中介而赚到钱。）"[①] 2008 年美国金融危机暴露出来的虚拟经济对实体经济的脱离，正是这种狂想病的反映。一旦不能得到利润或者说赚不到钱，资本家就会关门歇业，把工人赶到大街上去。于是，出现下面这种景象在资本主义市场经济中就不稀奇了：织棉布的工人需要棉布，但是他们买不起，因为他们失业了，没有钱，而他们之所以失业，是因为他们不能继续生产，而他们之所以不能继续生产，是因为已经生产的太多了，棉布充斥市场，尽管织棉布的工人们自身缺乏棉布。[②] 2008 年美国金融危机爆发后，外部环境恶化，中国沿海一些从事出口业务的私有企业为了减少损失，关门歇业，把工人赶回老家。而国有企业却受命不得裁员，甚至不得停业。事实上，国有企业的社会责任有时会高于对利润的要求，以至于出现政策性亏损问题。这不是因为国有经济效率低下，而是因为国有经济遵守社会主义生产目的。私有企业和公有企业，都接受价值规律的调节，但它们遵循不同的剩余价值规律或剩余劳动规律。

公有企业为了社会主义的发展，也会贡献一些剩余劳动，但不会像私有企业那样压榨工人。有人主张，为了促进竞争，甚至为了跨越中等收入陷阱，提高人均收入，要保持劳动力廉价的所谓比较优势，通过使工人失业下岗和延长工人的劳动时间等方式，来压低普通工人的实际工资水平、降低社会保障水平。这种所谓的市场化改革显然是用资本家追逐利润的资本主义生产目的取代了社会主义生产目的，只会导致广大人民群众的生活水平下降，与增加人民群众的收入，进而满足广大人民群众的需要的社会主义生产目的背道而驰。如果有人认为，工人不高的生活水平，已经给私有企业造成了困难，甚至会导致私有企业破产，那只不过说明资本主义私有制已经到了历史的尽头，在生产力水平相比《共产党宣言》发表时的发达资本主义国家已经取得无比巨大发展的情况

---

① ［德］马克思：《资本论》第 2 卷，人民出版社 2004 年版，第 67—68 页。
② 《马克思恩格斯全集》第 26 卷第 2 册，人民出版社 1973 年版，第 597 页。

下，都无法让人们过上稍微好一点的生活了，从而只不过说明多种所有制经济共存已经不能促进社会主义经济的发展，社会主义初级阶段即将结束，应当极大地扩充公有制经济的比重，迈向更高阶段的社会主义。

马克思指出："决不能把使用价值看作资本家的直接目的。"[1] 而满足广大人民群众需要的是使用价值，不是纸币。马克思还指出："如果在一个经济的社会形态中占优势的不是产品的交换价值，而是产品的使用价值，剩余劳动就受到或大或小的需求范围的限制，而生产本身的性质就不会造成对剩余劳动的无限制的需求。"[2] 而社会主义市场经济与资本主义市场经济不同的地方就在于社会主义市场经济中占优势的是满足广大人民群众需要的使用价值。因此，把不同的所有制经济分别适用的社会主义经济规律与资本主义经济规律对立统一起来的方式，就是坚持基本经济制度，坚持"两个不能动摇"，限制私有经济对剩余劳动形成的利润的无限制的需求。

2. 解放和发展生产力

要满足广大人民群众的需要就必须解放和发展生产力。虽然每一类社会相对于前一类社会，如奴隶社会相对于原始社会、封建社会相对于奴隶社会、资本主义社会相对于封建社会，都要解放和发展生产力，但社会主义社会的解放和发展生产力有所不同。这是因为，"作为过去取得的一切自由的基础的是有限的生产力；受这种生产力所制约的、不能满足整个社会的生产，使得人们的发展只能具有这样的形式：一些人靠另一些人来满足自己的需要，因而一些人（少数）得到了发展的垄断权；而另一些人（多数）经常地为满足最迫切的需要而进行斗争，因而暂时（即在新的革命的生产力产生以前）失去了任何发展的可能性。由此可见，到现在为止，社会一直是在对立的范围内发展的，在古代是自由民和奴隶之间的对立，在中世纪是贵族和农奴之间的对立，近代是资产阶级和无产阶级之间的对立"[3]。因此，社会主义对生产力的解放和发展，是要提供能够满足整个社会的生产，是要消除发展的垄断权，消灭剥削，消除两极分化，实现共同富裕，从而为消灭阶级和阶级对立创造物质条件。

不仅如此，马克思指出："英国资产阶级将被迫在印度实行的一切，既不会使人民群众得到解放，也不会根本改善他们的社会状况，因为这两者不仅仅决定于生产力的发展，而且还决定于生产力是否归人民所有。"[4] 因此，我们不仅

---

[1] ［德］马克思：《资本论》第1卷，人民出版社2004年版，第178—179页。
[2] ［德］马克思：《资本论》第1卷，人民出版社2004年版，第272页。
[3] 《马克思恩格斯全集》第3卷，人民出版社1960年版，第507页。
[4] 《马克思恩格斯全集》第12卷，人民出版社1998年版，第250页。

要解放和发展生产力,还要保证被解放和发展了的生产力归人民所有,这同样意味着我们必须坚持公有制为主体。如果中国改革开放所解放和发展的生产力主要是保留在外资手上或国内少数资产者手上,那么这个解放和发展了的生产力就决不会带来和谐社会和共同富裕。

需要说明的是,社会主义及其初级阶段对生产力的解放和发展,首先是相对于资本主义生产方式而言的,其次是相对于小农和个体经济的小生产的生产方式而言的,再次是相对于劳动者的劳动强度或辛苦程度而言的。

既然资本主义生产方式已经落到了"靠牺牲已经生产出来的生产力来发展劳动生产力"的地步,那么就不难理解恩格斯从"生存斗争"的角度所讲的这句话:"必须保护资产阶级的资本主义社会所生产出来的产品和生产力,使之免遭这个资本主义社会制度本身的毁灭性的、破坏性的作用的影响,办法是从不能办到这一点的居于统治地位的资本家阶级手中夺取社会生产和社会分配的领导权,并把它转交给生产者群众——这就是社会主义革命。"① 而且,在资本主义社会里,机器上的每一种改进都抢走了工人的饭碗,而且这种改进愈大,工人失业的就愈多。因此,每一种改进都像商业危机一样给某一些工人带来严重的后果,即匮乏、贫穷和犯罪。相反地,在一个组织得合理的社会制度下,所有这些改进都只会受到欢迎。② 这也是为什么一些发达国家的工会反对生产力的提高而新中国却致力于生产力的提高的原因。

小生产的生产方式是以土地及其他生产资料的分散为前提的。"它既排斥生产资料的积聚,也排斥协作,排斥同一生产过程内部的分工,排斥对自然的社会统治和社会调节,排斥社会生产力的自由发展。它只同生产和社会的狭隘的自然产生的界限相容。"③ 在中国政府推动的"大众创业、万众创新"活动中,有些地方不知所措,盲目地让大学生们纷纷创办小咖啡馆和小餐饮,虽然能缓解一点就业压力,但是对解放和发展生产力没有什么帮助。邓小平指出:"经济发展得快一点,必须依靠科技和教育。我说科学技术是第一生产力。"④ 处于社会主义初级阶段、整体发展上相对落后的中国还没有也不应当奢侈到让大学里培养出来的科学技术人才去从事简单劳动的地步,如果其他所有制经济无法容纳这些人才,公有制经济要通过扩张来吸纳这些人才以提高生产力。

在生产力水平较低时,没有机器设备的辅助,劳动过程会很辛苦。但是,

---

① 《马克思恩格斯文集》第9卷,人民出版社2009年版,第548—549页。
② 参见《马克思恩格斯全集》第2卷,人民出版社1957年版,第421页。
③ [德]马克思:《资本论》第1卷,人民出版社2004年版,第872页。
④ 《邓小平文选》第3卷,人民出版社1993年版,第377页。

在资本主义社会里，尽管生产力水平得到了较大的发展，但劳动过程仍然很辛苦。这是因为，"机器本身减轻劳动，而它的资本主义应用提高劳动强度"①。而与之相反的是，尽管缺少燃料，但列宁却曾经反对开采泥炭，因为不能派人去做这种苦工，直到泥炭水力开采法发明出来减轻了这种劳动，把这种苦役般的劳动变成了比较正常的劳动。②

由于中国还处于社会主义的初级阶段，对生产力的解放和发展还很不足，还不得不在一定程度上利用一下资本主义生产方式和小生产的生产方式。而社会主义对生产力的解放和发展，就是要大力发展社会主义生产方式，使之能够取代从而消除资本主义生产方式和小生产的生产方式。这也是为什么邓小平即便看到了家庭联产承包责任制的成功，也不主张以得到实践检验的名义把它永久坚持下去，反而强调要搞第二个飞跃来发展集体经济。近些年来，有人把养殖业的生产方式生搬硬套到畜牧业上，把农耕的小块土地模式生搬硬套到游牧的草场上，其后果是草场严重退化、羊群品质下降、养羊的劳动投入大增。这就不是解放和发展生产力，而是束缚和压迫生产力了。

需要指出的是，中国共产党的党章指出，中国共产党代表中国先进生产力的发展要求。③ 显然，这种代表是不可能体现在其他所有制经济中的，而只能体现在公有制经济中，体现在公有制经济的主体地位上。

3. 可持续发展

马克思指出："整个社会，一个民族，以至一切同时存在的社会加在一起，都不是土地的所有者。他们只是土地的占有者，土地的受益者，并且他们应当作为好家长把经过改良的土地传给后代。"④ 对土地如此，对其他自然资源和社会生产力的其他构成要素，甚至对人本身也是如此。

习近平在主政浙江时曾指出："发展不能断送了子孙的后路。粗放型增长的路子，'好日子先过'，资源环境将难以支撑。因此，发展必须是可持续的。"⑤ 他还具体就旅游经济的可持续发展指出："旅游经济被称为'无烟工业'，与环境保护冲突小，但并不意味没有矛盾。这些年来一些地方由于无序开发、盲目发展，造成对自然资源和生态环境损害的现象也时有发生。生态资源、风景名胜、文物古迹都是不可再生的资源，生态资源遭到破坏，人类

---

① [德] 马克思：《资本论》第 1 卷，人民出版社 2004 年版，第 508 页。
② 参见《列宁全集》第 40 卷，人民出版社 1986 年版，第 150 页；《列宁全集》第 42 卷，人民出版社 1987 年版，第 347 页。
③ 《中国共产党章程（全文）》（http://www.gov.cn/test/2008—08/01/content_ 1061476.htm）。
④ [德] 马克思：《资本论》第 3 卷，人民出版社 2004 年版，第 878 页。
⑤ 习近平：《之江新语》，浙江人民出版社 2007 年版，第 116 页。

生存环境就会恶化；风景名胜受到破坏，观赏价值就大打折扣；文物古迹遇到破坏，人文价值就荡然无存。生态资源和人文资源是发展旅游的基础，一旦破坏，旅游经济也成了无源之水、无本之木。我省历史文化悠久，人文资源荟萃，优美的山水风光和深厚的文化底蕴，使我省发展旅游经济具有得天独厚的优势。发展旅游经济要坚持开发与保护并重，开发是发展的客观要求，保护是开发的重要前提。只有科学合理的开发，才能促进旅游经济的快速发展。只有积极有效的保护，才能保证旅游经济的健康发展。我们要按照'严格保护、合理开发、持续利用'的原则，把我省丰富的生态资源和人文资源开发利用好，更要保护好，走资源节约、生态平衡、集约发展的道路，保证我省旅游经济可持续发展。"[1]

在可持续发展上，一是要发展，二是要可持续。习近平在谈到高效生态农业时指出："它既区别于高投入、高产出、高劳动生产率的石油农业，也区别于偏重维护自然生态平衡和放弃高投入、高产出目标的自然生态农业。"[2] 这也就是说，只是可持续而不发展，也是不行的。

走可持续发展道路，要求转变经济增长方式。习近平指出："转变经济增长方式有一个从量变到质变的过程，可能会有一个阵痛期，经济增长方式转变还会对经济增长速度带来一定影响。在这个过程中，会在存量和增量两方面影响短期经济增长。存量方面，由于要增加社会和企业在治理环境污染方面的成本，增加企业提高劳动力工资和研发投入带来的成本，会使企业短期效益下降，甚至有一些企业和产业可能因无法消化这些成本而造成经营困难。增量方面，由于更加严格地控制土地供给，更加严格地限制高能耗行业和禁止高污染行业的发展，可能影响一个地方的投资规模，进而影响到当地的即期经济增长。对此，我们应有充分的思想准备，在制定有关政策、确定有关举措时把握好度，掌握好平衡点，既要防止经济出现大的波动，更要坚定不移地推进经济增长方式转变"[3]。他还指出："我们做一切工作，都必须统筹兼顾，处理好当前与长远的关系。我们强调求实效、谋长远，求的不仅是一时之效，更有意义的是求得长远之效。当前有成效、长远可持续的事要放胆去做，当前不见效、长远打基础的事也要努力去做。千万不要'空前绝后'，出现'前任的政绩，后任的包袱'，甚至犯下不可补救的过失，造成不可挽回的损失。"[4]

---

[1] 习近平：《之江新语》，浙江人民出版社2007年版，第76页。
[2] 习近平：《之江新语》，浙江人民出版社2007年版，第109页。
[3] 习近平：《之江新语》，浙江人民出版社2007年版，第158—159页。
[4] 习近平：《之江新语》，浙江人民出版社2007年版，第86页。

显然，以利润为追逐目标的资本主义市场经济是不可能走可持续发展道路的。即便在国内受到各种压力，资本家也会到国外去以不可持续的方式追逐利润。"我死后哪怕洪水滔天！这就是每个资本家和每个资本家国家的口号。"① 为了避免这种利润追逐后的滔天洪水，必须对资本追逐利润的本性有所限制，必须积极发挥政府这只"看得见的手"的作用，必须支持广大人民群众尤其是劳动者对自身权益的维护。

马克思指出："经验向有头脑的观察者表明：虽然从历史的观点看，资本主义生产几乎是昨天才诞生的，但是它已经多么迅速多么深刻地摧残了人民的生命根源；工业人口的衰退只是由于不断从农村吸收自然生长的生命要素，才得以缓慢下来；甚至农业工人，尽管他们可以吸到新鲜空气，尽管在他们中间自然选择的规律（按照这个规律，只有最强壮的人才能生存）起着无限的作用，也已经开始衰退了。……资本是根本不关心工人的健康和寿命的，除非社会迫使它去关心。人们为体力和智力的衰退、夭折、过度劳动的折磨而愤愤不平，资本却回答说：既然这种痛苦会增加我们的快乐（利润），我们又何必为此苦恼呢？不过总的说来，这也并不取决于个别资本家的善意或恶意。自由竞争使资本主义生产的内在规律作为外在的强制规律对每个资本家起作用。"② 近些年来，在人口结构上，中国的青年劳动力缺乏，一度出现民工荒现象。这是因为，中国私有企业的劳动强度大，劳动时间长，从而出现了和马克思当年在英国看到的同样现象，就是青年劳动力消耗过快，并迫使中国提早结束只生一胎的计划生育政策，放开了二胎生育。但是，放开二胎只会加重人口整体过剩的问题。要从根本上解决问题，就要坚持中国特色社会主义的基本经济制度和基本分配制度，坚持"两个不能动摇"，在依法治国中，要把落实所有的劳动法律和劳动法规放在首位，减少劳动时间和劳动强度，提升劳动力素质，保证劳动力的可持续消耗，增加人民生活的幸福程度。

在这里，安全发展对于劳动者和人民群众是十分重要的，是可持续发展的重要一环。习近平指出："安全发展就是尊重生命、关爱生命。任何以牺牲人的生命和健康为代价的所谓'发展'，都是不健康、不道德、不和谐的，也都不是真正的发展。……我们的一切发展都必须以安全为基础、前提和保障，务必做到各领域、各行业、各经营单位的发展，都建立在安全保障能力不断增强、安全生产状况持续改善、劳动者生命安全和身体健康得到切实保障的基础上，

---

① ［德］马克思：《资本论》第1卷，人民出版社2004年版，第311页。
② ［德］马克思：《资本论》第1卷，人民出版社2004年版，第310—312页。

做到安全生产与经济社会发展水平基本相适应,实现安全保障下的可持续发展。应当通过各领域的共同努力,让广大生产者在安全条件下生产,让广大消费者在安全服务中消费,让广大群众在安全感中生活,让我们的社会真正实现科学发展、和谐发展、安全发展。"[1]

三 资源配置

1. 政府与市场

中共十八届三中全会提出,要使市场在资源配置中起决定性作用和更好发挥政府作用。有人认为,在现代社会经济中,政府和市场作为"看得见的手"和"看不见的手",在资源配置中分别具有不同的作用,它们既有相互依存的一面,又有互相矛盾的一面。[2] 其实,早在1987年邓小平就指出:"计划和市场都是方法嘛。"[3] 那么,方法怎么能自动起作用呢?即便市场不仅仅是方法,那么它也不过是一个作为客体的场所,或主客体相互作用的环境和背景,而不是一个主体,从而也是不能自发起作用的。

事实上,在市场中起作用的是法人,包括企业法人和自然法人。使市场在资源配置中起决定性作用,就是让法人作为主体自由发挥作用,使社会经济发展规律如价值规律在这种自由的近似随机的运动中自发地体现出来。恩格斯曾经指出:"历史是这样创造的:最终的结果总是从许多单个的意志的相互冲突中产生出来的,而其中每一个意志,又是由于许多特殊的生活条件,才成为它所成为的那样。这样就有无数互相交错的力量,有无数个力的平行四边形,由此就产生出一个合力,即历史结果,而这个结果又可以看做一个作为整体的、不自觉地和不自主地起着作用的力量的产物。因为任何一个人的愿望都会受到任何另一个人的妨碍,而最后出现的结果就是谁都没有希望过的事物。所以到目前为止的历史总是像一种自然过程一样地进行,而且实质上也是服从于同一运动规律的。"[4] 但是,在这种合力形成的过程中,与合力方向不同的力所做的功是无用功,甚至是负面的功,从而存在大量的浪费。同时,随机运动的波动也大,甚至出现周期性经济危机。这时就需要公共经济部门如政府来发挥制约和引导市场的作用,使合力更为集中,减少经济运

---

[1] 习近平:《之江新语》,浙江人民出版社2007年版,第227页。
[2] 《使市场在资源配置中起决定性作用和更好发挥政府作用》(http://www.cssn.cn/mkszy/mkszzjj/201603/t20160308_2903355.shtml)。
[3] 《邓小平文选》第3卷,人民出版社1993年版,第203页。
[4] 《马克思恩格斯文集》第10卷,人民出版社2009年版,第592—593页。

行的波动性对经济发展的损害。

另外，随着市场经济的发展，一些大型甚至巨型企业开始出现，市场竞争早已从自由竞争进入垄断竞争阶段。一些垄断寡头的经济实力已经能够左右市场，正在从"看不见的手"变成"看得见的手"，从而政府对垄断寡头的一些市场行为进行限制，反而有利于市场的发展。例如，在1998年香港金融保卫战中，国际金融寡头对香港金融市场发起了冲击，试图通过操控金融市场的变化来攫取暴利，这时香港特区政府在中央政府的支持下进行干预，打退了这一冲击，就是对香港金融市场的自由运行所做的维护，而不是破坏了香港金融市场的自由。

总的来看，在政府发挥作用的时候，"一切政府，甚至最专制的政府，归根到底都不过是本国状况的经济必然性的执行者。它们可以通过各种方式——好的、坏的或不好不坏的——来执行这一任务；它们可以加速或延缓经济发展及其政治和法律的结果，可是最终它们还是要遵循这种发展"[1]。也就是说，在资本主义市场经济中，政府这只"看得见的手"其实还是受"看不见的手"支配的，从而尽管政府对市场进行了各种干预，资本主义经济危机还是按照其必然性爆发了。相反地，在社会主义国家里，由于有公有制经济的全力配合，政府对资源配置才能真正发挥"看得见的手"的作用，当然其效果如何还得看这只手有没有遵循经济发展的客观规律。

西方经济学一般认为，市场是自发形成的，只是在市场失灵的领域，才需要政府来提供公共产品加以弥补，尽管他们还认为，存在政府失败的问题，所以似乎政府没有存在的必要。但是，从市场经济发展的历史来看，现代市场经济的市场却是由政府提供出来的一种公共产品，也正因为政府是市场的提供者和维护者，它才有可能去干预市场。事实上，没有资本主义政府，就没有资本家的国内和国外市场。[2] 而就处于社会主义初级阶段的中国来讲，改革开放之初，市场的兴起，"个体经济迅速发展，雇工在城乡出现以及私营经济的重新出现和发展，是这个时期党的政策扶持的结果"[3]。

最后要指出的是，进行或参与资源配置的公共经济部门，并不是只有政府。马克思对未来社会设想的是一个用公共的生产资料进行劳动的自由人联合体。《中华人民共和国宪法》规定："中华人民共和国的一切权力属于人民。人民行使国家权力的机关是全国人民代表大会和地方各级人民代表大会。"因此，全国

---

[1] 《马克思恩格斯文集》第10卷，人民出版社2009年版，第626页。
[2] 参见余斌《公共经济学》，武汉大学出版社2017年版，第15—16页。
[3] 《中华人民共和国史稿》第4卷，人民出版社、当代中国出版社2012年版，第216页。

及各级人民代表大会及其常务委员会也应当而且更应当在资源配置上发挥积极作用。邓小平曾经指出:"企业下放,政企分开,是经济体制改革,也是政治体制改革。"① 而从政治经济体制改革的角度出发,可以考虑将国务院下属的国家发展和改革委员会、国土资源部与国有资产监管管理委员会合并成立国民经济院,与最高法院地位相同,直接对全国人民代表大会负责,从而彻底实现政企分开。

2. 两个市场

习近平在二十国集团领导人第八次峰会第一阶段会议上的发言指出:"我们必须顺应时代潮流,反对各种形式的保护主义,统筹利用国际国内两个市场、两种资源。"② 因此,对国内与国外两个市场和两种资源的利用,不仅仅中国是这样,其他国家也可以是这样。不过,要对国际国内两个市场、两种资源进行统筹利用,就不能放任两个市场的自发调节,必须有意识地加以引导。

事实上,改革开放以来,中国在利用国际国内两个市场、两种资源方面下了很大的功夫,取得了较大的成绩,但同时西方发达国家在利用中国市场和中国资源方面也取得了很大的进展。中国的稀土资源廉价向外流失,一些污染性企业从国外转移到国内,破坏了中国的国内环境,而利益却大部分归外商所得。与此同时,中国在两个市场上的竞争由于受到西方经济学的干扰而未能充分展开,导致发展程度有限,利益大量向外输送。例如,一些经济学家鼓吹中国利用劳动力廉价的比较优势进行国际竞争,导致中国出口大约 1 亿条牛仔裤才相当于一架美国的波音飞机,而周边国家利用更廉价的劳动力优势参与竞争后,就使中国一些企业和一些地区的经济陷入困境。

恩格斯指出,按照价值规律,假定其他一切条件相同,两个资本使用等量的、有同样报酬的活劳动,在相同的时间内会生产相等的剩余价值或利润。但是,如果这两个资本所使用的活劳动的量不相等,那么,它们就不能生产相等的剩余价值,或如李嘉图派所说的利润。但是情况恰恰相反。实际上,等额的资本,不论它们使用多少活劳动,总会在相同时间内生产平均的相等的利润。③ 这就在表面上和价值规律发生了矛盾,并导致看起来资本的所有部分除了它所使用的活劳动外,还包括机器等死劳动,似乎都在生产剩余价值,进而引发按生产要素贡献分配的说法。然而,这种矛盾的出现,就在于商品经济发生了变

---

① 《邓小平文选》第 3 卷,人民出版社 1993 年版,第 192 页。
② 《习近平在二十国集团领导人第八次峰会第一阶段会议上的发言》(http://news.xinhuanet.com/fortune/2013—09/06/c_117249618.htm)。
③ [德] 马克思:《资本论》第 2 卷,人民出版社 2004 年版,第 24 页。

形,价值规律深化为一般利润率规律。这种深化是马克思在《资本论》第3卷中首次揭示的。按照一般利润率规律,如果中国的产业结构能够更多地从劳动密集型转向资本密集型,就能用同样的劳动付出得到更多的收益,经济增长也会更快,而这就意味着中国不仅要在劳动密集型的低端市场上进行竞争,还要在资本密集型的高端市场上进行竞争。

更为重要的是,马克思指出:"正如一切都已成为垄断的,在现时,也有一些工业部门支配所有其他部门,并且保证那些主要从事这些行业的民族统治世界市场。"[①] 列宁也指出:"在资本家中间,谁的机器优于中等水平或拥有一定的垄断权,谁就会得到超额利润;在国家中也是如此,哪一国的经济状况优于别的国家,哪一国就能得到超额利润。资产阶级要做的事情,就是为自己国家的资本的特权和优越地位而斗争。"[②] 这就要求中国努力进入支配所有其他部门的工业部门并牢牢掌握其核心技术,而不能听任这些部门尤其是其核心技术被外国公司所垄断。由于私有企业的股权容易通过海外上市、借外债和向外国转移资产而被外国资本与政府实际控制,因此,中国进入这些支配部门的首要责任就落在国有企业的肩上。当前在"互联网+"时代,我们虽然没有必要沿用老办法去管制微信,但却有必要创办国有的互联网企业去开发类似的产品与微信进行市场竞争,而不是放任中国人民的日常生活和意识形态被外资控制的互联网企业所左右。

与中国经济新常态相伴随的耳熟能详的一个说法是产能过剩。在马克思主义政治经济学的术语中,产能过剩就是资本过剩。在列宁看来,自由竞争的主要标志是商品输出,垄断竞争的主要标志是资本输出。[③] 资本过剩意味着中国经济已经从自由竞争进入垄断竞争时代,需要向外进行资本输出了,这也是中国经济新常态意味着中国经济上了一个大台阶的典型标志。从而,这也意味着中国不仅要在商品市场上参与国际竞争,也要在资本市场上参与国际竞争;不仅要在资本引进上进行竞争,而且要在资本输出即对外投资上进行竞争。

3. 效率与公平

中共十八大报告提出,推动经济更有效率、更加公平、更可持续发展。[④] 然

[①] 《马克思恩格斯文集》第1卷,人民出版社2009年版,第758页。
[②] 《列宁全集》第27卷,人民出版社1990年版,第21页。
[③] 原话是"对自由竞争占完全统治地位的旧资本主义来说,典型的是商品输出。对垄断占统治地位的最新资本主义来说,典型的则是资本输出"(见《列宁全集》第27卷,人民出版社1990年版,第376页)。
[④] 胡锦涛:《坚定不移沿着中国特色社会主义道路前进 为全面建成小康社会而奋斗》,《人民日报》2012年11月18日。

而，在 20 世纪 80 年代有人提出"效率优先、兼顾公平"以后，效率与公平这两个词却成了死对头，学术界争论不休。① 一些人坚持认为，效率与公平不能兼容，必须牺牲公平以维护效率，为了支持这一观点，他们甚至将多劳多得也视为不公平但有效率。但是，多劳多得本身就是公平而有效率的。这是因为，这一原则的实质是有劳有得，反对不劳而获，并不是吃大锅饭的平均主义。从而虽然在不同的劳动者之间存在差异，但它阻止了不劳而获这个最大的不公平，维持了劳动成果按劳动贡献来分配的公平性，因而它的本质还是公平的。相反地，干好干坏一个样的平均主义，使不同的劳动付出只能得到同样的收获，才是不公平的，因而其效率也是低的。在中国改革开放的过程中打破平均主义的大锅饭，并不是效率优先，而是公平优先。

然而，随着在认识上将效率置于公平之上，在现实中，一些既不公平也无效率的情况出现了。例如，中国前总理朱镕基曾经提到，像长春拖拉机厂那样的大厂，不经市里批准也在卖。他指出，有些所谓"卖厂"，实为送厂。买主哪有那么多的钱去买？工人连工资都拿不到，哪有钱买厂？我们收到一些群众来信，反映某些国有企业的固定资产被七折八扣卖给了原来的厂长或其家属。有的提出要"打破框框"；有的名为招标，实际上按最低价格卖，然后宣布银行债务作废；有的还开全省大会推广。这些做法是完全错误的。② 虽然朱镕基没能纠正这些做法，追回损失的国有资产，但他认定这些做法是错误的，表明在他看来这些做法是不利于经济发展的。然而，有人却认为，只有拉大差距，社会才能进步，和谐社会才有希望。为了达到改革的目标，必须牺牲一代人，这一代人就是 3000 万老工人。8 亿多农民和下岗工人是中国的巨大财富，没有他们的辛苦哪有少数人的享乐，他们的存在和维持现在的状态是很有必要的。但是，那些朱镕基提到的错误做法，不仅是不公平的，其效率也只是对享乐的少数人而言的，对那些被牺牲的人是毫无效率的，从而就社会整体来说，也未必是有效率的。其实，这个关于农民和下岗工人的论调，在三个世纪前就有人说过了。马克思在《资本论》第 1 卷中提到，曼德维尔在 18 世纪初就曾经说过："在财产有充分保障的地方，没有货币还比较容易生活，没有穷人就不行，因为谁去劳动呢？……在不允许奴隶存在的自由民族中，最可靠的财富就是众多的勤劳贫民。此外，他们还是补充海陆军的永不枯竭的源泉，没有他们，就不能有任何享乐，任何一个国家的产品

---

① 参见余斌、张国玉《被交锋——公平与效率的苦斗》，东方出版社 2011 年版。
② 《朱镕基：中央政治局常委没人同意"卖厂风"》，《马克思主义文摘》2012 年第 3 期。

都不可能被用来谋利。"①

有人认为,对于中国经济今天的发展,国有企业的私有化改革有很大贡献,不这样做,无法打破大锅饭。然而,这种因果关系的联系就像把农村经济的发展归结为今天还没有发展起来的小岗村模式一样是很薄弱的。吉林通化钢铁公司在私有化过程中出现的问题②也说明这种因果联系的薄弱性。

实际上,马克思在《资本论》第1卷中已经提到了公平与效率之争的本质问题,只不过他的表述方式有所不同而已。在《资本论》第1卷中,马克思明确指出,对于资本主义制度来说,"国民财富和人民贫穷是一回事"③。他还告诉我们,资产阶级政治经济学家韦克菲尔德先生已经证明,"不剥夺劳动者,不相应地把他们的生产资料转化为资本,劳动的社会生产力的发展,协作、分工以及机器的大规模使用等等,都是不可能的。为了所谓国民财富的利益,他要寻找那些制造人民贫穷的人为的手段"④。显然,如果把这里的国民财富看作效率,把人民贫穷看作不公平。那么,在资本主义制度下,效率与不公平就是一回事,从而效率与公平就只能是死对头,而不能兼容。而且,资本主义必然把效率置于公平之上,并用人为地制造不公平的方式来追求效率。这是因为,资本主义所追求的只是少数人或者说1%的人的效率,对大多数人来说,这一效率甚至是负的。美国经济杀手帕金斯也提到国民生产总值(GNP)的增长可能导致其仅仅对一个人有利,而人口中的大多数负债累累。即便是富者愈富,穷者愈穷,统计记录仍然会表现为经济增长。⑤

但是,协作、分工以及机器的大规模使用等等,并不是只有资本主义生产方式才能做到,社会主义生产方式也能做到。如果说,社会主义初级阶段由于经济实力较低,不得不借助于一部分资本主义生产方式来发展劳动的社会生产力,那么在这个阶段更应当大力发展社会主义生产方式以促进劳动的社会生产力的发展。一些国有企业经营不好,责任在管理这些国有企业的上级政府部门和企业的领导层,自然不能再由这些人来处置国有企业,甚至将国有企业私有化给他们,而应当并完全可以交给企业工人,转为集体所有制,就像当年英国有一些经营不善的私人企业,被工人接管成为工人的合作工厂一样。这样不仅

---

① [德]马克思:《资本论》第1卷,人民出版社2004年版,第710页。
② 《王珉主政吉林发生"通钢事件"始末:被指只顾政绩》(http://www.mnw.cn/news/china/1126990-2.html)。
③ [德]马克思:《资本论》第1卷,人民出版社2004年版,第833页。
④ [德]马克思:《资本论》第1卷,人民出版社2004年版,第877页。
⑤ John Perkins, *Confessions of an Economic Hit Man*, San Francisco: Berrett-Koehler Publishers, Inc, 2004: 15.

是公平的，而且是有效率的。事实上，中国特色社会主义追求的是共同富裕，公有制的存在和发展保证了经济发展成果由人民群众共享，从而中国特色社会主义的效率必然也必须是最广大人民群众的效率，那么这个效率就必然与公平是一致的。反过来也一样。在社会主义国家，公平就是最广大人民群众的效率。

创新驱动发展中使用价值与价值的辩证关系

方兴起

【作者简介】 方兴起，1950年生，湖北武汉人，武汉大学经济学院毕业，获经济学博士学位。广东财经大学中国特色社会主义政治经济学研究中心主任，二级教授，博士生导师。中华外国经济学说研究会副会长，世界政治经济学学会常务理事，中国社会科学院世界社会主义研究中心常务理事，中国经济规律研究会常务理事，中国社会科学院马克思主义研究院特聘研究员。主要从事马克思主义经济学、西方经济学和货币金融学的教学与研究。公开出版的个人专著有：《西方货币学说》《社会主义与市场经济》《货币学派》《市场经济宏观分析》《美国霸权衰落时期的全球金融失衡》。在《中国社会科学》《马克思主义研究》《马克思主义与现实》等学术刊物上发表论文100余篇。

习近平总书记在2013年就强调指出："改革开放这三十多年，我们更多依靠资源、资本、劳动力等要素投入支撑了经济快速增长和规模扩张。改革开放发展到今天，这些要素条件发生了很大变化，再要像过去那样以这些要素投入为主来发展，既没有当初那样的条件，也是资源环境难以承受的。我们必须加快从要素驱动发展为主向创新驱动发展转变，发挥科技创新的支撑引领作用。

这是立足全局、面向未来的重大战略。"① 所以，党的十九大报告提出，"创新是引领发展的第一动力，是建设现代化经济体系的战略支撑"②。而实施创新驱动发展战略面临双重任务：通过创新突破我国发展的瓶颈制约；通过创新形成新的比较优势。③

本文认为，完成习近平提出的创新驱动发展战略双重任务的关键，在于正确认识和处理创新驱动经济发展中使用价值和价值的辩证关系。

一 创新是使用价值的创造过程

近年来，创新一词在我国使用的频率很高，并成为顶层设计的关键词。要正确理解习近平提出的创新驱动发展战略，必须基于马克思的商品两因素或二重性理论，弄清楚使用价值和价值在创新过程中的辩证关系。

习近平认为："当前，从全球范围看，科学技术越来越成为推动经济社会发展的主要力量，创新驱动是大势所趋。新一轮科技革命和产业变革正在孕育兴起，一些重要科学问题和关键核心技术已经呈现出革命性突破的先兆。……变革突破的能量正在不断积累。国际金融危机发生以来，世界主要国家抓紧制定新的科技发展战略，抢占科技和产业制高点。这一动向值得我们高度关注。"④ 不难看出，习近平讲的创新，既不是熊彼特的广义创新，也不是一般意义上的科技创新，而是指新一轮科技革命或工业革命引发的创新。这是一种颠覆性的创新，它将创造出新的生产方式和生活方式，以取代社会原有的生产方式和生活方式。在世界历史上曾因科技革命或工业革命，出现过三次颠覆性创新。这三次颠覆性创新都变革了社会原有的生产方式和生活方式，形成新的生产方式和生活方式。

颠覆性创新的过程，是新的使用价值的创造过程。马克思认为："物的有用性使物成为使用价值。但这种有用性不是悬在空中的。它决定于商品体的属性，离开了商品体就不存在。"⑤ 这意味着，新的使用价值的创造过程是从认知物的属性开始的。也就是说，颠覆性创新必须从物的属性的"基础研究"开始。所

---

① 中共中央文献研究室：《习近平关于社会主义经济建设论述摘要》，中央文献出版社2017年版，第125页。
② 习近平：《决胜全面建成小康社会 夺取新时代中国特色社会主义伟大胜利》，《人民日报》2017年10月28日。
③ 中共中央文献研究室：《习近平关于社会主义经济建设论述摘要》，中央文献出版社2017年版，第136—137页。
④ 中共中央文献研究室：《习近平关于社会主义经济建设论述摘要》，中央文献出版社2017年版，第126—127页。
⑤ 《马克思恩格斯全集》第44卷，人民出版社2001年版，第48页。

谓"基础研究",主要是为了获取有关物体或物质的重要基础原理的新知识而开展的实验性或理论性研究,这项研究不以任何特定的应用或使用为目标。以2015年我国发射"悟空"卫星探测宇宙中的暗物质为例,宇宙中看不见的物质总量远远超过看得见的物质（据推测宇宙中看得见的物质不到5%,看不见的物质占95.1%）,这些看不见的物质就被暂时称为暗物质。发现暗物质,并为获取它的重要基础原理而开展的实验性或理论性研究,不以任何特定的应用或使用为目标。这就是基础性研究。"进行基础研究是为了分析特性、结构和关系,从而形成假说、理论或规律并对此进行测试"。因此,其研究成果通常发表在科技类期刊上,成为公开可得的公共知识,而不可能在市场上出售。①

一旦在基础性研究领域对某种物体或物质的重要基础原理的认知取得突破,就为开发大量广泛应用的研究奠定了基础。这样,创新过程就可以从基础研究领域进入应用研究领域。应用研究是为了探索基础研究成果的可能用途,从而其直接目的不是为了创造价值,而是为了创造出新的使用价值或新的产品,以及工艺或生产方法。也就是说,应用研究过程是为了获得新的使用价值而不是价值,而为了获得新的使用价值,必须不计成本地投入大量的资源。新的使用价值或新的产品不是为市场生产的,而是为探索新的用途而生产的。因此,新的使用价值虽然是人类劳动的产物,但不是商品。要生产商品,不仅要生产使用价值,"而且要为别人生产使用价值,即生产社会的使用价值"。也就是说,"成为商品,产品必须通过交换,转到把它当作使用价值使用的人的手里"②,而应用研究一般只创造单个产品或样品,且由于耗资巨大而不可能直接投放市场。因此,必须对应用研究所创造的新的使用价值或产品进行商业性开发,使之符合成本收益原则才能成为既具有使用价值又具有价值的商品,从而才能为交换而进行大规模的生产。

由此不难看出,颠覆性创新创造的新的使用价值在成为具有使用价值和价值二重性的商品之前,经历了基础研究、应用研究和商业性开发三个阶段。显然,这三个阶段导致了研发周期长,耗资巨大,不确定因素多,且无利可图。在市场经济条件下,无论多么有经济实力的单个企业,都不可能独立完成颠覆性创新的三阶段研发工作。以核聚变能研究为例。1950年第一颗氢弹成功爆炸,标志着人类实现了将核聚变产生的能量用于军事目的。自1950年至2017年,少数国家一直在商业性开发核聚变能用于发电。2007年11月,由中国、欧

---

① ［德］奥利弗·索姆等主编：《德国制造业创新之谜》,工业4.0研究院译,人民邮电出版社2016年版,第8页。
② 《马克思恩格斯全集》第44卷,人民出版社2001年版,第54页。

盟、印度、日本、韩国、俄罗斯、美国等共 30 多个国家共同出资，合作推进国际热核聚变实验反应堆（简称 ITER）计划。其目的是通过建造反应堆级核聚变装置，验证和平利用核聚变发电的科学和工程技术可行性。ITER 计划对从根本上解决人类共同面临的能源问题、环境问题和社会可持续发展问题具有重大意义。根据 ITER 的部署，2007 年至 2025 年为建造阶段，2025 年第一次点火，2035 年进入运行阶段，最终在 2050 年前后实现核聚变能的商业应用。这表明，即使不算核聚变的基础研究和军事应用研究所花费的时间，仅计算核聚变能的商业应用研究和开发研究所需要的时间就长达一个世纪，而且，在 2050 年实现核聚变能的商业应用目标具有极大的不确定性。但是，实现核聚变能的商业应用是人类开发清洁、安全和可持续能源方面的颠覆性创新，因此，作为一种新的使用价值，核聚变能如果成功地实现商业应用，则将改变人类长期依赖高污染与不可再生能源的生产和生活方式。

另外，以人工智能为例，20 世纪 50 年代至 60 年代起，人工智能的应用研究和商业性开发，创造出具有类人脑的新的使用价值，即大型计算机、软件以及计算机之间互相通信，从而开启了世界第三次工业革命。如果说第一次工业革命和第二次工业革命的共同特征是人手延伸的机械化生产的话，那么，第三次工业革命则是人脑延伸的人工智能的问世。虽然在第三次工业革命中，人工智能以芯片的形式嵌入许多的产品中，并形成开放性的互联网，改变了商业模式和社交模式，但是人工智能的应用研究和商业性开发主要局限在流通领域和社交领域。当前，随着人工智能的应用研究和商业性开发在深度学习和自主思维功能方面的突破，打破了人手延伸的机械生产与人脑延伸的人工智能之间的边界，从而开启了以智能化与机械化融合的生产系统为特征的第四次工业革命。2016 年的人机围棋大赛，采用具有深度学习和自主思维功能的阿尔法软件的电脑，戏剧性地战胜了人脑，使人们看到了第四次工业革命的曙光。正如机器不能取代人手而只是人手的延伸，但机器可以代替人的体力劳动并远胜过人的体力劳动一样，电脑不能取代人脑而只是人脑的延伸，但电脑可以代替人的脑力劳动并远胜过人的脑力劳动。工业互联网（或称物联网）将汇集人手延伸的机械生产与人脑延伸的人工智能的优势：将延伸人手的机械生产所带来的无数机器、设备组、设施和铁路、公路，航空、海运、管道等运输系统，与人脑延伸的人工智能所带来的传感器、控制装置和软件应用程序相连接。从而各种机器设备可以相互自动传递信息并进行即时调整，自动控制中心则能够收集并分析整个生产体系中每个环节及其环节之间的海量数据，用来改进各种机器的性能和产品质量，以及调整产品种类和数量，实现真正的高效的自动化生产。

在这里，之所以以核聚变能与人工智能为例，是因为这"两能"显示出新一轮科技革命或工业革命的标志性和本质性的特征。任何一个大国实现了"两能"的商业性开发，都必将引领新一轮科技革命或工业革命，从而改变全球经济、政治和军事格局。

由此不难看出，颠覆性创新不是任何一个市场主体或多个市场主体合作有能力承担的，从而市场配置资源的作用也就难以发挥。因此，在颠覆性创新过程中，政府应该发挥主导作用，"不能'脚踩西瓜皮，滑到哪儿算哪儿'"①，即不能市场失调，政府缺位。实际上，面对新一轮科技革命和产业变革，世界主要国家都在抓紧制定新的科技发展战略，抢占科技和产业制高点。例如德国，面对第四次工业革命，德国产业经济研究联盟及其工业4.0工作小组于2012年10月提出了他们关于《确保德国未来的工业基地地位——未来计划"工业4.0"实施建议》的报告草案，并在2013年向联邦总理呈交最终工作报告。数年以来，德国"工业界一直处于一场重大而根本性的变革之中"，"变革的核心在于工业、工业产品和服务的全面交叉渗透。这种渗透借助软件，通过在互联网和其他网络上实现产品及服务的网络化而实现。新的产品和服务将伴随这一变化而产生，从而改变整个人类的生活和工作方式"。"这一变革在德国被称为工业4.0。德国政府已经宣布工业4.0为其高科技战略之核心部分，旨在确保德国未来的工业生产基地的地位。"②

习近平高度关注世界主要国家抓紧制定新的科技发展战略，抢占科技和产业制高点的动向，提出实施创新驱动发展战略，"要抓好顶层设计和任务落实。顶层设计要有世界眼光，找准世界科技发展趋势，找准我国科技发展现状和应走的路径，把发展需要和现实能力、长远目标和近期工作统筹起来考虑，有所为有所不为，提出切合实际的发展方向、目标、工作重点"③。为此，我国政府不失时机地在2015年提出制造强国战略第一个十年的行动纲领，即《中国制造2025》，并力争通过三个十年的努力，到新中国成立100年时，把中国建设成为引领世界制造业发展的制造强国。另外，鉴于人工智能作为新一轮产业变革的核心驱动力，将进一步释放历次科技革命和产业变革积蓄的巨大能量，并创造新的强大引擎，重构生产、分配、交换、消费等经济活动各环节，引发经济结

---

① 中共中央文献研究室：《习近平关于社会主义经济建设论述摘要》，中央文献出版社2017年版，第128页。
② ［德］乌尔里希·森德勒：《工业4.0——即将来袭的第四次工业革命》，邓敏、李现民译，机械工业出版社2015年版，第2、1—2页。
③ 中共中央文献研究室：《习近平关于社会主义经济建设论述摘要》，中央文献出版社2017年版，第128—129页。

构重大变革，国务院在2017年7月公开发布《新一代人工智能发展规划》。《规划》提出新一代人工智能的发展分三步走：第一步，到2020年人工智能总体技术和应用与世界先进水平同步；第二步，到2025年人工智能基础理论实现重大突破，部分技术与应用达到世界领先水平；第三步，到2030年人工智能理论、技术与应用总体达到世界领先水平。

二 价值决定于"社会必要劳动时间"

综上所述，在我国创新驱动发展战略中，重中之重是实现核聚变能和人工智能的产业化。这"两能"目标符合习近平提出的我国科技创新的"三个面向"中的两个面向，即"面向世界科技前沿"和"面向国家重大需求"。而要符合第三个面向，即"面向经济主战场"[①]，则在创新过程中巨额投入所形成的新的使用价值或样品，必须成为商品。因为在经济发展的主战场上，产品普遍采取商品的形式，社会财富表现为"庞大的商品堆积"。而商品是一种二重的东西，即具有使用价值和价值。[②] 但是，在创新过程中巨额投入所形成的新的样品，具有使用价值，也是人类劳动的产品，却不具有价值，因为按巨额耗费定价的新样品根本不可能进入市场，因而不是商品。

在创新过程中，通过应用研究和商业性开发产生的样品，只有通过大批量生产，使单个产品的耗费降至"社会必要劳动时间"，或者说，必须按"社会必要劳动时间"生产，样品才能转变为既具有价值又具有使用价值的商品。这里讲的社会必要劳动时间，是指"在现有的社会正常的生产条件下，在社会平均的劳动熟练程度和劳动强度下制造某种使用价值所需要的劳动时间"。而"只是社会必要劳动量，或生产使用价值的社会必要劳动时间，决定该使用价值的价值量"[③]。

总之，在创新过程中，为了追求一种新的使用价值，可以不必，也不可能按"社会必要劳动时间"来生产该种使用价值。但是，新的使用价值一旦产生之后，必须通过一定的方式实现按"社会必要劳动时间"生产，才具有价值，从而才能转化为商品，也才能进入市场，面向经济发展主战场，为人民创造更多财富。

在市场经济条件下，商品的使用价值是商品价值的"物质承担者"，"没有一个物可以是价值而不是使用物品。如果物没有用，那么其中包含的劳动也就

[①] 习近平：《为建设世界科技强国而奋斗》，新华网2016年5月31日。
[②] 《马克思恩格斯全集》第44卷，人民出版社2001年版，第54页。
[③] 《马克思恩格斯全集》第44卷，人民出版社2001年版，第52页。

没有用，不能算作劳动，因此不形成价值"。而商品的价值则是商品使用价值的"社会性承担者"，如果商品没有价值，商品的使用价值就失去了社会性，从而不为社会或市场接受的使用价值就成为无用之物。由此，形成了商品使用价值与价值的对立和统一的辩证关系。统一体现在使用价值与价值不可分割地存在于商品体内，对立体现在使用价值的物体属性与价值的社会属性之间的矛盾，体现在只有增值价值才能生产使用价值，而使用价值的增加不一定导致价值增值。因此，"使用价值总是构成财富的物质的内容"。而价值总是通过价值形式，即货币构成财富的社会形式。①

马克思对商品二重性的本质分析可以通过价值的表现形式，即货币转化为现象分析，也就是人们所熟悉的：商品必须基于收益大于成本的市场原则进行生产和交换，才能增加社会财富。也就是说，创新过程中形成的新的使用价值只有基于收益大于成本的市场原则进行生产和交换，才能面向经济发展主战场，为人民创造更多财富。

新一轮的科技革命或第四次工业革命加速了创新形成的新的使用价值面向经济发展主战场的进程。为了说明这一点，可以对比一下第一次工业革命中机器的制造过程。诺贝尔经济学奖得主约翰·希克斯作了这样的描述：第一代机器是靠手工并辅以水力制造出来的。它们都很昂贵，因为缺乏制造它们所需要的技术高超的劳动力，而且也欠精确，因为它们还须依靠人的因素。比如，"一台强大得足以经受住高压的蒸汽机如何制造出来？它的各个转动部件是否能配合？当时已经有了一些互不相关的技术，要满足上述要求还须想些办法。军械工擅长处理抗压，制钟匠和制表匠掌握制造（少量）活动零配件的技艺。但如何使这两种截然不同的技术凑在一起呢？……因此毫不奇怪甚至在科学提出这个问题之后，解决这个问题仍用了那么久的时间。人们不禁要问，要不是科学同时对拥有娴熟技艺的人们提出一系列类似的其他问题，这个问题能够解决么？科学的进步需要有各种科学仪器、各种新的精密仪器，这就必然促使各种科学互相补充而相得益彰。我们注意到詹姆士·瓦特发明冷凝器——蒸汽机演进过程中的转折点——时，是格拉斯哥大学的'数学仪器制造匠'"。1765年，瓦特在修理纽可门于1705年发明的蒸汽机时做了重大修改。但蒸汽动力在当时并不比水力有多大优势。甚至到1835年，英国的兰开夏郡和约克郡的西区仍有水轮866架。"直到用机器制造的第二代机器问世成本才下降，精密度才提高"②。因

---

① 《马克思恩格斯全集》第44卷，人民出版社2001年版，第49、54页。
② ［英］希克斯：《经济史理论》，厉以平译，商务印书馆2011年版，第148—149页。

为有了机器工具，就有可能对体积庞大的金属物体进行加工，并使金属成形时达到用手操作所不能达到的精度。此外，用机器工具进行加工速度很快，这就使某些加工工作在商业上行得通，而用手工加工，即使在机械学上是可能的，但做起来却很不经济。

与手工制作机器到用机器制造机器的过程相类似，在第三次工业革命中，先是靠手工编程产生了人工智能。手工编程会出现书写错误，算式问题，程序格式出错。如果靠人工来检查这些错误是非常困难的，既费时又费力。使用过第一代人工智能电脑的人们，感觉不会是轻松愉快的。当人工智能产生于自动编程后，情况有了很大的改善。自动编程是借助计算机及其外围设备装置自动完成从零件图构造，零件加工程序编制到控制介质制作。其可信度高，数据准确，多用于加工复杂工件。手工编程则用于加工简单工件。

正如希克斯所说，科学的进步需要各种科学互相补充而相得益彰。由于吸收了脑科学和神经科学的研究成果，当下的人工智能已具备深度学习和自主思维的功能。另外，量子计算利用量子特有的"叠加状态"实现并行计算，具有颠覆性的计算能力。也就是说，量子计算在理论上的计算速度比世界上性能最强的超级计算机还要高出若干个数量级，从而超过了传统的计算机。因此，争相领先的激烈竞逐近年来正在量子计算领域上演，美国的主角是英特尔、国际商用机器公司（IBM）、谷歌等高科技巨头。中国政府2017年在合肥市投资兴建世界最大的量子计算研究中心后，互联网三巨头百度、阿里巴巴和腾讯目前正在量子计算研究方面，为各类项目提供经费，以便使它们在这项被称为所有超级计算机之母的技术的商业开发中获得立足之地。

相信量子计算机和量子通信系统的商业性开发成功，将大幅提高人工智能深度学习和自主思维的功能，进而将加速推进智能化与机械化融合的生产系统的形成和核聚变能的商业性开发。值得一提的是，麻省理工学院等离子科学与核聚变中心与美国联邦核聚变系统公司这家私有企业合作，计划在未来15年内开发出利用核聚变产能的技术。该合作团队2018年3月8日宣布，用3年时间将几年前才实现商用的新一代高温超导体，变成一个高性能的大型电磁体，然后用10年建原型反应堆，使其产能大于耗能。接下来，建一个200兆瓦的试验性发电厂，向电网传输电力。相比国际热核聚变实验反应堆计划（ITER）项目，该合作团队使用新一代高温超导体就可能会提前近20年的时间生产出体积更小、成本更低以及更易于建造的反应堆。如果我国能利用高水平的"人工智能+"，突破有限空间内核聚变过程所需的极高温度这一难题，我国热核聚变实验反应堆项目的商业性开发也可能会提速。

高水平的"人工智能+",必将在我国许多产业和领域产生"链式效应"。而核聚变能能够用于发电,将给我国带来清洁和可持续的能源。当然,前提条件是颠覆性创新形成的这"两能",必须是既具有使用价值又具有价值的商品。

三 思考与分析

因国内外的种种原因,我国失去了三次工业革命的历史机遇。当我们在改革开放初期打开国门时,面对的是一个西方发达国家不仅垄断了高科技产业,在传统产业也拥有绝对优势的世界经济格局,同时也面对西方发达国家的制造业向发展中国家转移的历史机遇。我们不可能再关上国门,靠自己的力量去取得西方发达国家通过几个世纪的发展才取得的那些经济成就,而是必须与资本主义生产所统治的世界市场联系在一起,吸取资本主义制度所取得的一切肯定成果。舍此没有出路。我国政府正确地选择了外资直接投资的方式,来吸收、消化和发展西方发达国家的经济成果。全国人民在中国共产党领导下,经过40年改革开放,使我国经济发展取得了巨大成就,从而改变了世界经济格局。尽管我国经济从总体上讲,仍处在从全球产业价值链的中低端向中高端发展的过程之中。但是,我国在许多传统产业部门拥有了全球比较优势,甚至绝对优势。而在高科技领域,我国或处于追赶者,或处于并跑者,或处于领跑者的位置。总之,我们现在的主要竞争对象不再是发展中国家,而是西方发达国家。

显然,一个近14亿人口的发展中大国有能力在世界市场上与西方发达国家竞争,是西方发达国家主导世界500年未曾遇见的。具有信奉自由竞争传统的西方国家的政客,现在却个个成为了好龙的叶公。原来他们在过去500年能够形成信奉自由竞争的传统,是由于在现代工业领域,西方发达国家一直拥有绝对优势,而几乎所有的发展中国家处于绝对劣势。这样,自由竞争就意味着西方发达国家的工业制成品可以自由进入发展中国家,而发展中国家几乎没有生产工业制成品的能力,故自由竞争对他们来说不过是古希腊神话。如今神话变成了现实,西方的政客惊慌之中采取了过激的反应:一方面指责中国的发展是占了西方国家的便宜,搭了西方的便车,悔不该让中国进入世界贸易组织;另一方面西方发达国家拒绝履行《中国加入世贸组织议定书》第十五条规定的对华反倾销中采用"替代国"做法,自2016年12月11日起终止的义务,以反补贴反倾销及维护国家安全为借口,征收高额的惩罚性关税,限制中国具有优势的传统工业制成品进口,并限制高科技产品出口中国,还限制中国留学生进入相关实验室,更限制中国企业并购发达国家的企业,以遏制中国科技创新,维护其在高科技领域的垄断地位。在这方面,美国特朗普政府干脆撕掉了贸易自由的遮羞布，祭起贸易保护的重商主义大旗。

实际上，"中国的发展成就，是中国人民几十年含辛茹苦、流血流汗干出来的。中国人民深知，想发展就要靠自己苦干实干"。美国从来没像中国现在这样大度地"欢迎各国人民搭乘中国发展的'快车'、'便车'"①。想当年中国在与美国就中国加入世贸组织的双边谈判中，切身感受到美国坚持的贸易规则完全是为美国产业的需要而量身打造的，但为了加入世界贸易组织，我国不得不作出很大的让步。正如朱镕基在 1999 年 3 月 31 日会见美国国会议员代表团时所说："中国在恢复关贸总协定缔约国地位和加入世贸组织的谈判上作了很大让步，连美国贸易代表都认为这些让步三五年前是不可想象的。中国就加入世贸组织问题已谈了 13 年。这些让步对于美国贸易代表已经是足够了，他们认为是可以接受了。""昨天，我和巴尔舍夫斯基谈了一下午，原来想会很快达成协议，但昨天下午她的调子改了，又变得很强硬。为什么？"是因为"受到国会的压力，指责他们用原则做交易，所以他们又变得很强硬，越谈越难，用中国话来讲叫'得寸进尺'"②。谁占谁的便宜，谁搭谁的便车，明眼人一看便知。

其实，对于一贯敌视社会主义国家的一些西方政客的各种言行不足为虑，因为"有一种力量胜过任何一个跟我们敌对的政府或阶级的愿望、意志和决定，这种力量就是世界共同的经济关系。正是这种关系迫使它们走上这条同我们往来的道路"③。值得关注的是，我们的一些企业长期与直接投资的外商合资经营，对外商拥有的核心技术、品牌和全球销售网络形成了依赖性，从而失去了创新的动力和能力。一些地方政府则基于"你发财（外资），我发展（GDP）"，"不求所有，但求所在"的错误观念，出台的相关政策和措施助长了企业的这种依赖性。这才是令人堪忧的。

虽然颠覆性创新需要政府主导，但落到实处还是要靠企业的研发人员而不是政府行政部门的公务员。况且非颠覆性创新的主体是企业。只有企业基于非颠覆性创新生产品种和数量更多的高价值和高科技含量的产品，才能使我国制造业向全球产业价值链的中高端发展，从而推动我国经济由高速增长向高质量增长的转变。客观地说，我国过去、现在和将来都需要外国直接投资，在这方面即使是发达国家也概莫能外。问题在于地方政府不能鼓励一些企业长期依赖直接投资的外商的核心技术、品牌和全球销售网络。

显然，企业投入资源开发高附加值和高科技含量的产品，是存在很大的风

---

① 习近平：《共担时代责任共促全球发展》，新华网 2017 年 1 月 18 日。
② 《朱镕基讲话实录》第 3 卷，人民出版社 2011 年版，第 249 页。
③ 《列宁专题文集》，人民出版社 2009 年版，第 387 页。

险的，因为这种投资在一定期限内得不到回报是确定的，但成功与否则是不确定的。成功了则企业既可以获得新的使用价值（高科技含量的产品），又可以获得高价值。而一旦失败，企业就可能面临破产。但是，"中国近代史上落后挨打的根子就是技术落后"，"我们不是输在经济规模上，而是输在科技落后上。由于技术创新和工业制造落后于人，西方列强才得以用坚船利炮轰开我们的国门"。① 从现实来看，改革开放40年，我们更多依靠资源、资本、劳动力等要素投入支撑了经济快速增长和规模扩张。改革开放发展到今天，再要像过去那样以这些要素投入为主来发展，已没有当初那样的条件，也是资源环境难以承受的。也就是说，无论是历史教训还是现实情况都决定了我们必须加快从要素驱动发展为主向创新驱动发展转变，发挥科技创新的支撑引领作用。

为此，政府应该创造条件，鼓励更多的中资企业与外资企业合作制造而不是合资经营。在这方面最为成功的例子是我国的高铁产业。世界上掌握成熟的高铁设计和制造技术的企业是德国西门子、法国阿尔斯通、日本川崎重工和加拿大庞巴迪。这四家外资企业都希望通过与中资企业合资的方式，来分食中国高铁市场的蛋糕，但是，我国高铁企业既没有与外资合资经营，也没有靠自己的力量去重复国外高铁公司开发高铁技术的过程，而是通过购买外企关键技术，使用中国的品牌，并引进外企合作制造。也就是通过技术引进、吸收、消化和创新，中国高铁产业在短短的6年时间里，就开发出高于外资企业技术水平的原创性核心技术，拥有自己的品牌，并成为相应标准的制定者。然后凭着自己的竞争优势走向世界，使得包括美国在内的一些国家都愿意购买中国的高铁产品，成为中国制造业在国际市场上的一张名片。

类似中国高铁这样在全球同行业中处于领跑地位的企业，在我国其他行业中也有，它们发挥着"雁行效应"，是实现创新驱动发展战略的希望所在。

党的十九大报告指出："中国特色社会主义进入新时代，意味着近代以来久经磨难的中华民族迎来了从站起来、富起来到强起来的伟大飞跃，迎来了实现中华民族伟大复兴的光明前景。"无论在革命时期还是在建设时期，中国共产党都是一个勇于直面问题，敢于创新的政党；都是一个有能力作出长期战略规划，掌控未来的政党；都是一个有着强大动员和组织能力实现战略规划的政党。因此，我们深信：全国人民在中国共产党的领导下，一定会实现从要素驱动发展为主向创新驱动发展的转变，从而实现中华民族伟大复兴的中国梦。

---

① 中共中央文献研究室编：《习近平关于社会主义经济建设论述摘编》，中央文献出版社2017年版，第126页。

习近平新时代中国特色社会主义思想的哲学意蕴

侯惠勤

【作者简介】侯惠勤，1949年生，安徽安庆人，教授，博士生导师。中国社会科学院国家文化安全与意识形态建设研究中心主任，马克思主义研究院原党委书记；中央实施马克思主义理论研究和建设工程首席专家，中国历史唯物主义学会会长；国家社会科学基金评委、国家出版基金评委、中宣部"四个一批人才"评委；中国社会科学院大学特聘讲席教授、马克思主义学院学术委员会主任，"马克思主义发展史"重点学科带头人。1993年起享受国务院政府特殊津贴。

作为首席专家先后主持中央马工程重点教材《马克思恩格斯列宁哲学经典著作导读》，全国博士生公共课教材《中国马克思主义与当代》，国家重大委托课题"意识形态领导权、管理权、话语权研究"，国家社科基金重大委托课题"危机中的当代资本主义研究"，国家社科基金重大招标课题"社会主义核心价值体系引领多样化社会思潮"及国家社科规划重点项目1项、一般项目4项、中国社会科学院重大项目3项等。曾获"第七届中国社会科学院优秀科研成果奖"二等奖、"第八届中国社会科学院优秀科研成果奖"三等奖、"第九届中国社会科学院优秀科研成果奖"三等奖及江苏省人民政府颁发的"江苏省哲学社会科学优秀成果奖"一等奖1次、二等奖2次。

在《人民日报》《光明日报》《求是》《中国社会科学》《哲学研究》《历史

研究》《马克思主义研究》等报刊上发表学术论文近 200 篇；出版学术著作 10 多部。

马克思主义世界观方法论是党的思想理论的哲学根据。自觉运用辩证唯物主义和历史唯物主义观察世界、处理问题，不但是党的思想理论创新的基本方式，也是党的理论哲学基础不断丰富发展的现实途径。善于发掘习近平新时代中国特色社会主义思想的哲学意蕴，不但可以从更高的理论境界领悟这一思想体系，而且可以打通从学懂、弄通到做实的关节。本文拟着眼于习近平的一些基本理念和思维特点，通过阐发其哲学意蕴，以求有助于更为深入准确地掌握习近平新时代中国特色社会主义思想。

一 不忘初心、保持战略定力的世界观意义

不忘初心是对党的宗旨使命及精神风貌的高度概括，堪称 21 世纪中国马克思主义的具有世界观意义的表述，是我们党在今天具有强大凝聚力、战斗力和战略定力的重要思想基础。认真领悟这一理念，才能把一系列重大理论问题提升到世界观的高度加以理解。

1. 不忘初心是对党的宗旨使命的深刻发掘

全心全意为人民服务、为共产主义而奋斗，是中国共产党的一贯宗旨。从不忘初心的高度回顾党的宗旨使命，可以认清两大问题：一是民族解放同社会主义、共产主义的不可分割性，二是伟大理想和现实出路的内在关联。在风雨如磐的旧中国，也曾涌现许多立志救国救民的志士仁人，但都因找不到现实的出路而饮恨终身。中国共产党之所以选择了马克思主义，是因为这个主义把中国的民族复兴和争取人类解放的共产主义事业联系在一起，为解决中国问题指明了现实的出路。从世界观上看，不忘初心使我们能够打破传统的民族主义和世界主义的两极对立，把民族的出路和世界的进步内在地统一起来。这不仅为中国道路的开辟指明了方向，也为今天正确处理中国与世界的关系提供了世界观根据。

中国共产党在今天的宗旨和使命，不仅是为中国人民谋幸福，为中华民族谋复兴，而且要为世界人民谋和平发展。"不仅致力于中国自身发展，也强调对世界的责任和贡献；不仅造福中国人民，而且造福世界人民。"[①] 这种把中华民族的伟大复兴不仅和共产主义的光明前景紧密相连，而且把中国的发展和世界

---

① 《习近平谈治国理政》，外文出版社 2014 年版，第 57 页。

的发展紧密相连的追求，充分表明具有坚定共产主义理想信念的中国共产党人，从"初心"这个根上就杜绝了宗派情绪和狭隘的民族主义，注定要沿着人类文明大道不断开拓前行。中国共产党不仅没有一党之私，也没有一国之私，是真正立足中国、胸怀世界的伟大政党。这一崇高的宗旨使命，不仅是我们能够奋斗不息的力量源泉，而且是我们坚信自己事业正义性的战略定力的坚强依托。

当代世界呈现出深刻复杂变化的态势，充满着不确定性，使人们对未来既寄予期待又感到困惑。人类社会面临的共同挑战和应对挑战的人类共识不成比例，发展的机遇隐藏在层出不穷的挑战中，人类休戚与共的共同利益分割在局部利益的凸显和冲突之中，历史潮流没有充分显现出来。在这样的环境下，战略定力至关重要。"大道至简，实干为要。"不忘初心，就能不断排除干扰，认准方向，坚定信心，把握机遇，继续前进。

2. 不忘初心是对历史规律和时代潮流的自觉遵循

不忘初心要求经常回看走过的路、比较别人的路、远眺前行的路，弄清我们从哪儿来、往哪儿去，才能把准问题，看清前途。从世界观上看，这是一种过去、现在和未来的有效贯通，是认识和把握历史发展规律的根本方法。正如马克思所指出的：工人阶级的革命事业要"经常自己批判自己，往往在前进中停下脚步，返回到仿佛已经完成的事情上去，以便重新开始把这些事情再做一遍"[①]。认识和实践都在这种经常的重新开始中深化。

历史是曲折发展的，认识历史发展规律也是需要反复比较、不断纠偏的过程，不忘初心深刻地揭示出这一认识本质。关于认识的曲折性和反复性，马克思主义经典作家都有深刻的阐述。毛泽东精辟地指出："客观现实世界的变化运动永远没有完结，人们在实践中对于真理的认识也就永远没有完结。马克思列宁主义并没有结束真理，而是在实践中不断地开辟认识真理的道路。"[②] 列宁甚至形象地揭示出，这种认识的反复在于通过一连串上升的螺旋不断地回到"原点"。"人的认识不是直线（也就是说，不是沿着直线进行的），而是无限地近似于一串圆圈、近似于螺旋的曲线。"[③] 不忘初心就是每每站在新的历史起点时，都要回望出发点，理清走过的路，辨明脚下的地，认准前行的道。

不忘初心揭示了历史规律形成的特点。它不是黑格尔式客观自在的精神逻辑的展示，而是在回答现实重大问题中通过实践开创的，因而是具体地、历史地生成的；但它也不是毫无联系的历史碎片，而是透过现实的道路展示出的历

---

① 《马克思恩格斯选集》第1卷，人民出版社1995年版，第588页。
② 《毛泽东选集》第1卷，人民出版社1991年版，第296页。
③ 《列宁全集》第55卷，人民出版社1990年版，第317页。

史逻辑。不忘初心就是要直面问题，通过道路的辨别，把握历史规律，坚定前进的信心。规律就存在于走过的路中，存在于前行的方向中。它既不是抽象的，也不是表象的，而是可以感受到、辨认出的历史潮流，是我们坚定道路自信、理论自信、制度自信、文化自信的客观根据。

3. 不忘初心是对于马克思主义的科学态度

不忘初心就要坚持马克思主义的指导地位。中国共产党人为共产主义奋斗的初心，是由马克思主义铸造的。但是，中国共产党之所以信仰马克思主义，是因为"中国先进分子从马克思列宁主义的科学真理中看到了解决中国问题的出路"[①]。因此，不忘初心内在地包含了中国共产党对待马克思主义的科学态度，这就是坚持用马克思主义解决中国问题，坚持把马克思主义基本原理同当代中国实际和时代特点紧密结合起来，不断把马克思主义中国化推向前进。

不忘初心，就是不要忘记马克思主义是我们的立党立国之本。中国特色社会主义制度的最本质特征和最大优势，就是坚持中国共产党的领导，而中国共产党人的本，就是对马克思主义的信仰，对中国特色社会主义和共产主义的信念，对党和人民的忠诚。"我们要固的本，就是坚定这份信仰、坚定这份信念、坚定这份忠诚。世界社会主义实践的曲折历程告诉我们，马克思主义政党一旦放弃马克思主义信仰、社会主义和共产主义信念，就会土崩瓦解。共产党人如果没有信仰、没有理想，或信仰、理想不坚定，精神上就会'缺钙'，就会得'软骨病'，就必然导致政治上变质、经济上贪婪、道德上堕落、生活上腐化。"[②] 不忘初心从根本上奠定了科学信仰和科学理论内在统一的基础，把坚定理想信念建立在科学理论的武装上，把牢记使命奠立在完成使命的现实出路之上。从世界观上看，就是解决信仰和科学的统一，价值和真理的统一。我们事业的正义性来自科学性，它不仅是对美好未来的憧憬，还是对历史客观规律的掌握；我们的顶层设计不仅要有历史和现实的依据，还要有科学理论的支撑；全面加强党的领导不仅有历史经验和现实需要，还有马克思主义辩证唯物主义和历史唯物主义一元论世界观的支撑。

不忘初心，就是把创新发展视为坚持马克思主义指导地位的人间正道。创新的前提是正确认识理论和实践的关系。创新不是理论自身发展的结果，而是回答实践中的重大问题的成果。因此，创新的关键不是理论逻辑自身的完善，而是真正面对新的实践课题。着眼于理论自身的完善还是着眼于实践

[①] 习近平：《决胜全面建成小康社会　夺取新时代中国特色社会主义伟大胜利——在中国共产党第十九次全国代表大会上的报告》，人民出版社 2017 年版，第 13 页。

[②] 《习近平谈治国理政》第 2 卷，外文出版社 2017 年版，第 326 页。

中的问题，这是不同的理论思维的起点。"理论思维的起点决定着理论创新的结果。理论创新只能从问题开始。从某种意义上说，理论创新的过程就是发现问题、筛选问题、研究问题、解决问题的过程。"[①] 从实践中来，形成理论，又通过理论的指导作用回到实践中，这就是马克思主义能够不断创新发展的不竭源泉。

当代中国马克思主义理论创新的重要特点，是理论创新、实践创新和制度创新的联动推进。马克思、恩格斯早在《共产党宣言》中就提出，共产党区别于其他政党之处，就在于其所推进的人类解放事业"所经历的各个发展阶段上，共产党人始终代表整个运动的利益"[②]。当代中国马克思主义在理论和实践上大大创新了马克思主义的这一思想。我们把关键在党和全面从严治党有机统一起来，在大力推进党领导的中国特色社会主义伟大事业的同时，大力推进党的建设伟大工程，并把这些成果落实到国家制度的建设中。在把全面加强党的领导落实到国家各项基本制度和社会主义民主政治、法治国家建设中，也把全面从严治党落实到国家制度的建设中。理论创新引领实践创新、制度创新，而实践创新、制度创新的需要和问题，又成为理论创新的不竭动力。如此反复，不断发展。

4. 不忘初心是对共产党人革命精神的自觉磨炼

实现理想、完成使命，必须具备坚强的意志品质，因此必须自觉塑造革命精神。这种革命精神，集中表现为胜不骄、败不馁，永不自满，永不懈怠，也就是毛泽东一贯倡导的两个"务必"的精神（即谦虚、谨慎、不骄、不躁和艰苦奋斗）。要实现党和国家兴旺发达、长治久安，必须保持革命精神、革命斗志，勇于把我们党领导人民长期进行的伟大社会革命继续推进下去，决不能因为胜利而骄傲，决不能因为成就而懈怠，决不能因为困难而退缩，努力使中国特色社会主义展现更加强大、更有说服力的真理力量。

不忘初心之所以造就了中国共产党人的革命精神，是因为它把衡量成败得失的尺度交给了创造历史的人民。要求全党时刻不要忘记时代是出卷人，我们是答卷人，人民是阅卷人。我们干得怎么样，是否称职，不是自己说了算，而是由人民评判、由历史宣告。这种评判不仅是严厉的，而且是持续更新的。当我们自以为还干得不错的时候，其实和人民的期待已经有了距离；而当我们对已取得的成绩津津乐道时，距人民不断提高的要求就必然渐行渐远。因此，只

---

① 《习近平谈治国理政》第 2 卷，外文出版社 2017 年版，第 342 页。
② 《马克思恩格斯文集》第 2 卷，人民出版社 2009 年版，第 44 页。

有清醒地认识到，昨天的成功并不代表着今后能够永远成功，过去的辉煌并不意味着未来可以永远辉煌，只有不忘初心，才能永远保持革命的精神。

二 战略思维、历史思维、辩证思维、创新思维、底线思维的方法论意义

马克思主义哲学是世界观和方法论的统一，强调科学认识世界的成果必须转化为指导实践的科学方法。习近平新时代中国特色社会主义思想充分体现了马克思主义哲学的这一本质特点，在回答坚持和发展什么样的中国特色社会主义、怎样坚持和发展中国特色社会主义重大时代课题中，形成了战略思维、历史思维、辩证思维、创新思维、底线思维的方法论特色。

1. 战略问题是一个政党、一个国家的根本性问题

战略上判断得准确，战略上谋划得科学，战略上赢得主动，党和人民事业才大有希望。战略思维就是高瞻远瞩、统揽全局，善于把握事物发展总体趋势和方向，善于从全局上思考问题，在关键时刻进行战略决断。

提高战略思维，就要视野开阔、胸襟博大，站在时代前沿和战略全局的高度观察、思考和处理问题，从政治上认识和判断形势，透过纷繁复杂的现象把握事物的本质和发展的内在规律。同时善于以小见大、见微知著，要做到既抓住重点又统筹兼顾，既立足当前又放眼长远，既熟悉国情又把握世情，在解决突出问题中实现战略突破，在把握战略全局中推进各项工作。

习近平战略思维的最大特点，就是着眼于事物的内在联系和整体趋势作出战略判断，共同体思维就是其突出的明证。他用"生命共同体"定位人与自然以及自然系统的基本关系，从中作出生态保护和生态建设的战略决策。他指出："我们要认识到，山水林田湖是一个生命共同体，人的命脉在田，田的命脉在水，水的命脉在山，山的命脉在土，土的命脉在树。"[①] 因此，只有对山水林田湖草进行统一保护、统一修复，才能保住人的生存和发展的命脉。他用"利益共同体"定位当今的国际关系和国际治理体系，从中作出扩大各国利益交汇点，"推动构建以合作共赢为核心的新型国际关系"的战略判断。他用"人类命运共同体"定位世界的未来，从中作出建设美好世界的战略构想。他指出："只要我们牢固树立人类命运共同体意识，携手努力、共同担当，同舟共济、共渡难关，就一定能够让世界更美好、让人民更幸福。"[②] 学习习近平的共同体思维，是今天加强战略思维训练的重要内容。

[①]《习近平谈治国理政》，外文出版社2014年版，第85页。
[②]《习近平谈治国理政》第2卷，外文出版社2017年版，第482页。

2. 历史是最好的教科书，中国革命历史是最好的营养剂

历史思维，就是以史为鉴、知古鉴今，善于从历史经验中发现历史规律、把握前进方向、指导现实工作。面对纷繁复杂的国内外形势，要站稳立场、明确方向，习近平多次强调要培养历史思维，他指出："历史是一面镜子，从历史中，我们能够更好看清世界、参透生活、认识自己；历史也是一位智者，同历史对话，我们能够更好认识过去、把握当下、面向未来。"①

运用历史思维，才能用深厚的历史底蕴增强中国特色社会主义自信，以深邃的历史眼光认识发展规律、把握前进方向，在学习历史中提高本领，增强开拓前进的勇气和力量。提高历史思维能力，就要加强对中国历史、党史国史、社会主义发展史和世界历史的学习。在坚定中国特色社会主义的道路、理论、制度、文化自信中突出文化自信，将这种自信建立在中国五千年的文化精髓、世界社会主义五百年的历史承传、中国共产党领导人民近百年的奋斗历史上，的确具有无比深厚的历史底蕴。

3. 处理复杂问题需要辩证思维

建设社会主义现代化强国，需要面对和处理各种错综复杂的重大关系，只有增强辩证思维才能应对。习近平指出："我们的事业越是向纵深发展，就越要不断增强辩证思维能力。当前，我国社会各种利益关系十分复杂，这就要求我们善于处理局部和全局、当前和长远、重点和非重点的关系，在权衡利弊中趋利避害、作出最为有利的战略抉择。"②

辩证思维就是承认矛盾、分析矛盾、解决矛盾，善于抓住关键、找准重点、洞察事物发展规律。提高辩证思维能力，就是要提高在矛盾对立统一过程中把握事物发展规律的能力，坚持发展地而不是静止地、全面地而不是片面地、系统地而不是零碎地、普遍联系地而不是单一孤立地观察事物，准确把握客观实际，真正做到一切从实际出发，妥善处理各种重大关系。

习近平辩证思维的重要特色，就是善于超越某些似乎定型的二元对立思维，以更高的辩证综合把握事物的本质。在一些定型的二元论思维看来，倡导和谐与矛盾论不可协调，必须否定所谓的"斗争哲学"，即否定矛盾的普遍性和斗争的绝对性；突出实践与唯物论不可协调，必须否定"物质本体论"，即世界的统一性在于物质性，人类社会是自然的一部分；重视价值观与客观真理不可协调，必须否定不以人的需要为转移的客观真理；等等，都是突出的例证。

---

① 《习近平谈治国理政》第 2 卷，外文出版社 2017 年版，第 351 页。
② 《习近平关于协调推进"四个全面"战略布局论述摘编》，中央文献出版社 2015 年版，第 87 页。

习近平站在辩证思维的高度，成功地破解了上述迷思，站到了理论的制高点上。在坚持"社会是在矛盾运动中前进的，有矛盾就会有斗争"的前提下，把"开展具有许多新的历史特点的伟大斗争"和建设富强、民主、文明、和谐、美丽的社会主义强国有机统一起来。在坚持人类是自然界的一部分的前提下，解决人与自然的和谐相处。"人类可以利用自然、改造自然，但归根结底是自然的一部分，必须呵护自然，不能凌驾于自然之上。我们要解决好工业文明带来的矛盾，以人与自然和谐相处为目标，实现世界的可持续发展和人的全面发展。"[①] 在坚持社会主义核心价值体系的前提下，我们要把坚持马克思主义科学理论的指导地位与培育、践行社会主义核心价值观有机统一起来。

4. 依据新变化，才能面向新实际，这就需要具备创新思维

开创历史必须从实际出发，但实际本质上是变化发展的；尤其在当代，新情况新变化层出不穷是基本态势。习近平指出："生活从不眷顾因循守旧、满足现状者，从不等待不思进取、坐享其成者，而是将更多机遇留给善于和勇于创新的人们。"[②] 创新思维贯彻了实事求是、解放思想的方法论原则，不迷信本本，不迷恋经验，不固守教条，善于因时制宜，惯于知难而进，勇于开拓创新。

从习近平对创新思维的强调可以看到，今天要努力提高创新思维，主要是三大难题的倒逼：一是全面决胜小康社会的严峻挑战，包括我国经济发展的转型，全面深化改革的攻坚，实施国家创新驱动发展战略等，都需要提升创新性思维；二是抓住新一轮科技革命的机遇要有紧迫感，坚定敢为天下先的志向，在独创独有上下功夫，才能掌握新一轮全球科技竞争的战略主动；三是引导经济全球化健康发展，需要加强协调、完善治理，推动建设一个开放、包容、普惠、平衡、共赢的经济全球化，需要不断创新发展理念和全球治理理念。创新思维是我们有效应对各种挑战的思想武器。

5. 底线思维是习近平最具原创性的哲学方法论之一

一般地说，不论是中国特色社会主义事业的全局，还是某个具体领域的局部事业，都存在着各种不可意料的风险，都具有不可预测的可能性。特殊地说，新的历史起点的特点之一，就是前所未有的百年大变局蕴藏着大风险。底线思维就是在对于各种风险的有效应对中保持应有定力。

底线思维的特点之一，是从最坏的可能性设想形势的变化和事情的发展，以做好最充分的应对准备。这是忧患意识和前瞻意识的方法论凝练。宁可把形

[①] 《习近平谈治国理政》第2卷，外文出版社2017年版，第525页。
[②] 《习近平谈治国理政》，外文出版社2014年版，第51页。

势想得更复杂一点，把挑战看得更严峻一些，做好应付最坏局面的思想准备；把工作预案准备得更充分、更周详，失利的可能性估计更充分，才能做到心中有数、处变不惊。

底线思维的特点之二，是抓住事物的根本，守住事业的根基。这是马克思主义发展观的方法论凝练：要推进我们的事业，必须守住底线。发展马克思主义必须坚持马克思主义基本原理这一底线，发展中国特色社会主义必须坚持"四项基本原则"这一底线。习近平在多个场合说过，实现全面建成小康社会的宏伟目标，要守住科学发展的底线、改革开放的底线、维权维稳的底线、民生保障的底线、脱贫攻坚的底线、食品安全的底线、生态环境的底线等。没有对于底线的坚守，就没有真正的发展。

底线思维的特点之三，是从主客观的统一上设置底线和坚守底线。底线的设置和坚守，都不是主观想象的产物，而是对于客观形势科学分析的结果。既要透过现象看本质，又要具体问题具体分析；既要有原则的坚定性，又要有策略的灵活性。底线设置过严，许多机会和力量就会流失；而底线设置过宽，则有可能自乱阵脚，甚至一溃千里。底线思维充分体现了马克思主义哲学方法论的精髓，真正掌握了会受益无穷。

三 青年兴、青年强的历史观意义

在革命、建设、改革各个时期，中国共产党始终高度重视青年、关怀青年、信任青年，对青年一代寄予殷切期望，把青少年看作祖国的未来、民族的希望。在中国特色社会主义进入新时代的历史新起点，我们党对于青年问题，给予了更大的关注，作出了"青年兴则国兴，青年强则国强"的重大判断。把青年问题放在历史舞台更为广阔的时空范围观察，必须提升到历史观上去认识。

1. 中国之担当与时代之担当

在中国发展全面融入世界发展的新的历史条件下，我国青年的使命担当已经超出了一国的范围，而必须从中国和世界的全面关系上、从时代潮流和时代要求上确立自己的历史使命。虽然青年的历史使命历来和世界潮流、时代召唤紧密联系，但以前这只是一种间接曲折的反映。只有在今天，中国和世界如此全面地相互融合、不可分割，才需要我国青年直接地从中国和世界的关系上定位自己的历史使命。

正是基于这一判断，习近平要求高校的思想政治教育要让学生"正确认识中国特色和国际比较，全面客观认识当代中国、看待外部世界；正确认识时代责任和历史使命，用中国梦激扬青春梦，为学生点亮理想的灯、照亮前行的路，激励学生自觉把个人的理想追求融入国家和民族的事业中，勇做走在时代前列的奋进者、开拓者"[①]。历史使命和时代责任的统一，需要我国青年有更开阔的眼界和胸怀。要树立"中国好、世界好，世界好、中国更好"的共同体意识；确立全心全意为中国人民服务、同时也为世界各国人民服务的远大志向；形成自己事业的根基在中国，但事业的发展在全球的创业精神。

2. 青春之中国与青春之青年

青春之于国家、民族和事业，在于拥有青年。能够获得生生不息、朝气蓬勃的青年加入的国家、民族必然青春勃发；拥有一代又一代青年为之献身的事业必定永葆青春。青春之于个人，不是简单的自然年龄，而是生命的活力和创造力的激情绽放，是生命价值的最大释放。因此，年轻不一定拥有青春，年长也不一定告别了青春，关键在于是否充满活力。这就必须打破狭隘之小我，塑造以祖国之青春延续青年之青春的大我，正所谓"革命人永远是年轻"。因此，青春之中国与青春之青年不可分割。

要成就青春之中国，就要为青年的健康成长创造良好的社会环境。在确保青年人成才、成长和升迁的广阔空间前提下，学校要把立德树人作为根本任务，为青年成为青春之青年创造良好的学习环境。要紧紧抓住世界观、人生观、价值观的磨炼这一关键，帮助青年扣好人生的第一粒扣子，迈好人生的第一个台阶。"如果在学生阶段没有学会正确的世界观、方法论，没有打下扎实的知识基础，将来就难以担当重任。高校哲学社会科学有重要的育人功能，要面向全体学生，帮助学生形成正确的世界观、人生观、价值观，提高道德修养和精神境界，养成科学思维习惯，促进身心和人格健康发展。"[②] 生生不息的有理想、有本领、有担当的青年涌现，是青春之中国的保障。

要成就青春之青年，就必须促使青年把个人的命运与国家、民族、人民的命运紧密联系在一起，在投身祖国强盛的伟大事业中谱写出彩的人生。青春的力量，就在于超越生命的短暂和有限，只有把个人的发展与社会的进步统一起来，把个人的价值与国家的发展统一起来才能做到。一个人，对人类社会发展趋势把握越准确，对时代根本特征认识越深刻，对历史演进规律体会越深入，与人民的共同理想越契合，那么，个人的青春就越灿烂、生命的价值就越绚丽。当个人的理想追求与时代发展大潮合拍之时，也是个人能够真正成为时代弄潮儿之日。习近平曾经指出："一个人可以有很多志向，但人生最重要的志向应该

[①] 《习近平谈治国理政》第2卷，外文出版社2017年版，第378页。
[②] 《习近平谈治国理政》第2卷，外文出版社2017年版，第345页。

同祖国和人民联系在一起,这是人们各种具体志向的底盘,也是人生的脊梁。"[1] 只有把人生理想融入国家和民族的事业中,勇做走在时代前列的奋进者、开拓者、奉献者,才能真正成为活力四射的青年,才能真正拥有青春和永葆青春。

3. 人格之美与本领之真

立人之本在立德,立德之要在修身。塑造完美之人格是青春之青年的第一必修课。习近平指出:"道德之于个人、之于社会,都具有基础性意义,做人做事第一位的是崇德修身。这就是我们的用人标准为什么是德才兼备、以德为先,因为德是首要、是方向,一个人只有明大德、守公德、严私德,其才方能用得其所。"[2] 大德是政治方向、理想信念,是立德修身的最高境界;公德是基本素质、规范性道德,是立德修身的基本要求;私德是最本真的无形道德,是立德修身的难点和重点。三德兼修,相互映衬,才能不断塑造完美之人格。

承载着时代的历史使命,仅有完美的人格还不足以担当,还必须练就过硬的本领。学习是青年成就本领的必经之路,社会实践是成就本领的现实途径。习近平指出:"青年人正处于学习的黄金时期,应该把学习作为首要任务,作为一种责任、一种精神追求、一种生活方式,树立梦想从学习开始、事业靠本领成就的观念,让勤奋学习成为青春远航的动力,让增长本领成为青春搏击的能量。"[3] 真本领要在实践中练就。只有积极投身中国特色社会主义的伟大实践,在改革开放的大熔炉中,在社会的大学校里,坚持学以致用,才能掌握真本领。

人格之美,在于拒腐防变。练就金刚不破之身,才能永葆青春。本领之真,在于攻坚克难。练就无坚不摧的本领,不仅开创事业,而且超越自我。"美""真"的结合,造就真美青年。

4. 理想之远与实干之近

"理想因其远大而为理想,信念因其执着而为信念。"[4] 理想之远,非好高骛远,乃登高望远;非舍近求远,乃跬步致远。实干之近,非盲目实践,瞎子摸象,乃脚踏实地,抓铁有痕,踏石留印;非捡了芝麻丢了西瓜,乃从小事做起,从自己做起,从现在做起。没有理想之远,就没有目光远大、胸怀宽广、头脑清醒、意志坚定;没有实干之近,就没有砌高楼的底砖、汇江海的溪流、创事业的第一个台阶。理想之远和实干之近的辩证统一,构成了"远近高低各

---

[1] 参见《美好的生活属于你们 美丽的中国梦属于你们》,《人民日报》2015年6月2日。
[2] 《习近平谈治国理政》,外文出版社2014年版,第173页。
[3] 《习近平谈治国理政》,外文出版社2014年版,第51页。
[4] 《习近平谈治国理政》第2卷,外文出版社2017年版,第35页。

不同"的多彩人生。

  理想之远和实干之近统一于艰苦奋斗的精神。艰苦奋斗所体现的坚忍不拔、砥砺前行，表现为志存高远的鸿鹄之志，也表现为埋头苦干的黄牛精神。艰苦奋斗是共产党人的政治本色和精神源泉，正如毛泽东所指出的，艰苦奋斗是我们的政治本色，人是要有一点精神的，无产阶级的革命精神就是由这里头出来的。人类的美好理想，都离不开艰苦奋斗精神的发扬。近代以来，我们的国家和民族从积贫积弱一步一步走到今天的发展繁荣，靠的就是一代又一代人的顽强拼搏，靠的就是中华民族自强不息的奋斗精神。今天，我们进入了中国特色社会主义新时代，积极应对面临的新挑战，有效解决遭遇的新矛盾，更要依靠艰苦奋斗的精神。习近平告诫我国青年："要牢记'空谈误国、实干兴邦'，立足本职、埋头苦干，从自身做起，从点滴做起，用勤劳的双手、一流的业绩成就属于自己的人生精彩。"[1] 历史的辩证法是无情的，任何违背时代潮流的力量最终将被历史淘汰；只有通过艰苦奋斗努力跟上时代步伐的人，才能拥有未来。"历史总是要前进的，历史从不等待一切犹豫者、观望者、懈怠者、软弱者。只有与历史同步伐、与时代共命运的人，才能赢得光明的未来。"[2]

---

[1] 《习近平谈治国理政》，外文出版社 2014 年版，第 52 页。
[2] 《习近平谈治国理政》第 2 卷，外文出版社 2017 年版，第 32 页。

深刻认识和把握以人民为中心的发展思想

李 冉

【作者简介】 李冉，复旦大学马克思主义学院常务副院长，教授，博士生导师。上海市阳光学者、浦江人才、曙光学者，上海社科新人，"上海高校思想政治理论课名师工作室——李冉工作室"主持人，上海市学习贯彻党的十九大精神宣讲团成员，中央国家机关党课宣讲辅导员，中央"马工程"专家。主要研究领域：党的建设、中国特色社会主义、中国共产党政党文化。出版学术专著2部，合著3部，发表学术论文50余篇，主持国家与省部级等各类课题20余项。

以人民为中心的发展思想，集中体现了习近平总书记系列重要讲话精神，是基础性、先导性的理论成果，其在习近平总书记系列重要讲话以及由此形成的理论体系中居于重要地位。深刻领会这一思想的形成过程、丰富内涵及重大意义，是学深悟透习近平总书记系列重要讲话精神和治国理政新理念新思想新战略的必然要求，是更好地开展具有许多新的历史特点的伟大斗争、推进党的建设新的伟大工程、推进中国特色社会主义伟大事业、实现中华民族伟大复兴的重要前提。

一 "以人民为中心的发展思想"的提出及其孕育过程

党的十八大以来，以习近平同志为核心的党中央把马克思主义基本原理与治国理政的具体实践结合起来，秉承马克思主义理论与无产阶级政党的人民属性，把"以人民为中心"作为治国理政的价值红线——提出以人民为中心的奋斗目标，宣示以人民为中心的执政立场，践行以人民为中心的工作导向，从而为"以人民为中心的发展思想"的形成创造了坚实的理论、政治和实践条件。

1. 提出以人民为中心的奋斗目标，为"以人民为中心的发展思想"的形成创造了理论条件

奋斗目标最能体现一个政党的立场和情怀。马克思说："制定一个原则性纲领，这就是在全世界面前树立起可供人们用来衡量党的运动水平的里程碑。"① 以习近平同志为核心的党中央提出的"中国梦"，就是"一个原则性纲领"，也是一个崇高的奋斗目标。中国梦，归根到底是人民的梦，因而也是一个以人民为中心的奋斗目标。纵观这个奋斗目标的提出过程，我们不难发现，其中蕴含了三个渐次推进的逻辑关系，而每一次逻辑推进都是坚持以人民为中心发展的结果。

第一，着眼于人民的现实利益，宣示党的奋斗目标。2012年11月15日，在党的十八大产生的中央政治局常委同中外记者见面会上，习近平总书记以生动的语言揭示了人民在教育、就业、住房、医疗等方面的现实利益，并庄严宣示："人民对美好生活的向往，就是我们的奋斗目标。"这是以习近平同志为核心的党中央开宗明义的价值宣示，体现了人民利益至上的追求与情怀。

第二，着眼于人民的整体利益，明确党的奋斗目标。在参观《复兴之路》展览时，习近平总书记明确提出了党的奋斗目标，就是实现中华民族伟大复兴的中国梦。从顺应人民对美好生活的向往，到进一步提出"中国梦"，这其中的逻辑遵循就是人民的整体利益，正如习近平总书记所指出的："这个梦想，凝聚了几代中国人的夙愿，体现了中华民族和中国人民的整体利益，是每一个中华儿女的共同期盼。"②

第三，着眼于人民的根本利益，升华党的奋斗目标。在第十二届全国人民代表大会第一次会议上，习近平总书记进一步提出"中国梦归根到底是人民的梦"，要让人民"共同享有人生出彩的机会，共同享有梦想成真的机会，共同享有同祖国和时代一起成长与进步的机会"③。这三个"共同享有"诠释了最广大人民的根本利益、中国人民整体利益、中华民族最高利益的统一性，进一步明确了中国梦的本质——中国梦是历史的、现实的也是未来的，是国家的、民族的也是每一个中国人的。这就在思想内涵和精神实质上进一步升华了党的奋

---

① 《马克思恩格斯选集》第3卷，人民出版社2012年版，第355页。
② 《习近平总书记重要讲话文章选编》，党建读物出版社、中央文献出版社2016年版，第19页。
③ 《习近平谈治国理政》，外文出版社2014年版，第40页。

斗目标。

总之,以习近平同志为核心的党中央在宣示、明确、升华奋斗目标的过程中,都牢牢坚持以人民为中心,最终确立了中国梦的人民性。其开篇之作就是提出了以人民为中心发展的奋斗目标,由此奠定了治国理政的总基调。这就为"以人民为中心的发展思想"的提出创造了理论条件。

2. 宣示以人民为中心的执政理念与执政立场,为"以人民为中心的发展思想"的提出创造了政治条件

2014年2月7日,习近平主席在俄罗斯索契接受专访时谈到了他本人的执政理念,概括起来说就是:为人民服务,担当起该担当的责任。习近平总书记不仅对自己,对于党中央乃至全党,都不断宣示以人民为中心的执政理念。十八届常委会产生后,他强调说,我们的责任就是"对人民的责任"。十八届中央政治局产生后,习近平总书记强调:"中央政治局的同志必须有天下为公的宽阔胸襟,摒弃任何私心杂念,把为全中国人民谋利益作为自己唯一的追求。"[①]他认为,衡量一名共产党员、一名领导干部是否具有共产主义远大理想,是有客观标准的,那就要看他能否坚持全心全意为人民服务的根本宗旨。对于全党,习近平总书记说道,"为人民服务是共产党人的天职","民心是最大的政治","党的一切工作,必须以最广大人民根本利益为最高标准"[②]。

2016年7月1日,在庆祝中国共产党成立95周年的大会上,习近平总书记庄严宣示了中国共产党的执政立场。他指出:"人民立场是中国共产党的根本政治立场,是马克思主义政党区别于其他政党的显著标志。"[③] 当前,我国的改革发展事业已经进入攻坚期和深水区,要冲破思想观念的障碍和利益固化的藩篱,就需要执政党亮明身份、宣示立场,毫无保留地公开自己的观点和意图。打铁还需自身硬。以习近平同志为核心的党中央宣示以人民为中心的执政理念和执政立场,就为党的建设和治国理政新实践注入了灵魂,从而为"以人民为中心的发展思想"的提出创造了政治条件。

3. 践行以人民为中心的工作导向,为"以人民为中心的发展思想"的提出创造了实践条件

党的十八大以来,我们党所有理论和实践都紧紧围绕着实现"中国梦"这个奋斗目标而展开。一个以人民为中心的执政党,追求实现一个以人民为中心

[①] 《习近平主持召开中共中央政治局专门会议并发表重要讲话》(http://news.xinhuanet.com/politics/2013—06/25/c_116286091_2.htm)。

[②] 习近平:《在纪念毛泽东同志诞辰120周年座谈会上的讲话》,《人民日报》2013年12月27日。

[③] 习近平:《在庆祝中国共产党成立95周年大会上的讲话》,《人民日报》2016年7月2日。

的奋斗目标，必然展开以人民为中心的社会实践。具体说来，在涉及人民利益的各个领域，特别是经济社会和民生领域，习近平总书记总是旗帜鲜明地强调以人民为中心的工作导向。

2013年8月19日，习近平总书记在全国宣传思想工作会议上提出了"树立以人民为中心的工作导向"的重要论断。从公开的资料来看，这是十八大以后习近平总书记首次在实践层面强调"工作导向"问题，由此，"以人民为中心"从理念层面深入到实践层面，这其中的逻辑正如他所指出的："以人民为中心的发展思想，不能只停留在口头上、止步于思想环节，而要体现在经济社会发展各个环节。"[①] 自此，以人民为中心的治国理政新实践就进一步深入展开了。这就为"以人民为中心的发展思想"的提出创造了实践条件。

习近平总书记在谈到建设社会主义文化强国、改进宣传思想工作、改进新闻舆论工作、构建现代公共文化服务体系时，强调要坚持以人民为中心的工作导向；在谈到繁荣发展社会主义文艺事业时，强调要坚持以人民为中心的创作导向；在谈到繁荣发展哲学社会科学时，强调要坚持以人民为中心的研究导向。还比如，在"以人民为中心的发展思想"提出以后，习近平总书记在谈到马克思主义政治经济学、供给侧改革、"十三五"规划、全面深化改革、中国特色人权发展道路、公安机关和公安队伍建设等领域和问题时，都要求践行以人民为中心的发展思想。

综上所述，以人民为中心是以习近平同志为核心的党中央鲜明的价值理念。这一价值理念贯穿于治国理政的全过程，并有三种实现形态。一是实践形态，践行以人民为中心的工作导向，不断把治国理政新实践推向纵深，取得了实践新成就。二是理论形态，秉承以人民为中心这个马克思主义政治经济学的根本立场，形成和发展了中国特色社会主义政治经济学，开创了理论新篇章。三是思想形态，把理论发展和实践发展统一起来，不断推动思想升华，最终形成了指导发展的"以人民为中心的发展思想"。

二 "以人民为中心的发展思想"的内涵与要义

以人民为中心的发展思想，是以习近平同志为核心的党中央根据我国发展环境、条件、任务、要求等方面的新变化，所作出的关于发展主体、发展目标、发展方法、发展标准等问题的系统论述，是当前及今后一段时期指导我们分析发展形势、确定发展理念、明确发展思路、找准发展着力点从而解决发展问题

---

① 《习近平总书记系列重要讲话读本》，学习出版社、人民出版社2016年版，第129页。

的指导思想。这一思想的基本要义主要包括以下四个方面。

1. 在发展目的上坚持一切为了人民

党的十八届五中全会鲜明地提出,坚持以人民为中心的发展思想,就要把增进人民福祉、促进人的全面发展作为发展的出发点和落脚点。这就明确了以人民为中心的发展诉求,从而确定了新时期发展问题的总纲。具体说来,在新的历史条件下,以人民为中心的发展诉求主要包含三个方面。

第一,着力提升共同富裕的"实现度",维护好最广大人民的根本利益。共同富裕是共产主义社会的一个基本目标,最能体现社会主义的优越性和人民群众的根本利益。马克思在《1857—1858年经济学手稿》中就富有远见地提出,在新的社会制度中"生产将以所有的人富裕为目的"[①]。然而,我国尚处于并将长期处于社会主义初级阶段,实现这个目标需要一个漫长的历史过程,也需要先富共富的实施策略与历史路径。经过近四十年的改革开放,我国经济社会已经处于历史的最好时期,已经拥有迈向共同富裕的最大可能和最好条件。对此,一定要有足够的现实自信和未来担当。只要我们能够作出更有效的制度安排,在做大发展蛋糕的同时分好蛋糕,着力解决分配不公、收入差距和城乡区域公共服务水平差距较大的问题,使改革发展成果更多更公平地惠及全体人民,我们就能创造条件,积小胜为大胜,不断朝着共同富裕的目标迈进。

第二,在现阶段,人民群众的共同利益和普遍需求,已经不单来自量的增长而更多地来自质的提升。这就需要提升发展的品质,把发展的目标和群众的普遍需求统一起来,维护好现阶段人民群众的共同利益,不断增强人民群众对发展的"获得感"。正如习近平总书记所指出的:"如果只实现了增长目标,而解决好人民群众普遍关心的突出问题没有进展,即使到时候我们宣布全面建成了小康社会,人民群众也不会认同。"[②]

第三,有效扩大全面发展的"覆盖面",维护好不同群体的具体利益。以人民为中心的发展思想,核心是促进人的全面发展。人的全面发展和全面发展的人,都不是抽象的、玄奥的概念,而表现为具体的人和实在的利益。一是发展的主体要全面,不能有缺位。目前,我国还存在着大量的贫困人口、城镇低保人员、城镇登记失业人员、残疾人等,他们是全面发展的重点人群。落实以人民为中心的发展思想,就要着力解决好特定人群的特定困难,坚决打赢扶贫攻坚战,不能让任何群体在发展过程中掉队。二是发展的领域要全面,不能有

---

① 《马克思恩格斯全集》第46卷(下),人民出版社1980年版,第222页。
② 《习近平关于社会主义经济建设论述摘编》,中央文献出版社2017年版,第47页。

短板。要实现全面小康的目标,就要全面推进"五位一体"总体布局,以回应人的全面的需求。长期以来,我们在社会建设和生态文明建设方面有所欠缺。坚持以人民为中心的发展思想,就要大力保障和改善民生,大力建设美丽中国,补上社会建设和生态文明建设的短板。

2. 在发展主体上坚持一切依靠人民

"天地之大,黎元为本。"人民是历史的创造者,群众是真正的英雄。这是马克思主义唯物史观的基本观点。以人民为中心的发展思想,就是坚持马克思主义唯物史观,把人民作为发展的依靠力量。当前的改革,啃硬骨头多、打攻坚战多、动奶酪多,推进发展的敏感程度、复杂程度前所未有。然而,改革发展事业越是艰难,就越是要依靠人民的力量。只有一切依靠群众,把群众作为发展主体,才能为发展注入强大的物质力量与精神动力。

一是坚持人民主体地位,核心是巩固人民当家作主的政治制度。具体来说,就是坚持和完善人民代表大会这个根本政治制度,以及中国共产党领导的多党合作和政治协商、民族区域自治、基层群众自治等基本政治制度。习近平总书记指出:"保证和支持人民当家作主不是一句口号、不是一句空话,必须落实到国家政治生活和社会生活之中。"[①] 对国家政治生活和社会生活作出根本规定的就是我国宪法。因而,巩固人民当家作主的政治制度,就必然要发扬宪法精神,弘扬宪法权威。弘扬宪法权威,就是要坚持宪法确定的中国共产党的领导核心地位不动摇,坚持宪法确定的人民民主专政的国体和人民代表大会制度的政体不动摇,就是为坚持人民主体地位提供最坚强的法律与制度保障。中国特色社会主义政治发展道路是坚持党的领导、人民当家作主、依法治国有机统一的道路,是尊重和实现人民主体地位的道路。继而说,坚持人民主体地位就是要毫不动摇地坚持中国特色社会主义的政治发展道路。

二是尊重人民首创精神,核心是走群众路线。尊重人民首创精神,具体说来就是尊重人民所表达的意愿、所创造的经验、所拥有的权利、所发挥的作用,其方法论就是坚持群众路线。群众路线,在本质上体现的是马克思主义关于"人民群众是历史的创造者"这一基本原理,是对人民首创精神的最大尊重。走群众路线,永远做人民群众的小学生,自觉地拜人民为师,向能者求教,向智者问策,从群众中汲取推动发展的智慧和力量。

三是依靠人民力量,核心是把人民组织起来。组织起来,从来都是我们不断走向胜利的奥秘所在。没有人民的参与和支持,任何改革和发展都不可能取

[①]《习近平总书记系列重要讲话读本》,学习出版社、人民出版社2016年版,第170页。

得成功。依靠人民推动发展，关键是把人民动员和组织起来，投身到党领导的伟大事业中去。一方面要树立整体人民观，坚持问政于民、问需于民、问计于民，充分发挥广大人民群众的积极性、主动性和创造性，营造人人参与、人人尽力的社会环境，激励人们通过劳动创造美好生活，使人民群众成为实现中国梦的追梦者。另一方面要树立专业人才观，以识才的慧眼、爱才的诚意、用才的胆识、容才的雅量、聚才的良方，把党内外和国内外各方面的优秀人才吸引过来，聚天下英才而用之，为其创造发挥作用的舞台，努力形成人人渴望成才、人人努力成才、人人皆可成才、人人尽展其才的良好局面。

3. 在发展方法上坚持一切从问题出发

坚持以人民为中心的发展思想，就是要更好地解决人民生活和经济社会发展中的实际问题，其问题导向不仅鲜明而且具体：一方面是从问题出发，通过解决人民的需求来实现更好的发展；另一方面是顺应人民期待，通过更好的发展来解决人民的需求。落实以人民为中心的发展思想，需要准确把握这一思想的方法论要义。

第一，坚持问题导向与目标导向相结合，准确定位人民的需求和发展的着力点。以人民为中心，是发展的目标导向；发展，是以人民为中心的问题导向。只有树立了目标导向，问题导向才能精准。增进人民福祉、促进人的全面发展，是"以人民为中心的发展思想"的目标导向。因此，我们的问题导向主要有两个要义。从宏观上看，问题导向就是"老百姓关心什么、期盼什么，改革就要抓住什么、推进什么"[1]，"群众想什么、我们就干什么"[2]。从微观上看，问题导向就是从具体问题入手，从群众最关心最直接最现实的利益需求入手。民生问题离老百姓最近，同老百姓生活最密切。进而言之，坚持问题导向就要从保障和改善民生做起，做好普惠性、基础性、兜底性民生建设，满足群众多样化的民生需求，给人民带来更多的获得感。

第二，坚持问题导向与结果导向相结合，作出经得起实践、人民、历史检验的实绩。结果导向强调的是实际成效，是老百姓的"定心丸"。坚持结果导向，就是明确发展的路线图和时间表，让老百姓知晓发展的预期。只有树立了结果导向，问题导向才能坚决。习近平总书记强调："每项改革落实要有时间

---

[1] 《改革既要往增添发展新动力方向前进 也要往维护社会公平正义方向前进》（http://news.xinhuanet.com/politics/2016—04/18/c_1118659191.htm）。

[2] 《干在实处永无止境 走在前列要谋新篇》（http://news.xinhuanet.com/politics/2015—05/27/c_1115430266_2.htm）。

表、路线图,跑表计时,到点验收。"① 以抓落实、见成效为结果导向,我们的问题导向就有两个内在要求:一是解决问题要发扬钉钉子精神,不折腾、不反复,推出的每件事都要一抓到底,做到件件有着落、事事有回音,让老百姓看到变化、得到实惠;二是解决问题要"功成不必在我",一件事情接着一件事情办,一茬接着一茬干,一步一个脚印、稳扎稳打向前走,不断积小胜为大胜,一张蓝图干到底,作出经得起实践、人民、历史检验的实绩。

4. 在发展效果上坚持一切由人民检验

一个思想是否具有人民性,从根本上说,是看人民是否掌握评价权。以人民为中心的发展思想,具有彻底的人民性,它完整地回答并确认了人民的评价权。

第一,人民是至高无上的评价主体。习近平总书记指出:"我们党的执政水平和执政成效都不是由自己说了算,必须而且只能由人民来评判。人民是我们党的工作的最高裁决者和最终评判者。如果自诩高明、脱离了人民,或者凌驾于人民之上,就必将被人民所抛弃。"② 在发展问题上,人民拥护不拥护、赞成不赞成、高兴不高兴、答应不答应,是衡量党的一切工作得失的根本标准。这个根本标准直观地体现为人民的满意度和获得感,一切关于发展的目标、政策、成效均通过人民的满意度和获得感得以检验。只有依靠群众,让群众来监督和评判,以人民为中心的发展思想才能落实到经济社会发展的各个环节,新一轮发展才能不虚不空不偏,从而真正造福人民。

第二,始终坚持为人民谋利益的政绩观。民心是最大的政治,民心决定政绩观。在实际生活中,有的领导干部不是以人民为中心,而是以人民的名义行一己之私;有的领导干部不是从群众正在做什么和想要做什么出发,而是从我要做什么出发,最终背离人民的意愿;有的领导干部不是从群众的整体利益出发,而是从局部利益甚至特殊利益出发,最后损害人民的利益;有的领导干部不是从群众的长远利益出发,而是搞短平快的"冒进工程",甚至搞注水瞒报的"数字工程",留下历史烂尾;有的领导干部不啃硬骨头不打攻坚战,而是做庸政怠政、"为官不为"的缩头乌龟,如此等等。坚持以人民为中心,必须坚持为人民谋利益的政绩观,真正做到对历史和人民负责。

第三,着重把干事创业作为干部考核评价体系的重要内容。政治路线确定之后,干部就是决定的因素。落实以人民为中心的发展思想,主体是人民,关

---

① 习近平:《投入更大精力抓好改革落实 压实责任提实要求抓实考核》,《人民日报》2016年12月31日。
② 习近平:《在纪念毛泽东同志诞辰120周年座谈会上的讲话》,《人民日报》2013年12月27日。

键在干部,要害是干部考评体系。要把为人民干事创业的考核评价工作进一步制度化、系统化。一是在用人导向上,坚持正确的干部标准,把干事创业、勇于改革、敢于担当、作风扎实的干部提拔使用起来,形成能者上、庸者下、劣者汰的用人导向。二是在从政环境上,把广大党员干部的精气神引导到改革发展上来,要让干净的人有更多干事的机会,让干事的人有更干净的环境,让那些既干净又干事的人能够心无旁骛地施展才华、脱颖而出,培育优良的党内政治文化和风清气正的党内政治生态。

三 坚持"以人民为中心的发展思想"的重大意义

坚持以人民为中心的发展思想具有重大而深远的历史意义。第一,这是由理论成果的重要地位所决定的。发展是党执政兴国的第一要务,是解决中国一切问题的基础和关键。解决好发展问题,就为治国理政奠定了雄厚的基础。因而,这一理论成果必将在习近平总书记系列重要讲话以及由此形成的理论体系中居于基础性地位,必将在治国理政新理念新思想新战略中居于先导性地位。第二,这是由理论成果的重要功能所决定的。这一成果就如同一座信号"发射塔",覆盖面广,辐射功能强。开展具有许多新的历史特点的伟大斗争、推进党的建设的伟大工程、推进中国特色社会主义伟大事业、实现中华民族伟大复兴,都可以从这一成果中汲取思想的养分和前进的动能。

1. 推进中国特色社会主义伟大事业,需要坚持以人民为中心的发展思想

坚持和发展中国特色社会主义必须从客观实际出发。当代中国最大的客观实际,就是我国仍处于并将长期处于社会主义初级阶段。这就决定了我们必须坚持以经济建设为中心。同时还要看到,客观实际不是一成不变的,而是不断发展变化的,尤其要看到我国经济社会发展呈现出来的新特点。这就决定了我们必须坚持以人民为中心的发展思想。在发展问题上,以人民为中心和以经济建设为中心并不是相互否定的,而是辩证统一的。以经济建设为中心,重在实现物质的不断丰富;以人民为中心的发展,重在实现人的全面发展。只有把两者统一起来,中国特色社会主义才能是全面发展的社会主义,才是迈入新的发展阶段的社会主义。以人民为中心的发展思想,集中反映了我们党对发展阶段的新判断和对发展规律的新认识,深刻揭示了实现更高质量、更有效率、更加公平、更可持续发展的必由之路。这条发展之路通向共同富裕和人的全面发展,正是社会主义的本质要义。

2. 推进党的建设新的伟大工程,需要坚持以人民为中心的发展思想

习近平总书记指出:"能不能保持经济社会持续健康发展,从根本上讲取决

于党在经济社会发展中的领导核心作用发挥得好不好。"① 这一论断蕴含了厚重的历史逻辑。中国共产党建党 90 多年来,不断取得胜利的根本原因就是把党性和人民性统一起来,而实现这种统一的重要经验就是把党的建设和党领导的事业统一起来。党的十八大以来,习近平总书记提出"人民立场是中国共产党的根本政治立场"和"以人民为中心的发展思想",这就是把最高的党性原则和最彻底的人民性统一起来了。以人民为中心的发展思想,反映了坚持人民主体地位的内在要求,彰显了人民至上的价值取向,而这也正是全面从严治党继而推进党的建设新的伟大工程的价值遵循与行为坐标。以人民为中心的发展思想,不仅关系人民也关系党,是党的建设和党的事业的合题,是党性和人民性的合题,也必将成为推进党的建设新的伟大工程的"动力源"。

3. 开展具有许多新的历史特点的伟大斗争,需要坚持以人民为中心的发展思想

任何伟大斗争的前途和命运最终都取决于人心向背。坚持以人民为中心的发展思想,就是在"蛋糕"做大的同时,摒弃私利,这是一种道义的力量;就是以人民立场和优良作风始终与人民保持血肉联系,这是一种人格的力量;就是坚守人民至上和人民创造历史的唯物史观,这是一种真理的力量;就是致力于人的全面发展从而获得人民的衷心拥护,这是一种历史的力量。以人民为中心的发展思想,是开展具有许多新的历史特点的伟大斗争的"助力器",它必将汇聚 13 亿多人民的磅礴力量,走向中华民族复兴的光辉未来!

---

① 《习近平关于社会主义经济建设论述摘编》,中央文献出版社 2017 年版,第 325 页。

当代社会主义的探索、创新与发展

潘金娥

【作者简介】潘金娥，1967年生，中国社会科学院马克思主义研究院国际共运研究部副主任、研究员，中国社会科学院研究生院马克思主义研究系教授、博士生导师，中国社会科学院大学教授。研究方向为世界社会主义、当代越南问题、国际关系、政党问题等。北京大学越南语专业毕业、中国社会科学院研究生院经济学硕士、法学博士，美国约翰霍普金斯大学、越南综合大学访问学者。2013年至今先后主持完成4项中国社会科学院创新工程项目，目前担任"当代世界社会主义思潮与运动研究"（2018）首席研究员。主要成果有：《马克思主义本土化的国际经验与启示》《越南革新与中越改革比较》等。在国内外发表论文近百篇，多次获得中国社会科学院优秀对策信息奖。经常在中央电视台和越南国家电视台等国内外媒体上对越南问题、中越关系进行解读。

一百年前，列宁领导的俄国十月社会主义革命胜利后，苏联实行了"战时共产主义"和"新经济政策"，并于1936年确立了高度集中的经济和政治体制，即所谓的"苏联模式"。"苏联模式"作为世界上第一个社会主义的实践模式，其强大的号召力吸引了第二次世界大战后一大批刚刚获得民族独立的国家纷纷加入苏联领导的"社会主义阵营"，世界社会主义实现了从一国到多国的"苏联模式"普遍化。"苏联模式"的推广有双重作用，它帮助相关国家建立了社会主义制度，却终止了这些国家对于特殊发展道路的独立探索。[1] 自20世纪90年代社会主义阵营解体后，世界社会主义的格局发生了巨大变化。苏联东欧社会主义国家纷纷实行了"转轨"，放弃了社会主义制度和发展方向，导致世界社会主义运动陷入低潮。面对冲击，中国、越南、古巴、老挝和朝鲜等国作出了继续坚持社会主义道路和发展方向的抉择，与此同时，各国对原有体制和发展路径进行调整，以适应新形势的发展需要。二十多年来，社会主义各国依据本国国情作出了具有本国特色的实践探索，并通过总结实践经验发展了马克思主义，形成了具有各国特色的社会主义理论、观点。

一 选择正确的方向，坚持独立探索

"苏联模式"曾为各社会主义国家争取民族独立并在社会主义建设初期集中力量搞建设作出了重要贡献，然而，在和平建设时期，这种模式的弊端逐渐显露。由于该模式过于强调集中计划、偏重发展重工业而忽视轻工业和农业的发展，导致经济发展失衡，人民群众的日常生活用品和消费品严重缺乏，社会生产积极性受到抑制。从20世纪70年代中期到80年代末，世界社会主义各国的经济发展普遍陷入停滞，各种社会问题凸显。在这样的背景下，社会主义各国开始寻求变革。

社会主义国家的变革经历了不同的方式。从20世纪80年代中后期开始的苏联和东欧地区的社会主义国家通过实施所谓的"休克疗法"，即按照西方制度模式"改组"本国的政治体制，在经济领域实行全面私有化。这种变革的实质是全盘否定无产阶级专政的政治制度，否定社会主义的经济制度，从而在根本上改变了国家政权的性质，改变了社会主义的发展道路和方向。而中国、越南、老挝等社会主义国家采取了不断探索和前进，逐渐对传统社会主义模式不合理之处进行调整，从而达到不断完善社会主义制度并最终实现完善和巩固社会主义制度的目标方式。然而，由于国情不同，在实行各自改革的过程中，各国也从实践中探索出各具特色的变革路径。相对于中、越、老三国，古巴和朝鲜的变革启动较为滞后，而且幅度也相对较小，但其坚持建设和完善社会主义制度的目标是明确的。以下将通过比较五国启动变革时间点、经济体制改革、政治系统变革的异同，展示各国正在进行的独立探索。

1. 启动变革时间的差异和对变革的不同认识

1978年召开的中共十一届三中全会，标志着中国正式实行改革开放，至今

---

[1] 《世界社会主义研究年鉴（2016）》，上海人民出版社2017年版，第6页。

已经走过40年的历程。中国的改革从农村实行家庭联产承包责任制开始,改革范围全面覆盖经济、政治、文化、社会和外交等各个领域,在实践中取得了举世瞩目的成就,在制度方面展示了中国特色社会主义制度的优势,在理论方面形成了中国道路和中国特色社会主义理论体系。越南自1986年12月召开的越共六大正式开始社会主义革新进程,老挝的革新起步于1986年11月召开的老挝人民革命党第四次全国代表大会。越、老两国都在当年召开的党代会上提出:革新首先是思维的革新,要重新认识马克思列宁主义和本国的社会主义,并对建立新政权后急于向社会主义过渡的路线和方针政策作了全面、深刻的检讨,纠正了不尊重客观现实、急躁冒进的错误倾向,为革新扫除了思想认识上的障碍。越南理论家认为:"越南的革新是全面性的改革,它以经济革新开始,发展到政治、文化和社会的革新;是从路线到政策、从国内政策到对外政策的革新;是从思维、认识、思想的革新到实践的革新。"[①] 与此同时,越南也使用"改革"一词,但仅用于某些领域的变革,如"行政改革""国有企业改革"等。可见,越南认为"革新"比"改革"更为广泛和深入,它是对原有体制各个方面进行彻底的革命。越南理论家同时也强调:"越南的革新是在越南共产党的正确领导下进行的,与此同时,越南共产党也要不断进行自我革新,这是越南社会主义革新事业成败的关键。"[②] 由于老挝人民革命党长期得到越南共产党的指导和帮助,甚至其十大前的各次党的代表大会的政治报告都是在越南理论家帮助下完成的,因此老挝革新的思路在2016年十大之前与越南非常相似,而十大报告也参考了中国的建议。与中国相类似,越、老两国的革新也都是从农村实行家庭联产承包责任制开始,之后逐步扩大到经济生活的各个领域,再进一步发展到政治、文化和外交等所有领域。

相比之下,距离美国只有200多公里的古巴,由于地缘政治原因,并且长期受到美国的封锁,一向把反抗美国的干涉和保卫本国社会主义制度作为首要目标。直到2011年古巴共产党第六次全国代表大会以后,古巴才正式启动"经济更新"(update)进程。值得注意的是,古巴不使用"改革"(reform)这个词,而常常使用"变革"或"变化"。据古巴学者说,古巴尽量避免使用中国的"改革开放"和越南使用的"革新开放",而提出"更新"经济模式,以示区别。古巴领导人强调,古巴不会抄袭任何其他国家的模式,古巴的社会主义

[①] [越] 杨富协:《越南革新过程的一些特点》,郑一明、潘金娥主编:《中越两党马克思主义理论创新比较研究》,社会科学文献出版社2011年版,第100—115页。
[②] [越] 杨富协:《越南革新过程的一些特点》,郑一明、潘金娥主编:《中越两党马克思主义理论创新比较研究》,社会科学文献出版社2011年版,第100—115页。

经济模式是"具有古巴特色的""土生土长的"①。可见，古巴的"经济更新"有很具体的内涵，即变革的目标仅仅是对原有经济体制的"升级"而不是改变其根本，而且范围仅限于经济领域。中国社会科学院古巴问题专家徐世澄认为："比起中国的'改革开放'和越南的'革新开放'，相同之处是：经济改革（变革）的目的都是为了完善和巩固社会主义、发展国民经济和改善人民生活水平；经济改革（变革）都是在执政的共产党领导下进行的；有关改革（变革）的政策都是根据本国的特点来制定的。不同之处是：古巴依然强调以计划经济为主，而中国和越南主张社会主义市场经济。"②除了上述四国外，朝鲜至今仍坚称以本国的特殊方式建设"朝鲜式社会主义强盛大国"。尽管朝鲜过去几十年来的政策有所变化，但官方从未采用"改革"或"革新"的表述，而只是使用"调改和完善社会主义"。可见，这些认识上的差异，实际上反映了各国根据本国国情探索符合自身特点的发展道路和模式。

2. 经济体制改革的异同

1992年，中共十四大明确提出"我国经济体制改革的目标是建立社会主义市场经济体制"，要使市场在国家宏观调控下对资源配置起基础性作用，这标志着中国特色社会主义市场经济理论已经形成。中共十四大之后，中国对社会主义市场经济体制的认识不断发展和完善。十四届三中全会通过的《关于建立社会主义市场经济体制若干问题的决定》（以下简称《决定》），明确了建立和发展社会主义市场经济体制的基本框架。《决定》指出，社会主义市场经济体制是同社会主义基本制度结合在一起的。建立社会主义市场经济体制，就是要使市场在国家宏观调控下对资源配置起基础性作用。中共十四届三中全会之后，中国开始为"市场"在"社会主义市场经济"中寻找新的科学定位。十五大提出"使市场在国家宏观调控下对资源配置起基础性作用"，十六大提出"要在国家宏观调控下市场在资源配置中起基础性作用，发挥计划与市场两种手段的长处"，并"在更大程度上发挥市场在资源配置中的基础性作用"，十七大提出了政府与市场应发挥不同作用，强调"发挥国家发展规划、计划、产业政策在宏观调控中的导向作用，综合运用财政、货币政策，提高宏观调控水平"，同时"从制度上更好发挥市场在资源配置中的基础性作用"。中共十八大强调更大程度更广范围发挥市场在资源配置中的基础性作用，十八届三中全会进一步明确提出使市场在资源配置中起决定性作用和更好发挥政府作用。可见，中国共产

---

① 徐世澄：《古巴，开始了这样的改革》，《新京报》2011年6月11日。
② 徐世澄：《古巴，开始了这样的改革》，《新京报》2011年6月11日。

党的文件中强调发挥市场的作用，但其前提有两点：一是市场的作用要在国家宏观调控下发挥；二是市场只在资源配置领域发挥作用。只有同时满足这两点，才能保证中国市场经济的社会主义性质。

越南和老挝都提出建设"社会主义定向的市场经济"的革新目标。2016年1月召开的越共十二大报告进一步明确了越南社会主义定向的市场经济的含义："越南社会主义定向的市场经济是完全和同步按照市场经济规律运行的经济体制，同时保证社会主义的方向与国家的每个发展阶段相符合；它是在社会主义法权国家的管理下、由越南共产党领导的现代且融入国际的市场经济体制，旨在实现'民富、国强、民主、公平、文明'的目标；它具有与生产力发展水平相符的进步的生产关系；它有多种所有制形式、多种经济成分，其中国有经济占主导地位，私人经济是经济的重要动力；各种经济成分的主体平等，依法合作和竞争；市场在有效调配资源方面发挥主要作用，是解放生产力的主要动力；国家资源要根据战略、规划和计划并按照市场机制进行分配。"[1] 2017年5月召开的越共十二届五中全会通过了《完善社会主义定向的市场经济体制》的决议，同时还通过了《进一步推进国有企业结构重组并提升其经营效果》和《促进私营经济发展成为社会主义市场经济体制的重要动力》两项决议。全会提出，使社会主义定向市场经济成为越南经济发展道路上的理论基础和实践基础。越共中央总书记阮富仲在会议闭幕时强调，建立和完善社会主义定向市场经济体制是国家的战略任务，是助推经济社会快速可持续发展的关键突破口。[2]

老挝人民革命党（以下简称"老挝党"）四大提出，调整经济管理机制，正确处理商品和货币关系，充分发挥各种经济成分的潜力。老挝党五大、六大、七大和八大均鼓励各种经济成分在政府调控和管理下遵循市场机制开展经营，各种经济成分相互竞争与合作，在法律面前平等。老挝党八大提出了沿着社会主义方向并在市场机制基础上发展经济，其九大首次提出建设社会主义方向的市场经济目标，同时鼓励各种经济成分发展。[3] 老挝党认为，市场经济与社会主义并不对立，与此同时也强调，老挝市场经济是社会主义的市场经济，不是资本主义的市场经济。建设社会主义市场经济是老挝发展的必然趋势，也是当前和长期的重要任务。老挝党十大通过的国家经济社会发展第八个五年计划和

---

[1] 越南共产党：《越共十二大政治报告》，越南共产党电子报网站（http://dangcongsan.vn/tu-lieu-van-kien/van-kien-dang/van-kien-dai-hoi/khoa-xii/doc-3331201610175046.html）。

[2] http://news.21cn.com/hotnews/a/2017/0512/07/32255473.shtml。

[3] 参见王璐瑶《老挝人民革命党对社会主义的认识和实践》，《当代世界》2015年第8期。

《2016—2020年经济社会发展战略和2030年发展愿景》，提出了老挝中长期发展目标，即：加强党的领导，保证社会主义的革新方向，坚持有原则的全面革新开放路线不动摇；集中力量发展经济，力争国内生产总值年均增长率达到7.5%以上，到2020年摆脱最不发达国家状态。①

当前，越、老两国也在探讨如何才能平衡政府与市场的作用。与中国不同的是，越南和老挝认为，两国当前都处于向社会主义过渡时期，也就是说，还未迈入社会主义阶段，因而可以更加灵活地采取非社会主义性质的措施，如大力发展私人经济和强调充分发挥市场机制的作用等。目前越南私营经济占国内生产总值的比重为50%以上，但越南经济学家依然认为国有经济比例过高，因而要积极推动国有企业的股份制改革，让更多的私人资本进入市场。因此，越共十二届五中全会再次强调要让"私人经济发展成为社会主义市场经济的重要动力"，要求为私营经济的发展创造良好条件。

古巴社会主义经济制度历经半个多世纪的演变与调整，形成了独特的社会主义计划经济体制。自2008年劳尔·卡斯特罗主政以来，开启了关于古巴未来的全民大讨论。最终，这场在古巴国内空前广泛和深入的讨论大体确定了以下三个发展的主攻方向：一是减少国家对国民经济的干预，对所有制结构和经济管理方式进行必要的改革与调整；二是重组国家机器，促进国家行政机构的现代化；三是解除限制古巴居民机会的各种禁令，如放开私人购车、购房市场，颁布新移民法，改善居民生活状况，促进私人投资等。2011年4月召开的古共六大通过了《党和革命的经济与社会政策纲要》（以下简称《纲要》），《纲要》在阐述古巴经济模式更新的性质与目的时强调，古巴将坚持社会主义方向，不断完善和"更新"经济与社会模式，发展国民经济，改善人民生活水平。在经济制度、体制和机制方面，《纲要》指出，古巴未来仍将坚持以计划经济为主导，并适当考虑市场因素的作用；逐步实现党政分开，政企分开，适度放权，赋予国有企业更多自主权；在坚持以公有制为主体的前提下，力争调整就业结构，削减国有部门岗位，减少国有部门冗员，扩大非国有部门的就业岗位，鼓励私营经济发展，扩大个体户、承包、租赁、合作社、外资等所有制形式，扩大个体劳动者的活动范围，并向其提供银行贷款，允许其进入原材料批发市场等。自此，古巴进入社会主义模式更新的历史新阶段。②

---

① 参见潘金娥《老挝：掀开神秘面纱，迎接发展新机遇》，《世界知识》2016年第23期。
② 参见贺钦《古巴经济模式更新的历史路径与现实挑战》，《改革与战略》2014年第8期。

冷战结束后，特别是金正日主政朝鲜后，朝鲜政府推行了一系列发展经济和改善经济管理的措施，但这种措施不具有连贯性。对此，有学者认为，与其他国家相比，朝鲜的经济改革受到国外因素的影响更大。[1] 朝鲜的经济体制改革，首先始于国营企业的重组、经济计划制定方法的改变，其后是企业管理方法的变化、价格及工资的调整。国营企业的重组从1999年开始一直持续到2001年。与此同时，在以往量化指标的基础上，逐步向重视质量指标、货币指标的计划化方向转变。金正恩时代的朝鲜经济政策继承了金正日时代经济改革措施的特点[2]，但其执政后在经济领域也采取了一些创新措施，提出了"朝鲜式经济管理方法"，要求在工业领域实行"社会主义企业责任管理制"，即"在生产资料的社会主义所有制基础上，工厂企业拥有实际的经营权，创造性地开展企业活动，执行党和国家的任务，发挥劳动者作为生产和管理的主人的责任和作用"，企业"要行使产品开发权、质量管理权、人才管理权等"。在农村，在原有的"分组管理制"框架内实行"土地责任担当制"，"打破平均主义"。在对外经济方面，颁布了《经济开发区法》，宣布在全国各地成立19个经济开发区，进行对外招商引资。朝鲜的这些新经济措施引起国际舆论的关注。有人将其称为"改革开放"，但朝鲜从未如此贴标签。[3] 朝鲜社会科学院经济研究所教授李基松（音）于2013年5月在接受日本记者采访时表示，朝鲜已实施"土地担当制"或土地承包责任制政策，并给予农户对于超额农作物的处置权；朝鲜国有企业已实行新独立的核算制度。[4]

3. 各国政治系统变革的异同

由于吸取了苏联与东欧各国先行推出政治体制的变革而导致失败的教训，现有社会主义各国对政治体制的变革都较为谨慎，但表现出一定的差异性。

首先，从五国现行宪法对国家政治制度相关条款的规定来看，其内容有五个共同点：一是执政党是国家和社会的领导力量；二是人民当家作主，一切权力属于人民；三是民主集中制是国家机构的运行原则；四是加强法制、依法治国；五是取消了"无产阶级专政"的条款。五国宪法规定内容的差异表现在：一是除了老挝规定本国是"人民民主国家"外，其他四国宪法都规定本国为"社会主义国家"；二是只有中国和朝鲜保留了"人民民主专政"国家性质的提

---

[1] 参见曾光辉《朝鲜推行经济改革的原因分析》，《改革与战略》2008年第4期。
[2] 参见［日］三村光弘《冷战格局下的朝鲜经济改革》，王静译，《辽东学院学报》（社会科学版）2014年第4期。
[3] http://xhgj.api.zhongguowangshi.com/wap/share.aspx?clientApp=104&docid=87686&channel=sina.
[4] 参见李圣华、权哲男《朝鲜农业改革探析》，《东疆学刊》2016年第3期。

法，而越南和老挝都提出建立"社会主义法权国家"的目标。[1]

其次，从各国政治系统变革的实践来看，各国从行政改革开始，逐渐扩大到政治体制的各个领域和各个层面。中国目前已经建立了以中国共产党领导的多党合作和政治协商制度、人民代表大会制度、民族区域自治制度以及基层群众自治制度为主要内容的"四位一体"的基本政治制度。越南和老挝在社会民主化方面成效显著，通过改革选举制度、实行质询制度和信息公开等措施，国会日益成为人民表达意见、参政议政的重要场所。与此同时，各国执政党都强调执政党建设。例如，中国共产党以党的政治建设为统领，全面推进党的政治建设、思想建设、组织建设、作风建设、纪律建设，把制度建设贯穿其中，深入推进反腐败斗争，不断提高党的建设质量，把党建设成为始终走在时代前列、人民衷心拥护、勇于自我革命、经得起各种风浪考验、朝气蓬勃的马克思主义执政党。而越南和老挝除了主张"提高党的领导能力和战斗力"，还注重强调"革新党的领导方式"，扩大党内民主和社会民主，把党对国家和社会的领导纳入宪法和法律框架之内，以理顺"党领导、国家管理、人民做主"之间的关系，建设"社会主义法权国家"，实现"法治"代替"党治"的目标。尽管这些改革措施引起了外界不少关注，但在社会民主不断扩大的背景下，越南党内出现了政治思想和道德作风蜕化、党内"自我演变""自我转化"等危及党和国家生死存亡的问题。[2] 相比之下，由于受到美国禁运和制裁等原因，古巴和朝鲜则在政治体制改革方面更加谨慎，始终强调反对帝国主义和敌对势力的破坏与干涉，强调社会主义革命和建设并举。尤其是朝鲜，始终强调建设"思想政治强国"，始终把先军政治和建设"军事强国"作为维护本国政治制度的重要保障。

可见，在政治体制变革方面，各社会主义国家也在坚持独立探索，但其复杂程度远远大于经济体制的变革，成功与否还难以给出明确答案。各国实践的差异性也是明显的。

---

[1] 参见《中华人民共和国宪法》，中国法制出版社2016年版；《越南社会主义共和国宪法》（http://moj.gov.vn/vbpq/lists/vn%20bn%20php%20lut/view_detail.aspx?itemid=28814）；《老挝人民民主共和国宪法》（2003年），许宝友主编：《世界主要政党规章制度文献》（越南、老挝、朝鲜、古巴），中央编译出版社2016年版，第92页；《古巴共和国宪法》，许宝友主编：《世界主要政党规章制度文献》（越南、老挝、朝鲜、古巴），中央编译出版社2016年版，第142页；《朝鲜民主主义人民共和国宪法》，许宝友主编：《世界主要政党规章制度文献》（越南、老挝、朝鲜、古巴），中央编译出版社2016年版，第118—120页。

[2] 2016年10月召开的越共十二届四中全会通过了《关于加强建设和整顿党，制止和打击思想政治、道德和生活作风蜕化以及内部"自我演变"、"自我转化"等现象的决议》，指出："为数不少的党员干部在思想政治、道德和生活作风上的蜕化状况不但没有得到遏制，而且变得更加隐蔽、复杂，这些问题损害了党的领导地位，降低了人民对党的信任，直接威胁了党和社会主义制度的生死存亡。"参见越南共产党电子报，2016年10月30日。

二 从实践中总结经验、创新理论

社会主义五国在建设社会主义的过程中，一方面，都非常注重理论指导，坚持把马克思列宁主义作为执政党的指导思想和行动指南；另一方面，它们都依据本国特点和时代特征，创新和发展了马克思主义，形成了本土化的马克思主义。这些理论既是对各国社会主义实践的总结，同时又对本国的社会主义实践发挥指导和引领作用。

在中国，习近平指出，中国共产党90多年来之所以能够不断发展壮大，"一个根本原因，就在于始终坚持科学理论的指导，坚持把马克思主义基本原理同中国革命、建设、改革的具体实际相结合，不断推进马克思主义中国化，实现了党的指导思想和基本理论的与时俱进"[1]。

改革开放以来，中国共产党人把马克思主义与中国的改革实践相结合，先后形成了邓小平理论、"三个代表"重要思想、科学发展观和习近平新时代中国特色社会主义思想。这些思想观点就是"中国化的马克思主义"或"中国特色社会主义理论体系"。

在越南，1991年召开的越共七大首次提出了胡志明思想，并在此之后不断挖掘和丰富其内涵。越南共产党把马克思列宁主义与胡志明思想共同作为党的思想基础和行动指南。革新以来，越南强调要创造性地将马克思列宁主义运用于越南的实践，并通过总结和实践，形成了越南对本国当前阶段——即向社会主义过渡时期的阶段性定位，以及现阶段越南社会主义的主要特征和内涵、政治和经济革新的理论认识，即"越南社会主义法权国家"和"越南社会主义定向的市场经济"。在2016年1月召开的越共十二大的相关文件中，对上述理论观点做了进一步的阐释，提出了越南社会主义定向的市场经济的一些规定性内涵。[2] 当前，越南理论界正致力于将本国的社会主义理论系统化。

在老挝，1989年10月，在苏联解体东欧剧变前夕和国际局势动荡的情况下，老挝人民革命党及时召开了四届八中全会，提出革新的"六项基本原则"，即坚持社会主义目标、坚持马列主义是党的思想基础、坚持党的领导是一切胜利的决定因素、坚持在集中原则基础上发扬民主、增强人民民主专政的力量和效力、坚持真正的爱国主义与纯洁的国际主义相结合。[3] "六项基本原则"的提出，为老挝革新事业提供了方向性的根本保障。在总结实践经验的基础上，于

---

[1] 习近平：《不断推进马克思主义中国化 坚持中国特色社会主义道路》，《人民日报》2011年6月21日。
[2] 参见潘金娥《越共十二大提出革新发展"九大关系"》，《中国社会科学报》2016年3月31日。
[3] 参见纪大为、方文《浅论老挝的马克思主义之路》，《黑河学刊》2014年第5期。

2011年召开的老挝党九大上，提出老挝经济体制改革的目标是"建设社会主义定向的市场经济"。2016年1月召开的老挝党十大首次提出以老挝开国领袖命名的"凯山·丰威汉思想"，并将其与马克思列宁主义并列为老挝党的指导思想。

在古巴，1997年10月，古巴共产党在古共五大的中心文件《团结、民主和捍卫人权的党》中首次提出"菲德尔·卡斯特罗思想"的表述，并将其同马列主义、马蒂学说一起列为古巴共产党的指导思想，形成了古巴特色的"马列主义、何塞·马蒂学说和菲德尔·卡斯特罗思想"体系。作为古巴社会主义道路的理论根基，其核心要义是争取民族独立、倡导社会公正、主张国际合作、反对帝国主义、争取世界人民的自决权。由于古巴革命历史和社会结构的特殊性，古巴的马克思主义传统具有较强的批判性和鲜明的民族性。批判性主要体现在古巴反帝国主义及新自由主义、反殖民主义、反全球化、反美洲自由贸易区等理论与现实问题上；而民族性主要体现在将马克思主义同古巴民族精神和思想传统的结合上。在长达半个多世纪的艰难探索和实践中逐步建立了基本符合本国国情和社会主义价值观的政治制度、经济制度、社会制度、文化制度与生态制度。2006年11月，国际环保非政府组织——世界自然基金会（WWF）的一份报告充分肯定了古巴在可持续发展和环境保护方面取得的成就，称古巴是目前世界上唯一实现可持续发展的国家。[①]

朝鲜劳动党以"金日成—金正日主义"作为唯一的指导思想。"金日成—金正日主义"被看作是一个包括主体思想、理论和方法的全面完整的体系，其内容包括作为世界观的主体思想，作为革命理论的反帝反封建理论、社会主义革命理论、先军革命理论，作为领导方法的领导原则、领导体系和领导艺术。[②] 根据金正日的阐述，主体思想是金日成在精通马克思列宁主义的基础上，站在主体的立场上，根据人民群众作为历史主人出现的新时代的要求和丰富的革命斗争经验创立的。金日成认为，主体思想和先军思想是朝鲜马克思主义本土化的理论成果与精髓，既来源于朝鲜的社会主义实践，又对朝鲜的社会主义实践起指导作用。而思想革命、技术革命、文化革命的三大革命是推进朝鲜社会主义建设的总路线，其中思想革命是先行任务，技术革命是中心任务，文化革命是完成技术革命和思想革命的必要条件。[③]

[①] 参见潘金娥等《马克思主义本土化的国际经验与启示》，社会科学文献出版社2017年版，第14页。
[②] 参见潘金娥等《马克思主义本土化的国际经验与启示》，社会科学文献出版社2017年版，第235页。
[③] 参见潘金娥等《马克思主义本土化的国际经验与启示》，社会科学文献出版社2017年版，第252页。

三 世界社会主义的前景：克服新挑战，聚集新动力

回顾世界社会主义各国的变革历程可以发现，道路方向的改变将导致变革的失败，而坚持既定的方向，并结合本国国情作出适当调整的变革，都获得了不同程度的发展。社会主义五国在坚持马克思主义的前提下，根据本国的实际情况进行了独立探索，并且在探索中总结出新的理论认识，这是对马克思列宁主义的创新和发展，赋予了马克思主义新的生命力。实践表明，马克思主义为世界社会主义的发展指明了方向，但各国共产党应在具体实践中把马克思主义基本原理与本国具体实际相结合，探索适合本国国情的社会主义发展道路。

从各国的实践成果来看，中国、越南和老挝的经济取得了显著的成就，改变了国家的落后面貌，人民生活发生了巨大的改变。其中，2016 年，中国的人均 GDP 超过 9000 美元，越南和老挝都达到 2400 多美元。如果用世界银行 2018 财年的最新标准，人均 GDP 超过 1005 美元即可被列为中等收入国家的标准来衡量①，这些国家都已进入中等收入国家行列，所需时间之短、发展速度之快远远超过西方国家。尤其是在 2008 年美国爆发次贷危机并引发世界金融危机的背景下，各国通过社会主义国家所坚持的宏观调控政策，保证了经济实现平稳较快增长，各国年均增长速度在 5%—9% 之间，远远高于世界经济 2% 左右的平均增长速度，尤其是高于一些西方发达国家。目前，中国已经成为世界经济增长的主要引擎，而越南和老挝则被看成具有吸引力的新兴经济体和具有发展潜力的国家。古巴和朝鲜面对美国和西方的制裁，虽变革进程举步艰难，但它们在教育、医疗、环保和某些科技领域的发展被世界所认可，特别是古巴，被称为可持续发展的典范。

综观世界格局，尽管在一些国家和地区出现了各种各样的新社会主义运动或称为"21 世纪的社会主义"运动，在尼泊尔、南非等一些国家的共产党取得了执政地位或扩大了在议会中的议席，而西方左翼运动也有增无减，但从总体上看，世界"资强社弱"的基本格局没有改变。因此，在资本主义经济全球化浪潮影响下，社会主义国家的变革走向和发展前景，除了受到本国国内各种因素的制约外，还将受到各种外部因素的影响。

从目前来看，美国仍旧是超级大国。在奥巴马担任美国总统期间，美国改变了多年来对社会主义国家的封锁政策，先后与古巴建立了外交关系，全面解除了对越南的武器禁运，并对老挝投入更多的关注，还以加入跨太平洋伙伴关

---

① https：//datahelpdesk.worldbank.org/knowledgebase/articles/906519#High_income.

系协定（TPP）这一被包装为经济合作而实际上具有很强的政治目的的机制为诱饵，试图通过把越南纳入美国主导的制度安排，最终实现改变其政治制度的目的。这种对社会主义国家由实施对抗性的封锁转变为将其纳入西方制度安排从而达到将其"和平演变"的目的方式具有更强的欺骗性，也具有更加险恶的攻击性和诱惑力。美国古巴问题专家 C. 梅萨-拉戈在其文章中透露：美国前总统奥巴马在访问古巴时，在致古巴人民的信中强调，古巴的未来只掌握在古巴人民手中，古巴不应害怕来自美国的威胁，不应害怕改变，而应接受改变。他的讲话震惊了古巴政府，菲德尔·卡斯特罗第一个表示反对，并揭露了美国伤害古巴的种种事实。这些情况充分证明：美国改变了方式，但没有改变目标。因此，古巴领导人劳尔·卡斯特罗在古共七大期间强调，美古关系的新形势使意识形态工作面临空前挑战；美国希望主导全球，因此我们比任何时候都要警觉，美国正试图通过我们更难对付的方式调整此前的对古敌对战略。由此可见，社会主义国家正面临更加具有欺骗性的威胁。

此外，随着互联网技术的广泛运用，各种互联网平台、社交网络已经成为西方国家对现有社会主义国家进行思想和价值渗透的新型传播途径。以美国为首的西方国家对社会主义国家的威胁依然存在。各种极端势力、恐怖主义及其所引发的难民问题，伴随着民粹主义反建制反传统的特征越来越明显，国际秩序正在发生剧烈变化。这些新的特点，对现有社会主义国家的变革乃至整个世界社会主义运动的发展，既是新的挑战，也蕴含着机遇。

自2008年世界金融危机爆发以来，资本主义世界心脏地带爆发的"占领华尔街运动"已经再次唤起西方社会底层民众的觉醒，并且逐渐扩展到世界各地，产生了越来越持久和深入的影响，资本主义世界"黑天鹅事件"频发。我们有理由相信，酝酿在西方社会中的社会主义萌芽正在慢慢生长，社会主义运动将不断积聚复苏的力量。中国特色社会主义的成功实践，必将对世界社会主义运动产生强大的吸引力和推动力。

新时代中国特色社会主义的文化使命：
推进"马学""中学"互化融合

吴文新

【作者简介】吴文新，1966年生，北京师范大学毕业，哲学博士，现任山东大学马克思主义学院（威海）院长、教授、博士生导师，兼任山东大学马克思主义学院副院长。主要学术方向是马克思主义基本原理及其休闲价值观、马克思主义中国化及中华文化的现代转化。发表论文80余篇，主持和参与10余项课题，其中主持2项国家社科基金项目，参与3项国家社科基金项目；独立及第一作者著作7部，主要有《科技与人性：科技文明的人学沉思》《人性与人生：新人生学导论》《人的享受与发展——唯物史观视域中的休闲》《共享休闲，助力复兴——休闲理论与实践专题研究》等；主编及参编教材教辅5部。主要为大学生讲授马克思主义基本原理、马克思主义经典著作选读、自然辩证法概论、人学与人生以及伦理学专题。

中国特色社会主义已经成为目前世界上践行马克思主义科学理论的成功样板。自社会主义制度建立特别是改革开放以来，中国社会主义建设的巨大成就令世界瞩目；进入21世纪，中华民族的伟大复兴、中华人民共和国的强势崛起呈现出一种势不可挡的历史趋势，并且数年来受到全世界有识之士的持续关注和热议；随之便有不少人自然而然地根据西方几个世界性帝国的崛起历史和经验，认为中国崛起必将重蹈历史上大国崛起之侵略扩张的覆辙，而引起世界性的纷争和战乱。无论我们如何向世界表明我们的和平发展、共赢共享的价值理念，也难以平息世人的疑问和责难。因此，中华民族的伟大复兴、中国作为世界性大国的崛起，必须另辟蹊径，必须为人类进步作出自己独特的贡献，否则难以享有五千年悠久文明之智慧民族与和平大国的"中华""中国"之美誉。在物质性的经济发展较难体现独到之处的情况下，发挥我们独有的文明优势，为人类创造一个独特的和平文明之典范，确是我们可以做到的。因此，我们主张，基于党的十八大以来中国特色社会主义进入新时代的客观现实，面向21世纪世界历史进程，大力推进"马学"与"中学"即马克思主义与中华文化的有机融合，已成为新时代中国特色社会主义最为光荣伟大的文化使命。

一　中华文化与马克思主义必须走向融合

随着中国综合国力的日益强盛，物质水平的不断提高，人民群众对文化生活的渴求也日渐增强。同时，国际竞争愈益向着以文化力为核心的软实力领域转移，中国也必须迎接这个挑战，否则"中国"和"中国人"等概念将失去其特有的文化意涵。中华民族要想在世界民族之林享有一席之地，就必须再次向人类作出绝不逊色于中华先祖的伟大贡献，中国必须有自己独特的文化创造。

在中国现代历史上，中国共产党一贯强调马克思主义中国化的文化内涵，或者马克思主义中国化的文化路径，或称其为马克思主义的中华文化化，或反过来叫中华文化的马克思主义化。但是这条"互化"的道路可谓荆棘丛生、坎坷曲折，百余年来虽有不少成果问世，但大体说来依然在探索之中。

党的十八大以来，党中央已经把中国优秀传统文化（本文简称"中华文化"）纳入了社会主义核心价值体系的范畴，把中华文化复兴纳入了中华复兴的伟大战略之中，而且大张旗鼓、有条不紊地开展了中华文化的宣传教育和传承弘扬活动，影响巨大，令人振奋。但是这些动作依然未能在学理上说清楚被中国共产党奉为指导思想和内在信仰的马克思主义或共产主义思想体系，与有着几千年历史的中华文化，到底是什么关系？我们常常在公开的学术会议上，看到这样的情景：马克思主义学者与中华文化学者，或者自说自话，互不相关，或者相互蔑视、相互诘难，或有极端者还相互攻击、相互否定。中央高层也只是做了些原则性、战略性的论述。习总书记曾多次强调："中国共产党……是中华秀传统文化的忠实传承者和弘扬者"，"以马克思主义为指导，坚守中华文化立场"①；但二者在深层学理和具体而微操作层面是怎样的关系，无论学界、政界或民间学术组织，都还没有呈现出有深度的成果，多数人多数时候依然各行其是，自说自话。

很显然，这种状况肯定不能长久持续下去。因为马克思主义是一个价值体系、信仰体系，中华文化也是一个价值体系、信仰体系，两种信仰体系到底是什么关系？中国共产党何以有这两种信仰体系？一个政党同时信仰两种不同的思想体系是可行的吗？如果没有对这些问题的有说服力的回答，那就势必造成党的思想的混乱，特别是大多数对马克思主义和中华文化缺乏正确认知的干部和党员在信仰上的模糊、动摇以至无所适从。这一点从人们对十八大关于社会主义核心价值观"三个倡导"之内容解读的分歧上就能感受得到②：有人把三个倡导解读为中国共产党指导思想"普世化"的标志，认为这是"普世价值"的体现；有人解读为它是中国共产党对中华文化的继承和弘扬，是向民族传统的自觉回归；有人直接解读为社会主义价值观的中国化，核心和精髓依然是社会主义价值观，是社会主义制度的价值体现；当然，也有人站在"更高"的高度认为，三个倡导是中国共产党融合"中""西""马"的文化结晶，是全新的理论和文化创造，如此等等，不一而足。

二者之间的关系究竟如何？学界、政界尚无清晰而精确的说法。这也表明，对于马克思主义和中华文化的深层（文化、哲学或价值观和思维方式等层面的）关系，作为理论家和实践家高度统一的党的领袖们，只是出于中华复兴的客观需要、国际竞争的文化压力以及民族文化的清醒直觉、承传责任和弘扬使命，而提出的基本原则和战略框架。在学界，因为缺乏认真精细的深度研究、逻辑严谨的理性认知，以及系统深刻、圆通灵活的哲学或理论表达，而难以拿出令人信服的内容严整、逻辑自圆、表达清晰的思想方案。显然，马克思主义与中华文化必须深度融合，形成一种全新的 21 世纪中国化的马克思主义或马克思主义化的中华文化思想体系，以作为全党全民族能够坚持不懈为实现中华民族伟大复兴和共产主义远大理想的信仰体系。这是随着中国特色社会主义伟大事业的历史进展所必须开展的一项伟大文化工程，也是新时代中国特色社会主义的文化使命。

---

① 习近平：《决胜全面建成小康社会　夺取新时代中国特色社会主义伟大胜利——在中国共产党第十九次全国代表大会上的报告》，人民出版社 2017 年版，第 44、41 页。
② 参见吴文新《社会主义核心价值观的中华文化读解——不同主体的践行视角》，《理论学刊》2016 年第 1 期。

二 中华文化与马克思主义在各自的变迁中互化融合

首先需要界定中华文化的概念。其一,中华文化不同于国学。国学不仅包括作为价值和信仰体系的中国优秀传统文化,而且包括各种非价值性的物质和非物质文化遗产,比如包括文学、艺术(书法、歌舞、戏曲等)、建筑、民俗、节日、手艺(如剪纸、手塑)、陶瓷,包括武术、养生、医学、宗教等;这里的"中华文化"是狭义的国学,即作为精神性、价值性、信仰性的文化部分,是国学的灵魂和精髓,它渗透并表现于各种形式的器物、规则、活动和技艺性的文化之中。其二,本文所谓"中华文化"在内容上是对"中国优秀传统文化"的简称,是一种狭义的界定和理解。但广义而言,中华文化不仅包括历史悠久、底蕴深厚的中华优秀传统文化,而且包括中国共产党建立以来,甚或追溯到1840年以来中国人民在争取民族独立和人民解放的历史实践中形成的革命文化,及社会主义革命和建设、改革发展中形成的社会主义先进文化。前者有五千多年历史,后两者大致有100—180年的历史;从历史传承看,后者本质上是前者的特殊发展形态,是中华文化的"马克思主义形态",即中华文化的民族解放和人民革命形态,及社会主义发展形态。因此,某种意义上亦可说后两者就是中华文化在社会主义运动中与马克思主义的一种结合或融合形态。

对于中华文化和马克思主义的关系,实际自马克思主义传进中国以来就开始探讨了,特别是对儒学和马克思主义的关系,尤其是改革开放以来的学术界,已有汗牛充栋的著述,在立场和观点上亦可谓百家争鸣,各有优胜。但大略纵观,不难发现自五四至改革开放以前,学界基本上只是机械套用被视为马克思主义精髓或灵魂的阶级分析方法[1],刻意地用阶级性标准将中华文化分析为所谓"民主性的精华"和"封建性的糟粕",进而根据革命和建设的需要来取舍,甚至极端时干脆把中华文化几乎全部作为封建的、落后的、腐朽的、反动的"糟粕"全盘否定、一棍子打死。这个教训是极为深刻的,值得我们认真汲取!但在"国学界",却是另一番景象,一些人固守"中华文化立场",成为旧时代旧文化的顽固代表;不少学者被迫放弃自己的"文化保守主义"立场,而机械地套用阶级分析方法来"格式化"中国历史和中华文化思想宝库。不能不承认,正是改革开放以来实事求是的思想解放运动,使

---

[1] 一段时期,我国学术界确曾把马克思主义的立场观点和方法简单化为阶级分析和阶级斗争,并机械地理解和运用"精华"和"糟粕"的二分法,显然,忽略了马克思主义立场观点和方法的整体性、丰富性、历史性和辩证性,从而造成我们在理解中华文化和马克思主义的深层学理关系上遭遇巨大挫折。

得中国人迎来了重新审视这一问题的大好机遇。中华文化的本来面目随着对中华思想宝库的深入挖掘和整理研究,而日益展现其丰富性、深刻性和某种"后现代性"的时代价值,马克思主义思想体系及其立场观点和方法的本质也正在日益系统地呈现在国人面前,二者在超越时空的价值理念和理想追求,即对人性结构的深刻剖析和人类命运的终极关怀等方面的高度契合与深层关联,都在日益"澄明"。显然,正是那种简单化的、机械的因而也是庸俗的"唯物辩证法"和"阶级史观",成为造成二者关系不堪困窘的深层思想方法根源。

鉴于此,我们可从马克思主义哲学的角度,基于对中华文化的经典阅读和体会,独立地审视这个问题;概而言之,把握中华文化和马克思主义的关系有这样一个历史的和逻辑的辩证思路:差异——共通——(互补)协同——融合。具体而言,二者在时代性、阶级性、民族性、本体论基础等方面存在显著差异的前提下,在中国这个大的历史文化和国情背景中,确有许多深刻而丰富的共通之处及多方面的互补与协同,不仅从理念上而且在实践上不断地实现着二者之间的某种互化和融通。我们认为,中华文化与马克思主义的这种关系是历史的,也是客观的,是一种历史和文化事实,而且这一最终趋于融合的文化前景具有深远的历史意义和广阔厚实的未来价值。

但是有一个问题至关重要:通常我们思考二者关系,总是讲到它们能够沟通,能够互补与协同,能够实现某种融合,却往往对这种融合之后所能呈现出一种怎样整体性的社会—文化样态缺乏深入的思考。从文化演进的本质来看,辩证的否定观及其所揭示的历史变迁的客观规律昭示我们,辩证逻辑是一个事物形态拓扑性依次递进的演化逻辑,不仅马克思主义在中国有一个民族形式的转化及新形态的生成,而且中华文化在与马克思主义甚至与西方及世界其他思想文化发生碰撞激荡之后,也会有一个形态上的变迁。但是,这两种变迁是分别地、平行地且互不相干地进行的吗?还是它们之间又存在强烈的交集性?或者说这"两种"变迁,只是一种思辨性的学理区分,它们实质上就是同一个历史过程,有着共同的现实基础和意义?我们更倾向于后两种说法。在中国,中华文化和马克思主义各自的变迁在历史实践中,由于其间复杂的相互作用——互读互释互融互化——因而是一个完整的过程,只是呈现出两个方面或两面性,那就是通常所说的"马克思主义的中国化"和"中国的马克思主义化";前者的历史结果是形成了"马克思主义的中国形态",也就是大家耳熟能详的"中国化马克思主义"的理论体系,后者的历史结果就是形成了中国的社会主义制度和道路、社会主义的社会形态;前者是理论的形态,后者是实践的形态。二者除了理论和实践形态上的区分外,已经不具有实质性的差异了,故中国社会主义理论、制度和道路是一个整体的不同侧面,是一个完整的"中华文明型"社会主义。

三 中华文化与马克思主义的世界性交融形成中国特色社会主义这种特殊的"中华文明型"社会主义

这是一个世界文化的视角,或者是世界历史性的中西文化交融的视角,这个视角对于我们完成新时代的文化使命具有重要的意义。直接来看,中国人民接受马克思主义,选择社会主义道路,有着中国优秀传统文化的固有基因的作用,因而具有几千年中华文化现代发展的历史必然性,正如习总书记所说:"中国特色社会主义这条道路来之不易,它是在改革开放 30 多年的伟大实践中走出来的,是在中华人民共和国成立 60 多年的持续探索中走出来的,是在对近代以来 170 多年中华民族发展历程的深刻总结中走出来的,是在对中华民族 5000 多年悠久文明的传承中走出来的,也是科学社会主义理论逻辑和中国社会发展历史逻辑的辩证统一,具有深厚的历史渊源和广泛的现实基础。"① 其中 170 多年的中华民族发展历程就是一个中华民族与世界历史相碰撞、相激荡、相融合的过程;这个过程内在包含了近 70 年社会主义探索和近 40 年改革开放的伟大实践,也是革命文化和社会主义先进文化的形成发展过程;而这都是在与世界的相互作用中实现的。

中华文化有着与马克思主义思想体系诸多的相同相通、相契相融之处,并且在各自的发展中相互汲取、相互转化,从而在社会形态的塑造上形成了一种同向合力。这种必然性,表面看似乎跟世界历史无关,但实际上,中华文化的现代转化,也是近现代世界历史进程或人类文明演化的有机组成部分,是世界上包括马克思主义在内的一切先进文化对中华文化的积极影响、实践改造的结果,也是中华文化主动自觉地参与世界历史的产物。试想,如果没有西方资本主义文明的冲击,中华文化恐怕还沉醉在闭关锁国、夜郎自大的狭隘僵化的孤芳自赏之中;正是资本主义的世界历史,特别是其赤裸裸残暴野蛮的殖民扩张历史,强烈地震撼并动摇了中华文化及其根基,从而惊醒了中国的"文化人"!这种震惊促使一部分人开始睁眼看世界,魏源、龚自珍、林则徐、曾国藩、张之洞、严复、康有为、梁启超、孙中山等一大批有识之士开始探讨中华文化与西方文化的关系;以至于马克思主义传入中国,马克思主义与传统文化的关系成为所有文化人必谈的话题,由此,这种关系的理论探讨和实践作用,便必然

---

① 中共中央宣传部:《习近平总书记系列重要讲话读本》,学习出版社、人民出版社 2016 年版,第 10 页。

地形成中国化的现代社会理论、中国化的马克思主义，并由此推动中国社会的现代化、马克思主义化、社会主义化。这个"化"的过程，无论是在生产力、科学技术、经济结构，还是在政治制度、文化建设、社会民生和生态环境等方面，无不渗透着中华文化的影响，无不彰显出中华文化的自强精神和厚德智慧。毫无疑问，如果没有这个世界历史性的中西文化交融的视角，马克思主义在中国的传播就会是一件令人匪夷所思的事情；而社会主义在中国扎根开花结果，更是来自西方的最先进的人文哲学社会科学思潮——马克思主义与中国固有的几千年优秀传统文化互释互融互化的结果。

质而言之，那种脱离资本主义世界历史的广阔视野，而孤立地看待中国选择社会主义道路之必然性、合理性的观点，不是思考视野狭窄，就是缺乏世界历史常识。同时，那种脱离中华文化与马克思主义之高度契合的精神特质及其近代转型的根本趋势，来"没文化"地看待中国选择社会主义道路，也是片面的、肤浅的。中国的社会主义，最终将跃升为"中华文明型"社会主义，这既是世界历史在中国社会发展进程中的体现和必然产物，也是人类文明交汇于中华文明的结果；中国特色社会主义正是中国人民选择社会主义的一种文化产物，如称之为"中华文明型"社会主义，那就意味着它是中国特色社会主义的文化表达、文化形态和文明类型。

显然，新时代中国特色社会主义作为一种"中华文明型"社会主义，不能再向世界贡献一个类似美国那种巨无霸的物质帝国，它需要特别着力探求的，就是如何在最大限度降低物质和能源消耗的基础上，创新建构最能够满足人们物质生存、文明享受及自由发展需要的生产方式和生活方式。这是巨大的挑战，也是生死的考验。因为历史证明，资本主义制度不具备这种能力，不仅不具备，反而是造成一切冲突和灾难的最深刻根源。目前主导人类生存、享受和发展的社会制度或生产方式和生活方式是断子绝孙、不可持续的。因此，新时代中国特色社会主义只能是社会主义，而不能是其他主义，是融汇了中华文明的社会主义，而不是西方文明范畴内的社会主义。这一点，必须明确！因此，"中国特色"也应是中国特色社会主义之"中国"特色之所在，其本质是中国社会主义的浓郁的中华文明的特殊色彩；"中国共产党继承了中华民族的文化根脉和精神追求，中国特色社会主义道路是中华悠久历史的延续。马克思主义中国化的过程，就是同中华传统文化精华相融合、与中国具体实践相结合的过程，文化自信是对'中国特色'的最好诠释"[①]。或可说，中华文化是"中国特色"的底

[①] 王岐山：《十八届中央纪律检查委员会向中国共产党第十九次全国代表大会的工作报告》，《人民日报》2017年10月30日。

色，中华核心思想理念、中华传统美德、中华人文精神就是"中国特色"的主旋律、主色调。

四 推进马克思主义与中华文化的互化融合是新时代中国特色社会主义的文化使命和文明担当

中共十八大以来，中国特色社会主义进入新时代，并越来越凸显中华民族的文化特质，逐渐形塑为一种"中华文明型"社会主义，那么它的未来发展必须要完成一项对人类文明和世界进步具有深远影响的伟大的文化使命，这是对中华民族的历史文明负责，也是对人类文明的责任担当，更是构建人类命运共同体所必须进行的民族文化和人类文明的宏伟工程——在马克思主义与中华文化相互融合的已有历史和现实基础上，继续从学术上大力推进马克思主义与中华文化的互读互释互融互化。中共十九大报告对于坚定文化自信，推动社会主义文化繁荣兴盛有清晰系统的经典论述："中国特色社会主义文化，源自于中华民族五千多年文明历史所孕育的中华优秀传统文化，熔铸于党领导人民在革命、建设、改革中创造的革命文化和社会主义先进文化，植根于中国特色社会主义伟大实践。发展中国特色社会主义文化，就是以马克思主义为指导，坚守中华文化立场，立足当代中国现实，结合当今时代条件，发展面向现代化、面向世界、面向未来的，民族的科学的大众的社会主义文化，推动社会主义精神文明和物质文明协调发展。要坚持为人民服务、为社会主义服务，坚持百花齐放、百家争鸣，坚持创造性转化、创新性发展，不断铸就中华文化新辉煌。"[①] 这显然彰显了"中""西""马"三种世界主流文化的视域融合，是我们推动马克思主义与中华文化互化互融的指导战略。据此，我们把这一使命和担当勾勒如下：

第一，梳理、总结并凝练马克思主义与中华文化互释互化的历史及其经验。马克思主义在中国传播的过程就是它与中华文化互读互释互融互化（以下简称"互释互化"）的历史过程。自鸦片战争以来中国社会开始被迫进入西方资本帝国主义的世界历史轨道，中华文化开始与西方文化发生碰撞，直至新文化运动前后，马克思主义作为一种西方思潮和外来文化传入中国，并逐渐产生巨大的甚至根本性的影响。这一历史时期大致可分为五四之前、新中国成立之前、改革开放之前、改革开放之后、十八大以来五个时段，根据国家生存发展需要而有不同的任务和内容，互释互化的理论和实践成果也各有不同。总结这段历史

[①] 习近平：《决胜全面建成小康社会 夺取新时代中国特色社会主义伟大胜利——在中国共产党第十九次全国代表大会上的报告》，人民出版社2017年版，第41页。

中马克思主义与中华文化互读互释的具体过程和经验，对我们面向未来的互释互化之全新理论建构具有重大的文化历史和思想资源意义。同时，这也是在梳理二者互释互化的思想逻辑和历史逻辑及其辩证关系，以便从中汲取持续推进二者互释互化的思想方法智慧。

第二，建构马克思主义与中华文化互释互化的科学方法论。马克思主义与中华文化的互释互化是一个实践历史和理论逻辑并行并相互作用的过程。基于二者互释互化之历史成果和经验智慧，习近平总书记提出了关于对待中国优秀传统文化"创造性转化、创新性发展"的方针原则："创造性转化，就是要按照时代特点和要求，对那些至今仍有借鉴价值的内涵和陈旧的表现形式加以改造，赋予其新的时代内涵和现代表达形式，激活其生命力。创新性发展，就是要按照时代的新进步新进展，对中华优秀传统文化的内涵加以补充、拓展、完善，增强其影响力和感召力。"[①] 主张"对传统文化中适合于调理社会关系和鼓励人们向上向善的内容，我们要结合时代条件加以继承和发扬，赋予其新的涵义"[②]。我们要将这一原则具体化、精细化，贯穿到马克思主义与中华文化的互读互释之中。进而言之，要站在辩证唯物主义和历史唯物主义的哲学高度，运用唯物辩证法和历史主义方法论（其核心是基于辩证逻辑的泛演化逻辑[③]），在"马学为魂，中学为根，西学为用"的学术原则下，以"世情为鉴，国情为据，党情为要"，坚持"问题导向、未来面向"，抽象继承中华神髓、具体应用现实转化、综合创新建构新语[④]，以形成21世纪中国马克思主义思想体系。"马学为魂"就是以马克思主义世界观和方法论为指导，在共产主义理想引导下，建构符合人类社会发展规律的真理和价值体系以及相应的社会制度体系，它应成为我们这个国家和民族的人文社会真理和价值、社会理想和信仰体系，它带有最大限度的人类普世性，因而可以引导国家走上一条与人类前途和命运休戚相关的文明发展之路。"中学为根"或"国学为根"，就是以中国国情、中国制度、中国道路、中国实践和中国目标作为思考问题和制定政策的出发点和落脚点，以中华文化的民族主体性作为发展的基本力量支撑，以渊远蕴深的中华文化为

[①] 中共中央宣传部：《习近平总书记系列重要讲话读本》，学习出版社、人民出版社2016年版，第203页。
[②] 习近平在纪念孔子诞辰2565周年国际学术研讨会暨国际儒学联合会第五届会员大会开幕会上的讲话（2014年9月24日），人民网（http://jhsjk.people.cn/article/25729647），2014年9月25日。
[③] 参见何新《哲学思考》，时事出版社2010年版。
[④] 此看法受程恩富教授有关论述的启发，并稍加修改和阐发。他倡导，在"马学为体，西学为用，国学为根"的学术原则下，以"世情为鉴，国情为据，党情为要"，进行"综合创新"（参见程恩富、何干强《论推进中国经济学现代化的学术原则——主析"马学"、"西学"与"国学"之关系》，载《程恩富选集》，中国社会科学出版社2010年版，第217—237页）。此原则也与方克立"马学为魂、中学为体、西学为用，三流合一，综合创新"的主张，及张岱年、陈先达等老一辈马克思主义学者所提出的相关主张高度吻合。

根源，充分挖掘中华文化在修养意识、涵养道德、提升人性以及在仁政德治、天人合一、和合大同等方面的特殊优长，不断弘扬、优化和提升我们的民族根性、人民素质和文明境界。"西学为用"就是充分吸收西方文化在科学技术方面的工具化、物质化的优势和成就，借鉴他们善于逻辑思维和外求实证的特长，学习他们重视法制建设及社会他律的做法，将之转化为能够为我所用的适用性经济、政治、文化及社会治理手段。在此基础上，借鉴国际资本主义发展的优秀文明成果和国际共产主义运动的经验教训，依据我国社会主义初级阶段内社会主要矛盾演变规律等基本国情，坚决维护中国共产党领导地位这一中国特色社会主义的最本质特征和最大优势，以全面从严治党为纲，全面推进中国特色社会主义伟大事业走向21世纪的世界历史。这样的学术原则和科学研究方法论并非一种先验的逻辑架构或预设前提，而是以上二者互化之历史研究的逻辑结果，是一种基于此前文化或文明进化之历史过程的理性考量。

第三，推进中华文化的精神要髓及其马克思主义新阐释。中华文化历经五千年，诸子百家、风起云涌，内容渊博、形式丰富，在不同领域、不同方面互有分工、各有特长，为我们留下了博大精深的思想文化宝库。习近平总书记提出："宣传阐释中国特色，要讲清楚每个国家和民族的历史传统、文化积淀、基本国情不同，其发展道路必然有着自己的特色；讲清楚中华文化积淀着中华民族最深沉的精神追求，是中华民族生生不息、发展壮大的丰厚滋养；讲清楚中华优秀传统文化是中华民族的突出优势，是我们最深厚的文化软实力；讲清楚中国特色社会主义植根于中华文化沃土、反映中国人民意愿、适应中国和时代发展进步要求，有着深厚历史渊源和广泛现实基础。"① 这实际上就是要求对中华文化进行当代化的马克思主义的新阐释。习总书记在纪念孔子诞辰2565周年大会讲话中概括了中华文化的基本精神："关于道法自然、天人合一的思想，关于天下为公、大同世界的思想，关于自强不息、厚德载物的思想，关于以民为本、安民富民乐民的思想，关于为政以德、政者正也的思想，关于苟日新日日新又日新、革故鼎新、与时俱进的思想，关于脚踏实地、实事求是的思想，关于经世致用、知行合一、躬行实践的思想，关于集思广益、博施众利、群策群力的思想，关于仁者爱人、以德立人的思想，关于以诚待人、讲信修睦的思想，关于清廉从政、勤勉奉公的思想，关于俭约自守、力戒奢华的思想，关于中和、泰和、求同存异、和而不同、和谐相处的思想，关于安不忘危、存不忘亡、治

---

① 《习近平：胸怀大局把握大势着眼大事 努力把宣传思想工作做得更好》，人民网（http://jhsjk.people.cn/article/22636876），2013年8月21日。

不忘乱、居安思危的思想，等等。中国优秀传统文化的丰富哲学思想、人文精神、教化思想、道德理念等，可以为人们认识和改造世界提供有益启迪，可以为治国理政提供有益启示，也可以为道德建设提供有益启发。"[1] 习总书记还要求"深入挖掘和阐发中华优秀传统文化讲仁爱、重民本、守诚信、崇正义、尚和合、求大同的时代价值"[2]。体现习总书记这一思想精髓的《关于实施中华优秀传统文化传承发展工程的意见》，将中华文化的主要内容概括为"核心思想理念"、"中华传统美德"和"中华人文精神"三个方面[3]，并各有合宜的撷取和精准的凝练，是我们开展研究的重要参照。运用马克思主义思想方法对中华文化宝库进行归纳整理、概括总结、提升凝练，形成具有穿越时空的普适性、宽厚底蕴的深刻性、植根现实的时代性、问题导向的实践性和面向未来的先进性等特征的中华文化精神要髓的体系框架，以体现中华文化屹立于人类文化之林的独特性和优越性；对其所做马克思主义新阐释，将中华文化置于社会主义—共产主义发展的宏大历史格局之中，使之获得面向未来、面向现代化、面向全人类的"普世"意义。

第四，推进马克思主义基本原理、基本精神及其中华文化新阐释。跟马克思主义普遍原理与中国社会历史的、具体的革命、建设和改革的实践相结合的"中国化"相区别，也跟改革开放之前的"中国化"阐释有不同。这个新阐释要按照21世纪新的时代特点和人类进步需要，依托中华文化精神要髓，背靠世界历史、立足中国当代、面向人类未来，旨在使马克思主义成为内在于中华文化的面向未来的新的灵魂，包括对马克思主义基本原理和精神追根溯源的逻辑解读，更重要的是用中华文化的话语方式和价值理念来阐释这些基本原理及其基本精神，并赋之以民族文化形式，使之转化为当代中华文化的有机组成部分。如果说对中华文化进行马克思主义新阐释相对容易些，反过来对马克思主义进行中华文化新阐释则要难得多。而其难正在于马克思主义是这样一种思想信仰体系，它源于西方文化、植根资本主义世界内在矛盾而又立足最广大劳动人民深受奴役的现实困境、面向全人类摆脱奴役而自由发展的实践愿景，显然和中华文化有着历史时空、民族主体、文化背景和方法路径的显著差异。但是，从深层的世界观和方法论、历史观、人生观和价值观、认识论而言，马克思主义

---

[1] 习近平在纪念孔子诞辰2565周年国际学术研讨会暨国际儒学联合会第五届会员大会开幕会上的讲话（2014年9月24日），人民网（http：//jhsjk.people.cn/article/25729647），2014年9月25日。
[2] 中共中央宣传部：《习近平总书记系列重要讲话读本》，学习出版社、人民出版社2016年版，第203页。
[3] 中共中央办公厅 国务院办公厅印发《关于实施中华优秀传统文化传承发展工程的意见》，新华网（http：//www.xinhuanet.com/politics/2017—01/25/c_1120383155.htm），2017年1月25日。

的基本内容都可以在中华文化的思想宝库中找到大致对应的表述，二者深层的相通相契、相协相合之处已然相当突出。因此，运用中华文化的价值立场、思想方法和终极追求，立足中国历史文化和现实国情，以中华民族伟大复兴为价值目标，对马克思主义进行新的时代化、大众化和"天下化"的新阐释，实际上就是要将马克思主义的基本立场观点和方法有机地嵌入中华文化的基本和核心思想理念之中，将马克思主义对于人性、道德和精神境界的思想融入中华传统美德之中，将马克思主义关于人的存在及人与自然、人与人、人与自身关系的终极关怀融入中华人文精神之中，一方面使马克思主义呈现为中华文化的话语方式，另一方面也使中华文化提升到一个更为"普世"的层面，与上述对中华文化的马克思主义新阐释形成相向而行的呼应格局。

第五，推进马克思主义与中华文化互释互化之理论成果的逻辑建构。实际上，以上两个方向的相互阐释，是一个阐释过程的两个方面，任何一个方面的工作，同时也是另一个方面的工作，二者相互支持、相辅相成、相向而行、科学对接，最终的理论成果会在侧重点有所差异，但是必然形成全新的思想理论架构。在理论上将中华文化的精神要髓与马克思主义在形上本体的深层基础和文化土壤中有机结合，将科学社会主义一般原则与中华文化基本精神融为一体，着力于夯实天人合一、公道民本之整体论基础，大力推进旨在形塑中华人格、发挥经世济民功能的世界观、历史观、人性观、价值观、修养论、实践论等方面的综合创新与逻辑建构，形成新的具有中华文化特色的中国马克思主义思想理论体系和"中华文明型"社会主义制度实践体系。这里，"天人合一"在中华文化中有其身心合一、天人相应的神秘性的一面，但取其整体性的思想精华，把"天"理解为一切外在于个体人的客观环境、外在于社会化人类的自然环境，那便是强调了人与人、人与自然的普遍联系和整体属性，这不仅与马克思主义关于人的本质的思想相契合，而且也与它关于人与自然的生态和生产联系的思想相一致。"公道民本"是大公之道与人民为本（根）思想的概述，中华文化有着丰富的"公"和"民"的思想，这正与马克思主义追求公有制及在此基础上指引劳动人民求解放、做主人、得自由的思想相融通。如果说天人合一凸显人与自然的普遍联系及由此考察人类社会的整体性视角，那么公道民本则彰显人与人、人与社会和历史的普遍联系及由此考察人与自然关系的整体性视角；天人合一、公道民本，或可作为马克思主义与中华文化相融合的本体论基础，马克思主义和中华文化之间相同相通相契相合相融相化的精髓内容皆可由这八个字的"微言大义"引申演绎开来——从形上到形下、从道到器、从明体到适用、从知到行、从理论到实践、从信仰到制度、从境界到规范、从目的到手段、从动机到效果，等等，都一以贯之，体现马克思主义与中华文化高度融合之精髓——或可称为"中华文明型"社会主义的严谨科学逻辑和崇高信仰追求。①

第六，研究世界各国特别是原中华文化圈内诸国对中华文化的现代性转化发展及其启示。中华文化广泛传播于周边诸国，并形成了"中华文化圈"，目前多数已经或正在实现现代化，尽管制度选择各不相同，但中华文化及其影响无处不在，并有"东亚价值观"和"东亚模式"之说。显然，他们在理论和实践上对中华文化的现代性转化和创造性发展都取得了一定成果，比如，散布于海外诸国的"新儒学""新道学"，乃至具有某种时代化色彩的佛学流派，其思想成果尤为丰富，并具有扎根当今世界现实、旨在缓和乃至消除人类困境的价值功用，都值得作为中华文化母国的中国推进其转化发展和伟大复兴而研究借鉴。

第七，探讨并落实资本主义全球化视野中马克思主义与中华文化互释互化的世界历史意义。必须承认一个世界历史事实：中国等少数几个社会主义国家的发展并没有根本改变当今世界依然处于资本主义生产方式主导的历史阶段这一世情。但在21世纪中国马克思主义指导下具有深厚文化底蕴和历史积淀的社会主义中国的和平崛起，必将给世界贡献一份引领人类前途、改善人类命运的"中国方案"，它带有中华文化特质和社会主义性质，人类的和平、合作、共建、共享，"大道之行天下为公"或可成为现实。由此彰显我们这一文化使命即文明重塑工程的世界历史意义，实际上，这也是中国特色社会主义进入新时代之后终将呈现出来的世界历史意义，我们这条道路、这种制度、这套理论的世界历史意义亦需要通过文化创新和文明重塑来支撑、来彰显，并使之更加持久广泛地发挥作用。

显然，以上工作不仅是理论和学术工作，更是一项实践工程，需要在具体的社会和文化发展中实现这种互融互化。不容忽视的是在中国特色社会主义的发展中，这种互读互释互融互化的历史过程也是中国共产党和中华民族"知行合一"的信仰践履过程，由于这一过程是在中国特色社会主义逐渐起主导作用的全球化的世界历史进程中发生的，因而它必然会产生世界历史性的影响。

---

① 笔者曾对"天人合一、公道民本"有过专门论述，参见吴文新《当代中华信仰的本体基础探析》，《东岳论丛》2018年第6期。

在实践中检验真理,在实践中发展真理

——纪念真理标准大讨论40周年

辛向阳

【作者简介】辛向阳,1991年毕业于中国人民大学,获法学博士学位。现任中国社会科学院信息情报研究院副院长、中国特色社会主义理论体系研究中心副主任、习近平新时代中国特色社会主义思想研究中心执行副主任、世界社会主义研究中心副主任,二级研究员、博士生导师。2012年获国务院政府特殊津贴,2015年评为中宣部宣传文化系统"四个一批人才",2016年评为中组部、人社部的"万人计划"领军人才,国家社科基金评委,国家出版基金评委。社会兼职:中国思想政治工作研究会特约研究员,全国党的建设研究会特邀研究员等。主要研究成果:个人专著20部,主编和参与编写著作30余部,在《人民日报》《光明日报》《马克思主义研究》《中国特色社会主义研究》等报刊发表文章400余篇,主持和参与的国家和省部级课题50余个,先后获得过10余项国家和省部级奖项。

40年前的1978年5月10日,中央党校内部刊物《理论动态》发表经胡耀邦同志审定的《实践是检验真理的唯一标准》一文。5月11日,《光明日报》以特约评论员的名义刊发了这篇文章,新华社向全国转发,在广大干部群众中引起强烈反响,引发了关于真理标准问题的讨论。邓小平明确指出了这场讨论的重大意义。他说:"目前进行的关于实践是检验真理的唯一标准问题的讨论,实际上也是要不要解放思想的争论。大家认为进行这个争论很有必要，意义很大。从争论的情况来看，越看越重要。一个党，一个国家，一个民族，如果一切从本本出发，思想僵化，迷信盛行，那它就不能前进，它的生机就停止了，就要亡党亡国。这是毛泽东同志在整风运动中反复讲过的。"他进一步强调："关于真理标准问题的争论，的确是个思想路线问题，是个政治问题，是个关系到党和国家的前途和命运的问题。"① 今天，结合中国40年改革开放的实践来看待这场大讨论，我们更加感觉邓小平这一论断的科学性、真理性，更加促使我们在推进中国特色社会主义伟大实践中坚持和发展好当代中国马克思主义。

一 实践是检验认识真理性的客观标准

1. 马克思主义用实践的观点解决了人类思想史上的一个重大难题，即真理性认识的标准问题

在马克思主义诞生之前，关于真理标准问题一直众说纷纭，特别是黑格尔的唯心主义辩证法把思维本身当作完全独立的自主体，现实事物是思维进程的造物主。马克思指出："在黑格尔看来，思维过程，即他称为观念而甚至把它转化为独立主体的思维过程，是现实事物的创造主，而现实事物只是思维过程的外部表现。我的看法则相反，观念的东西不外是移入人的头脑并在人的头脑中改造过的物质的东西而已。"② 马克思主义的辩证唯物主义在人类思想史上第一次科学地解决了认识真理性的客观标准问题。俄罗斯波罗的海通讯社网站于2018年4月29日发表亚历山大·热列宁的文章，明确指出："马克思相信，如果理论与事实不符，就意味着理论有误。真理不在某个聪明的脑袋里，而在现实生活中。他认为：'实践是检验真理的标准'。"事实就是如此。1845年，马克思在《关于费尔巴哈的提纲》中就明确指出："人的思维是否具有客观的真理性，这不是一个理论的问题，而是一个实践的问题。人应该在实践中证明自己思维的真理性，即自己思维的现实性和力量，自己思维的此岸性。关于思维——离开实践的思维——的现实性或非现实性的争论，是一个纯粹经院哲学的问题。"③ 马克思在《关于费尔巴哈的提纲》中提出的一系列真理性的认识被实践检验的过程就证实了这一点。《参考消息》驻柏林记者王勍在2018年4月30日的《参考消息》上发表了《从波恩到柏林：青年马克思的足迹》一文，他讲到一个十分有意思的观点："在马克思曾经就读的柏林洪堡大学，一走进门厅

---

① 《邓小平文选》第2卷，人民出版社1994年版，第143页。
② 《马克思恩格斯选集》第2卷，人民出版社1995年版，第112页。
③ 《马克思恩格斯文集》第1卷，人民出版社2009年版，第500页。

就可以看到迎面墙上镌刻着马克思的名言——'哲学家们只是用不同的方式解释世界,而问题在于改变世界'。这句话出自《关于费尔巴哈的提纲》的最后一条,于1953年镌刻,在德国重新统一后的改名潮中得以幸存。或许本身也佐证了真理经得起时间和社会变革的考验。"习近平总书记在纪念马克思诞辰200周年大会上的讲话中再次引用了马克思的这句名言,并且明确指出:实践的观点、生活的观点是马克思主义认识论的基本观点,实践性是马克思主义理论区别于其他理论的显著特征。实践是检验真理的客观性标准的确立在哲学史上具有重要现实意义,是人类思维的重大变革。

2. 真理是标准主观与客观相符合的范畴,而要判明主观是否符合客观以及符合的程度,只有靠主观认识自身是无法解决问题的

能够解决这一问题的就是把主观与客观联系在一起的人的社会实践。社会实践不仅有普遍性的优点,而且具有直接现实性的优点;社会实践不仅具有主观能动性的优点,而且具有客观物质性的优点;社会实践不仅具有个人创新性的优点,而且具有人民创造性的优点。这些优点使社会实践成为检验认识真理性的根据。毛泽东指出:"实际的情形是这样的,只有在社会实践过程中(物质生产过程中,阶级斗争过程中,科学实验过程中),人们达到了思想中所预想的结果时,人们的认识才被证实了。"[①] 在物质生产过程中,错误的认识会被社会生产发展所甄别、淘汰,正确的认识会体现转化为推动社会生产力发展的力量,例如,邓小平关于科学技术是第一生产力的论断成为我国改革开放以来生产力大发展的强大力量。在阶级斗争过程中,先进阶级的正确认识会使这一阶级成为领导历史发展的力量,落后阶级的错误观念会被历史所抛弃,例如法国大革命前代表"第三等级"利益的思想成为推动大革命的强大杠杆。在科学实验过程中,真理性的理论和假设会被证明、证实,错误的理论和假设会被证伪,400年来,物理已经从牛顿经典力学发展成为量子力学。2015年,习近平在《中共中央关于制定国民经济和社会发展第十三个五年规划的建议》的说明中表示:"从更长远的战略需求出发,我们要坚持有所为有所不为,在航空发动机、量子通信、智能制造和机器人、深空深海探测、重点新材料、脑科学、健康保障等领域再部署一批体现国家战略意图的重大科技项目。"中国在2016年首颗量子卫星发射后还将发射更多卫星,到2020年实现亚洲与欧洲的洲际量子密钥分发,届时连接亚洲与欧洲的洲际量子通信网也将建成。到2030年左右,中国将建成全球化的广域量子通信网络。

[①] 《毛泽东选集》第1卷,人民出版社1991年版,第284页。

3. 马克思主义的真理性就是在工人运动的实践中得到充分检验的，包括法国1848年二月革命、第二国际的革命活动、1871年巴黎公社等都证明了马克思主义的科学性

恩格斯在1890年为《共产党宣言》写的序言中指出："'全世界无产者，联合起来！'当42年前我们在巴黎革命即无产阶级带着自己的要求参加的第一次革命的前夜向世界上发出这个号召时，响应者还是寥寥无几。可是，1864年9月28日，大多数西欧国家中的无产者已经联合成为流芳百世的国际工人协会了。固然，国际本身只存在了9年，但它所创立的全世界无产者永久的联合依然存在，并且比任何时候更加强固，而今天这个日子就是最好的证明。因为今天我写这个序言的时候，欧美无产阶级正在检阅自己第一次动员起来的战斗力量，他们动员起来，组成一支大军，在一个旗帜下，为了一个最近的目的，即早已由国际1866年日内瓦代表大会宣布、后来又由1889年巴黎工人代表大会再度宣布的在法律上确立八小时正常工作日。今天的情景定会使全世界的资本家和地主看到：全世界的无产者现在真正联合起来了。"① 马克思主义的真理是在共产主义事业发展的伟大实践中不断被检验过的，是被无产阶级革命实践证明了的真理，因而具有巨大的现实指导作用。

4. 中国改革开放40年的实践检验了马克思主义的真理性，我们正是以马克思主义为指导，紧密结合中国国情和实践要求，才推动了中国40年波澜壮阔的发展

2017年9月29日，习近平总书记在十八届中央政治局第四十三次集体学习时多次谈到马克思主义的真理性，他指出："在人类思想史上，就科学性、真理性、影响力、传播面而言，没有一种思想理论能达到马克思主义的高度，也没有一种学说能像马克思主义那样对世界产生了如此巨大的影响。这体现了马克思主义的巨大真理威力和强大生命力，表明马克思主义对人类认识世界、改造世界、推动社会进步仍然具有不可替代的作用。"这种真理性、真理的威力鲜明地体现在中国改革开放40年的历史进程之中。改革开放只有进行时没有完成时，这是由社会基本矛盾运动决定的。马克思主义认为，生产力和生产关系、经济基础和上层建筑之间的矛盾是社会基本矛盾。生产力只要变化了，生产关系就要随之调整，相应地，经济基础就要变化，同时就要引起上层建筑的变革。我们以马克思主义社会基本矛盾运动的思想为指导，通过改革生产关系、经济基础和上层建筑，极大地促进了生产力的大发展。这是遵循马克思主义基本原理基础上的自觉地发展生

---

① 《马克思恩格斯选集》第1卷，人民出版社1995年版，第264—265页。

产力。习近平总书记在纪念马克思诞辰200周年大会上的讲话中强调:"解放和发展社会生产力是社会主义的本质要求,是中国共产党人接力探索、着力解决的重大问题。新中国成立以来特别是改革开放以来,在不到70年的时间内,我们党带领人民坚定不移解放和发展社会生产力,走完了西方几百年的发展历程,推动我国快速成为世界第二大经济体。我们要勇于全面深化改革,自觉通过调整生产关系激发社会生产力发展活力,自觉通过完善上层建筑适应经济基础发展要求,让中国特色社会主义更加符合规律地向前发展。"

5. 中国特色社会主义40年发展的实践检验了科学社会主义的真理性,检验了科学社会主义基本原则的生命力

中国特色社会主义不是从天上掉下来的,而是在改革开放40年的伟大实践中得来的,是在紧密结合中国国情和时代要求的基础上,实现了马克思主义一次又一次的中国化,把科学社会主义的基本要求转化为实践要求的结晶。近些年来,国内外有些舆论提出中国现在搞的究竟还是不是社会主义的疑问,有人说是"中国特色资本主义",或者说是"资本社会主义",还有人干脆说是"国家资本主义""新官僚资本主义"。为此,习近平指出:这些都是完全错误的,"中国特色社会主义是社会主义而不是其他什么主义,科学社会主义基本原则不能丢,丢了就不是社会主义。"中国特色社会主义,是科学社会主义理论逻辑和中国社会发展历史逻辑的辩证统一,是根植于中国大地、反映中国人民意愿、适应中国和时代发展进步要求的科学社会主义。中国特色社会主义的成功就是科学社会主义的成功,科学社会主义在中国的成功,对马克思主义、科学社会主义的意义,对世界社会主义的意义,是十分重大的。中国特色社会主义进入新时代,意味着科学社会主义在二十一世纪的中国焕发出强大生机活力,因为中国特色社会主义的实践是真正体现科学社会主义要求的。

二 实践是发展真理性认识的强大动力

实践往往不是一次完成的,经常是一个很长的历史阶段,而且会发生剧烈变动。由实践证明的真理,会随着实践的深入、实践的转向、实践的变动,逐渐变得更加全面、系统,真理性认识会随着实践的发展得到丰富和发展。

1. 社会实践本身是一个发展的过程,社会实践的深度和广度不可能一下子就呈现在人们面前

以社会实践为基础的真理性认识必然伴随着社会实践的广域化、深度化而丰富发展,任何真理性认识都不例外,马克思主义同样如此。马克思主义基本原理在被社会实践不断证明的同时,一些具体的论断特别是在特殊历史条件下

具有真理性的认识，由于历史条件的变化会失去其意义，会发生形式与内容的转化。正如马克思在《共产党宣言》1872年德文版序言中所讲："不管最近25年来的情况发生了多大的变化，这个《宣言》中所阐述的一般原理整个说来直到现在还是完全正确的。某些地方本来可以作一些修改。这些原理的实际运用，正如《宣言》中所说的，随时随地都要以当时的历史条件为转移，所以第二章末尾提出的那些革命措施根本没有特别的意义。如果是在今天，这一段在许多方面都会有不同的写法了。由于最近25年来大工业有了巨大发展而工人阶级的政党组织也跟着发展起来，由于首先有了二月革命的实际经验而后来尤其是有了无产阶级第一次掌握政权达两月之久的巴黎公社的实际经验，所以这个纲领现在有些地方已经过时了。特别是公社已经证明：'工人阶级不能简单地掌握现成的国家机器，并运用它来达到自己的目的。'"[1] 马克思在这里谈到了十分重要的观点：《宣言》中阐述的一般原理是正确的，即便如此，站在25年后的角度看，某些地方本来可以作一些修改；基本原理要与具体历史条件相结合，因此，《宣言》第二章末尾提出的具体革命措施根本没有特别的意义，如果是在1872年，这一段在许多方面都会有不同的写法了；由于25年来大工业的巨大发展，这个纲领现在有些地方已经过时了，需要有更加符合实际的认识。由于工人运动实践波澜壮阔的发展，《宣言》中的某些地方要作修改，某些地方会有不同的写法，有些地方已经过时。这些修改和变化是由实践本身决定的。列宁在谈到检验真理的实践标准时指出："这个标准也是这样的'不确定'，以便不使人的知识变成'绝对'同时它又是这样的确定，以便同唯心主义和不可知论的一切变种进行无情的斗争。"这种确定和不确定，正是反映了实践本身的变动性，更会深刻影响到真理性认识的发展。

2. 社会实践的发展推动着人们对于自然科学认识的深化，使科技革命、产业革命日新月异

社会实践的需要会引起科学技术革命、产业革命，引起人们对于自然科学真理性认识的深化。当今世界，由于经济社会实践的要求，新一轮科技革命曙光初现，物质结构、宇宙演化、生命起源、意识本质等一些重大科学的原创性突破正在开辟新前沿新方向，一些重大颠覆性技术创新正在创造新产业新业态，信息技术、生物技术、制造技术、新材料技术、新能源技术广泛渗透到几乎所有领域，"大智移云"（大数据、智能终端、移动互联网、云计算）等新信息技术同机器人和智能制造技术相互融合步伐加快。人们对于自然科学的真理性认

---

[1] 《马克思恩格斯选集》第1卷，人民出版社1995年版，第248—249页。

识随着社会生产实践的要求日益旺盛而更加丰富。人口老龄化趋势，形成了对生物技术进步的巨大需求，促使这一领域的研究水平不断提高。习近平总书记2013年7月17日在中国科学院视察工作时曾经指出："还比如，人造生命。这几年，这个领域的研究发展很快。二〇一〇年第一个人造细菌细胞诞生，打破了生命和非生命的界限，为在实验室研究生命起源开辟了新途径。有的科学家认为，未来五至十年人造生命将创造出新的生命繁衍方式。这些不仅对人类认识生命本质具有重要意义，而且在医药、能源、材料、农业、环境等方面展现出巨大潜力和应用前景，也将给生命伦理带来全新挑战。"人造生命、生命新的繁衍方式以及生命伦理都是需要我们进一步加深认识的领域。

3. 中国特色社会主义事业日新月异的实践发展推动着中国特色社会主义理论体系不断完善

改革开放以来我们党形成的邓小平理论、"三个代表"重要思想、科学发展观、习近平新时代中国特色社会主义思想等理论创新无一不是建立在实践基础之上的。邓小平理论是在我国改革开放和现代化建设的实践中，在总结我国社会主义成功和挫折的历史经验并借鉴其他社会主义国家兴衰成败历史经验的基础上，逐步形成和发展起来的，它是改革开放历史新时期实践的产物。"三个代表"重要思想既坚持马克思主义基本原理，又不从书本、概念和抽象的原则出发，而是一切从实际出发，深刻总结实践创造的新鲜经验并上升到理论，在推动马克思主义的发展中卓有成效地坚持了马克思主义，它是世纪之交中国经济社会发展实践的产物。科学发展观是马克思主义同当代中国实际和时代特征相结合的产物，是马克思主义关于发展的世界观和方法论的集中体现，把我们党对中国特色社会主义规律的认识提高到新的水平，它是新世纪新阶段中国经济社会发展实践的产物。习近平新时代中国特色社会主义思想坚持以马克思列宁主义、毛泽东思想、邓小平理论、"三个代表"重要思想、科学发展观为指导，坚持解放思想、实事求是、与时俱进、求真务实，坚持辩证唯物主义和历史唯物主义，紧密结合新的时代条件和实践要求，以全新的视野深化对共产党执政规律、社会主义建设规律、人类社会发展规律的认识，它是新时代中国经济社会历史性变革实践的产物。

三 习近平新时代中国特色社会主义思想在中国特色社会主义伟大实践中不断开辟着马克思主义发展的新境界

中国特色社会主义实践在伟大斗争中不断开辟着伟大事业的新境界。2013年1月5日，习近平在新进中央委员会的委员、候补委员学习贯彻党的十八大精神研讨班开班式上发表重要讲话,指出:"坚持和发展中国特色社会主义是一篇大文章,邓小平同志为它确定了基本思路和基本原则,以江泽民同志为核心的党的第三代中央领导集体、以胡锦涛同志为总书记的党中央在这篇大文章上都写下了精彩的篇章。现在,我们这一代共产党人的任务,就是继续把这篇大文章写下去。"

1. 中国特色社会主义这篇大文章在今天就是要从理论和实践结合上系统回答新时代坚持和发展什么样的中国特色社会主义、怎样坚持和发展中国特色社会主义

2013年8月19日,习近平总书记进一步指出:"我一直在思考一个问题,这就是:我们中国共产党人能不能打仗,新中国的成立已经说明了;我们中国共产党人能不能搞建设搞发展,改革开放的推进也已经说明了;但是,我们中国共产党人能不能在日益复杂的国际国内环境下坚持住党的领导,坚持和发展中国特色社会主义,这个还需要我们一代一代共产党人继续作出回答。"习近平新时代中国特色社会主义思想给出了精彩的回答。这就是系统回答新时代坚持和发展什么样的中国特色社会主义、怎样坚持和发展中国特色社会主义。这一重大时代课题是对"什么是社会主义、怎样建设社会主义","建设什么样的党、怎样建设党","实现什么样的发展、怎样发展"等时代课题更加丰富的回答,更是对新时代历史问题的科学解决。这一重大时代课题不仅回答了两大基本问题即新时代坚持和发展中国特色社会主义的总目标、总任务、总体布局、战略布局和发展方向(高质量发展)、发展方式(落实新发展理念,推进供给侧结构性改革)、发展动力(全面深化改革)、战略步骤(一个是全面建成小康社会,一个是全面建设社会主义现代化国家)、外部条件(构建新型国际关系,构建人类命运共同体)、政治保证(全面加强党的领导和全面从严治党)等,而且回答了经济、政治、法治、科技、文化、教育、民生、民族、宗教、社会、生态文明、国家安全、国防和军队、"一国两制"和祖国统一、统一战线、外交、党的建设等十七个具体问题。

2. 改革开放的伟大实践为我们发展21世纪马克思主义、当代中国马克思主义提供了源源不断的现实动力

解放和发展生产力,这是马克思主义创始人始终强调的基本原则。如何解放和发展生产力?这是改革开放后摆在共产党人面前的一道难题。我们不断在实践中探索,从最初的"计划经济为主、市场调节为辅"到有计划的商品经济,再到确立社会主义市场经济体制。在社会主义条件下发展市场经济,是我们党的一个伟大创举。我国经济发展获得巨大成功的一个关键因素,就是我们

既发挥了市场经济的长处，又发挥了社会主义制度的优越性。我们是在中国共产党领导和社会主义制度的大前提下发展市场经济，就是要坚持我们的制度优势，有效防范资本主义市场经济的弊端，我们在社会主义基本制度与市场经济的结合上狠下功夫，把两方面优势都发挥好，既要"有效的市场"，也要"有为的政府"，在实践中基本上破解了这道经济学上的世界性难题。2013年11月12日，习近平在《切实把思想统一到党的十八届三中全会精神上来》的讲话中指出："坚持社会主义市场经济改革方向，核心问题是处理好政府和市场的关系，使市场在资源配置中起决定性作用和更好发挥政府作用。这是我们党在理论和实践上的又一重大推进。"

我们不仅要处理好政府与市场的关系，还要解决好党与市场的关系，因为一方面党面临的四大考验中很重要的一个考验就是市场经济的考验，另外一个方面就是党的执政能力建设中很重要的内容就是党驾驭社会主义市场经济的能力。如何经受住考验、如何驾驭市场经济？改革开放的实践为我们提供了极为丰富的认识：第一，要尊崇党章，维护党章，履行党章，严格执行新形势下党内政治生活若干准则，增强党内政治生活的政治性、时代性、原则性、战斗性，自觉抵制商品交换原则对党内生活的侵蚀，营造风清气正的良好政治生态。要通过制度的防火墙切断商品交换原则对党内生活侵蚀的通道。第二，坚决防止党内形成利益集团。习近平总书记指出：全党同志特别是各级领导干部都要牢记党章中的规定：党除了工人阶级和最广大人民群众的利益，没有自己特殊的利益。如果有了自己的私利，那就什么事情都能干出来。党内不能存在形形色色的政治利益集团，也不能存在党内同党外相互勾结、权钱交易的政治利益集团。有了政治利益集团，党就会丧失先进性，就会发生政治蜕变。第三，领导干部要严格自律，防止被利益集团围猎。2017年2月13日，在省部级主要领导干部学习贯彻十八届六中全会精神专题研讨班开班式上，习近平总书记强调，领导干部严格自律，要注重防范被利益集团"围猎"，坚持公正用权、谨慎用权、依法用权，坚持交往有原则、有界限、有规矩。2017年11月，中纪委副书记杨晓渡在《人民日报》发表的署名文章中提出："一个时期以来，领导干部被'围猎'和甘于'被围猎'的问题突出。"2018年1月，中央纪委书记赵乐际在十九届中央纪律检查委员会第二次全体会议上的工作报告中，作出的一个论断就是："'围猎'和甘于'被围猎'交织等问题依然突出。"2018年4月，国家能源局原党组成员、副局长王晓林因严重违纪违法被开除党籍和公职，中央纪委国家监委网站的通报所表述的就是"甘于被围猎"。要解决"甘于被围猎"问题，就要增强领导干部的信仰力量和道德力量，防止形成"圈子文化"。

3. 人民群众波澜壮阔的伟大实践成为我们发展马克思主义生生不息的强劲动力

党的十九大提出了我国社会主要矛盾发生了历史性转化，这是对马克思主义矛盾学说的创新性发展。这种发展的一个重要依据就是对人民群众需要变化实践的深刻把握。第一，人民群众基本的物质文化需要在很大程度上已经得到解决。"有没有"的问题经过改革开放40年在一代代人手中得到解决，经历了一个台阶、一个台阶排浪式消费的过程，20世纪80年代先是解决自行车、缝纫机的问题，然后90年代解决了电视机、电冰箱的问题，21世纪第一个十年初步解决了房子、小汽车等问题，现在逐渐进入个性化、多样化、小批量的需求阶段。第二，人民群众物质文化生活需要的内涵和领域不断扩大，从基本物质文化需要向多样化需要扩展。例如养老服务就是一个新需求。近几年我国人口结构发生重大变化，老年人口比重上升，再加上随着人们预期寿命的提高，对养老的需求呈几何级数增长。为此，要加快推进养老服务业供给侧结构性改革，保障基本需求，繁荣养老市场，提升服务质量，让广大老年群体享受优质养老服务，让所有老年人都能老有所养、老有所依、老有所乐、老有所安。第三，人民群众需要的生活质量要求在提升，从数量要求向质量要求转变。过去，我们要解决的是"有没有"的问题，现在是要解决"好不好"的问题。习近平明确指出：人民群众"期盼有更好的教育、更稳定的工作、更满意的收入、更可靠的社会保障、更高水平的医疗卫生服务、更舒适的居住条件、更优美的环境、更丰富的精神文化生活"。习近平总书记讲到的"八个更"字，每一个方面都包含着质量的要求。第四，人民群众的需要不断升级而且呈现出个性化的特点，生态环境需要与物质文化需要同等重要。习近平明确指出："从政治经济学的角度看，供给侧结构性改革的根本，是使我国供给能力更好满足广大人民日益增长、不断升级和个性化的物质文化和生态环境需要，从而实现社会主义生产的目的。"正因为对生态环境的需要越来越重要，所以，党的十九大报告指出："我们要建设的现代化是人与自然和谐共生的现代化，既要创造更多物质财富和精神财富以满足人民日益增长的美好生活需要，也要提供更多优质生态产品以满足人民日益增长的优美生态环境需要。"这四个方面需求的变化就反映了人民群众的需要已经不再是过去的仅仅是物质文化的需要，还包括民主、法治、公平、正义、安全、环境等多方面的需要。这些变化推动了我们对于社会主要矛盾认识的深化。

以马克思主义为指导，中国共产党领导我们完成了新民主主义革命和社会主义革命，实现了中华民族从东亚病夫到站起来的伟大飞跃；中国共产党领导我们进行建设中国特色社会主义新的伟大实践，使中国大踏步赶上了时代，实现了中华民族从站起来到富起来的伟大飞跃；中国共产党领导我们在新时代推动党和国家事业取得全方位、开创性的历史成就，我国经济社会发生深层次、根本性的历史变革，中华民族迎来了从富起来到强起来的伟大飞跃。每一次伟大飞跃都会产生伟大的思想，三次伟大飞跃产生了毛泽东思想以及邓小平理论、"三个代表"重要思想、科学发展观和习近平新时代中国特色社会主义思想。在从富起来到强起来的伟大飞跃中，习近平新时代中国特色社会主义思想必将成为马克思主义中国化更加精彩的新篇章。

新时代我国主流意识形态话语权的建构路径

王 岩

【作者简介】 王岩,哲学博士,教授,博士生导师,国家级教学名师。毕业于南京大学哲学系,获哲学博士学位。现为上海交通大学特聘教授。曾获"教育部第六届高等学校教学名师奖""全国模范教师""全国高校优秀思想政治理论课教师""教育部新世纪优秀人才"等称号。学术兼职:中国辩证唯物主义研究会常务理事、教育部"高校教学指导委员会"委员等。主要从事马克思主义政治哲学与当代社会思潮研究,主要著作有:《批判与启示:西方近现代政治哲学流派研究》《整合·超越:市场经济视域中的集体主义》《西方政治哲学史》《政治哲学论纲》等,在《中国社会科学》《哲学研究》《马克思主义研究》《政治学研究》等刊物发表论文100余篇,两项成果获省部级哲学社会科学优秀成果一等奖。

党的意识形态工作带有根本性、全局性和战略性。"如果从观念上来考察,那么一定的意识形式的解体足以使整个时代覆灭。"[①] 对于当今世界上任何一个国家或政党而言,意识形态话语权一旦旁落或丧失,就必然会诱发国内政局动荡、政权易手、政体更迭乃至国体变更,犯无可挽回的颠覆性、历史性错误。正是基于理论与实践的双重考量,习近平在党的十九大报告中既指出了新时代

---

① 《马克思恩格斯文集》第8卷,人民出版社2009年版,第170页。

中国特色社会主义亟待解决的"意识形态领域斗争依然复杂"的现实问题，又提出了新时代中国特色社会主义需要承担的"不断增强意识形态领域主导权和话语权"的现实任务。[①] 因此，为了切实维护我国主流意识形态安全，增强主流意识形态的主导权、引领权和话语权，就必须切实提升我国主流意识形态话语权建构的现实针对性，为夺取新时代中国特色社会主义伟大胜利提供精神力量和思想动力。

一 巩固话语生产，提高主流意识形态供给力

话语权作为一种权力关系，预示着任何一种话语生产都是对某种权力世界的凸显，且都映射出强烈的意识形态特点。这是因为在阶级社会里，"每一个企图取代旧统治阶级的新阶级，为了达到自己的目的不得不把自己的利益说成是社会全体成员的共同利益，就是说，这在观念上的表达就是：赋予自己的思想以普遍性的形式，把它们描绘成唯一合乎理性的、有普遍意义的思想"[②]。在此意义上，意识形态可以被视为一整套有着权力色彩的"复杂结构的话语"，其中源源不断的话语生产是维系意识形态话语权的根本所在。为此，要着力巩固话语生产，并且在质和量上改善话语供给，以此来提高我国主流意识形态供给力。

改革开放以来，随着计划经济体制向社会主义市场经济体制的转轨，我国社会阶层逐步分化，以往那种传统封闭、整齐划一的社会逐渐被现代开放、多元分化的社会所替代；传统社会的那种一元化的道义观、义利观逐渐被市场经济所特有的公民意识、功利原则以及多元化的价值取向所取代，导致社会不同阶层之间或同一阶层内部之间的异质性增强。社会主体的价值选择呈现因理想信念淡化而产生的人生信仰迷茫，因工具理性张扬而导致的价值理性遮蔽，因价值取向多元而滋生的核心价值弱化。这一方面导致了主流意识形态需求的内生动力不足，另一方面表现为主流意识形态供给方的主动性、创造性和自信力不够。实际上，就我国主流意识形态话语的存在样态而言，在不同的学科体现出不同程度的缺失现象。有的学科本身拥有完整的话语体系，只是过于拘泥于理论的形式和历史的传统，致使在话语生产的过程中现实性和时代性不够，在实践中难以发挥理论的引领作用，出现声音弱化、底气不足的现象；有的学科的话语生产受到了来自西方话语体系的渗透和挑战，导致现实中的两套话语体

---

① 习近平：《决胜全面建成小康社会 夺取新时代中国特色社会主义伟大胜利——在中国共产党第十九次全国代表大会上的报告》，人民出版社2017年版，第23页。

② 《马克思恩格斯文集》第1卷，人民出版社2009年版，第552页。

系，甚至出现了前者对后者的"依附"状态，由此导致前者被"空心化""边缘化"的问题；有的学科本身在马克思主义的经典理论中没有系统、明确的话语体系，由此导致在话语生产中出现主流意识形态"碎片化""散在化""隐性化"的问题。上述情况在一定程度上导致马克思主义在学术中"失语"、在教材中"失踪"、在论坛上"失声"，甚至出现主流意识形态话语权的丧失。相较于社会主义，资本主义国家400多年的发展已经形成了成熟稳定的话语系统，为其在意识形态领域抢占话语先机提供了有利条件。然而，囿于其仇视马克思主义的一贯立场，西方敌对势力处心积虑地对我国进行意识形态渗透，以期在话语权的争夺中达到和平演变的目的。譬如，个别西方发达国家人为美化、拔高资本主义政治制度、价值观念和民主模式，并以推行所谓"普世价值"之名而行分化、西化中国之实。这就表明，无论是与国内社会主体多元价值选择的现实需求相比，还是同资本主义久远而兴盛的思想文化对照，或是和抵制西方"普世价值"传播的时代要求比较，我国主流意识形态的话语生产仍然显得不足甚至滞后。

主流意识形态的话语生产本质上是统治阶级思想的生产。这是因为，"统治阶级的思想在每一时代都是占统治地位的思想。这就是说，一个阶级是社会上占统治地位的物质力量，同时也是社会上占统治地位的精神力量"[1]。统治阶级"作为思想的生产者进行统治，他们调节着自己时代的思想的生产和分配；而这就意味着他们的思想是一个时代的占统治地位的思想"[2]。显然，关于"占统治地位的思想"亦即主流意识形态的生产和分配，有赖于占统治地位的"思想的生产者"进行调节。而所谓"思想的生产者"主要是指那些"有概括能力的意识形态家"。可见，主流意识形态的话语生产绝非一般性的话语重复，而是对代表阶级利益和阶级思想的话语的再生、再造，故而必须由知识化、专业化的理论队伍来完成。列宁指出，意识形态工作作为"整个无产阶级事业的一部分"，理应"成为由整个工人阶级的整个觉悟的先锋队所开动的一部巨大的社会民主主义机器的'齿轮和螺丝钉'"[3]。邓小平在此基础上论证了无产阶级知识分子的不可或缺性，他指出："为了建成社会主义，工人阶级必须有自己的技术干部队伍，必须有自己的教授、教员、科学家、新闻记者、文学家、艺术家和马克思主义理论家的队伍，这是一个宏大的队伍，人少了是不成的。"[4]

---

[1] 《马克思恩格斯文集》第1卷，人民出版社2009年版，第550页。
[2] 《马克思恩格斯文集》第1卷，人民出版社2009年版，第551页。
[3] 《列宁选集》第1卷，人民出版社2012年版，第663页。
[4] 《邓小平文选》第2卷，人民出版社1994年版，第295页。

这就告诉我们，广大无产阶级知识分子应当自觉承担起社会主义意识形态话语生产的重任，始终走在社会主义意识形态研究、宣传和教育的最前列。包括巩固主流意识形态话语生产在内的整个社会主义建设事业，须臾离不开一支政治立场坚定、文化素养高深、知识视野开阔、业务素质扎实的马克思主义理论队伍。打造这样一支马克思主义理论队伍，一方面，既要在宏观层面上加强顶层设计，加大对马克思主义理论研究和建设工程、青年马克思主义者培养工程的扶持与实施力度，为培养马克思主义理论家、宣传员和组织者提供政策保障和服务平台；另一方面，还要在微观层面上加快任务落实，相关机构在人才培养、绩效考核、薪酬待遇、职位晋升、职称评定、课题申报等方面要充分考虑马克思主义理论学科的特殊性，制定出符合其建设和发展规律的政策和办法，尊重马克思主义理论人才应有的尊严和权利，真正提升他们的职业责任感、事业获得感和生活幸福感。唯有如此，才能铸就一支忠诚于党、忠诚于人民、忠诚于社会主义事业的马克思主义理论队伍，才能确保他们在不断巩固主流意识形态话语生产和提高主流意识形态供给能力中守护好党的意识形态工作的前沿阵地。

诚然，意识形态话语生产需要一定物质基础的支撑，但经济因素并不是其"唯一决定性的因素"，"经济上落后的国家在哲学上仍然能够演奏第一小提琴"[1]。这是理论工作者应该坚守的话语自觉和理论自信。这种自觉和自信必然要求我们在巩固主流意识形态话语生产方面葆有民族情怀和国际视野。马克思主义理论工作者首先要"立足本来"，从中华民族优秀文化历史中寻求根由，通过发掘、捕捉中华民族深厚的优秀文化资源和新时代中国人民鲜活的生活实践，赋予主流意识形态话语生产以鲜明的民族特色，使其能够精准地反映出我国独特的历史传统、独到的文化积淀、独有的基本国情，以及独具的发展道路，进而形成具有中国特色、中国风格、中国气派的语言形式和叙事框架。这样的话语生产既照顾到人们日常的思维习惯和生活方式，也彰显中国特色社会主义"四个自信"的本质要求，因而能够在最大限度上满足不同社会主体的价值需求和凝聚社会共识，提升人们捍卫精神文化自主性、社会制度独立性的能力。与此同时，主流意识形态的话语生产还要求马克思主义理论工作者能够"吸收外来"和"面向未来"，具备洞察世界局势、把握时代潮流的敏锐性。要知道，只有将意识形态话语生产置于全球语境之中，才能在及时借鉴和吸收世界文明成果的基础上，在适时了解和认知世界发展形势的过程中，不断提炼和打造出

---

[1] 《马克思恩格斯文集》第10卷，人民出版社2009年版，第599页。

易于为国际社会所理解和接受的新概念、新范畴和新表述。我们有理由坚信，通过"中国梦""亚投行""一带一路""人类命运共同体"等概念的诠释与传播，新时代的中国不仅对内能够防范西方话语霸权的干扰，而且对外能够提升在全球治理格局中的话语权。

二 丰富话语内涵，增强主流意识形态解释力

理论创新是意识形态话语力量的不竭源泉。对于任何一种意识形态理论而言，它只有与现实发展、群众需要紧密联系在一起，才能拥有强大的话语力量。马克思主义作为无产阶级和人民群众的意识形态，其话语权的生命力就在于其勇于直面复杂的矛盾，敢于进行伟大的斗争，在彻底的社会革命中实现理论创新，由此凸显马克思主义无穷的理论魅力和实践活力。马克思主义自诞生至今的170年时间里，正是在这种彻底的理论批判和实践创新中形成强大的真理性力量，逐步成为影响和引领工人阶级运动和社会主义建设的主导性话语。正如马克思所言："理论只要说服人〔ad hominem〕，就能掌握群众；而理论只要彻底，就能说服人〔ad hominem〕。所谓彻底，就是抓住事物的根本。"① 因此，提升我国主流意识形态话语权有赖于马克思主义理论本身的彻底性，这种彻底性离不开在社会实践的基础上对复杂社会矛盾的追问、批判与回应。这是主流意识形态实现理论创新、丰富话语内涵，以此增强解释力的应然之径。

丰富马克思主义理论的话语内涵，首先要坚持问题导向。"一种理论的产生，源泉只能是丰富生动的现实生活，动力只能是解决社会矛盾和问题的现实要求。"② 问题作为"时代的口号"，既构成了理论思维的起点，也决定着理论创新的结果。马克思曾深刻指出："一个时代的迫切问题，有着和任何在内容上有根据的因而也是合理的问题共同的命运：主要的困难不是答案，而是问题。因此，真正的批判要分析的不是答案，而是问题。"③ 这就表明，强化问题意识、坚持问题导向对于理论创新和完善至关重要。当然，按其本性来说，马克思主义从来就不是"纯粹思辨的观念"或"书斋里的学问"，而是一种"发展着的理论"，肩负"在批判旧世界中发现新世界"的神圣使命，对其应用必须做到"随时随地都要以当时的历史条件为转移"。毛泽东引申说："马克思这些老祖宗的书，必须读，他们的基本原理必须遵守，这是第一。但是，任何国家的共产党，任何国家的思想界，都要创造新的理论，写出新的著作，产生自己

---

① 《马克思恩格斯文集》第1卷，人民出版社2009年版，第11页。
② 习近平：《在党的十九届一中全会上的讲话》，《求是》2018年第1期。
③ 《马克思恩格斯全集》第1卷，人民出版社1995年版，第203页。

的理论家,来为当前的政治服务,单靠老祖宗是不行的。"① 这既是理论适应实践发展的需求,也是理论本身自我革新完善的需要。我们一方面要坚定马克思主义理论自信,自觉秉持马克思主义的革命性和批判性,运用马克思主义立场观点方法分析解决问题;另一方面,还要善于根据时代变迁和社会发展实际,在直面问题、解决矛盾中赋予马克思主义以新的内涵,实现理论创新,进而确证主流意识形态话语叙事的合理性与正当性。在中国特色社会主义进入新时代这一历史方位下,我国社会主要矛盾已发生转化,与人民日益增长的美好生活需要相比,不平衡不充分的发展是新时代坚持和发展中国特色社会主义所面临的更加突出的问题。必须认识到,我国经济社会发展不平衡不充分的问题对党的意识形态工作,尤其是发展马克思主义提出了许多新要求。所以,我们要坚持以马克思主义为指导,理性审视新时代中国前进征程上的一系列重大挑战、重大风险、重大阻力和重大矛盾,深入研究新时代党的意识形态工作的重大理论和实践问题,着力结合时代变迁和实践发展要求充实马克思主义理论,从广度和深度上丰富马克思主义理论的话语内涵,从而增进人们对主流意识形态话语的价值与情感认同。

丰富马克思主义理论的话语内涵,应坚持以人民为中心。人们在社会生活中形成的意识形态观念既有着特定的社会内容,也有着特定的服务对象。在理想状态下,为什么人的问题是一切意识形态理论关注的核心议题。对于任何一位意识形态理论的生产者、创作者而言,"人民历来就是什么样的作者'够资格'和什么样的作者'不够资格'的唯一判断者"②。同理,对于任何一种作为价值观表达的意识形态理论来说,"如果不为人民群众所掌握,即使是最好的东西,即使是马克思列宁主义,也是不起作用的"③。脱离人民利益、背离人民意愿、游离人民生活的意识形态理论,终将"使自己出丑"且为人民所抛弃。归根结底,历史是人民群众创造的,人民群众既是书写历史的"剧作者",也是演绎历史的"剧中人"。在阶级社会,剥削阶级口头上宣称代表和维护人民利益的意识形态理论却在现实中时常沦为统治阶级压迫乃至奴役人民的工具。但与资产阶级和其他剥削阶级理论不同,马克思主义作为无产阶级解放的思想先导和行动指南,毫不隐瞒自己的人民立场和价值取向。就像《共产党宣言》所公开坦露的那样:"过去的一切运动都是少数人的,或者为少数人谋利益的运

---

① 《毛泽东文集》第 8 卷,人民出版社 1999 年版,第 109 页。
② 《马克思恩格斯全集》第 1 卷,人民出版社 1995 年版,第 195—196 页。
③ 《毛泽东选集》第 4 卷,人民出版社 1991 年版,第 1515 页。

动。无产阶级的运动是绝大多数人的，为绝大多数人谋利益的独立的运动。"[1]正是从工人阶级和广大人民群众的异化处境以及资本主义制度的内在矛盾出发，通过无产阶级和全人类的解放、私有制的彻底消亡，借此达至每个人都能够全面而自由发展的"自由人联合体"。

毋庸置疑，为人民代言、为群众发声的朴素情怀，构成了马克思主义最鲜亮的政治底色和最厚重的价值底蕴。今天，做好新时代党的意识形态工作，其前提就是尊重人民主体地位，坚持以人民为中心，自觉察民情、析民意、解民忧、聚民心、汇民力，自觉把丰富马克思主义理论话语内涵同融入人民生活实践和满足人民利益诉求紧密联系起来。要知道，马克思主义话语的真正魅力就在于对无产阶级和广大劳动人民历史命运的体察和同情，这也是马克思主义话语权的根基所在。所以，我们要在坚持以人民为中心的基础上丰富马克思主义理论的话语内涵，从内容上论证新时代人民群众对民主、法治、公平、正义、环境、安全、民生等方面提出更高要求的必然性和合理性，在夯实马克思主义理论的阶级基础的同时，切实增强主流意识形态的解释力。

三 创新话语表达，提高主流意识形态吸引力

人类社会所有的思想成果（自然包括意识形态），既需要凭借语言进行表达和记录，也需要借助语言进行积淀和传承。语言作为人类意识反映现实的最重要的载体或手段，充分彰显了人的"自由的自觉的活动"的类特性，因而成为贯通思维与存在的桥梁。对于语言的产生，马克思曾解释道："语言和意识具有同样长久的历史；语言是一种实践的、既为别人存在因而也为我自身而存在的、现实的意识。语言也和意识一样，只是由于需要，由于和他人交往的迫切需要才产生的。"[2] 在人类特有的思想意识世界里，语言既是思想的直接现实，也是现实的直接思想；思想理念、价值观念只有与语言"联姻"，才能实现"于有声处听惊雷"的传播效果。而思想、观念的产生都是同人们的物质交往和现实生活的语言交织在一起的，任何一种思想体系的对内推广与对外传播，都必须通过特定的语言形式才能够得以完成。概而言之，无论是零碎思想的表达，还是系统观念的叙说，都需要语言力量的支撑。正是在此意义上，语言天生具备承载与传递某种意识形态的功能，意识形态的发展也天生与语言密切相关。可以想象的是，如果意识形态话语只是止步于内在抽象的思辨环节，而缺

---

[1]《马克思恩格斯文集》第2卷，人民出版社2009年版，第42页。
[2]《马克思恩格斯文集》第1卷，人民出版社2009年版，第533页。

乏外在具体的语言表达，那么它势必会陷入"有理说不出、道不明、传不开"的话语困境，从而使意识形态话语权大打折扣。所以说，意识形态话语权实现的程度，总是取决于意识形态话语表达的力度。基于这种认识，我们党在领导和开展意识形态工作的过程中，一方面，尤为关注主流意识形态话语表达方式的转变和创新，严格要求主流意识形态在语言上更加亲和、更加接近人民群众；另一方面，特别警惕主流意识形态话语表达可能出现的"空泛化""自由化"以及在语言上不讲政治原则、政治底线的言语作秀和作怪行为。

选择行之有效的话语表达方式，实现话语表达方式的转变和创新，是赢得意识形态话语权的不二法门。只有通过意识形态话语表达方式的创新，方能够密切意识形态与现实生活的相关性，才可以使之更广泛地为广大群众所理解和接受。"在不同的财产形式上，在社会生存条件上，耸立着由各种不同的、表现独特的情感、幻想、思想方式和人生观构成的整个上层建筑。"[①] 在社会经济成分多样化、社会生存条件差异化的现实条件下，作为理论化、系统化价值观体系的意识形态本身就具有层次性。故而意识形态教化在面向不同的受众群体时，需要运用不同的话语表达方式。

新中国成立后，尤其是改革开放以后，中国共产党准确地把握了不同历史时期中国社会主要矛盾的转变，现在开始着力满足"人们美好生活需要"的新征程。在这一过程中，主流意识形态以"革命性、动员性"叙事为特点的话语表达方式逐渐与以"建设性、生活性"叙事为特点的话语表达方式趋同，并在趋同的过程中赋予前者以时代的内涵，赋予后者以崇高的意蕴，从而实现了两种话语表达方式的融合与统一，体现主流意识形态的崇高性与严肃性。尤其是在当今互联网时代，社会主体接收、分享和反馈信息资源的便捷性、交互性、海量性和及时性，客观上使得政治话语的方向性、学术话语的科学性、网络话语的开放性和生活话语的通俗性呈现融合的趋势，要在主流意识形态的引领下搭建意识形态大众化的传播平台。然而，就我国当前意识形态的宣传工作而言，尚存在着话语表达方式过于单调的问题，诸如官方话语多于民间话语、学术话语多于生活话语、理性话语多于感性话语、说教话语多于沟通话语等。这就必然要求在主流意识形态的话语生产和表达上综合运用多种话语表达方式，突破官方话语与民间话语、理性话语与感性话语之间的隔阂，变"大水漫灌"为"精准滴灌"、变"单调生硬"为"丰富生动"、变"传统说教"为"时代表达"、变"说文解字"为"赏阅体验"、变"照本宣科"为"启发引导"，不断

[①]《马克思恩格斯文集》第2卷，人民出版社2009年版，第498页。

扩大主流意识形态的影响力和吸引力。"最高限度的马克思主义＝最高限度的通俗化"①，可见，在创新主流意识形态话语表达的过程中，最为紧要的就是赋予主流意识形态以现实化、人性化、个体化的语言形式和简洁明了、生动活泼、平实质朴的语言风格，通过借用为人民群众所熟知的生活化、网络化语言去析理明道，构建亲和力、时代感、学理性、鲜活性和大众化相融合的话语表达体系，以此使人民群众在这样的话语环境中提高理论兴趣、接受思想教育、增进价值认同。这种对话语表达生动性和艺术性的讲究，不仅有助于提升马克思主义大众化的水平，而且还有利于增强主流意识形态话语权的活力。

  话语表达纵然是获取意识形态话语权的重要因素，但在实际生活中并不是所有的话语表达都能够代表意识形态的本义和真义。甚至有些时候，某一形式的话语表达严重扭曲、损害了意识形态的价值要义。所以，如果我们只是一味地强调主流意识形态话语表达方式的创新，而无视马克思主义意识形态本身的权威性、崇高性和严肃性，非但不能有效实现马克思主义意识形态话语权的主导作用，反而会为非主流意识形态争夺话语权提供可乘之机。长期以来，我国主流意识形态在话语表达上就存在着一定程度上的"空泛化"倾向与"自由化"趋势。这主要表现在来自"左"与右的干扰方面。其中，"左"的话语表达以"封闭僵化"的保守态度和教条式思维对待马克思主义。这种"左"的话语表达在很大程度上阻塞了主流意识形态的言说途径，既有损于主流意识形态话语权的威信，也制约了主流意识形态话语权的功效。与"左"的话语表达相反，右的话语表达则打着"回归主流文明""确立普世价值"的旗号诋毁、篡改马克思主义，要求用以"新自由主义"为代表的当代西方资产阶级意识形态取代马克思主义的指导地位。以思想理论界和媒体舆论场为例，主张用学术化的样态遮蔽或解构马克思主义阶级性的"杂音""噪音"时有显现，这些话语或人为割裂改革开放前后两个历史时期的辩证关系，或肆意贬抑中国社会主义的发展前景，或过度美化西方所谓自由民主制度，或打着"再思考""再认识"的旗号用"虚无主义"的手法"告别革命"、调侃经典、消解英雄人物、解构历史，其直接的后果就是审美取向感官化，价值取向虚无化，政治取向戏谑化，道德取向去崇高化，其根本目的就在于消解主流意识形态话语权，进而彻底取缔马克思主义。可见，无论"左"的还是右的话语表达，都不是马克思主义话语表达的正确形式，都会削弱马克思主义意识形态话语权。对此，我们必须要进行坚决抵制和彻底批判，自觉划清主流意识形态话语表达中马克思主义与非

---

① 《列宁全集》第36卷，人民出版社1959年版，第468页。

马克思主义和反马克思主义的界限，确保主流意识形态话语权的吸引力。

四 优化话语传播，提高主流意识形态辐射力

话语传播作为话语表达在程度和范围上的延伸，是意识形态话语权构成的一个重要方面。如果说话语表达只是让意识形态发出"自己的声音"，而不管声音的大小、强弱，那么话语传播则能弥补话语表达中的不足和缺陷，促使声音传得更快、更广、更远，因而也更能深入人心。所以，单纯的话语表达并不能完全实现主流意识形态的普遍性认同，需经由广泛有效的话语传播才能实现。一言以蔽之，主流意识形态话语权的生成和确立离不开话语传播。毛泽东认为，一切意识形态话语传播所面临的关键性问题不单是"说什么""如何说"的认识论问题，它还涵盖"如何做""做什么"的实践论问题。他强调："凡是要推翻一个政权，总要先造成舆论，总要先做意识形态方面的工作。革命的阶级是这样，反革命的阶级也是这样。"① 这里的"造成舆论"和"做意识形态方面的工作"所关涉的一个前提性问题就是怎样开展意识形态话语传播。早在延安时期，我们党为了反击国民党反动派的恶意中伤和扩大马克思主义话语的感染力、影响力，就曾借助党内学习整风、党外学术争鸣、国际记者报道等多种方式进行主流意识形态话语传播，在成功展现马克思主义强大凝聚力和生命力中建构了主流意识形态话语权。与延安时期相比，当前我国主流意识形态话语在传播技术、传播媒介、传播团队等方面都有了明显改善。但面对国际舆论场"西强我弱"的传播格局，我国主流意识形态话语传播实力尚且薄弱，以至于主流意识形态话语传播时常受阻，而无法及时回应和澄清西方舆论对中国社会发展的种种误读、误解、误判。

诚然，摆脱资产阶级意识形态舆论主宰与提升社会主义意识形态话语传播实力并非一时之功，优化社会主义意识形态话语传播也绝非易事。列宁指出："资产阶级意识形态的渊源比社会主义意识形态久远得多，它经过了更加全面的加工，它拥有的传播工具也多得不能相比。"②

冷战结束以来，西方一些资产阶级御用学者利用这种思想体系和舆论话语的优势，相继炮制出"历史终结论""文明冲突论"等怪论、谬论，横加指责社会主义中国的政治制度、文化传统和发展道路。而中国 40 年改革开放的成功实践一再证伪了西方舆论宣传中的"社会主义失败论""马克思主义过时论"。

---

① 《建国以来毛泽东文稿》第 10 册，中央文献出版社 1996 年版，第 194 页。
② 《列宁选集》第 1 卷，人民出版社 2012 年版，第 328 页。

尤其是随着综合国力和国际地位的显著提高，日益走近世界舞台中央的中国越来越注重对外话语的传播，国际社会也越来越渴望听到中国声音。而就整体传播实力来说，我国主流意识形态话语在国际上仍未彻底摆脱"有理说不出，说了传不开，传开叫不响"的困境，其中缘由除了受西方强势舆论话语的影响外，还与我国主流意识形态话语传播"软件"和"硬件"存在短板有关。"软件"短板表现在利用互联网思维不足，反映和处理事关意识形态重大原则的突发性问题时敏锐度不高、应变能力不强，导致非主流意识形态抢占网络话语先机，主流意识形态的话语价值却被遮蔽。"硬件"短板则表现为新媒体技术在传播领域的应用尚处于起步阶段，或者说，主流意识形态话语传播对新媒体技术的运用能力欠佳，主要表现为线性传播有余网状传播不足、组织传播有余媒体传播不足。这就在一定程度上致使主流意识形态话语的输送渠道闭塞、辐射范围压缩，从而削弱了国内外民众对我国主流意识形态话语的接受度、认可度和信任度。

坦率地讲，在网络化、信息化浪潮席卷全球，国际意识形态领域斗争尖锐的当下，优化我国主流意识形态话语传播任重道远，容不得有半刻犹豫、半点闪失、半步差池。这就要求我们努力做好以下四个方面的工作：一是加强主体协作，形成传播合力。优化主流意识形态话语传播是一项系统性工程，需要政府、媒体、高校、企业、社会组织和个人等多元传播主体间的通力合作与相互配合。只有充分发挥多元传播主体的联动效应，才能在形成强大传播合力中最大限度地实现主流意识形态话语信息的全面覆盖、全程覆盖和全员覆盖。二是明确受众特点，适应传播发展趋势。在互联网时代，各类社会信息的传播面临着极大的不确定性，主流意识形态话语传播的受众已不再是被动的聆听者和接受者，而逐渐成长为有效信息的寻觅者、积极意义的阐释者、主流价值的建构者。因而，要明确话语传播的目标对象，根据不同受众群体的身心特点进行传播内容和传播方式的调整，不断实现主流意识形态话语信息的精细化投放和精准化传播。三是革新媒体技术，拓展传播渠道。新媒体作为人们获取信息资讯的重要来源，现已成为主流意识形态话语传播的关键载体。为此，要加大对新媒体技术的开发、投入、应用和监管力度，倚重并且利用新媒体为主流意识形态发声，通过占领舆论高地来破除人们对西方话语的迷思和幻想。在此基础上，还要促进传统媒体与新兴媒体融合发展，积极打造"点、线、面"有机结合的"三位一体式"传播平台，着实推动主流意识形态话语多向传递，进而扩大主流意识形态话语的辐射面和辐射力。四是重视议题设置，增强传播动能。在意识形态话语传播中，科学议题的设置既能够吸引国内民众按照拟定的规则或章程一致行动,也可以提高中国在全球发展治理格局中的制度性话语权,顺势摆脱西方媒体涉华负面舆论的掣肘。所以,无论是揭示国内社会现实矛盾还是报道国际社会热点问题,相关媒体都不该绕弯、回避,而应立足于中国立场、全球视野,在精心策划和设置重要议题中引导世人客观公正地审视中国社会发展。如近年来 APEC 北京会议、G20 杭州峰会、"一带一路"国际合作高峰论坛、金砖国家领导人厦门会晤、中国共产党与世界政党高层对话会等大会议题的设置,就充分凸显了议题设置之于主流意识形态话语传播的积极意义,既为解决国际公共产品供给难题提供了"中国方案",也向世界展示了一个开放、包容、创新、活力、和平、发展的中国形象。

五 完善话语体系,激发主流意识形态竞争力

话语权得以提升与巩固的一个直接表现就是话语体系的完善。纵观人类文明史,每一民族、每一文化、每一阶级、每一时代都有体现本民族特色、标识本民族文化特性、代表本阶级利益、符合本时代特征的话语体系。作为知识文化和思想理论的载体,话语体系既蕴含着特定阶级组织、利益集团的思想立场和理论主张,又彰显着一个国家、一个民族、一个政党的价值取向、发展方向和未来走向,是滋生话语权的内生变量,也是维持话语权的重要保障。就此而言,话语体系构成了话语权的基础,离开话语体系支撑的话语权建设,无异于虚语高论而质非文是。需要言明的是,任何一种话语体系的生成与创立,起初并不是自发自在而是自觉自为的过程。近代以来,西方资产阶级在资本逻辑的驱使下率先建立起较为完备的话语体系,并成功地将非西方世界纳入其话语解释框架之下。在当今东西方思想文化交流、交融、交锋中,西方话语体系依然扮演着重要角色,它具有的内在的资产阶级意识形态属性,使其充当着欧美等发达国家对外进行意识形态渗透的"马前卒"。面对两种社会制度的对立,代表两种社会制度的话语体系面临着此消彼长的状态。即如列宁所说,"既然谈不到由工人群众在其运动进程中自己创立的独立的意识形态,那么问题只能是这样:或者是资产阶级的意识形态,或者是社会主义的意识形态。这里中间的东西是没有的(因为人类没有创造过任何'第三种'意识形态)"[①]。于是,反对西方资产阶级意识形态话语体系的重任历史性地落在了无产阶级和社会主义国家的肩上。

改革开放以来,我国社会主义现代化建设事业迎难而上、砥砺前行,以无

---

① 《列宁选集》第 1 卷,人民出版社 2012 年版,第 326 页。

可辩驳的发展成就为繁荣社会主义哲学社会科学提供了翔实的素材和丰富的经验，中国特色社会主义话语体系也由此获得了迅速发展。但不容忽视的是，我国思想界、学术界、文艺界仍存在着一定的"唯西是从""唯洋是举"的现象，哲学、法学、经济学、政治学、新闻学、社会学、管理学等学科曾一度沦为西方话语蚕食的重灾区。有些人甘做资本主义意识形态的吹鼓手，他们奉西方话语为金科玉律，认为只有以西方话语体系的概念、范畴、理论、逻辑、方法为准则，我国哲学社会科学的研究才最为"前沿"、最具"权威"，才能被国际社会所承认。此种错误认识恰恰是导致当前马克思主义在有的领域被边缘化、空心化、标签化、碎片化和在一些学科中"失语"、教材中"失踪"、论坛上"失声"的直接源由。"如果我们用西方资本主义价值体系来剪裁我们的实践，用西方资本主义评价体系来衡量我国发展，符合西方标准就行，不符合西方标准就是落后的陈旧的，就要批判、攻击，那后果不堪设想！最后要么就是跟在人家后面亦步亦趋，要么就是只有挨骂的份。"①

这就表明，尽管我们已经解决了落后挨打、贫穷挨饿的问题，却又难以回避失语挨骂的尴尬现实。倘若我们只是一味地推崇、依附西方话语体系，只是简单地套用西方制度模式和治理方式来观察世界、解读中国，势必会陷入西方国家所设置的话语陷阱而丧失发展的独立性和自主性。从本质上来说，带有意识形态偏见的西方话语体系与我国的政权性质和党的执政宗旨有着根本矛盾，我们既不能以此来分析中国问题，更不能以此来指导中国发展。苏联解体、东欧剧变、南美民主化进程受阻，就是前车之鉴。事实上，即使在西方国家，这套生发于个人主义和自由主义文化基因上的话语体系，也已无力应对贫富分化加剧、价值共识缺失、阶层分裂严重等内政治理难题。西方话语体系的频频失灵，在导致资产阶级政府和媒体公信力下降的同时，也诱发了资本主义社会普遍的信任危机。为了化解和消除西方话语体系所带来和造成的思想混乱与发展风险，应当坚定话语自信，着力构建、完善中国特色社会主义话语体系，以此作为加强与巩固主流意识形态话语权的基石。

构建和完善中国特色社会主义话语体系要立足中国实际、把握时代脉搏，坚持"三个面向"，在观照历史、回应现实、展望未来的基础上不断激发主流意识形态话语的竞争力。其一，不忘本来，面向历史，汲取中华优秀传统文化智慧。中华优秀传统文化积淀着中华民族最崇高的精神信仰和最深沉的精神追求，是华夏儿女在世界文化风云激荡中站稳脚跟的根基所在，为构建和完善中

---

① 《习近平谈治国理政》第 2 卷，外文出版社 2017 年版，第 327 页。

国特色社会主义话语体系奠定了深厚的文化底蕴。从先秦诸子学说到宋明程朱理学，中华文明所孕育的"自强不息"的人生观、"天人合一"的自然观、"民胞物与"的仁爱观、"义利有别"的道德观、"内圣外王"的修身观、"讲信修睦"的处世观等优秀传统文化，蕴藏着解决人类社会发展难题的重要智慧，因而富有跨越时空、超越国度的永恒魅力。唯有根植于中华文化的沃土并从中汲取智慧，中国特色社会主义话语体系才能在熔铸和传播中国价值理念中焕发出生机活力。其二，吸收外来，面向现实，借鉴国外优秀文化成果。马克思主义与时俱进的理论品质决定了其在发展过程中必然要遵循开放性原则。"马克思主义这一革命无产阶级的意识形态赢得了世界历史性的意义，是因为它并没有抛弃资产阶级时代最宝贵的成就，相反却吸收和改造了两千多年来人类思想和文化发展中一切有价值的东西。"[1] 这就告诉我们，构建和完善中国特色社会主义话语体系决不能囿于一隅、自说自话，而是要强化与世界话语体系的彼此对接和相互交流，善于以人类的情怀、世界的眼光批判性地学习、吸收和借鉴其他国家的优秀文化成果，敢于将西方先进的文明成果、思想方法有鉴别地拿来为我所用，在对外讲好中国故事、传播好中国声音中提升中国话语的国际传播能力。其三，面向未来，勇于担当人类社会发展使命。通过中国特色社会主义话语体系的构建和完善，旨在创造出引领性概念和原发性观点，使之能够将中国特色社会主义的道路优势、制度优势、理论优势和文化优势切实转化为话语优势、舆论优势，进而为解决当前人类社会发展所面临的普遍性问题贡献中国精神、中国价值、中国理念。理论与现实反复证明，资本主义并不是人类历史的终结，人类文明也并非局限于资本主义的单一样态，新时代中国特色社会主义的伟大实践为各国对现代化模式的探寻和人类对更好社会制度的探索提供了全新选择。中国特色社会主义话语体系就是其中最有感召力、说服力的一点，它集聚着共商共建共享人类社会美好未来的话语力量，也理应有充实人类文明新内涵、开辟人类文明新境界、拓展人类文明新道路的话语自信。

总之，新时代就要有新作为新气象。准确理解、贯彻和落实习近平新时代中国特色社会主义思想对我们党的意识形态工作提出的新要求，其中一个重要方面就是党的十九大报告所指出的不断增强意识形态领域主导权和话语权。实际上，意识形态领域的较量归根结底还是话语权的较量，"当代中国意识形态变革本质上是，如何在新的历史条件下充分发挥意识形态的效能，即有效掌控意

---

[1] 《列宁选集》第4卷，人民出版社2012年版，第299页。

识形态话语权"①。这是做好新时代党的意识形态工作的着眼点和落脚点。这就要求广大理论工作者深入研究意识形态话语权生成与发展的内在机理,通过巩固话语生产、丰富话语内涵、创新话语表达、优化话语传播和完善话语体系,不断提高我国主流意识形态话语权的针对性和实效性。

---

① 侯惠勤:《意识形态的变革与话语权——再论马克思主义在当代的话语权》,《马克思主义研究》2006年第1期。

马克思关于人的自由全面发展的思想

王天义

【作者简介】王天义,中共中央党校教授、博士生导师,经济学博士,清华大学、北京大学兼职教授,享受国务院政府特殊津贴。中共中央组织部和全国人社部《全国党员干部教育培训师资库》专家、中国《资本论》研究会副会长、首都经济学家论坛副主席。在《中国社会科学》《求是》《人民日报》等发表学术论文300余篇,在人民出版社、中国经济出版社、中共中央党校出版社出版学术专著20余部,主持完成多项国家重点项目,有多项成果获得国家奖励。先后出访美国、法国、澳大利亚、日本、塞内加尔等五大洲十多个国家讲学,在马克思主义经济学界有一定的影响。

人是社会发展的主体,只有全面发展的人才能建成一个全面进步的现代化社会。一部社会发展史就是一部人的本质力量的发展史,而只有在以生产资料公有制为基础的社会,人的自由全面发展的本质才能真正得以实现。

一 马克思关于人的本质的思想

马克思关于人的本质的思想是在批判费尔巴哈的人本主义思想的基础上形成的。费尔巴哈把人当作一个自然的生物学的实体来认识,他不懂得人不仅是自然的产物,更重要的是社会的产物。马克思把费尔巴哈这种撇开了社会历史规定的人称作"抽象的个人"。

马克思认为,有生命的生活着的个人是研究人的问题的首要前提;而人要生活就必须进行社会生产，因而人都是在一定条件下进行生产的人；要进行生产，不仅要有自然的发展，有人与自然的关系，而且必然会在生产过程中形成人与人之间的关系，与费尔巴哈抽象的人不同，作为处在一定的历史和社会联系之中的每一个人，就是社会的"现实的个人"。

从社会的人出发，马克思得出了人只有在社会活动中才是人的合乎人性的存在。马克思在《1844年经济学哲学手稿》中指出："只有在社会中，自然界才是人自己的合乎人性的存在的基础，才是人的现实的生活要素。只有在社会中，人的自然的存在对他来说才是人的合乎人性的存在，并且自然界对他来说才成为人。因此，社会是人同自然界的……实现了的人道主义。"①

从现实的个人出发，马克思得出了人们的物质生活条件的生产是最基本的实践活动，在生产中形成的社会关系是人与人的基本关系，它决定着人的本质。在1845年，马克思在《关于费尔巴哈的提纲》中提出了"人的本质并不是单个人所固有的抽象物，实际上，它是一切社会关系的总和"②的著名论断。作为一切社会关系的总和的人，不仅由他所处的特定社会关系所决定，而且也必然随着这种社会关系的发展而发展，每一时代的社会关系是形成每一时代人的本质的现实基础，抽象不变的人的本质是不存在的。

人的本质规定着人的全面发展，人的全面发展体现着人的本质。一切社会关系的总和这一人的本质决定着人的德智体的全面发展。对此，马克思指出："一个人的发展取决于和他直接或间接进行交往的其他一切人的发展，彼此发生关系的个人的世世代代是相互联系的，后代的肉体的存在是由他们的前代决定的。后代继承着前代积累起来的生产力和交往形式，这就决定了他们这一代的相互关系。总之，我们可以看到，发展不断地进行着，单个人的历史决不能脱离他以前的或同时代的个人的历史，而是由这种历史决定的。"③"每个人的自由发展是一切人的自由发展的条件。"④

人的全面发展是人类为之奋斗的崇高理想。人的全面发展包含着十分丰富的内容。第一，人的发展表现为人的需要的发展。人的需要是人全部活动的内在动力。人的需要是多方面的，人为了满足自己多方面的需要而从事生产劳动和其他社会活动，通过劳动和社会交往使人的需要得到了满足，而需要的满足和满足需要的劳动又产生了新的需要。需要的满足转化为人的发展因素，需要

---

① 《马克思恩格斯文集》第1卷，人民出版社2009年版，第187页。
② 《马克思恩格斯全集》第3卷，人民出版社1960年版，第5页。
③ 《马克思恩格斯全集》第3卷，人民出版社1960年版，第515页。
④ 《马克思恩格斯选集》第1卷，人民出版社2012年版，第422页。

的发展是"人的本质力量的新的证明和人的本质的新的充实"①。在人类"最初的社会形式"即自然经济中,由于生产力极端低下,社会产品极其贫乏,人的需要只能在一个非常低下的层次上得到满足。商品经济的普遍化和资本主义大工业的发展,使社会生产力得到了前所未有的发展,人的物质需要得到了相应的满足,但是,由于劳动者的被剥夺,由于劳动的单一化,使得人的精神需要却极其贫乏和空虚。到了人类发展的第三个阶段即社会主义和共产主义社会,由于生产力的高度发展,社会产品的极大丰富,人们精神境界的极大提高,人的物质的和精神的各方面的需要才能得到充分的满足。可见,人的发展是随着人的需要的发展而发展的,人的需要的发展是人的发展的推动力。

第二,人的发展表现为人的能力的发展。马克思认为:"任何人的职责、使命、任务就是全面地发展自己的一切能力,其中也包括思维的能力。"② 恩格斯也指出,人的全面发展就是要"使社会全体成员的才能得到全面发展"③。人的能力是多方面的,但最主要的是人的体力和智力。在当代,发展人的体力固然重要,没有好的身体就不可能有高效率的工作。但是,更重要的是发展人的智力,发展人的各种潜能,促进人由"体力型"向"智力型"的转化。

第三,人的发展表现为人的个性的发展和人的价值的实现。人的个性即个人在社会活动中形成的特有的素质、品格、气质、性格、情感等的总和。人的个性要在社会活动中才能得到丰富和发展。马克思认为,人是社会的人,人是在人与人的社会关系中生活的。因此,"社会关系实际上决定着一个人能够发展到什么程度"④,也决定着人的个性能够张扬到什么程度。正是在人们的社会交往中,人们之间在心理、情感、信息等方面得到交流,彼此取长补短,从而充实、发展和完善自己。随着历史的发展,社会的进步,个人社会交往越来越摆脱了个体的、地域的和民族的狭隘性,视野不断开阔,观念不断更新,个人的聪明才智不断提高,个人的价值不断地得到实现。人的价值的实现是人的全面发展的最终表现。人的价值实现不仅表现在不断发展着的个人需要的满足,个人利益的社会认可和尊重,而且也表现在个人对社会、对他人所作贡献的大小上。一个人对社会、对他人的贡献越大,那么他的价值就越大,也就越能实现个人的价值。

---

① 《马克思恩格斯全集》第42卷,人民出版社1979年版,第132页。
② 《马克思恩格斯全集》第3卷,人民出版社1960年版,第330页。
③ 《马克思恩格斯选集》第1卷,人民出版社1995年版,第243页。
④ 《马克思恩格斯全集》第3卷,人民出版社1960年版,第295页。

二 马克思关于人的本质的异化的思想

马克思关于人的异化的思想来自于黑格尔。如果说19世纪空想社会主义者把人的智力的发展寄托在教育上,那么,黑格尔则把这一历史任务推向了社会。他认为,社会的主要使命就是使人的潜能以及一切个人的能力在一切方面和一切方向都可以得到发展。他所说的社会就是"市民社会"。黑格尔认为,市民社会含有以下三个环节:第一,通过个人的劳动以及通过其他一切人的劳动与需要的满足,使需要得到中介,个人得到满足,即需要的体系。第二,包含在上列体系中的自由这一普遍物的现实性,即通过司法对所有权的保护。第三,通过警察和同业公会,来预防遗留在上列两体系中的偶然性,并把特殊利益作为共同利益予以关怀。[①] 在这三个环节中,需要和劳动是出发点。黑格尔认为:"政治经济学就是从上述需要和劳动的观点出发,然后按照群众关系和群众运动的质和量的规定性以及它们的复杂性来阐明这些关系和运动的一门科学。"[②] 劳动能力需要通过教育来提高。黑格尔把教育分为理论教育和实践教育两种,前者培养人的各种知识和观念,后者训练人的技能和勤劳的习惯。劳动的社会化引起生产的细化,产生了分工。分工使个人的劳动变得简单,结果提高了技能和产量。

对于黑格尔的劳动观,马克思在批判中发现了许多可以继承并发展的内容。这主要是:第一,劳动的本质,黑格尔是把它看作从精神世界到物质世界的中介,马克思则是从人与自然界的物质变换过程看待劳动的。第二,劳动的个别性与普遍性的关系,这对于马克思从抽象意义上认识一般劳动有重要的方法论意义。第三,劳动与异化的关系。黑格尔把劳动看成是自我意识异化的一个环节,而异化又是劳动的必要内容,这对马克思的异化劳动概念有直接的启发。

马克思《1844年经济学哲学手稿》中的异化劳动思想。马克思首先对异化劳动所依据的事实进行了论述。他说:"我们从当前的经济事实出发吧:工人生产的财富越多,他的产品的力量和数量越大,他就越贫穷。工人创造的商品越多,他就越变成廉价的商品。物的世界的增值同人的世界的贬值成正比。劳动不仅生产商品,它还生产作为商品的劳动自身和工人,而且是按它一般生产商品的比例生产的。"[③] 马克思进一步指出,这一事实表明,劳动者生产的商品,已经作为一种异己的存在物,同劳动者相异化、相对立。劳动的对象化是劳动

[①] [德]黑格尔:《法哲学原理》,范扬、张企泰译,商务印书馆1961年版,第162页。
[②] [德]黑格尔:《法哲学原理》,范扬、张企泰译,商务印书馆1961年版,第204页。
[③] 《马克思恩格斯全集》第42卷,人民出版社1979年版,第90页。

产品，劳动已经物化在产品中。但当这个产品生产出来后，它却又成为奴役劳动者进一步劳动的手段。"对对象的占有竟如此表现为异化，以致工人的对象越多，他能够占有的对象就越少，而且越受他的产品即资本的统治。"①

从以上论述中我们可以看到，马克思关于异化的思想有这样几个特点：第一，异化的主体是无产阶级。他在《黑格尔法哲学批判导言》中曾明确地表示了这一点。马克思指出：德国社会解放的实际可能性，"就在于形成一个被彻底的锁链束缚着的阶级，即形成一个非市民社会阶级的阶级，一个表明一切等级解体的等级；一个由于自己受的普遍苦难而具有普遍性质的领域……它是一个若不从其他一切社会领域解放出来并同时解放其他一切社会领域，就不能解放自己的领域。总之是这样一个领域，它本身表现了人的完全丧失，并因而只有通过人的完全恢复才能恢复自己。这个社会解体的结果，作为一个特殊等级来说，就是无产阶级"②。第二，异化的根源是私有制度。马克思在他写的《詹姆斯·穆勒〈政治经济学原理〉一书摘要》中明确指出了这一点。马克思指出："私有财产本身由于它的相互外化或异化而获得外化的私有财产这个定义。首先，因为它不再是这种财产占有者的劳动产品，不再是占有者的个性的特殊表现，因为占有者使它外化了，它脱离了曾是它的生产者的占有者，并且对于不是它的生产者来说获得了私人的意义。"③ 第三，私有财产是异化劳动的社会条件。马克思将人的异化集中于人的劳动的异化，认为私有财产是异化劳动的手段和表现，同时也是异化劳动的社会条件。私有财产的发展程度，表现着劳动异化的程度，而异化劳动的消除又是与私有制的消除相统一的。第四，研究异化的方法是否定之否定。马克思认为，最初的社会是无异化的，而当私有制出现以后，也就产生了劳动产品对劳动者的异化。这是第一次否定。但又会有否定之否定，即对异化的消除，即异化的复归。在马克思看来，否定之否定是辩证的扬弃，新的形式否定旧的形式时，保留了其中的有关内容。他说："自我异化的扬弃同自己异化走的是一条道路。"④ 马克思接着分析说，私有产品的本质是劳动。私有财产本身是对劳动的否定，但劳动仍被看成是它的本质。共产主义是对私有财产的否定，但它并不否定劳动。也就是说，在共产主义社会中才能真正消灭劳动的异化，使劳动产品成为劳动者自己的财产。至此，马克思把

---

① 《马克思恩格斯全集》第42卷，人民出版社1979年版，第91页。
② 《马克思恩格斯全集》第1卷，人民出版社1956年版，第466页。
③ 《马克思恩格斯全集》第42卷，人民出版社1979年版，第27页。
④ 《马克思恩格斯全集》第42卷，人民出版社1979年版，第117页。

共产主义社会劳动者拥有的自己劳动的产品叫作"私有财产的积极的本质"①。

在此基础上,马克思对他的异化劳动作了深刻的揭示:第一,"工人同自己的劳动产品的关系就是同一个异己的对象的关系"②。工人通过自己的劳动占有外部的自然界,当他创造出自己的产品以后,也就变成产品的奴隶。劳动为富人创造了奇迹般的财富,却为工人生产了赤贫。第二,"异化不仅表现在结果上,而且表现在生产行为中,表现在生产活动本身中"③。劳动的过程对于工人来说是外在的,人在劳动过程中不是肯定自己,而是否定自己,不是感到幸福,而是感到不幸。第三,把人的类本质异化为动物的本质。马克思认为,人类的全部特性,就在于其活动的自觉性质,在于人可以有意识有目的地改造自然界。而异化劳动则把人的活动变成单纯地、像动物那样维持自己的生命,把人的类本质异化为动物的类本质,使人丧失了对自己本质的意识。第四,人同人的关系的异化。马克思指出:"人同自己的劳动产品、自己的生命活动、自己的类本质相异化这一事实所造成的直接结果就是人同人相异化。当人同自身相对立的时候,他也同他人相对立。凡是适用于人同自己的劳动、自己的劳动产品和自身的关系的东西,也都适用于人同他人、同他人的劳动和劳动对象的关系。"④一个人同他人相异化,他们中的每个人都与自己的本质相异化,人同自身的任何关系,只有通过人同其他人的关系才得到实现。

马克思接着对造成异化的根源进行了深刻的揭露。他说,如果说劳动产品对于劳动者来说是异己的,那么它属于谁呢?"属于有别于我的另一个存在物"。这个存在物不是神,也不是自然界,而是人,是一个与工人相区别的人,即雇佣工人的资本家。马克思说:"如果人同他的劳动产品即对象化劳动的关系,就是同一个异己的、敌对的、强有力的、不依赖于他的对象的关系,那么,他同这一对象所以发生这种关系就在于有另一个异己的、敌对的、强有力的、不依赖于他的人是这一对象的主人。如果人把自身的活动看作一种不自由的活动,那么,他是把这种活动看作替他人服务的、受他人支配的、处于他人的强迫和压制之下的活动。"⑤ 这就是劳动异化的根本原因,即在工人与他的劳动产品之间有一个资本家的存在。这样,工人与资本家的社会关系就成了异化劳动的社会基础,这个基础的基础就是私有制。

---

① 《马克思恩格斯全集》第 42 卷,人民出版社 1979 年版,第 120 页。
② 《马克思恩格斯全集》第 42 卷,人民出版社 1979 年版,第 91 页。
③ 《马克思恩格斯全集》第 42 卷,人民出版社 1979 年版,第 93 页。
④ 《马克思恩格斯全集》第 42 卷,人民出版社 1979 年版,第 97 页。
⑤ 《马克思恩格斯全集》第 42 卷,人民出版社 1979 年版,第 99 页。

三 未来社会是最适合人类本性的人的本质的复归

人的本质的复归是一个与社会发展相统一的历史过程。马克思在《1857—1858年经济学手稿》中,从人的发展的角度把人类历史分为三大形式,揭示了人的发展的历史进程和发展规律。马克思指出:"人的依赖关系(起初完全是自然发生的)是最初的社会形式,在这种形式下,人的生产能力只是在狭小的范围内和孤立的地点上发展着。以物的依赖性为基础的人的独立性,是第二大形式,在这种形式下,才形成普遍的社会物质变换、全面的关系、多方面的需要以及全面的能力的体系。建立在个人全面发展和他们的共同的、社会的生产能力成为从属于他们的社会财富这一基础上的自由个性,是第三个阶段。第二个阶段为第三个阶段创造条件。"①

社会经济形态三大阶段划分的依据是个人能力的发展状态,即人们对自己的社会联系和对自然界的控制程度,但归根结底取决于一定的生产力发展水平及其相适应的社会经济形式。这种划分的方法论意义在于科学地阐明了社会经济形式(客体)和社会个人(主体)之间的关系。前者是第一性的,后者对前者具有能动的反作用。人们能动地改造客观世界,同时又在改造着自己的主观世界。马克思正是在上述意义上指出:"生产者也改变着,炼出新的品质,通过生产而发展和改造着自身,造成新的力量和新的观念,造成新的交往方式,新的需要和新的语言。"②

人的发展的第一形式属于人的发展的"早期阶段"③。此时,人的生产能力是以人的体力为主的十分低下的,只是在狭窄的范围内和孤立的地点上发展着;个人与社会的联系也是贫乏的,只存在着自然血缘关系、统治服从关系和人对人的依赖关系。自然经济所造成的不发达的社会分工,一方面使人们的社会联系极其贫乏和狭隘,"鸡犬之声相闻,老死不相往来";另一方面,劳动者尤其是同劳动的客观条件浑然一体的体力劳动者,他们的活动具有原始的朴素的完整性,从而使个人能力在有限的天地中得到较为全面的发挥。这种单个人的独立性和"全面性",形成的原因是他没有造成自己丰富的关系和发达的智力能力。

劳动者与劳动的客观条件浑然一体的现象只能发生在原始社会和小私有制社会。在这时,劳动主体不仅作为劳动者同土地发生关系,而且他又是土地所

---

① 《马克思恩格斯文集》第8卷,人民出版社2009年版,第52页。
② 《马克思恩格斯全集》第46卷(上),人民出版社1979年版,第494页。
③ 《马克思恩格斯全集》第46卷(上),人民出版社1979年版,第109页。

有者，甚至是工具的所有者和占有者。而在奴隶社会和封建社会，劳动者只是生活资料的所有者，土地、工具，或者劳动本身，都不归劳动者自己所有。在这里，马克思实际上是从所有制关系上对人的发展的第一个阶段所作的深刻的分析。

在以商品经济为基础的第二大形式中，人的发展进入了"第二个阶段"[①]。随着商品经济的发展，分工和交换以及科学的独立化和物化也发展起来，在此基础上，形成了普遍的物质变换、全面的关系，多方面的需求以及人的全面的能力体系。这是人类发展史上的一大进步。但是，个人的全面的关系、多方面的需求和全面的能力只有通过劳动产品的相互交换（表现在交换价值或货币上）才能得以证实和实现。人们之间的依赖性只有通过物与物之间的依赖性才能普遍地建立起来，人的依赖性表现为物的依赖性，人的自由的独立性和个性通过物的交换的形式表现为人们之间关系的异己性和强制性，从而造成了人类个性的抽象化、片面化和退化。

在人的发展的第二大形式的分析中，马克思主要是从劳动者与劳动条件相分离和相对立的角度阐述社会的所有制关系的。在这里，一方面，劳动的主体条件即劳动者变成自由工人，他们有了人身自由，但失去了一切生产资料和生存资料，自由得一无所有。因而不得不把存在于自己身体当中的劳动能力当作商品来出卖；另一方面，劳动的客观条件即土地、原料、劳动工具、生活资料、货币等或这一切的总和与劳动者相分离，而以交换价值的形式与那些已同这些客观条件相分离的、相独立的一无所有的劳动者个人相对立。马克思指出，这种使劳动者作为自由工人来同劳动的客观条件相分离和相对立的过程，就是资本同雇佣劳动关系产生及其对立运动的过程。

人的发展进入了第二阶段的根本特征是"以物的依赖性为基础的人的独立性"[②]。这一阶段的发展是必要的和必需的。因为正是在这一阶段中，才"在生产出个人同自己和同别人的普遍异化的同时，也产生出个人关系和个人能力的普遍性和全面性"[③]。

在以产品经济为基础的共产主义社会形式中，人的发展进入了第三阶段也即最高发展阶段。这一阶段的根本特征是："建立在个人全面发展和他们共同的社会生产能力成为他们的社会财富这一基础上的自由个性"[④]。与第一阶段人的

[①] 《马克思恩格斯全集》第46卷（上），人民出版社1979年版，第104页。
[②] 《马克思恩格斯全集》第46卷（上），人民出版社1979年版，第104页。
[③] 《马克思恩格斯全集》第46卷（上），人民出版社1979年版，第109页。
[④] 《马克思恩格斯全集》第46卷（上），人民出版社1979年版，第104页。

依赖性和第二阶段以物的依赖性为基础的人的独立性不同,这时,"人不是在某一种规定性上再生产自己,而是生产出他的全面性"①。

这一阶段人的自由全面发展的特征只有在前两个阶段的基础上才产生出来,因为前两个阶段为第三个阶段创造了条件。其条件包括:第一,资本主义社会创造出来的巨大的社会生产力,使得大量的剩余劳动时间可以转化为可供社会全体成员支配的自由时间,即人自由全面发展的时间保证。第二,资本主义生产方式赋予劳动以科学性质的趋势,造成了使传统形态的劳动转化为具有全面性和创造性的自主活动,从而使人自身的能力得到充分和全面的发展。马克思指出:"全面发展的个人……不是自然的产物,而是历史的产物。……这正是以建立在交换价值基础上的生产为前提的,这种生产才在产生出个人同自己和同别人的普遍异化的同时,也产生出个人关系和个人能力的普遍性和全面性。"②

个人关系和个人能力的普遍性和全面性就是人的自由全面发展。而每个人的全面而自由的发展为基本原则的社会形式就是马克思所设想的"自由人联合体"。在自由人联合体中,一方面,每个个人都能得到自由而全面的发展,既能获得和他人同样的合乎人的应有的发展,又能获得个人的最丰富多彩的发展,从而具备了表现自身的真正个性的正能量;另一方面,个人之间的关系是平等地实现和发展自身自由的关系。每个人都具有独立性,并且互相都把别人当作发展自己所需要的条件,因而每个人的自由发展便成为一切人自由发展的条件。在自由人联合体中,每个人都实现了他作为人的价值和在世界中的主体地位,通过能动的自觉活动,充分发挥了自由自觉活动的类本质,达到了自我实现。正如马克思和恩格斯在《共产党宣言》中所说:"代替那存在着阶级和阶级对立的资产阶级旧社会的,将是这样一个联合体,在那里,每个人的自由发展是一切人的自由发展的条件。"③

马克思认为,人的自由而全面的发展是与社会关系的全面发展分不开的。因为,人是社会的主体,社会是人的存在方式。社会是由人组成的共同体。无论是社会关系还是社会活动,其主体都是人。没有了人,社会关系和社会活动就不可能展开;同时,人又都是社会中的人,离开了社会,孤立的个人是不可能存在的。总之,社会是人的社会,人是社会的人。把人与社会割裂开来孤立地加以研究,既不可能科学地揭示人的本质,也不可能揭示社会的本质。因此,

---

① 《马克思恩格斯全集》第46卷(上),人民出版社1979年版,第486页。
② 《马克思恩格斯全集》第46卷(上),人民出版社1979年版,第108—109页。
③ 《马克思恩格斯选集》第1卷,人民出版社2012年版,第422页。

在马克思看来,所谓人的全面发展就是社会关系的全面发展。这里包含两层含义:就人作为个体的人来看,全面发展强调的是人的个性化的程度,即作为个体的人在各个方面的全面发展,物质生活和精神生活的全面发展,世界观、人生观和价值观的全面发展,身体素质和心理素质的全面发展,人格、体力、智力、创新力的全面发展,等等;就社会作为人的社会来看,人的全面发展实质上就是人类社会从必然王国向自由王国的过渡,它强调的是人的社会化程度,即整个人类社会在经济、政治、文化、社会和生态等各方面的协调全面发展。人的个性化和人的社会化,是人的全面发展的两个不可分割的方面。人的个性化和能力的全面发展依赖于整个社会的全面发展,高度发达的社会生产力和它所创造的优越的社会物质文化生活条件,构成了个人全面发展的现实基础;而整个社会的全面发展,又必须依靠个人的全面而自由的发展。没有一个一个高素质的个体的人的长期努力创造,就不会有社会的进步和全面发展。社会的发展进步实质上就是人们追求幸福和发展的结果。自由王国的彼岸只有通过人们的长期努力奋斗才能到达。

关于必然王国到自由王国的历史性转变,马克思在《资本论》中是这样论述的:"事实上,自由王国只是在必要性和外在目的规定要做的劳动终止的地方才开始;因而按照事物的本性来说,它存在于真正物质生产领域的彼岸……这个自然必然性的王国会随着人的发展而扩大,因为需要会扩大;但是,满足这种需要的生产力同时也会扩大。这个领域内的自由只能是:社会化的人,联合起来的生产者,将合理地调节他们和自然之间的物质变换,把它置于他们的共同控制之下,而不让它作为一种盲目的力量来统治自己;靠消耗最小的力量,在最无愧于和最适合于他们的人类本性的条件下来进行这种物质变换……但是,这个自由王国只有建立在必然王国的基础上,才能繁荣起来。工作日的缩短是根本条件。"①

这个自由王国是从必然王国中产生并通过对资本主义生产方式的否定发展起来的。马克思在《资本论》第1卷第24章的最后提出从劳动者对自己生产条件的占有到资本主义对劳动者生产条件的否定,再到资本主义对自身的否定的否定之否定过程。马克思指出:"从资本主义生产方式产生的资本主义占有方式,从而资本主义的私有制,是对个人的、以自己劳动为基础的私有制的第一个否定。但资本主义生产由于自然过程的必然性,造成了对自身的否定。这是否定的否定。这种否定不是重新建立私有制,而是在资本主义时代的成就的基

---

① 《马克思恩格斯文集》第7卷,人民出版社2009年版,第928—929页。

础上，也就是说，在协作和对土地及靠劳动本身生产的生产资料的共同占有的基础上，重新建立个人所有制。"①

必然王国具有物质生产领域的此岸性，以物质利益为基础的社会生产力的发展是由此岸到彼岸的动力和桥梁。自由王国是"在保证社会劳动生产力极高度发展的同时又保证每个生产者个人最全面的发展的这样一种经济形态"②。在自由王国里，每一个人都是一个自由的全面发展的人，由自由人所构成的社会，马克思称之为"自由人联合体"。马克思在《资本论》第1卷中对他设想的"自由人联合体"作了提要式的阐述：在那里，"他们用公共的生产资料进行劳动，并且自觉地把他们许多个人劳动力当做一个社会劳动力来使用。在那里，鲁滨逊的劳动的一切规定又重演了，不过不是在个人身上，而是在社会范围内重演。鲁滨逊的一切产品只是他个人的产品，因而直接是他的使用物品。这个联合体的总产品是一个社会产品。这个产品的一部分重新用作生产资料。这一部分依旧是社会的。而另一部分则作为生活资料由联合体成员消费。因此，这一部分要在他们之间进行分配。这种分配的方式会随着社会生产有机体本身的特殊方式和随着生产者的相应的历史发展程度而改变。仅仅为了同商品生产进行对比，我们假定，每个生产者在生活资料中得到的份额是由他的劳动时间决定的。这样，劳动时间就会起双重作用。劳动时间的社会的有计划的分配，调节着各种劳动职能同各种需要的适当的比例。另一方面，劳动时间又是计量生产者在共同劳动中个人所占份额的尺度，因而也是计量生产者在共同产品的个人可消费部分中所占份额的尺度。"③

人的本质复归的根本条件是在社会生产力高度发展基础上对生产资料的社会公共占有。资本主义的历史存在权就在于为社会主义取而代之创造了经济社会条件。社会化生产的发展要求改变资本主义私有制，建立一种与社会化生产力要求相适应的经济制度，这是不以人们的主观意志为转移的历史必然性。社会主义生产资料的公有制就是适应这种要求的生产资料占有方式，它从根本上解决了生产的社会化与生产资料私人占有这一造成劳动者和自己产品相异化的基本矛盾，实现了劳动者在共同占有生产资料的基础上的自由联合劳动，从而使每一个劳动者成为全面自由发展的人提供了根本的条件。社会主义的本质是解放生产力，发展生产力，消灭剥削，消除两极分化，最终实现共同富裕。以公有制为主体的中国特色社会主义基本经济制度，是全面贯彻和充分体现社

---

① 《马克思恩格斯文集》第5卷，人民出版社2009年版，第874页。
② 《马克思恩格斯选集》第3卷，人民出版社1995年版，第342页。
③ 《马克思恩格斯文集》第5卷，人民出版社2009年版，第96页。

会主义本质要求的制度载体，能够最大限度地促进社会生产力的更好更快发展，从而保障和实现人民日益增长的美好生活的需要。离开了这个载体和根基，人的本质的复归将成为一句空话。一个公有制占主体，一个共同富裕，这是我们必须牢牢坚持的社会主义根本原则。

当代西方学者《资本论》研究的新趋向

邰丽华

【作者简介】 邰丽华,中国政法大学教授,博士生导师,中国政法大学学术委员会委员,马克思主义学院执行院长。北京高校中国特色社会主义理论研究协同创新中心(中国政法大学)常务主任,北京市习近平新时代中国特色社会主义思想研究中心特约研究员。主要社会兼职包括全国马克思列宁主义经济学说史学会常务理事、全国《资本论》研究会常务理事等。主讲课程为政治经济学原理、《资本论》与当代等。主要研究方向为《资本论》与社会主义经济理论、西方马克思主义经济学、马克思主义经济思想史。曾获霍英东教育基金会青年教师奖、北京市高等学校教学名师奖等。2000年以来,公开发表核心期刊论文30余篇。

1867年《资本论》第一卷出版后很长一段时间,由于销售与传播的情况不理想,西方社会对马克思和《资本论》的反响不大。大约一年以后,有十多家德国报纸发表了《资本论》的书评和简介,更多的报刊发表了广告和序言,对《资本论》的关注逐渐增加。而1894年《资本论》第三卷出版发行后,一场持续时间久远、影响范围广泛、参与人员众多、理论观点各异的《资本论》研究在西方社会正式拉开了帷幕。

20世纪80年代初,西方学者的《资本论》研究开始进入中国学者的视野,相关研究成果大多涉及人物、基本观点或主要流派的介绍,缺少关于西方社会《资本论》的研究现状、特点、规律或趋势等总括性研究成果。而国内学者关于西方学界《资本论》研究历史阶段的归纳,取得了一定的进展,在国内的《资本论》研究领域有较大影响。其中"分期论"可以作为西方学者关于《资本论》总括性研究的重要尝试,比较有代表性的观点包括"两阶段论"、"三阶段论"和"四阶段论"等。

裴小革[①]是"两阶段论"的主要代表人物。他认为,《资本论》一方面批判地揭示了社会经济矛盾和运动规律,另一方面蕴含着非常丰富的科学因素,对于分析当代世界与现实中国具有十分重要的指导意义。他将西方学者的《资本论》研究划分为两个阶段,即第一卷出版后直至十月革命之前,以及十月革命尤其是20世纪20—30年代后。他认为,在第一阶段,西方学者对《资本论》的态度,可以概括为"用沉默来抵制,用批判来否定";而在第二阶段,西方学者则开始采用"研究"的立场,甚至还对《资本论》作出了一些肯定性的结论。裴小革在坚持西方学者《资本论》研究"两阶段论"的基础上,多次撰文强调《资本论》的学术性、科学性与现实性的统一。

严正和魏埙等人持有"三阶段论"的观点。如严正[②]认为,从1867年到19世纪末、19世纪末到20世纪20—30年代以及大萧条之后这三个历史时期,西方学者的《资本论》研究,经历了"沉默抵制"、"公开攻击"到"和解的姿态"。他一再指出,西方学者对《资本论》的赞颂与和解态度,是一种温柔的扼杀,值得警醒。

魏埙[③]的"三阶段论"认为,1867年到20世纪30年代资本主义世界经济大危机期间,西方学者大肆歪曲和攻击马克思的经济理论;第二次世界大战后尤其是从20世纪70年代发达资本主义国家的"滞胀"到20世纪80年代,西方学者开始对马克思的经济理论感兴趣,并逐渐掀起热潮;20世纪80年代末苏东剧变以来,西方学者对马克思经济理论的热度有所减弱,但研究仍在继续。

陈韶华、郭广迪[④]将西方学者的《资本论》研究划分为四个阶段,即从《资本论》第一卷问世到"大危机"爆发、从"大危机"爆发到冷战开始、冷战时期和冷战结束之后。他们认为,马克思对资本主义经济的长期动态分析经

[①] 裴小革:《国外学者如何看待〈资本论〉》,《求是学刊》2002年第11期。
[②] 严正:《〈资本论〉在西方经济学界》,《福建师大学报》(哲学社会科学版)1984年第1期。
[③] 魏埙:《马克思主义经济学在西方经济学界》,《南开学报》2001年第1期。
[④] 陈韶华、郭广迪:《西方学者对马克思经济学态度的演变过程及其原因》,《马克思主义与现实》2010年第2期。

受住了历史的检验，对西方经济学本身的发展也产生了重要的影响，因而，西方学者对马克思的经济学越来越重视，研究也越来越客观。

关注西方学者的《资本论》研究，说明我国在《资本论》研究领域具有了日益广阔的国际化视野。但是，由于《资本论》涵盖了哲学、经济学、科学社会主义、政治学甚至包括天文学、数学等学科的知识，作为一部实至名归的百科全书，体系宏大、内容庞杂、方法多样、观点众多，争议频发，且目前仍然没有停止争吵的迹象。面对如此纷繁复杂的局面，全面、准确、客观地理解与把握《资本论》文本以及他人的研究成果，绝非易事。而国内学界关于西方学者对《资本论》研究不同阶段的划分，以及不同时期研究特点的归纳，有一定的启示意义，但仍不免有简单化与教条化之嫌。按时间顺序对西方学者的研究进行分期的做法具有一定的主观随意性，针对不同历史时期西方学者不同观点的概括，无法动态、全面和客观地反映《资本论》研究的最新成果。事实上，一百多年来，西方学者对《资本论》从来没有形成统一的认识，当否定的声音甚嚣尘上之时，肯定的观点仍然占据重要的地位；当《资本论》的理论意义与现实价值得到力捧之际，批判与质疑的观点亦未曾绝迹。因此，笔者无意就西方学者的《资本论》研究提出新的历史分期，也无法精确归纳与总结不同历史阶段的研究特点。本文尝试在借鉴他人优秀研究成果的基础上，对当代西方学者关于《资本论》研究的主要倾向进行概要性分析。

西方学者《资本论》研究的主要趋向

自第一卷出版至今150年以来，西方学界的《资本论》研究，始终呈现参与人员众多、历史背景复杂、理论观点各异、对立冲突不断、研究高潮与低谷起伏交错等系列特征。西方学者对《资本论》的态度，可以大体呈现出"整体性否定"、"沟通与融合"和"超越式改造"等三种主要倾向。1867年至大萧条期间，"整体性否定"的趋向占据上风；第二次世界大战期间及战后很长一段时间，"沟通与融合"的趋向日甚；20世纪80年代末以来，《资本论》研究的新趋向突出表现为"超越式改造"。

第一，整体性否定的趋向。

西方学者对劳动价值论的批判，掀起了整体性否定《资本论》的序幕。他们非常清楚地认识到，作为马克思经济学理论大厦的根基，劳动价值论如果能被驳倒，马克思主义理论也就不攻自破。于是，长时间、大范围、重火力地批判劳动价值论，成为一些西方学者不遗余力的努力方向。随着1894年《资本论》第三卷的出版，西方社会对《资本论》的整体性否定渐入高潮。如有学者提出，劳动价值论存在逻辑错误及理论与现实经验不相符，认为《资本论》第三卷关于平均利润和生产价格的论述，否定了第一卷的价值规律，马克思的理论体系由于这一逻辑缺陷而自行破产；也有学者认为，《资本论》中关于商品价值的分析逻辑、使用价值概念的界定、劳动力商品理论的论述等均存在逻辑错误，马克思的劳动价值论不能成立，并试图以此为基础否定整个《资本论》的理论体系，进而实现推倒马克思主义理论的根本目的。

西方学者通过制造两个马克思以及马克思与其他经典作家对立的方式，是对《资本论》进行整体性否定研究的另一表现。如有人提出，青年马克思与成熟期马克思互相对立。他们认为，青年马克思属于真正的马克思，马克思在成熟时期写作完成的《资本论》，则违背了青年马克思的思想，应该彻底否定；还有学者提出，作为恩格斯而不是马克思的研究成果，《资本论》第三卷的有关论述与马克思的第一卷相互对立。恩格斯篡改了马克思的理论，二者的观点是对立的；也有学者把马克思与列宁对立起来，认为列宁修正而不是发展了马克思的经济理论，由此制造了苏联马克思主义与西方马克思主义的对立。

西方学者关于《资本论》已经过时的结论，也属于对《资本论》整体性否定的研究类型。在经济思想史上，关于《资本论》过时论的观点并不新鲜。斯密的二元价值论或多元价值论为《资本论》过时论的观点埋下了伏笔。庞巴维克、熊彼特、萨缪尔森等人基本继承了斯密的这一看法，但在具体分析上略有区别。如萨缪尔森认为，劳动价值论忽视了物品的效用和土地资源稀缺等现实问题；庞巴维克和熊彼特等人提出，劳动价值论剥夺了自然力在生产和分配中的地位，应该被放弃；第二次世界大战后，一些西方学者将科学技术在生产中的普遍应用以及生产自动化的出现作为劳动价值论过时的有利证据；与此同时，面对工人工资不断增长以及生活条件日益改善的现实，有些西方学者认为马克思的工资理论与贫困化理论已经过时，甚至提出工人阶级已经消亡的结论。

需要指出的是，西方学者主要针对第一卷与第三卷的关系，从逻辑错误、与经验事实不符等角度，对《资本论》提出了批判与质疑。西方学者"整体性否定"《资本论》的研究趋向，并不意味着全盘抛弃马克思的经济学。与之形成鲜明对照的是，他们对《资本论》中的一些具体论述，尤其对第二卷的内容给予了充分的肯定与借鉴。西方编辑出版的有关经济思想史的教材或著作，基本都为马克思经济学保留一定的篇幅，有些西方学者长期致力于转形问题的研究，这些事实都充分说明，西方学者"整体性否定"的研究，与主张彻底放弃《资本论》不是同一概念。

第二，沟通与融合的趋向。

20世纪20—30年代的大萧条，为《资本论》和马克思经济学的发展提供了新的转机。凯恩斯理论的盛行以及美国罗斯福新政扭转经济颓势的成就，在一定程度上改变了西方学者对《资本论》整体性否定的态度，他们采取了相对比较客观和缓和的方式，一方面，在坚持认为《资本论》和马克思经济学存在局限与不足的前提下，逐步放弃《资本论》错误论、过时论、无用论等观点和主张；另一方面，致力于将《资本论》与主流经济学和异端经济学进行沟通与融合，试图改造、重构、发展或创新《资本论》和马克思的经济理论。主要表现在以下三个方面：

首先，研究方法的沟通与融合。有西方学者提出，马克思与凯恩斯都采取总量的分析方法，二者在方法论上是一致的；有人将斯拉法的《用商品生产商品》与马克思的《资本论》进行比较，提出二者都运用了抽象分析法，在研究方法上有共同点；有人认为，凯恩斯发展了马克思的经济学，而马克思则奠定了现代宏观经济学的基础；也有学者从更加宏观的层面上谋求马克思经济学与凯恩斯主义的对话，认为二者的共性在于，一方面彻底放弃萨伊定律，另一方面则充分论证了资本主义的总危机。

其次，研究主题的沟通与融合。如有学者认为，马克思与凯恩斯都以宏观经济作为研究的主题，他们一方面粉碎了西方经济学界长期流行的所谓供给自行创造需求的萨伊神话，另一方面预见了资本主义的总危机。因此，如果说凯恩斯开启了西方经济学的宏观分析范式，马克思则为现代宏观经济学奠定了坚实的基础；又如，有学者提出，马克思与斯拉法共同遵循古典经济学的剩余传统，都在寻求与解决商品价值如何决定。但是，前者以劳动价值理论为基础，无法解释《资本论》第三卷与第一卷之间的矛盾、无法说明利润转化为平均利润以及价值转化为生产价格的问题。后者通过标准商品体系建立的不变价值尺度，以简单明了的方式说明利润向平均利润、价值向生产价格的转化。因此，他们呼吁按照斯拉法的思想研究马克思，既能够解决转形问题的困扰，又可以避免对劳动价值论的指责与非难。

再次，理论观点的沟通与融合。以马克思的社会资本再生产理论为例，有西方学者将其与瓦尔拉斯的一般均衡模型进行比较，认为二者之间存在共性。有学者将马克思作为里昂惕夫投入产出分析的理论先驱。也有人明确提出，马克思的扩大再生产模型是哈罗德和多马经济增长理论的基础；再以经济周期理论为例，有西方学者认为，凯恩斯的资本边际效率递减规律基本等同于马克思的利润率下降趋势规律，同时，凯恩斯关于有效需求不足的分析与马克思的经济危机理论如出一辙。也有学者提出，哈耶克继承了马克思关于资本过剩的分析，他对资本主义周期的描述，与马克思的主张非常接近。

总之，对马克思和凯恩斯、斯拉法等人的"比较"研究，是西方学者关于《资本论》研究的重要特征，也是自20世纪中叶开始的"沟通"马克思经济学思潮的重要标识。①

第三，超越式改造的趋向。

从20世纪60年代至今，西方学界改造与重构《资本论》的研究渐入高潮。有的学者从适应时代发展和社会现实变化的角度，着手修正传统的马克思主义，如围绕着劳动价值论展开的讨论及形成的各种不同观点；有的学者则试图重建马克思政治经济学的批判传统，包括续写"六册计划"的各种努力。"超越式改造"成为《资本论》研究的主流趋向，具体表现在以下三个方面：

首先，改造《资本论》中的概念和术语，如保罗·巴兰和保罗·斯威齐用"经济剩余"取代"剩余价值"的尝试，他们认为，改造剩余价值的概念，用新的术语取而代之，可以避免或减少围绕着《资本论》和马克思主义经济学的争论。事实上，他们将经济剩余划分为"潜在的经济剩余"、"实际经济剩余"和"计划经济剩余"等三种形式的做法，在马克思主义经济思想史上又引发一系列新争议；再如，迈克尔莱·A. 莱博维奇主张重塑《资本论》中有关财富、雇佣工人、生产劳动等概念术语。他认为，财富不仅仅包括物质层面的含义，人本身尤其是劳动者也是财富。马克思从抽象角度对雇佣工人的界定，忽略了其年龄、性别、民族、种族、宗教信仰、生活习惯、地理方位等具体特点。马克思关于生产劳动的定义，将养育子女、洗衣做饭等家务劳动排除在外的做法有失片面；又如，有学者提出，不能简单地将原始积累归属于资本主义的史前时期，其作为一种不断重复和持续进行的过程，不仅贯穿于资本主义的始终，而且一直发挥着巨大的作用。大卫·哈维提出了原始积累的替代性概念"剥夺性积累"。所谓剥夺性积累，主要特征包括掠夺、欺诈和盗窃。其在体制机制、手段形式、范围领域、影响后果等方面，与马克思关于原始积累的分析相比，有进一步的拓展与深化。哈维认为，新自由主义的盛行，将剥夺性积累推入新高潮，同时引发全球性的反资本主义与反帝国主义的斗争。

其次，改造《资本论》中的理论原理或主要结论。如保罗·巴兰和保罗·斯威齐提出，马克思的"剩余价值"概念已经不再适用于高度垄断的资本主义社会，必须给予术语的替换，他们分析了"经济剩余"的内涵种类、如何产生、怎样吸收等问题，主张用经济剩余增长规律取代马克思的利润率下降规律，

---

① 顾海良：《关于20世纪西方学者对马克思经济学研究的几个问题》，《政治经济学评论》2015年第1期。

并将其作为垄断资本主义的基本经济规律。他们认为，随着经济剩余的不断增长，其消化与吸收日益困难，因而资本主义必然产生萧条和衰落的周期；再如，莱博维奇认可劳动生产率与相对剩余价值的关系，但他强调作为劳动生产率的主要推动力量，雇佣工人理应与资本家一道得到回报。也就是说，资本主义社会较高的劳动生产率水平，既可以让资本家受益，也可以让雇佣工人受益。他的这一结论彻底颠覆了工资与利润此消彼长的古典经济学传统；另外，美国次贷危机后，关于经济危机的产生根源、传导机制、危害后果等问题成为西方社会的研究热点。一些学者认为，利润率下降是经济危机的主要原因。罗伯特·布伦纳、克里斯·哈曼、安德鲁·克里曼、弗朗索瓦·沙奈、阿兰·弗里曼和路易斯·吉尔等人是这一观点的坚定支持者。

再次，改造《资本论》的研究方法。如莱博维奇质疑马克思的生产方式理论。他认为，马克思关于生产力与生产关系矛盾运动的分析，不能为资本主义的持续存在提供合理解释。因为按照马克思的逻辑，只有当生产关系不再适应生产力发展时，资本主义才可能被超越。而这一分析方法似乎给我们以这样的暗示：即在社会制度发生更替的过程中，除了等待生产关系由于制约生产力发展而被自行突破的那一刻以外，人们别无其他选择。莱博维奇认为，马克思对生产力首要性的强调，忽略了生产关系的反作用，忽略了雇佣工人的主体地位，忽略了阶级斗争的重要性。因此，随着社会发展而不断增长的人类需要，是决定社会历史变革的重要力量。正是由于人的社会需要的变化及满足需要程度的提高，导致资本主义的产生与发展，而资本主义的灭亡也是人的社会需要无法得到满足的必然结果。莱博维奇强调用人类需要的首要性取代马克思的生产力决定论，这是主观研究方法对客观研究方法的改造，也是唯心主义方法论对唯物主义方法论的替代。此外，约翰·E. 罗默为了追求马克思理论的所谓精密度和准确性，运用新古典均衡分析方法对马克思的劳动价值论、剩余价值论、利润率下降理论、再生产和经济危机理论等的数学模型化构建，是利用西方主流经济学方法论改造《资本论》研究方法的主要例证。

主要结论

本文着重探讨当代西方学者关于《资本论》研究的最新动向。与部分国内学者注重历史分期的总括性研究不同，笔者以西方社会的最新研究成果为基础，总结提炼当下西方社会关于《资本论》研究所呈现的"整体性否定"、"沟通与融合"和"超越式改造"等三种主要趋向，以期全面、客观、准确和动态地反映西方社会《资本论》研究的最新进展。本文认为，从严格意义上来说，"整体性否定"、"沟通与融合"和"超越式改造"等三种趋向不存在明确和清晰的时间界限,三者之间也不是非此即彼、排斥或对立的关系,而是呈现相互混杂、彼此共存、交叉影响的状态。也就是说,当多数西方学者从整体上否定《资本论》的时候,仍有一部分人对其持肯定与辩护的立场;20世纪70年代,沟通与融合的倾向占据优势的时候,坚持《资本论》过时论或无用论观点的西方学者也大有人在;同样,美国次贷危机与欧债危机在西方社会引发新一轮《资本论》热议的当下,"整体性否定"的观点、"沟通与融合"的尝试以及"超越式改造"的企图仍然交织在一起。需要强调的是,由于篇幅所限,本文并未涉及上述三种趋向是否发展、创新或背离马克思主义这一重要问题,相关内容将另文予以说明和论证。总之,追踪当代西方学者关于《资本论》研究的新趋向,对于国内学界来说,能够拓宽研究视野,丰富研究资源,扩充研究方法,有助于我国的《资本论》研究进一步融入国际社会的学术主流,推动研究质量的提升和马克思主义政治经济学的发展与创新。

"逆全球化"背景下如何彰显中国化马克思主义的世界意义

章忠民

【作者简介】章忠民，教授、博士生导师。现任上海财经大学马克思主义学院院长，上海市第六届党建研究理事会特邀研究员，中共上海市委党校第四分校客座教授，教育部第三轮、第四轮学科评估特聘专家，上海市中共十九大宣讲团成员。发表论文和出版专著100余篇（部），其中，国家权威刊物13篇，核心期刊及其他刊物70余篇，专著6部，参编教材3部；主要在《马克思主义研究》《哲学研究》《哲学动态》《学术月刊》《复旦学报》《社会科学战线》等国家权威、核心刊物和《解放日报》《文汇报》《社会科学报》等重要报纸发表专业学术论文与政论文，其中30余篇被《新华文摘》、中国人民大学复印报刊资料等权威刊物全文转载。近年先后承担完成国家、省市、校级课题10余项。

由资本主义所主导的既有世界体系，近年来所面临的矛盾和挑战不断加剧，经济政治危机、族群文化冲突、恐怖主义猖獗、资源环境威胁、饥饿贫困问题等层出不穷。面对这些愈演愈烈、交织渗透的全球问题，面对现行全球治理体系失序、失势、失灵，当今世界的不少人选择了"逆全球化"的思路而深陷泥潭，例如欧美国家民粹主义泛滥，亚非许多地区原教旨主义势力猖獗，一些新兴经济体发展陷入困境，内部党争激化，等等。而同样面对这些复杂局面，中国共产党人带领全中国人民，则是选择了推进中国特色社会主义和中国化马克思主义，特别是将马克思主义普遍真理与当代中国建设美好生活、走向民族复兴的伟大实践相结合，形成了习近平新时代中国特色社会主义思想，进而以中国理念引领世界，以中国方案解决难题，以中国经验启迪发展，为人类发展引领正确方向，尽显中国化马克思主义的世界意义。

一 中国化马克思主义为解决"逆全球化"难题提供中国理念

第一，解决"逆全球化"难题，呼唤中国化马克思主义的理论思维以提供认识和反思的科学方法论并建立中国范式。当前，"逆全球化"浪潮此起彼伏，相应地也就伴随着西方主流文化前所未有的危机，第二次世界大战以来在西方理性主义传统和现代资本逻辑支配下的阶段性均衡，其价值理念、政治格局及全球治理体系，已经走向瓦解，对此，我们应当大有作为。一是要站稳立场、冷静应对，认清纷繁复杂的全球化议题的主要矛盾及其来龙去脉，坚守全球化的正面取向。我们既不回避资本主义全球化的历史局限，也不盲从"逆全球化"的历史杂音，而是要引领全球化沿着正确方向继续前进，由此确立中国化马克思主义对全球化进程的引领地位。二是要深入研究"逆全球化"浪潮背后蕴含的时代变局，从中发现"新时代"的世界意义及其机遇。深刻认识和反思整个世界的时代格局、时代主题的新动向，让中国化马克思主义自身的"新时代"启示和推动世界的"新时代"，由此确立中国化马克思主义对于世界历史全局进程的现实地位。三是要积极应对、主动出击，充分发挥中国化马克思主义的实践优势，完善与其地位相称的理论建构，彰显中国化马克思主义的物质力量和精神力量、改变世界和解释世界的辩证统一。发掘和发展马克思主义基本原理的当代意义，凝练和完善中国化马克思主义的理论形态，构建中国特色马克思主义哲学社会科学话语体系，由此在世界的话语体系中，为当今人类提供权威范式。

第二，呼唤科学社会主义的创新发展，推动探索人类社会的更美好制度并给出中国方案。习近平总书记强调，中国共产党人和中国人民完全有信心为人类对更好社会制度的探索提供中国方案。一是十月革命一声炮响把马列主义普遍真理送到中国之后，就与中国的革命、建设、改革开放的具体实践相结合，生发出中国化马克思主义一脉相承的三种具体形态，指导中国人民持续走向繁荣富强。作为建国论的毛泽东思想让中国站起来，作为富国论的邓小平理论等中国特色社会主义理论成果让中国富起来，作为强国论的习近平新时代中国特色社会主义思想则进而要让中国强起来。近百年来，中国化马克思主义引领中国开创和发展了科学社会主义的中国方案，特别是在十八大以来新的伟大斗争中，中国化马克思主义续写着科学社会主义的新篇章，释放出强大正能量。二是我们确立起中国特色社会主义的四个自信，将其奉献给当代国际共产主义运动并推进其蓬勃发展。科学社会主义将共产主义远大理想落实为科学实践，中国化马克思主义进一步落实到对中国特色社会主义道路、理论、制度、文化的四个自信，以其自身成功的理论与实践呈现出通往理想的当代实践即中国方案。三是这既证明了只有社会主义才能救中国的伟大真理，又显示出只有中国才能救社会主义的深刻现实，中国为世界各国人民昭示着可供借鉴的、不同于资本主义的另一种选择。中国的道路、制度、理论和文化拓展了发展中国家走向现代化的途径，中国方案给世界上那些既希望加快发展又希望保持自身独立性的国家和民族提供了全新选择，也为解决人类问题提供了参考。

第三，自觉坚持人的自由全面发展的愿景以提升人类美好生活得更丰富内涵，倡导中国文明智慧。中国梦的提出与唱响，不仅给予全中国人民希望，展示了未来发展的美好而又现实的前景，同样，也给予世界人民希望，中国梦也是世界梦。一是让中华民族在伟大复兴的道路上阔步向前，也为各国文明提供了一个"旧邦新命"的希望之路。中国古老灿烂的文明与马克思主义这一人类文明史上最为先进的思想相结合，焕发出青春活力，中华文明以其特有的自我修复、自我更新、自我革命的基因和功能，昭示出凤凰涅槃的现实意义。二是今天世界上越来越多的有识之士承认，中国走出了与西方国家不同的现代化道路。这是一条尊重历史客观规律同时发扬党和人民的主体能动性的现代化道路，这是一条以实现共同富裕为价值取向的现代化之路；这是一条促进人的全面发展的现代化之路。正如十九大对于"新时代"所表述的那样，更加全面深刻地提出了人民的"美好生活"需要，把"美丽"中国的建设目标写在了我们的旗帜上。三是中国特色社会主义要作为一种崭新文明类型，超越资本主义，为人类文明提供中国智慧。毛泽东在新中国成立前夕曾经说，自从中国人学会了马列主义以后，中国人在精神上就由被动转入主动，中国人民革命的胜利，已经复兴并正在复兴着中国人民的文化，这种文化在精神方面已经超过了资本主义世界。今天，习近平新时代中国特色社会主义思想所指引下的新征程，就是领导中国人民实现全面复兴，实现全面超越，对人类文明发展新形态提供理念引领。

第四，马克思主义中国化让马克思主义"说中国话"，为人类对更好社会制度的探索提供中国方案。一是习近平强调，中国共产党人和中国人民完全有信心为人类对更好社会制度的探索提供中国方案。这种自信立足于中国共产党人的奋斗目标，以及中国革命、建设和改革发展探索出的成功经验，更是立足于马克思主义传入中国后所释放出的巨大思想力量。二是马克思主义引领中国走上社会主义康庄大道并在中国化过程中既解决了中华民族救亡图存和走向繁荣富强的问题，又生发出马克思主义中国化并为世界各国人民提供可以借鉴的经验。由此，昭示出只有社会主义才能救中国的伟大真理。三是马克思主义中国化让马克思主义"说中国话"，中国特色社会主义道路、理论、制度与文化等四位一体的不断发展，呈现马克思主义中国化的新发展新成果新境界。在积极应对挑战与危机进程中不断丰富发展马克思主义，在理论与实践两方面有效推进了当代国际共产主义运动的蓬勃发展。

二 中国化马克思主义为解决世界难题提供中国方案

第一，针对当今世界经济复苏乏力与贸易壁垒问题，中国化马克思主义提供中国方案尝试解决。现阶段，我们基本解决了十几亿人的温饱问题，总体上实现小康，不久将全面建成小康社会，同时，社会生产力水平总体上显著提高，社会生产能力在很多方面进入世界前列。我国社会主要矛盾发生转化。习近平新时代中国特色社会主义思想基于对"变"和"不变"的科学把握，牢牢坚持经济发展和现代化建设的基本路线，十八大以来面对世界寒流，中国社会经济发展一枝独秀。一是中国首先把自己的事情办好，继续坚持自身的经济发展和现代化建设不动摇，在世界经济发展的普遍低迷状态中，给出一抹亮色。二是中国帮助回应"逆全球化"的质疑和动摇，现代化没有过时，发展没有止境，与当今世界"逆全球化"浪潮背后更加深层次的"后现代""后发展"社会思潮形成鲜明对比，不能因局部和阶段性的发展困境，就脱离发展的根本方向去追求某些抽象的意识形态幻想。三是中国要辐射带动世界经济的新进步，要在激活世界经济活力、建设潜力的过程中，为自己开辟发展空间。

第二，中国要以"一带一路"建设等现实途径，给出自身发展和带动世界发展的可操作方案。中国特色社会主义之所以开辟，在于我们党团结带领人民进行改革开放新的伟大实践，在新时代的伟大斗争中，习近平新时代中国特色社会主义思想赋予"开放"以新的更高层次的内涵。一是进一步扩大对外开放，以"一带一路"建设为重点，协调引进来和走出去并重关系，遵循共商共建共享原则，加强创新能力开放合作，形成陆海内外联动、东西双向互济的开放格局，让中国发展和开放在新时代呈现新形式。习近平提出的"一带一路"

倡议就是要让中国与世界各国良性互动、互利共赢，就是要让世界更好分享中国发展的机遇。二是以"一带一路"为代表，给出有现实指向性和可操作性的发展动力，为世界发展的活力嵌入中国基因，"一带一路"以基础设施建设为重点，契合亚欧大陆实际需要，已得到众多国家积极响应，可以循序渐进地推动各国基础设施建设，创造新的经济增长点和就业岗位，为低迷的世界经济注入新的活力，进而还能促进体制机制创新，增强各国经济发展内生动力和抗风险能力，并把这种动力和能力同中国有机联系起来，将中国内嵌到世界新体系的核心中去。三是中国积极参与并主导全球治理理论及实践。目前我国在国际货币基金组织占比为第三位，人民币正式加入国际货币基金组织特别货币提款权篮子（SDR）占比11%；在世界银行投票权从2.77%提高至4.42%；整合地区自由贸易谈判架构完成自贸区建设，在建世界自贸区19个；通过金砖国家、博鳌亚洲论坛、澜沧江、湄公河等国际及区域性组织，中国正朝着引领全球治理的正确发展方向迈进。

第三，中国要以"人类命运共同体"前景设计与建构，向世界传播中国版本的价值理念。中国要与世界各国友好相处、平等互利，既要以硬实力为基础"守正"，也要以文化软实力"出新"。中国化马克思主义，特别是习近平新时代中国特色社会主义思想，是我们文化软实力的内核，同时又需要具体各种不同的层次和形式，尤其要注意中国化马克思主义的内核与中国风格、中国气派的统一。一是继承发扬中华文化传统的优秀遗产，我们在长期历史发展中积累了丰富的文化符号，也同世界许多国家形成了深厚的传统友谊和交往纽带，我们在当今的交往当中，要特别赋予其深厚的文化内涵，有意打造中国的"文化品牌"。二是积极发掘中华文化与当今时代的共鸣点，正如习近平所强调的，我们要从中华文化积极的处世之道和治理理念等角度，推动全球治理理念创新发展。中国一直以来重视"和合"，既要"和而不同"，也要"求同存异"，从人类社会发展客观现实的整体性出发，为构建公正合理的全球治理体系提供价值基础，成为符合世界各国人民利益和潮流的新理念。三是继续丰富打造人类命运共同体的主张，人类命运共同体将世界各个国家的共同利益作为出发点，倡导"共商共建共享"的全球治理理念，注重维护在全球化进程中的平等发展机会和平等发展权利，这是中国贡献世界，尤其是习近平新时代中国特色社会主义思想贡献世界的内核要义。

三 中国化马克思主义为走向全球化的新时代奉献中国经验

第一，习近平新时代中国特色社会主义思想集中归纳了中国的成功经验和未来方略。在世界之"乱"的大背景下，中国之"治"尤其得以凸显，世界各国有识之士都可以在经济、政治、文化等多渠道生活交往当中，从不同侧面、不同深度了解中国的既有成果和未来走向，在实践上，中国"模范生"榜样已经树立起来了。在理论形态上，只有创立和发展习近平新时代中国特色社会主义思想，才以科学的阐述，呈现出中国方案的系统性、完善性、成长性，这就是在时代主题上，明确回答新时代社会主要矛盾的转化；一是在社会主义建设规律问题上，明确回答如何坚持和发展中国特色社会主义；二是在共产党执政规律问题上，明确回答如何坚持党领导一切和全面从严治党；三是在人类社会发展规律问题上，明确回答如何建设人类命运共同体。这一基本理论构型，既为解决全球问题提供"模范生"的榜样经验，又提供了"参考答案"的理性导引，正如马克思所说，理论只要彻底，就一定能掌握人，变为物质力量。

第二，中国的既往成功之路对世界各国人民解决自身发展问题、矛盾提供了很好的借鉴，提供了操作性较强的范本。中国改革开放四十年来发展历程的宝贵经验，对于世界广大发展中国家而言，指出了一条独立自主发展经济和促进社会进步的正确道路，包括统筹协调发展与稳定、正确处理国家实力与人民幸福的关系，对外开放与捍卫独立自主的关系，等等。一是中国破解了资本主义对个体与共同体的二元划分和机械对立。中国特色社会主义首先在指导思想上，主张人民的主体性，主张公平正义优先，在发展的指导思想上明确了宗旨和遵循，并且中国特色社会主义在实际治理当中，为实现科学发展、可持续发展、包容性发展，积累了有效经验。二是在发展道路上，坚持和平发展并统筹好国内国际两个大局。中国努力为改革开放和现代化建设争取有利的国际环境，在国际事务中维护我国独立和主权，反对霸权主义和强权政治。进而，迅速崛起的中国欢迎各国搭乘中国经济发展的快车、便车，让世界人民共享我国发展成果，坚持合作共赢。这既启示了世界各国自身效仿借鉴中国，也提示各国与中国的联系交融。

第三，新时代中国特色社会主义思想和方略，贯彻创新协调绿色开放共享发展理念，提出并实施"五位一体"的现代化建设治理体系和格局，为世界各国社会治理提供了有益启示。一是建立和完善社会主义市场经济体制，对世界其他社会主义国家、新兴经济体的发展，提供了具有深刻意义的指导，而将市场无形之手与政府有形之手有机结合的发展道路，同样也为成熟市场经济国家提供新的参考。二是推进与发展中国特色社会主义民主政治，对西方国家有着重大的启示及矫正作用，可以超越在民粹主义与精英主义之间、在无原则的多元文化论与无批判保守价值观之间的冲突摇摆。三是坚定文化自信文化自觉，坚持文化为人民服务的根本方向,并牢牢巩固意识形态工作领导权,为广大发展中国家提供捍卫自身文化独立的宝贵经验。四是加强和创新社会治理,提高保障和改善民生水平,让发展成果由人民共享,不断满足人民群众对美好生活的需要,与贫富差距不断拉大、阶层固化以及阶层之间矛盾冲突尖锐化的西方道路截然不同,这样一条不断增加人民获得感的道路,对于不同文明类型、不同制度的世界其他国家都有借鉴意义。五是建设社会主义生态文明,坚持生产发展、生活富裕、生态良好的文明发展道路,不断增强"绿水青山就是金山银山"的意识,是把人与自然共同作为生命共同体,实现永续发展,这一以人为本、可持续发展的生态之路,为解决世界所面临的日趋严重的资源和环境问题,提供了可供参考的理念与经验。

中国人民的民族伟大复兴之梦与世界各国人民对于美好生活的梦想同心同向同行。当前,在全面建成小康社会的决胜阶段,在全人类必须共同面对全球问题挑战的道路上,在推进中国化马克思主义在理论和实践上取得新成果新成就的道路上,中国将继续发挥担当并更加有所作为,积极参与全球治理体系改革和建设,不断贡献中国理念、中国方案和中国经验,充分彰显中国化马克思主义的世界意义。

世界历史、中国道路和人类命运共同体

曹泳鑫

【作者简介】 曹泳鑫，复旦大学国际政治系博士研究生毕业，法学博士，现为上海社会科学院中国马克思主义研究所研究员，博士生导师，邓小平理论研究创新团队首席专家。2003年至今兼任《毛泽东邓小平理论研究》杂志主持工作的常务副主编。在《马克思主义研究》《政治学研究》《现代国际关系》《世界经济与政治》《欧洲》《世界民族》《毛泽东邓小平理论研究》《开放时代》《现代哲学》《经济日报》《光明日报》等重要核心报刊发表文章上百篇。个人学术专著：《马克思主义中国化：基本认识和实践》（2015）、《中国共产党人文化使命研究》（2011）、《马克思主义国际关系理论研究》（2009）、《和平与主义——中国和平崛起的思想资源和理论准备》（2005）、《先进文化与现代化——中国共产党的文化历程》（2005）等。近几年连续主编《马克思主义研究报告》。承担并完成国家社科基金项目、国家高端智库项目、上海市哲学社会科学规划课题、上海市决策委课题等多项。

如何看待中国道路的自身特色与人类社会发展普遍规律的一致性？中国道路的成功对世界意味着什么？人类命运共同体基于怎样的逻辑？从中国自身视角看，世界历史对于中国特色社会主义道路而言是外在因素；而从世界的视野来察看，中国道路则遵循着世界历史发展的内在规定性，同时，这种内在规定性并不排斥中国道路的民族特性，并且中国道路还为推动世界历史进程增砖添瓦。中国崛起处在世界各地区各民族命运越来越紧密相连的世界历史进程之中，人类命运共同体的理念已经具有客观现实基础。对于这些事关人类社会发展规律的认知，我们只有从马克思主义唯物史观等基本原理出发，才能科学分析和判断中国发展与世界发展的大势所趋。

一 世界历史对于中国道路既是外在影响更是内在规定

关于世界历史这一概念，有宽泛的理解和特定的含义。宽泛的理解是指全人类的历史总和，比如作为历史学分支学科的世界历史。马克思主义理论界指涉的一般是特定的含义，即指近代资本主义世界市场的形成冲破民族和地域的局限，这一历史才真正具有世界历史属性。马克思在《德意志意识形态》中具体描述了世界历史形成的机制和发展趋势："各民族的原始封闭状态由于日益完善的生产方式、交往以及因交往而自然形成的不同民族之间的分工消灭得越是彻底，历史也就越是成为世界历史。"① "同时，每一个单个人的解放的程度是与历史完全转变为世界历史的程度一致的。"②

人类社会从单一民族独立发展的历史转变到世界历史，经历了漫长的过程，早期民族间或国家间虽然存在互动，包括人口流动、战争、贸易、文化交流等，但一般是地域性的互动。随着资本主义兴起，商品经济构成整个社会发展的基础，产品普遍采取商品的形式，劳动力成为商品则是与之前历史阶段人类交往不同的关键因素。对剩余价值的追逐之强烈显示出资本的本性和威力。它要求不断打破市场界限，不断开拓新市场，把交换扩展到世界各个区域，从而不断消灭旧的生产方式，不断促使新的国家形成，不断将新国家纳入商品经济体系，形成经济的全球化态势和世界市场，完成历史向世界历史的转变。③ 这是生产力与生产关系变革所推动的生产方式和生活方式的整体性变革，过去多么稳固的政治结构和势力都难以阻挡并且都将被摧毁，任何民族、国家和地区都无法逃脱这一历史命运。中国的命运也自然地与世界历史关联起来。

中华民族有文字记载的数千年连续不断的独特文明史，并呈现出以中国为中心的区域史。在世界历史形成之前，外来影响很难彻底打断这一特定民族和地域的独立发展史。以往相邻地区的民族、国别间发生的冲突具有相对孤立性、封闭性、间歇性，不同历史时期中国面对的外部挑战其对手是经常变换的，是

---

① 《马克思恩格斯文集》第1卷，人民出版社2009年版，第540—541页。
② 《马克思恩格斯文集》第1卷，人民出版社2009年版，第541页。
③ 参见曹泳鑫《马克思主义世界历史理论与唯物史观》，《马克思主义研究》2008年第4期。

可以消灭或同化的，一次次外部冲击总体上并没有对中国的独自发展造成根本性变化。而世界历史对中国造成的这次外部冲击却截然不同。可以说，这次中国遇到的外部刺激和挑战在性质上已经不同于古代历史上的无数次外部冲击。再用过去的冲击—反应心理或分析模式解读之后的中国道路，就不够科学、不够全面、不够到位，就是依然停留于旧的思维传统，有"老眼光看新问题"的味道。旧中国当时从朝廷官员到普通臣民也正是拿老眼光看新问题，对待西方依然持华夷之辨、体用之辨、礼仪怀柔等处事之道，殊不知这次卷入了世界历史的剧变之中，结果却遭遇帝国主义列强无情的践踏和蹂躏，泱泱大国沦为半殖民地。在这次看似外部因素的作用之下，中国延续几千年的超稳定社会结构的根基动摇了，旧的社会政治经济文化秩序均不能延续，中断了。

世界历史有其内在规定性即发展规律，每一个民族、每一个地区被卷进来并按照世界历史的规定性重构自身道路。其影响不是短期的而是永久性的，不是局部的而是全局性的，不是偶然的而是必然性的，不是封闭的而是难以回避的。对手看似是很明确的、个别的、可以消灭掉的有形国家，其实不是。世界历史进程中的每个国家、每个民族、每个地区都不再是自我封闭、孤立发展。由此，中国道路也无法远离世界历史发展潮流，必然深深打上世界历史的烙印。我们看待世界历史潮流对中国道路的影响，不能仅仅停留于外部冲击的印象上，而应看到世界历史发展的内在规定性。历史已经证明，"华夷之辨""师夷制夷""怀柔政策"等旧观念和做法是十分狭隘的，误国误民。中国历史一旦纳入全球化世界历史进程，就不可能逆转回来，就必须遵循世界历史的逻辑，民族要生存、发展、兴旺，国家要发达、强盛、崛起，就要顺应历史潮流、推动历史潮流、引领历史潮流。可谓"得时者昌，失时者亡"（《列子·说符》）。世界历史可能给予不同国家提供不一样的战略机遇期，有先发优势和后发优势，关键在于各民族国家能否抓住、用好战略机遇期。同时也应该看到，世界历史并不必然消灭民族个性，相反，世界历史通过增进各国家、民族间的交往而彰显民族个性，只有民族的才是世界的，只有民族的才是历史的，正是不同地域民族和国家的发展共同推动世界历史进程。世界历史进程也不可能一直由早期西方先发国家主导或按照昔日列强主宰的道路演进，已经发生流变。

二 世界历史进程及其流变

世界历史的发展由国际分工、商品交换、相互依赖等国际交往的不断加深所推动，具有与生产力水平相适应的阶段性历史特征。

1. 世界历史早期进程呈现出欧洲扩张之势和西化浪潮

造船技术和世界地图革新共同促进了人类航海技术和能力的进步，西欧国家有了这些技术之后得以海上交通发达，开始让欧洲人找到了美洲大陆（被称为新大陆或第二大陆），继而开始了西方强权和世界霸权的时代。然而，仅有以生产工具和交通工具为标志的生产力革新并不必然形成如此局面。比如中国古代航海技术和能力远早于和胜于欧洲，却并没有出现中国对世界的扩张局面，这其中国家政策的因素也在起作用。西欧国家的世界扩张所采取的对外政策表现为：第一，为了获取资源，鼓励对外探险、暴力扩张和强占资源，而进行殖民统治和殖民掠夺。西欧国家开启的西方扩张史充斥着对世界各地土著民的武力侵犯和血腥屠杀，西方一些列强国家至今仍对旧的恶习表现出习以为常。第二，如果不得不进行贸易，则采取重商主义政策，为了自己，损人利己。自由贸易和市场开放的政策只是在国内生产过剩或稳居优势之后才推行。第三，采取双重标准尽量长久地保持己方的资本制度优势。虽然西方资本主义扩张客观上造成了资本主义制度的全球扩展，但侵略扩张者不会让殖民地国家顺利发展资本主义。对于他们来说，当地什么制度对自己的资本牟利有利就维持什么制度，必要时他们宁可维持当地奴隶制或封建专制。尽管如此，面对西方资本主义发达国家的强势，其他国家往往将列强作为努力效仿的目标，西化逐渐成为浪潮。

回顾西方列强的扩张史，欧洲殖民者从发现美洲新大陆开始就不断变换资本扩张方式，17世纪后期，在从殖民地大量掠夺白银而导致美洲新大陆矿产资源枯竭之后，欧洲殖民者便开始以工厂生产方式对美洲热带和亚热带的大规模农田开发成种植园，利用大量的黑人奴隶作为劳动力来获取廉价农作物（主要是砂糖），然后以商品形式销往欧洲市场，欧洲的毛织品等手工业产品销往美洲。因种植园的扩张引起对廉价劳动力的需要，黑人奴隶也被作为贸易品，从非洲源源不断地运来，形成这一历史阶段著名的大西洋"三角贸易"。虽然殖民扩张使欧洲的资本主义有了大发展，但欧洲殖民统治者为确保自己母国的垄断利润，却不允许殖民地美洲"新大陆"从事手工业生产。但随着美洲砂糖生产规模的逐渐加大，欧洲以毛织品为主的商品输出变得短缺，英国的东印度公司不得不将印度生产的棉布作为补缺；当大西洋商圈的主力产品从欧洲毛织品变成从印度进口的棉布之后，英国的毛纺织资本家害怕棉布使自己失去国内市场，于是英国议会在1720年禁止国内使用印度进口的棉布，1722年之后禁止国内使用所有棉布，以促进国内棉布的出口；美洲、非洲等地棉布需求量大增进一步刺激了英国的棉布生产，18世纪60年代蒸汽机的应用拉开了纺织工业革命的序幕，产业发展催生了欧洲和美洲都市群，之后，铁路和蒸汽船进一步拓宽了交通网络，为商品经济扩张提供了便利。于是，以英国为首的欧洲列强所到之处便肆无忌惮地叫嚣和推行自由贸易和市场开放，迫使亚洲等其余诸国和地区作出改变①，从而开启了以英国霸权为核心的世界欧洲化时代，世界沦为欧洲列强的资源开采场、种植养殖场和商品倾销地。

资本主义扩张必然存在列强竞争和霸主交替，这是世界历史的另一特征。列强在资本逐利和势力范围内的竞争必然导致相互间的战争，科技发展、产业革命和新交通工具为世界经济格局变动不断提供根本动力，不断制造新的利润获取机会，从而不断加剧国际竞争，以至于使战争不断升级。以20世纪爆发的两次世界大战为契机，老牌帝国主义被新的劲旅战胜并取代，昔日的英国霸权时代转变为美国霸权时代。

但美国霸权之路本质上依然是欧洲资本主义扩张的复制品和衍生品，强占资源、武力威胁、霸权主义、双重标准、损人利己的主要特征没有任何减弱。美国占据从商品生产到市场开发的绝对优势，国际金融体系主要由美国主宰，美元成为世界主要货币，世界各地财富由美国掌控并主要流向美国，国际政治和话语权由美国操控，美军把自己想象成世界警察，甚至会越界抓捕他国元首。同样，虽然美国所到之处都打着推行资本主义制度和宣扬所谓人权、自由、平等的价值观口号，但美国政府一向是从谋求自己的实际利益出发判断他国的好与坏，资本主义唯利是图的通病在美国那里展现得淋漓尽致。民主、人权、自由等口号与资本利益发生冲突就难以实行，美国靠战争和掠夺起家，美国独立后曾长期保有奴隶制，国内虽经过长期人权斗争，但妇女歧视、黑人歧视、种族歧视、出身歧视等人权问题在当下经济最发达的美国社会依然随处可见。可见，资本主义制度下的人类命运只能受制于资本。

然而，世界历史在美国霸权时代已经悄然发生新变化，已经出现超越资本主义制度的新国家，并且随着世界经济政治从大西洋重心格局向太平洋重心格局转移，世界历史开启了新的阶段。

2. 突破西方资本扩张之路和开启世界多元化进程

如果说任何历史阶段总有终结，那么欧洲开启的西方扩张道路随着世界历史的进程必将走到尽头。虽然资本具有无限的扩张本性，但这种无限性是得不到满足的，必然遇到主客观因素的限制。当一国之内的发展无法满足其扩张时，它可以跨越国界进行全球扩张，而随着经济全球化的充分发展，资本对资源的

---

① 参见［日］宫崎正胜《航海图的世界史——海上道路改变历史》，朱悦玮译，中信出版社2014年版，第229—234页。

掠夺将触碰底线，由之引起的经济危机和社会危机将具有全球性，人们对资本主义的恶性膨胀和危害的认知也将更为清晰。其实，一百年前欧洲巨大的经济危机和随后爆发的两次世界大战已经警醒世人，由此，在世界范围内反欧洲殖民体系和民族独立革命运动中，出现了不实行欧洲资本主义制度的国家和抵制西方模式现代化的运动。只是因为资本主义的全球扩张浪潮还处于汹涌阶段，加上西方发达国家具有发展优势，多数国家依然追逐效仿，欧化西化依然大行其道。在此背景下，任何新生的道路必然既受到外部势力的强大遏制，又受到来自内部的主客观历史局限，因而充满曲折和坎坷，即使20世纪新生的社会主义先进制度也无法幸免。以此来看，苏联、东欧国家社会主义制度的不幸夭折，从条件上说有历史局限这一天时不利的客观因素。然而，这个世界毕竟打破了西方资本主义道路一统天下的局面。资本主义制度的弊端决定了其替代品的必然产生，西方资本主义扩张道路将被终结，而不是由其终结历史，社会主义作为新生事物必然有无限的发展前途，这是世界历史内在规律所决定了的。

世界历史上过去发生的经济政治中心或重心的转移往往是单一的，由此造就的强国崛起也往往是单一的，而在经济全球化和全球信息化时代，今后的世界经济政治中心的转移将是多中心的，由此崛起的将是一批新兴国家。一方面，世界交往的深度发展使各国各地区之间的相互依存不断加大；另一方面，各国在比较中选择发展道路的自主性和主动性也将不断增强。遍及全球的主权国家和发展模式的多元化必然推动国际社会的民主化进程，世界历史由此进入充满多元化主体道路的阶段。

世界历史向着多元化道路和模式发展的新进程，已经出现了两大变化，一是对欧化西化的普遍质疑，欧洲中心主义的影响式微；二是产生了资本主义制度的否定性因素，社会主义已经从理想和理论成为现实运动并在多国实现。其中，中国的民主革命已经不是资产阶级领导的旧民主主义革命，而是中国工人阶级及其先锋队——中国共产党领导劳动人民取得胜利的新民主主义革命；中国的现代化道路，不再是资本主义现代化道路，而是社会主义现代化道路。中国特色社会主义的成功和中国作为新兴发展中国家的迅速崛起，让世人看到了另一种希望，推动着世界历史和人类命运变革的新征程。

三 中国革命和建设成功之道的世界历史意义

1. 中国百年道路与社会主义的坎坷命运

中国的百年道路可大致分为两个阶段，即民主革命道路和社会主义道路。中国的民主革命道路最终走出了新民主主义革命的胜利之路，有中国内部的因素，也有世界历史的外部因素。从性质上而言，民主革命道路是资产阶级革命道路，一般由资产阶级领导，但由于世界历史的外部推动和各国国情的特殊性等内外因素的共同作用，一些经济落后国家的资产阶级难以肩负起国内民主革命和对外反抗殖民斗争的历史重任。俄国工人阶级及其先锋队——共产党领导发动的"十月革命"取得了胜利，并建立了世界上第一个社会主义国家制度。中国民主革命在资产阶级领导下经历了一次次失败，中国工人阶级及其先锋队——共产党果断肩负起历史重任，领导中国新民主主义革命取得最终胜利，建立了新中国，进而走上了社会主义道路。社会主义建设道路也同样受到来自各国内部和外部因素的共同影响，在经历一段社会主义建设实践之后，苏联、东欧国家的社会主义制度发生了蜕变，中国则开辟出一条具有自身特色的社会主义道路。

苏联解体东欧剧变，世界社会主义运动遭遇挫折，其原因需要辩证地看、历史地看。内外因素中既有国内政策失误等主观因素，也有世界历史条件的制约等客观因素。正如苏联、东欧社会主义制度的产生有世界历史造就的机遇一样，其剧变也体现了某种生不逢时的历史不幸。那种简单地将问题归咎于社会主义国家不注重发展经济或不改善民生的看法是偏颇的，世界上有哪个国家不愿意发展经济和改善民生？问题的关键是发展经济和改善民生是需要条件的。在世界历史依然处在资本主义快速扩张的历史阶段，社会主义作为反抗资本主义的新生制度，其所面临的生存环境自然非常恶劣。只有当资本主义列强为抢占市场资源和重新瓜分殖民地而发生"狗咬狗"的战争内斗时，社会主义面临的外部压力才会暂时减缓，一旦战争结束，西方列强就会在敌视社会主义问题上达成一致。因此，我们看到第一次世界大战后，列宁希望社会主义与西方世界和平共处、合作发展，然而，西方列强尽管各怀鬼胎，彼此间矛盾重重，但都想把法西斯祸水东引、消灭苏联。第二次世界大战爆发后，纳粹德国在以绝对优势削弱英法竞争对手后，目的还是想彻底消灭社会主义苏联。苏联也因轻信苏德互不侵犯条约而遭受到突然袭击的惨重损失。第二次世界大战后，苏联再次希望维持战时的大国合作机制，但铁幕演说让西方资本主义国家很快聚合起来遏制苏联东欧社会主义国家，于是东西两大阵营自然形成，社会主义国家受到资本主义世界的全方位封锁。应该说，社会主义国家总是在付出努力，希望与欧美发达国家之间友好往来和发展经济合作，甚至不惜模糊处理制度和意识形态界限，但结果往往是一厢情愿。斯大林逝世后，赫鲁晓夫一边否定斯大林一边努力与美国亲密合作，并提出两个超级大国全球共治的主张，直到苏联最后一位领导人戈尔巴乔夫提出与西方同船共渡的改革新思维，放弃社会主与资本主义意识形态和道路之争,这种天真幼稚的改革不仅没有赢得西方信任,社会主义苏联反而被西方步步紧逼,逐步落入和平演变的陷阱,最后彻底葬送了社会主义制度。

2. 中国社会主义现代化的成功之道及其世界历史意义

中华人民共和国成立前夕,中国共产党也曾表达与美国合作的愿望,但很快就识破了西方国家的真面目,并且在实行一段时间对社会主义阵营"一边倒"的政策之后,及时总结经验教训,明确提出在国际环境恶劣时期要"自力更生为主、争取外援为辅",通过自力更生、艰苦奋斗建立起自己独立完整的工业体系和国民经济体系,为之后的改革开放新时期打下了中国制造的基础。可以说,中国一直在想方设法发展经济,力图寻求与外部改善关系、达成合作的机遇,不仅努力与广大发展中国家发展友谊,而且不失时机地向西方发达国家打开外交大门,即使在冷战时期,中国先后与德国、法国、英国等西方国家建交,与美国改善关系。但中国的法宝就是坚持独立自主、坚持走自己的路。

在两极冷战格局结束和经济全球化浪潮来临之际,中国抓住了改革开放的战略机遇,举起和平、发展、合作的大旗,制定了促进商品经济大发展的国内改革和促进国际合作的对外开放国策,开辟了中国特色社会主义新道路,也走出了一条不同于苏联、东欧国家的社会主义改革道路,迅速提升了中国国力和国际地位,不仅振兴了中华,更成就了社会主义。

短短的半个多世纪,中国道路已经让中国人民站起来、富起来、强起来,其成功的根本之道在于:有以全心全意为人民服务为宗旨的中国共产党这支工人阶级先锋队的英明领导,接受了马克思列宁主义科学理论作为指导思想的理论基础,让数千年来受压迫的最广大的劳动人民翻身成为革命和建设的主人翁,选择用社会主义来完成中国的现代化,从而摈弃了西方资本主义的失败之路,破除了西方中心主义的迷雾,开辟了世界历史的非西方道路,为中国迅速崛起和实现中华民族伟大复兴的中国梦找到了正确道路。

当然,世界社会主义实践虽然经历百年,但社会主义制度在人类发展历史的长河中依然是一个新生事物,依然处在世界历史恶劣的环境之中。社会主义国家大多不具备丰富的物质基础,并且在主观上也存在认识局限,在如何对待资本主义和如何建设社会主义问题上往往会出现政策失误。好在世界历史进程不断为人们的认知创造条件,随着中国特色社会主义道路越走越宽广,随着资本主义世界危机的不断加深,资本主义必将走向灭亡而社会主义必将发展壮大,这一世界历史大趋势也会成为共识。

四 人类命运共同体生成的现实基础

世界历史就是将全人类的命运逐渐关联起来的历史。科技革命和社会生产力发展所创造的交往便利和全球社会分工的充分发展，不仅使世界各国之间相互影响、相互依存，而且使世界各地人与人之间生活的互联互通。可以说，世界历史的趋势就是不断将全人类的命运关联起来从而最终形成人类命运共同体。然而，人类命运共同体并不意味着人的自由解放和幸福生活，只是意味着每个人的自由解放和幸福是与他人相关联的。在西方资本主义主导的全球扩张时代，许多国家首先遭遇的往往不是幸运而是不幸，多数国家的命运掌握在少数列强的手里，世界各国并非共命运。然而随着资本主义经济危机和政治社会动荡的波及面在全球范围不断扩大，人们已经逐渐认清其危害性，正在寻求出路。资本主义在世界历史进程中走向衰落和社会主义事业的兴盛，则是人类共命运的世界历史和现实基础。中国社会主义现代化的成功让世界羡慕，中国领导人提出打造人类命运共同体的倡议进一步提醒人们，全球化的未来能否消除人类不幸命运，需要大家共同努力、齐心协力地创造条件。当然，做到齐心谈何容易，齐心本身是主观认识方面的问题，主观问题的解决有赖于客观条件的成熟，其中主要包括以下几个方面发展趋势。

1. 世界历史和经济全球化由资本主义主宰、主导向着社会主义趋势不断加强的方向转化

世界历史的形成最初是由资本主义兴起和全球扩张所推动的，它改变了世界各地原本自我发展的民族和国家的命运，形成了由西方资本主义发达国家主宰广大落后国家命运的局面。经济全球化也是由资本主义主导，造成了世界强国与弱国之间两极分化的局面。这种由少数列强主宰世界的格局下，强权国家就不会与弱国、小国共命运，霸权和强权就是幸运国家，弱国小国往往就是不幸国家，也就是说，当列强对于命运共同体来说是例外，那么全人类命运共同体就不会真正形成。只要资本主义制度主导这个世界，大部分人就会面临生存危机，世界就会陷入经济危机、生态危机、战争危机以及难民危机等各种灾难之中。这种状况不可能一直持续下去，变革必定发生，变革也将要发生。随着20世纪社会主义制度的落地生根和不断发展，世界历史进程中出现了社会主义道路这一新生事物，随着中国特色社会主义现代化道路的成功实践，社会主义的勃勃生机已经给世界带来希望，预示了前途。虽然任何新生事物发展都不会一帆风顺，但是，资本主义走向衰落和社会主义日益强盛的历史趋势不会改变。社会主义将消除由少数资本主义大国主宰世界的人类厄运，将逐渐消除资本主

义带给人类的各种弊端，逐步改革经济全球化的弊病，反对霸权主义和战争叫嚣、维护世界和平，通过平等合作促进全人类的解放和共同发展，从而形成真正意义上的人类命运共同体。

当然，社会主义作为人们渴望消除西方资本主义现实弊病的替代制度，在完成从空想到科学的理论形态革新之后，又经历了近百年的实践探索，既让世界见证了苏联在二战中的辉煌战绩和强大历程，也在20世纪末遭受了苏联东欧社会主义国家改革失败的严重挫折，更让当今世界瞩目中国改革开放的巨大成就。社会主义实践是长期的探索过程，人们对社会主义实践规律的认识还远未成熟，社会主义实践经历曲折和坎坷不足为奇。无论如何，社会主义的成长是与人类命运共同体的成长密切关联，由社会主义推动的世界历史构成人类命运共同体的现实基础。

2. 资本主义危机的加深和危害加大反证了打造人类命运共同体的迫切性

社会主义和人类命运共同体的当下命运还受制于资本主义以及人们对资本主义的认识，人们常说的相对性、现代化、工业化、文明、后现代、现代国家、全球化、自由、民主、人权、法治、增长、效率、财富、福利、公平、公正等许多概念，似乎都获得了普遍的认同，但人们很少反思这种认同是如何形成的，是在怎样的文化境遇中被成功塑造和表述。这就是资本主义最令人不寒而栗的"成功"之处，即将异化彻底化，让人们习惯现实的一切，让人类理性失去力量，因为人们这些方方面面的认知都被打上了西方资本主义的深深烙印。但也不必太悲观，因为每一次资本主义世界的危机都会让人们警醒一次，而随着世界历史进程，资本主义危机将越来越具有世界性，而且会越来越频繁、一次比一次严重，即使发达资本主义国家的危机感也越来越重，它们也不能独善其身，其命运也不再是例外。随着命运攸关度的加深，打造新的人类命运共同体的使命将成为迫切需要。因此，人们对资本主义的认识也将一次比一次更深刻、更全面，人类理性的力量正是基于对资本主义的充分认识之上，变革的因子在不断生成。当前，经济全球化中两种趋势正在发生转化，资本主义主导式微和社会主义趋势加强将成为历史潮流，人类共命运的现实条件在逐步形成。

3. 交往技术的革命推动人类认知革命和制度变革

关于社会主义、资本主义等人类发展道路的大是大非问题，即使少数先知先觉者有清晰认知，如果没有人类的普遍觉悟，也无法实现人类的普遍的思想解放，更不要说人的彻底解放和自由全面发展。人类的普遍解放不是地域性的，正如马克思主义创始人所指出，个人的解放程度与历史完全转变为世界历史的程度是一致的。地域性的物质财富积累和精神认知还远远不够，人类的自由解放必须同时具备全球性的财富积累和人类的普遍认知，这就提出了实现人类交往的充分化问题。只有当交往工具等物质条件的发展成熟，现实能够同时提供物质和认知的充分交流条件，交往才能充分化。这就要求以高科技为标志的先进生产力的普遍发展，"只有随着生产力的这种普遍发展，人们的普遍交往才能建立起来……地域性的个人为世界历史性的、经验上的普遍的个人所代替"[①]。也就是说，世界历史充分展开和沟通技术完备的先进生产力，将带来世界各地区、各民族及个人之间实实在在的利益关联和感知，实现物质流通和认知交流等交往的充分化，从而促进人们认识领域的彻底变革，进而构建共识。同时，极致的生产力和交往的充分化必将引起生产关系的变革，互联互通技术及其生产效益应该属于全人类共同享有，而不能再仅仅属于少数人垄断的私利，资本主义私有制将被社会主义公有制所取代，共享利益之上的人的自由全面发展成为现实，从而将异化劳动彻底消除。从这个意义上说，社会主义与互联互通技术的结合，将促进经济全球化的深刻变革和深入发展，给地球人类带来的变化是不可低估的。

总之，生产力的飞跃性发展，社会主义制度的成功实践，人类主体意识的革命，这些物质文明和精神文明的大发展，推动着世界历史的新进程，资本主义将在社会主义成长壮大中走向衰落，社会主义的兴盛和资本主义的式微，将同时推动世界历史、现代化、经济全球化和人类文明呈现新的样态，从而孕育人类命运共同体产生和发展的现实基础。打造人类命运共同体将成为这一新进程的世界主题。中国社会主义现代化道路是世界历史发展的重要实践进程，必将在打造人类命运共同体的努力中创造辉煌、作出贡献。

---

① 《马克思恩格斯文集》第 1 卷，人民出版社 2009 年版，第 538 页。

用当代马克思主义把握中国和世界治理的大逻辑

杨承训

【作者简介】杨承训,河南财经政法大学国际经济与贸易学院、河南经济伦理研究中心资深教授、博士生导师。国家级有突出贡献中青年专家,享受国务院政府特殊津贴。河南省经济学会会长。中共中央马克思主义理论研究和建设工程"中国特色社会主义政治经济学读本编写组"首席专家。长期从事马克思主义政治经济学、中国特色社会主义经济理论、产业经济学、科技经济学、农业经济学的研究。撰写专著15部,在《中国社会科学》《经济研究》《马克思主义研究》等刊物发表论文近千篇,主持完成国家重点社科规划课题8项。获国家级优秀成果奖5项,省级奖30多项。专著《市场经济理论典鉴》于1999年获我国经济学最高奖——孙冶方优秀论著奖。《中国特色社会主义经济学》(人民出版社2009年版)获省级优秀成果一等奖。

马克思主义给予革命家的一大智慧在于对于历史发展的科学洞察力。习近平同志运用和创新当代马克思主义理论和方法,多次要求全党把握中国治理、世界治理和我国经济新常态的大逻辑,要号准历史脉搏、开出对症的药方,战略上掌握主动权、策略上用好系统治理的艺术。在面临许多不确定性的今天,我们更应提升科学洞察力,运用治国理政新理念、新思想、新战略的大逻辑,从理论上廓清种种迷雾,昭示正确方向,推进全党更自觉地确立政治意识、大局意识、核心意识、看齐意识。为此,应从纵向上认准历史发展及其发展阶段的主线,从横向上必须在五大发展理念的引领下处理好各类复杂关系,要善于抓住重点,攻克难点,排除各种错误思潮与势力的干扰。

一 从纷繁复杂的现象和偶然性中把握历史发展的主线

历史是一面镜子。习近平同志站在历史的潮头高屋建瓴地向我们提示:"时代是思想之母,实践是理论之源。""历史总是要前进的,历史从不等待一切犹豫者、观望者、懈怠者。只有与历史同步伐,与时代共命运的人才能赢得光明的未来。"[①] 从历史视阈看,2017年正是《共产党宣言》发表170年、十月革命100周年、中国共产党开辟农村包围城市革命道路90周年、中国改革开放39周年,也是胜利召开党的十九大之年。作为当代中国的马克思主义者,必须领会以习近平同志为核心的党中央的一系列指示精神,从理论上揭示时代特点、发展趋势、行进规律这一客观逻辑,建构中国特色社会主义的理论逻辑,深刻阐明中国特色社会主义道路、理论、制度和实施方略,唱响当代中国马克思主义理论的主旋律。

170年的国际共产主义运动发展史表明,历史前进的大方向不会改变,但道路是曲折的、非线性的,是起伏跌宕的,充满风险的。曾经蒸蒸日上发展了74年的世界上第一个社会主义国家——苏联变质,一度影响力强大的世界社会主义阵营溃散,世界社会主义运动出现低潮。西方资产阶级代表人物为此欢呼雀跃,认为这是社会主义的"历史终结"。然而,正是在此后不久,社会主义中国却出乎他们意料地跃然崛起,经过40年的改革开放,中国成为世界第二大经济体,进入高水平中等收入国家行列,探索了一条具有中国特色社会主义的成功道路。而一些资本主义发达国家由于发生了国际金融危机,至今仍复苏乏力,陷于多种矛盾的困境之中。回顾这170年,历史经历了一个否定之否定的过程,这一历史进程,再次证明了马克思主义的科学洞察力。

在新的形势下,习近平同志又进一步指出:"今天,时代变化和我国发展的广度和深度远远超出了马克思主义经典作家当时的想象。""坚持和发展中国特色社会主义是一项长期而艰巨的历史任务,必须准备进行具有许多新的历史特点的伟大斗争。"[②] 从现象层面看,矛盾的复杂性、道路的曲折性、偶然事件的多发性、正负效应的交错性,纷繁杂乱,往往会使人茫然失措,加上多种思潮

[①] 习近平:《在庆祝中国共产党成立95周年大会上的讲话》,《人民日报》2016年7月2日。
[②] 习近平:《在庆祝中国共产党成立95周年大会上的讲话》,《人民日报》2016年7月2日。

林林总总，这就给当代马克思主义者不断提出新问题、新挑战与新任务。坚持马克思主义的基本原理和方法论这一重要法宝，则能够在扑朔迷离的乱象中抓住事物发展的本质与主流脉络，坚定信仰与方向，保持勇往直前的自信和定力。从现实世界看，许多新现象值得注意：美国由大商人大资本家集团直接执掌政权，矛头直指社会主义中国，军事上从后台走向前台，公然要分裂中国；日本军国主义有复活之势（大的军火工业资本集团是其阶级基础），成为美国遏制中国的马前卒。美国经济上大搞种种保护主义，企图阻挡中国社会主义的不断壮大，由大肆推销新自由主义变为反全球化的急先锋，更加暴露了其逆潮流而动的本质，这些都是不确定因素丛生的根源所在。对此必须进行科学分析，把准脉象，冷静对待，系统回应。

马克思主义的科学洞察力体现在引导人们在处于错综复杂、扑朔迷离的现象中能够抓住一条主线，这就是阶级分析的方法。历史告诉我们，170多年来资本主义同工人阶级和劳苦大众的根本矛盾没有改变，只是它的形态改变了，从自由资本主义变为垄断资本主义，第二次世界大战后又演变为国际金融垄断资本主义。现在资本主义仍然称霸于世界，但是力量对比已发生巨大变化，在现在的世界经济中，新兴经济体已占80%，社会主义中国对世界经济增长的年均贡献率达到30.5%，跃居全球第一。在世界经济低迷的形势下，2016年中国经济的增长率居全球前列，达到6.7%，美国为1.6%，日本为0.6%。当然，美国垄断资产阶级不会甘于失去世界霸权地位，仍会千方百计地遏制中国发展。面对复杂的国内国际局面，社会主义中国的发展与繁荣，要像习近平同志提出的那样，必须坚持斗争，针锋相对，始终维护好国家的核心利益。要把握历史的大逻辑，把防范风险放在突出位置，敢于斗争，善于斗争，在充满不确定性的环境中更稳健地发展自己。

二 中国治理和全球治理的大逻辑

中国治理和全球治理必须遵循发展的大逻辑。在我国革命时期，进步力量曾经走过一条斗争、失败、再斗争、直到胜利的逻辑；现在我们壮大了，仍必须坚持改革开放的大逻辑，核心是发展，实现长治久安，为全球贡献可借鉴的制度建设方案，在世界范围发挥正能量，使世界人民看到希望，壮大进步势力。

从19世纪至今，世界的基本矛盾没有变，人类实现共产主义理想的必然趋势没有变，但矛盾的形式更复杂了，进步与实现胜利的时间要比马克思主义经典作家所设想的长得多、道路也曲折得多。有一些国家的无产阶级和劳动人民夺取和执掌着国家政权，社会主义建设与发展仍将有特别漫长的路要走。所以，建设新制度不能操之过急，必须扎扎实实地推进。1949年1月8日，在中共中央政治局会议上，毛泽东作过这样的比喻："如果完成了全国革命的任务，这是铲地基，花了三十年。但是起房子，这个任务要几十年工夫。"[①] 不久，他在中共中央七届二中全会上又说：夺取政权是万里长征走完第一步，以后路子更长。20世纪60年代，他估计我国社会主义现代化建设可能要一百多年的时间。苏联的教训和我国建设的经验都表明，社会主义制度的发展路程比以往设想的更漫长和曲折，其中的矛盾不是越来越少、越来越简单，而是愈来愈多、愈来愈复杂，一步走错就可能酿成大的历史悲剧，苏东的变质和垮台就是一面镜子。

按照马克思当年的设想，实现共产主义分为低级和高级两个阶段。从我国社会主义实践来看，其低级阶段还要划分为初级阶段、中级阶段和相对成熟阶段，仅初级阶段就需要上百年的努力，而其发展过程中仍由若干小的阶段组成。我国实现"两个一百年"奋斗目标的进程已经取得了举世瞩目的成就，而从历史的维度看，也还是阶段性的一个飞跃，新的长征仍是"路漫漫兮"。从世界范围看，两种不同的制度是在竞跑中，社会主义制度的建立与完善大体有四个阶段：（1）打基础。在夺取政权后，用几十年的时间奠立经济与政治基础，大体相当于苏联卫国战争之前和我国改革开放之前。（2）发展与崛起，追赶发达国家，大体相当于20世纪苏联最后的40年和我国改革开放后的30多年。（3）"冲刺阶段"，一些领域实现超越，大体相当于我国进入新常态到21世纪中期40多年的时间。（4）优势凸显，影响世界，可能再用50年上下的时间。苏联没有走完第二步，内部出问题，外部遭围堵，结果垮了。苏联的历史证明，在第一步、第二步，世界资本主义势力靠武力不能消灭社会主义国家（包括希特勒那种疯狂的战争），但却能通过内部演变和外部遏制两手使之变质。新中国在敌强我弱的情况下，在朝鲜战场上打败了世界上头号帝国主义国家为首的所谓联军。现在资本主义总体上仍处在优势地位，新困难与新风险需要清醒认识与有效应对。我国处在第二步和第三步之交的节点上（大体上，我国现时的经济总量、科技水平、综合国力相当于美国的三分之二）。内外矛盾交织，有的还相当尖锐，霸权主义国家还会以多种口实和手段实施干扰、拖垮、遏制中国发展的图谋，国内也存在诸多挑战，面临着种种严峻考验。正如习近平同志告诫全党的："要时刻准备应对重大挑战、抵御重大风险、克服重大阻力、解决重大矛盾。"[②] 对此，要保持清醒的头脑。

---

① 转引自《光明日报》2016年6月17日。
② 习近平：《在庆祝中国共产党成立95周年大会上的讲话》，《人民日报》2016年7月2日。

历史的大逻辑是：只有社会主义能够救中国，只有改革开放能够发展中国。只要善于运用唯物辩证法，坚持中国特色社会主义道路自信、制度自信、理论自信，坚持辩证唯物主义和历史唯物主义，就可以化危为机。习近平同志用当代马克思主义治国理政新理念、新思想、新战略，完善国家治理体系和提升国家治理能力现代化，包括统筹"五位一体"整体部署、协调推进"四个全面"战略布局、全面实施"五大发展理念"，强化依法治国，积极应对国际斗争，确保国家总体安全。不仅要强化经济发展在这一大盘棋中的基础作用，还要全面系统地完善治国理政的"成套设备"。

系统的治国理政理论和方略，是以习近平同志为核心的党中央对马克思主义的又一大创新。理论上，应该全面深入理解国家治理体系和治理能力是一个国家制度和制度执行能力的集中体现。国家治理体系是在党领导下管理国家的制度体系，包括基于我国国体和政体的经济、政治、文化、社会、生态文明和党的建设等各领域的体制机制、法律法规安排，它是一整套紧密相连、相互协调的国家制度；国家治理能力则是运用国家制度管理社会各方面事务的能力，包括改革发展稳定、内政外交国防、治党治国治军等各个方面。国家治理体系和治理能力是一个有机整体，相辅相成，有了好的国家治理体系才能提高治理能力，提高国家治理能力才能充分发挥国家治理体系的效能。这是社会主义发展创新阶段的一个关键战略。怎样治理社会主义中国这样全新的社会，在以往的世界社会主义中没有得到很好解决。习近平同志阐释了这一过程："马克思、恩格斯没有遇到全面治理一个社会主义国家的实践，他们关于未来社会的原理很多是预测性的；列宁在俄国十月革命后不久就过世了，没来得及深入探索这个问题；苏联在这个问题上进行了探索，取得了一些实践经验，但也犯下了严重错误，没有解决这个问题。我们党在全国执政以后，不断探索这个问题，虽然也发生了严重曲折，但在国家治理体系和治理能力上积累了丰富经验、取得了重大成果，改革开放以来的进展尤为显著。我国政治稳定、经济发展、社会和谐、民族团结，同世界上一些地区和国家不断出现乱局形成了鲜明对照。这说明，我们的国家治理体系和治理能力总体上是好的，是适应我国国情和发展要求的。"[①]

习近平同志还指出，我们也要看到，相比我国经济社会发展要求，相比人民群众的期待，相比当今世界日趋激烈的国际竞争，我们在国家治理体系和治理能力方面还有许多不足与薄弱环节，仍有许多亟待改进的地方。真正实现社

[①] 《习近平谈治国理政》，外文出版社2014年版，第91页。

会和谐稳定、国家长治久安，还是要靠法治，靠制度，靠我们党在国家治理上的能力，靠高素质的"关键少数"。我们要更好地发挥中国特色社会主义制度的优越性，必须从各个领域推进国家治理体系和治理能力现代化。"坚持把完善和发展中国特色社会主义制度、推进国家治理体系和治理能力现代化作为全面深化改革的总目标。"①

我国要积极参与全球治理。国际政策往往是国内政策的继续。我们要全面"推动改革全球治理体系中不公正不合理的安排"②。我们向全世界全面阐释我国的全球经济治理观，把创新作为核心成果，把发展议题置于全球宏观政策协调的突出位置，形成全球多边投资规则框架，把绿色金融列入国际议程。随着时代发展，现行全球治理体系不合理、不适应的地方越来越多，国际社会对变革全球治理体系的呼声越来越高。要继续向国际社会阐释我们关于推动全球治理体系变革的理念，坚持要合作而不要对抗，要双赢、多赢、共赢而不要单赢，不断寻求最大公约数、扩大合作面，引导各方达成共识，加强协调合作，共同推动全球治理体系变革。要提高我国参与全球治理的能力，着力增强规则制定能力、议程设置能力、舆论宣传能力、统筹协调能力。中国处于世界社会主义运动探索前列，中国要引导未来世界发展的方向，同各种逆流进行博弈。现在已经有越来越多的国家响应中国关于世界治理的倡议，并形成越来越大的影响力。

三 新常态是中国治国理政的阶段性逻辑

实现远大目标，必须从现阶段一步一步做起。历史发展是分阶段进行的。中国进入新常态时期，习近平同志提出："要把适应新常态、把握新常态、引领新常态作为贯穿发展全局和全过程的大逻辑。"③ 正如恩格斯所说："在这部历史中，在每个阶段上都有不同的规律，即同一普遍运动的不同的表现形式起支配作用。"④ 如果说治国理政是立足于社会主义长远历史发展的大逻辑，那么新常态理论判断则是立足于我国经济发展阶段性特征的大逻辑。新常态凸显我国近期社会主义生产力发展的部分质变，也是治国理政的重要阶段，有它的特殊规律。这一判断和分析是马克思主义经济学基于纵向思维的理论创新。

我国经济发展的新常态主要特点是：增长速度要从高速转向中高速，发展

---

① 《习近平关于全面深化改革论述摘编》，中央文献出版社2014年版，第23页。
② 参见《人民日报》2016年9月28日。
③ 《习近平总书记系列重要讲话读本》，学习出版社、人民出版社2016年版，第141页。
④ 《马克思恩格斯选集》第4卷，人民出版社1995年版，第338、339页。

方式要从规模速度型转向质量效益型,经济结构调整要从存量扩能为主转向调整存量、做优增量并举,经济发展要从主要依靠资源和低成本劳动力等要素投入转向创新驱动。这些变化,是我国经济向形态更高级、分工更优化、结构更合理的阶段演进的必经过程。实现这样广泛而深刻的变化并不容易,对我们是一个新的巨大挑战。可以说,我国同资本主义大国的竞跑进入了"冲刺阶段"。

新常态阶段的核心是提升经济质量,以质量带速度。从生产力发展的历史过程看,数量扩张与质量提升总是连在一起的,是一个事物的两个方面。但有时侧重于数量扩张,主要是同一质下存量的增长;有时侧重于质的提高,主要是一定同质的量达到饱和程度后需要新的突破,新的先进生产力促进经济跃升;有时质的提升与量的扩张同时进行,又好又快发展。这几种状态的转换,呈现出阶段性进展。客观态势转换是不以人的意志为转移的。在社会主义制度产生以前,生产力质与量的形态转换带有自发性,经济危机就是在资本主义制度下呈现出来的转换形式。在社会主义经济制度下同样存在自发性,尤其是不能主观随意取代客观的转换趋势,如果主观地强势去改变客观行程,像计划经济体制下有时出现的"唯意志论"那样,同样会造成严重恶果,苏联和我国发展史上都有过这类教训。近几年我国出现了部分产业产能过剩,不平衡性凸显等问题,面临调整的艰巨任务。解决矛盾的正确方法是顺势而行,在"号准脉"的前提下发挥主观能动性,即在尊重市场在配置资源起决定作用的前提下,正确发挥政府宏观调控的作用。现在必须把客观与主观统一起来,准确地把握新阶段的发展趋势。

"十三五"时期,最重要的是根据新的发展理念,推进供给侧结构性改革。供给和需求是市场经济内在关系的两个基本方面,供给侧和需求侧是管理和调控宏观经济的两个基本方面。目前,供给侧结构性问题是矛盾的主要方面,要用好需求侧管理这个重要工具,使供给侧改革和需求侧管理相辅相成、相得益彰,为供给侧结构性改革提供良好环境和条件。为贯彻供给侧结构性改革方案,我们采取了一系列措施,就是去产能、去库存、去杠杆、降成本、去短板,并且要求做好加减法;宏观政策要稳、产业政策要准、微观政策要活、改革政策要实、社会政策要托底。2016年我们克服前进中的困难,取得了举世瞩目的发展成就,充分证明这一系列观点和政策已初见成效,应该继续在战略上打持久战,在战术上打歼灭战,遵循新常态的大逻辑不断推进改革。

然而,"树欲静而风不止"。同以习近平同志为核心的党中央提出的大逻辑——当今中国马克思主义主旋律相对立,出现了另一种"逻辑",即所谓"在万马齐喑的环境下,不可能有真正的改革",质疑当前的社会主义改革的论调。这一论调的"历史逻辑"是否定社会主义的改革,他们的逻辑要旨是混淆改革的性质,说中国的"改革"从晚清就开始了,但受到中国共产党领导的革命和建设的多种"阻碍",直到从西方传来"市场经济",才开始有了点"真正的改革",接着又停停续续,而十八届六中全会后的全面深化改革,也将会受"万马齐喑"羁绊,必须按他们的"明道"才能有"真正的改革"。这种"真正的改革"是什么呢?乃是他们一贯主张的"自由化""私有化""无为而治"等,取消共产党领导的政府发挥作用,最后全面实行西化。他们攻击、削弱、取消国有企业,恰好是为国外垄断资本服务的,因为在国际市场上我国只有依靠国企才能与国际垄断大企业抗衡,才能打破西方少数大国对世界的经济垄断。而如果按照他们的主张搞所谓的"真正的改革",则会摧毁社会主义中国的经济支柱,中国将陷入灾难。

历史事实一再表明,中国的改革是在共产党领导下的社会主义自我完善和发展。近40年来经过一个渐进的深化过程,它同晚清的"改革"、西方的"改革"、苏联东欧20世纪八九十年代的"改革"有本质的不同。习近平同志讲治国理政的全面改革、新常态下啃硬骨头的改革,都要坚持马克思主义指导、社会主义方向。我们要始终坚持社会主义基本制度和共产党的领导,而且还要把"一个中心、两个基本点"的基本路线视为"生命线""人民的幸福线"。离开这个基本方向的改革,就会误导我国社会主义走上变质的邪路。这两种逻辑的对立,才是"中国向何处去"——两种国家命运的根本分歧。我们必须坚持用当代中国马克思主义主旋律——大逻辑指导中国经济社会全面深化改革,坚定不移地走中国特色社会主义的改革之路、发展之路。

四 把握发展的横向逻辑,弥补绿色短板

以立体视阈观察中国治国理政的大逻辑,既包括历史发展的纵向主脉,也包括经济维度的横向系统。习近平同志依据新常态的纵向关系提出五大发展理念,勾勒出横向逻辑,努力揭示和运用经济发展的客观规律。

问题导向是辩证的思维方式。创新发展、协调发展、绿色发展、开放发展、共享发展,是习近平同志针对经济新常态的新形势提出的新理念,既是针对我国面临的发展问题提出来的,又是对国内外社会主义建设经验的科学总结,符合社会主义的发展规律和时代要求,不仅具有整体性、系统性,而且富有可操作性。从发展的进程看,发展理念决定发展道路,五大发展理念为我国今后的现代化建设指明了方向。为了明确五大发展理念的地位和贯彻要求,习近平同志又特别指出了各个要领和实施方向,即崇尚创新、注重协调、倡导绿色、厚植开放、推进共享。它涵盖了生产力与生产关系的统一、经济基础与上层建筑的互动、人与自然的和谐，体现了遵循和驾驭经济规律、自然规律和社会规律的辩证统一。

深刻领会五大发展理念，应当弄清三个问题：第一，发展什么样的生产力？当然是先进生产力，用以往的观念理解，主要是技术水平高、生产效率高的生产工具、高素质的劳动力和畅销的产品。现在看这是不够的，还必须突出绿色，即生态化，并同相关的经济活动、产业配置相协调，以不断创新为支撑和新动力源，坚持可持续发展，占领国际竞争制高点。就是说，发展的标准与内涵在提升，这样才能体现"硬道理"。第二，依靠谁发展？与为谁发展相联系，既要全心全意为人民，又要依靠和充分调动人民群众的积极性。但也不是简单地粗放式发展，仅仅扩大劳动密集型产业，而是在依靠人民群众的同时，要大力提高他们的科技素养、生态意识，包括培养、发现、依靠科技人才，提高生产力要素中的主要动力，也即劳动者的质量，把调动积极性与造就高素质劳动者的创新能力结合起来，尤其要突出激发科技人才的创新智慧。第三，通过什么途径发展先进生产力？不是再重复以往主要靠要素的高投入，而是在高水平上综合发展生产力，或称立体式发展生产力。这标志着生产发展方式进入高质量、综合性创新阶段。简括起来说，现代生产力的全面整体提升、综合发展应当有以下七个方面。

（1）扩展生产力存量，增加市场现在需求的产品数量，提高质量，淘汰落后产业和产品。（2）解放生产力，通过深化改革，扫除发展生产力的障碍，不断增强发展的新动力（前已论述），这是邓小平的创新，即"发展"生产力与"解放"生产力并提。（3）创新生产力，主要是利用科技创新更先进的生产力，引领经济高质量整体发展。这是发展动力途径的转换，是时代的特殊要求。（4）协调生产力，是产业间的平衡互动、促进生产力的布局合理，重要的是消除城乡二元结构，实现城镇化，优化生产力的空间结构，还要优化微观经济与宏观经济的整体协同。（5）绿色生产力，即保持和优化生态环境，发展生态生产力，是可持续发展的重要保证。这是社会发展理论中的最新要求，体现人与自然的和谐发展。（6）保护生产力，主要是实现安全发展，并且要使这种保护机制系统化，这是现代经济生活中一个越来越突出的新问题。（7）开放发展生产力，即面向世界，参与全球生产力发展，吸收国外最先进的要素，逐渐走向全球发展前列。在实际运行中，这七个方面互相渗透交叉、融合，全面体现了时代的特点和客观趋势。这种全方位多维度发展生产力，是对发展经济学和生产力学说的丰富，也是大国经济的特殊需求。

从实际情况看，创新、协调、开放、共享四个方面的发展思路清晰，成效显著，而绿色发展因难度大，又受制于自然规律，目前仍是发展的一大短板，需要下更大的力气研究和实施，有的难题（如空气、水、土壤污染，基本生活必需品的安全等）都需要科技攻关。绿色发展不是凭空突然提出的，而是在总结大量历史经验教训的基础上对自然规律的深化认识和自觉顺应、驾驭，是对人类历史上的生态问题的系统总结。

在对待自然问题上，恩格斯曾深刻指出："我们不要过分陶醉于我们人类对自然界的胜利。对于每一次这样的胜利，自然界都对我们进行报复。每一次胜利，起初确实取得了我们预期的结果，但是往后和再往后却发生完全不同的、出乎预料的影响，常常把最初的结果又消除了。"[1] 人因自然而生，人与自然是一种共生关系，对自然的伤害最终会伤及人类自身。只有尊重自然规律，才能有效防止在开发利用自然上走弯路。这个道理要铭记于心、落实于行。习近平同志总结历史教训时指出："在我国，现在植被稀少的黄土高原、渭河流域、太行山脉也曾是森林遍布、山清水秀、地宜耕植、水草便畜。由于毁林开荒、滥砍乱伐，这些地方生态环境遭到严重破坏。塔克拉玛干沙漠的蔓延，湮没了盛极一时的丝绸之路。楼兰古城因屯垦开荒、盲目灌溉，导致孔雀河改道而衰落。这些深刻教训，一定要认真吸取。"[2] 习近平同志强调指出："改革开放以来，我国经济发展取得历史性成就，这是值得我们自豪和骄傲的，也是世界上很多国家羡慕我们的地方。同时必须看到，我们也积累了大量生态环境问题，成为明显的短板，成为人民群众反映强烈的突出问题。比如，各类环境污染呈高发态势，成为民生之患、民心之痛。这样的状况，必须下大气力扭转。"[3]

中国人口占世界的20%以上，除煤炭和个别金属元素外，其他资源均存在不同程度的短缺。石油和天然气人均占有量是世界平均水平的9%，耕地、淡水、森林只有世界平均水平的40%、27%、26%。石油净进口量为3.28亿吨，对外依存度达到60%，天然气净进口量为624亿立方米，对外依存度为32.7%。[4] 我国人多资源少，不转变经济发展方式，将无法持续发展，而许多技术又为西方垄断资本所垄断。现在我国生产、生活的大生态环境几近面临灾难，严重的大气污染使人们很少见到蓝天，PM2.5高浓度等直接威胁到人民的健康，

---

[1] 《马克思恩格斯选集》第3卷，人民出版社2012年版，第998页。
[2] 《习近平总书记系列重要讲话读本》，学习出版社、人民出版社2016年版，第231—232页。
[3] 习近平：《在省部级主要领导干部学习贯彻党的十八届五中全会精神专题研讨班上的讲话》，《人民日报》2016年5月10日。
[4] 钱兴坤、姜学峰：《2015年国内外油气行业发展概述及2016年展望》，《国际石油经济》2016年第1期。

由此造成的发病率大大升高，这不能不说是大自然的报复。

从问题出发，自觉认识倒逼机制。必须遵循自然规律，大力建设生态文明，进而实现人与自然的和谐共生。这不仅关系当代人的生存环境、健康需求，而且关系子孙后代的生存利益和可持续对自然的合理利用，关系全人类的利益，如大气污染、水污染、土壤污染、自然灾害的频发，等等，也成为全国人民乃至世界人民最关心的问题。

为使绿色发展尽快落地生根，让人们尽快吸上新鲜空气、喝上清洁水、吃上有机食品、享受优美的环境，确保健康生活，首先应当遵循自然规律，并使经济规律与社会规律与之协调。为实现绿色发展，必须彻底转换我国传统的经济增长方式，建立低碳、循环发展的绿色生产方式。我国传统经济增长方式是一种粗放的线型经济模式，呈现"高投入、高消耗、高污染、高速度"与"低产出、低效率、低效益、低科技含量"的"四高四低"的突出特征。循环经济是绿色经济的现实载体，一种新的生产方式，它以生态学为基础，以"减量化、再利用、资源化"的"3R"为原则，形成大中小循环层次，构建了经济—生态—社会诸关系协调发展的链条，在客观上形成了与传统经济增长方式不同的经济关系和社会关系，这是当前和今后一个时期，我国走绿色发展道路的必然选择。绿色发展理念也是提升现实生活质量的迫切诉求，在理论上，也是经济学领域的一大创新，应该深化研究。"绿色"理念拓宽了生产力结构内涵和科学运用理论，开拓了广阔的资源利用空间，确立了长远与短期相结合的维度，创新了产业结构理论等。我们必须勇于从历史和现实的社会实际出发，遵循自然规律、经济规律、社会规律三大规律的辩证统一，实现中国特色社会主义政治经济学的理论创新。

最后，应当强调，领会习近平同志关于治国理政大逻辑的思维和方略，需要掌握科学的方法论，在普遍联系的复杂多变的现象中，抓住主要矛盾和矛盾的主要方面，既立体地统揽"纵""横""深"三个维度，注重整体性，又突出重点，主攻难点，积极地、有条不紊地推进中国特色社会主义伟大事业不断进步。

（乔法容参与了本文写作）

历史—地理唯物主义视角下中国全球化空间实践转向

曾 鹏

【作者简介】曾鹏，广西民族大学研究生院院长，经济学教授，博士生导师。入选国家民族事务委员会"民族问题研究优秀中青年专家"、国家旅游局"旅游业青年专家培养计划"、民政部"行政区划调整论证专家"、广西壮族自治区人民政府"十百千人才工程"第二层次人选、广西教育厅"广西高等学校高水平创新团队及卓越学者计划"、广西知识产权局"广西知识产权（专利）领军人才"。主要从事城市群与区域经济可持续发展的教学与科研工作。主持完成或在研国家社会科学基金项目3项（含重点项目1项）、省部级项目11项，出版著作6部（套），在中文核心期刊、CSSCI源期刊、EI源期刊上发表论文90篇，获省部级社会科学类优秀成果奖21项。

一 引言

早在19世纪，马克思就预言资本主义全球化的到来，他将资产阶级时代的特点概括为："生产的不断变革，一切社会状况不停地动荡，永远的不安定和变动，这就是资产阶级时代不同于过去一切时代的地方。"[1] 马克思认为资产阶级

---

[1] 《马克思恩格斯选集》第1卷，人民出版社1995年版，第275页。

不停地动荡,"驱使资产阶级奔走于全球各地。它必然到处落户,到处开发,到处建立联系"①。中国作为发展中国家的一员,时刻面临着资本主义经济全球化的挑战。在这种背景下,习近平主席于 2013 年出访哈萨克斯坦时提出了打造"丝绸之路经济带",随后在出访印度尼西亚之际又提出了"21 世纪海上丝绸之路"。"一带一路"倡议的提出,标志着我国对社会主义全球化的初步探索以及实现中华民族伟大复兴的宏伟愿景。但我国对资本主义全球化本质的研究以及如何应对资本主义全球化的理论还不完善;对如何建设社会主义全球化的理论还十分匮乏。

新马克思主义者大卫·哈维的"时空修复"理论的提出,揭开了资本主义全球化的神秘面纱。哈维认为资本主义经济向全球化发展是资本主义空间生产中资本过度积累的必然产物,是资本主义国家向发展中国家转嫁资本积累危机的一种手段,资本主义全球化的本质仍是资产阶级追逐剩余价值的资本主义空间生产。哈维的"时空修复"理论对我国应对资本主义全球化以及发展社会主义全球化的"一带一路"倡议具有重要的现实意义。

在国内学术界,对资本主义全球化、"一带一路"倡议以及"时空修复"理论的研究大致有以下两种路径:一是对理论介绍和评述;二是对理论的实际运用。对资本主义全球化的理论介绍和评述方面,纪玉祥是国内较早提出资本主义全球化的学者,他认为研究经济全球化问题的基本方法是研究发达资本主义的问题②;路爱国以经济全球化为重点,介绍了资本主义经济全球化的基本现状③;胡松明分析了资本主义全球化背景下新金融霸权主义的形成条件,认为新金融霸权主义是短暂的、不可持续的④;何自力认为资本主义经济全球化拉大了世界各国的贫富差距,加剧了国家集团之间的矛盾、冲突⑤;俞可平引进了西方左翼学者的观点,从整体上介绍了当代资本主义的变化和特征⑥;王永贵认为经济全球化在促进资本主义的发展和扩张的同时加快了资本主义的灭亡,资本主义全球化必将以社会主义全球化为终结⑦;陈学明从女性主义的马克思主义视角

---

① 《马克思恩格斯选集》第 1 卷,人民出版社 1995 年版,第 276 页。
② 纪玉祥:《全球化与当代资本主义的新变化——兼及考察全球化的方法问题》,《马克思主义与现实》1998 年第 6 期。
③ 路爱国:《全球化与资本主义世界经济:经济全球化研究综述》,《世界经济》2000 年第 5 期。
④ 胡松明:《金融资本全球化与新金融霸权主义》,《世界经济》2001 年第 7 期。
⑤ 何自力:《经济全球化与现代资本主义》,《南开学报》2002 年第 2 期。
⑥ 俞可平:《全球化时代的资本主义——西方左翼学者关于当代资本主义新变化若干理论的评析》,《马克思主义与现实》2003 年第 1 期。
⑦ 王永贵:《经济全球化趋势与资本主义的历史命运》,《当代世界与社会主义》2003 年第 3 期。

出发，对资本主义全球化进行了深刻的批判[1]；鲍里斯·卡戈尔里茨基、黄登学认为金融危机标志着自由主义的失败以及资本主义全球化的终结，马克思主义在资本主义的后全球化时代具有新的现实意义[2]。在"一带一路"倡议的理论介绍和评述方面，袁新涛介绍了"一带一路"倡议，认为"一带一路"倡议是促进亚欧国家共同发展的最优途径[3]；申现杰、肖金成从区域性合作的角度分析了"一带一路"倡议的重要意义，并提出了"一带一路"倡议建设的重点领域[4]；金玲从理论上回答了"一带一路"倡议与马歇尔计划的区别[5]。对"时空修复"理论的介绍和评述方面，张佳批判资本主义全球化进程中空间生产的资本积累，认为哈维的"时空修复"理论具有重要的当代意义[6]；赵海月、赫曦滢认为哈维"时空修复"理论的建构对分析全球化局势以及发展中国全球化道路具有重要借鉴作用[7]。对资本主义全球化的实际运用方面，约翰·贝拉米·福斯特、吴娓、刘帅分析了资本主义全球化造成世界危机的原因以及对中国产生的影响[8]；王南湜从资本积累论的角度出发，用剩余价值理论分析了资本主义全球化，并提出全球化是资本主义的终结[9]；李国平、周宏提出金融资本主义全球化是金融资本全球化的高级阶段，并分析了如何利用金融资本主义全球化来推动国内经济繁荣[10]。在"一带一路"倡议的实际运用方面，盛斌、黎峰分析了我国发展"一带一路"倡议所面临的国际政治经济局面，提出了确保"一带一路"倡议顺利发展的建议[11]；隋广军、黄亮雄、黄兴分析了"一带一路"倡议带动沿线国家经济增长的实际效率[12]。在"时空修复"理论的实际运用方面，

---

[1] 陈学明：《西方女性主义的马克思主义对资本主义全球化的独特批判》，《毛泽东邓小平理论研究》2007年第1期。

[2] 鲍里斯·卡戈尔里茨基、黄登学：《后全球化时代的资本主义和马克思主义》，《国外理论动态》2016年第1期。

[3] 袁新涛：《"一带一路"建设的国家战略分析》，《理论月刊》2014年第11期。

[4] 申现杰、肖金成：《国际区域经济合作新形势与我国"一带一路"合作战略》，《宏观经济研究》2014年第11期。

[5] 金玲：《"一带一路"：中国的马歇尔计划？》，《国际问题研究》2015年第1期。

[6] 张佳：《全球空间生产的资本积累批判——略论大卫·哈维的全球化理论及其当代价值》，《哲学研究》2011年第6期。

[7] 赵海月、赫曦滢：《大卫·哈维"时空修复"理论的建构与考量》，《北京行政学院学报》2012年第5期。

[8] 约翰·贝拉米·福斯特、吴娓、刘帅：《失败的制度：资本主义全球化的世界危机及其对中国的影响》，《马克思主义与现实》2009年第3期。

[9] 王南湜：《剩余价值、全球化与资本主义——基于改进卢森堡"资本积累论"的视角》，《中国社会科学》2012年第12期。

[10] 李国平、周宏：《金融资本主义全球化：实质及应对》，《马克思主义研究》2014年第5期。

[11] 盛斌、黎峰：《"一带一路"倡议的国际政治经济分析》，《南开学报》（哲学社会科学版）2016年第1期。

[12] 隋广军、黄亮雄、黄兴：《中国对外直接投资、基础设施建设与"一带一路"沿线国家经济增长》，《广东财经大学学报》2017年第1期。

黄良伟、李广斌、王勇运用"时空修复"解析乡村空间分异机制，分析了苏南地区乡村空间的分化与重构[①]；王铁军将"时空修复"理论运用到金融危机和欧洲主权债务危机的分析中，认为欧洲国家的"空间修复"使金融危机转变为欧洲主权债务危机[②]，等等。

综上所述，虽然国内对于资本主义全球化、"一带一路"倡议以及"时空修复"理论的研究纷繁复杂，但运用"时空修复"理论分析资本主义全球化并为"一带一路"倡议发展提供理论依据的研究还没有。面对我国全球化空间实践的需要以及我国社会主义全球化的理论匮乏，笔者从大卫·哈维的"时空修复"理论出发，为我国的全球化空间实践提供理论依据具有重要现实意义。

二 时空修复：一个新的全球化空间实践转向解析框架

（一）大卫·哈维的"时空修复"理论内涵

大卫·哈维的"时空修复"理论诞生于将马克思辩证法的实质理解为总体性辩证法的基础之上。总体性辩证法强调"把社会生活的孤立事实作为历史发展的环节并把它们归结为一个总体的情况下，对事实的认识才能成为对现实的认识"[③]，因此，哈维认为研究事物的发展变化规律应该将事物放到过程中来理解，并指出"辩证法不是物而是过程，此外，它是这种过程，在其中，心与物之间、思想和行动之间、意识和物质之间、理论和实践之间的笛卡尔式的二元分裂不再有立足点"[④]。正是基于这种过程的辩证思维，哈维将资本主义理解为由资本循环过程所规定和限制的社会系统，因此产生于资本循环过程中的物质空间和资本主义社会关系空间就自然地成为历史唯物主义的研究对象，空间维度就得以在历史唯物主义中得到体现。

基于过程辩证法的思想，哈维详细地分析了马克思在《资本论》中对资本主义工业的生产过程的论述，他认为马克思虽然揭示了资本主义存在的矛盾和危机，但他没有注意到资本主义已经找到缓解资本过度积累危机的手段。哈维将资本主义缓解资本过度积累危机的方法称为"时空修复"，即"一种通过时间延迟和地理扩张解决资本主义危机的特殊方法"[⑤]，其中"时间延迟"与"地理扩张"的特殊方法又被称为"时间修复"与"空间修复"。哈维将资本向工

[①] 黄良伟、李广斌、王勇：《"时空修复"理论视角下苏南乡村空间分异机制》，《城市发展研究》2015年第3期。
[②] 王铁军：《时空修复、积累模式与欧洲主权债务危机》，《国际经贸探索》2015年第4期。
[③] [匈]卢卡奇：《历史与阶级意识》，杜章智译，商务印书馆1992年版，第56页。
[④] [英]大卫·哈维：《正义、自然和差异地理》，胡大平译，上海人民出版社2010年版，第57页。
[⑤] [英]大卫·哈维：《新帝国主义》，初立忠、沈晓雷译，社会科学文献出版社2009年版，第94页。

业生产集中的过程称为资本初级循环,资本流向固定资本和消费投资的过程称为次级循环,将资本投资于科学技术研究以及劳动力再生产过程相关的社会支出称为第三级循环(见图1)。进一步指出"时间修复"贯穿着资本的三次循环,其本质是将资本投资到固定资本中从而延迟价值重新进入资本流通领域的时间,进而缓解资本过度积累的危机。当"时间修复"策略难以缓解资本过度积累危机时,资本就寻求"空间修复"的策略来缓解资本过度积累危机,即"通过其他空间位置开发新的市场,以新的空间生产能力和新的空间资源、社会和劳动力的可能性来进行空间转移"[①]。"空间修复"策略使资本在不同地点、区域流通,资本过度积累的危机不断转移,但国家空间的有限性必然限制"空间修复"的进行,因此"空间修复"的对象逐渐瞄准到落后的发展中国家,从而促使了全球化的诞生。

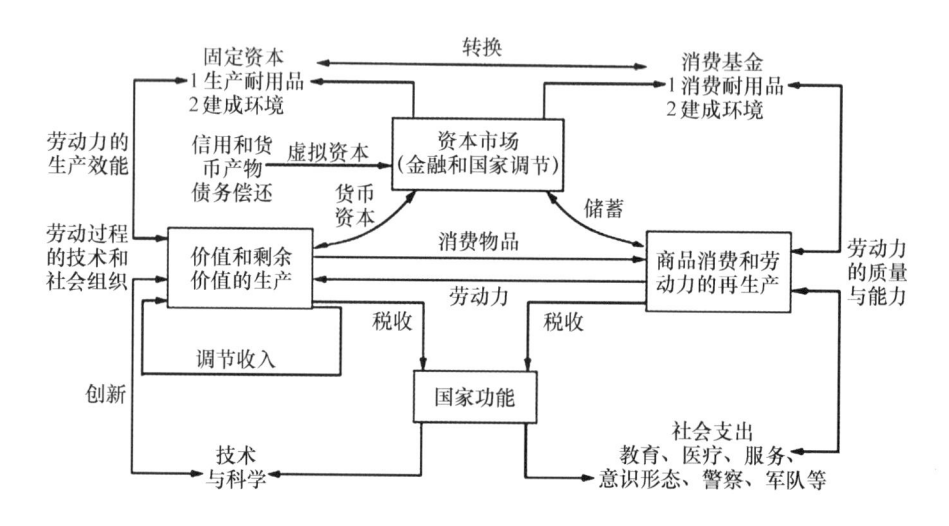

图 1 资本的"三级循环"

资料来源:D. Harvey The Imperialism 2003.

(二)资本主义全球化空间实践的剖析

大卫·哈维认为资本家就如西方经济学理论中假定的理性人,认为每个人都是利己的人,并指出"单个资本家都是单纯地站在自己利益的立场上竞相追逐利益,这样产生的结果是与他们整个资产阶级利益相对立"[②]。正是这种单个资本家不断追求利益的欲望与整个资产阶级追求稳定资本积累的要求相对立的矛盾使资本积累表现为过度积累的趋势,单个资本家不断破坏资本积累的平衡,

---

[①] [英]大卫·哈维:《新帝国主义》,初立忠、沈晓雷译,社会科学文献出版社2009年版,第90页。
[②] David Harvey, *Space of Capital: Towards a Critical Geography*, Edinburgh University Press, 2001:79.

导致整个资本体系出现周期性的积累危机。

在资本主义资本初级循环中,工业资本不断地积累,马克思所描述的"利润率下降的趋势"逐渐出现,工业资本大规模地贬值,大量公司破产,资本家为了避免资本过度积累带来的资本贬值,使用"时间修复"手段将资本流向次级循环中。这是因为固定资本具有资本规模大、生产周期长的特点,从而能够吸纳大量的剩余劳动力和过剩资本,缓解资本积累危机的爆发。但资本家利己的特性必然将资本大量投资于固定资本中,资本家追求利益的欲望必然致使普遍的过度投资的趋势,从而导致资本在次级循环中爆发过度积累的危机。于是,资本家又采用"时间修复"的手段将资本不断流向三级循环中,增加社会支出从而提高劳动力的再生产能力,或采用意识形态、军队等方式同化、镇压劳动力进行生产。由于"时间修复"在本质上只是延迟了价值进入资本循环的时间,延缓了资本过度积累危机爆发的时间,因此在资本第三级循环中过度积累的趋势仍然没有得到改变。一方面生产性投资机会同样会出现枯竭,另一方面由于固定资本流向复杂的金融体系和虚拟资本,资本过度积累危机会逐渐引发金融危机、信用危机以及国家财政危机。

为解决上述危机,资本主义又采取了"空间修复"的手段,通过地理扩张将过剩的资本输出到本国其他区域以及落后的发展中国家。相比较在本国的其他区域投资,在落后的发展中国家投资更受到资本家的青睐,这是因为落后的发展中国家的"人口红利"提供了大量的廉价劳动力,使资本家获得更多的利润。因此,一个接一个新的"空间生产"的不断开启,使过剩的资本在发展中国家得到吸收,整个资本主义体系暂时地化解了资本过度积累的危机,从而保持了一个暂时稳定的状态。哈维指出,资本主义的"空间修复"策略实际上是全球化的动力,资本要不断地寻找新的积累空间,从而不断地将非资本空间资本化,全球化空间就是在资本和贸易的控制和支配下建构出来的组织。

(三) 中国全球化空间实践转向的诠释

中国全球化空间实践转向策略与资本主义全球化有着明显的区别,中国全球化空间实践转向策略的空间地理扩张不是掠夺式的资本生产,也不是对落后国家粗暴的资本输出,而是积极帮助沿线落后国家建设公路、铁路、机场、港口、电信等基建工程,从而带动沿线国家的经济发展,促进沿线国家整合资源从而合理开发、利用资源。中国全球化空间实践转向策略不同于资本主义全球化以转移过剩资本来缓解资本过度积累危机,而是一方面采取供给侧改革,优化产业供给链,进一步拉动内需;另一方面积极建设"一带一路"贸易平台,促进沿线国家贸易交流,从而带动沿线国家的需求。中国地处欧洲经济圈与亚太经济圈的交汇处，其独特的地理位置为中国提供了连接世界上两大经济圈的可能，但仿照资本主义全球化的模式显然不利于欧洲、亚太两大经济圈的利益，同时也难以促成两大经济圈之间的密切合作与交流。中国全球化空间实践转向策略就是要完善连接欧亚大陆的基础设施建设，打通欧洲经济圈与亚太经济圈的贸易通道，打造一个公平公开、合作共享的国际大市场。

"一带一路"倡议的提出是我国全球化空间实践转向的初步探索，是对"时空修复"理论创造性的运用，是应对我国经济步入"新常态"的发展策略。"一带一路"倡议不是中国版的"马歇尔"援助计划，而是拥有其独特文化内涵与空间内涵的全球化空间实践。

"一带一路"倡议的文化内涵源自"丝绸之路"的文化内涵。"丝绸之路"一词是由德国地理学家李希霍芬在19世纪70年代出版的《中国：我的旅行成果》一书中提出的，他将中原泾河西走廊和塔里木盆地到中亚和地中海的这条自汉朝至唐朝以丝绸交易为主的贸易线路称为"丝绸之路"。[1] 随着贸易的发展与朝代的更替，"丝绸之路"的贸易商品不仅仅局限于丝绸，而且加入了各种各样的贸易商品，"丝绸之路"也因此得到了广泛的认可。时至今日，"丝绸之路"的提出将千年的历史文化内涵融入"一带一路"的文化内涵之中，因此"丝绸之路"的文化内涵不能仅仅只看作为具体的贸易线路。"丝绸之路"对于当今社会而言更多的是一种抽象意义的文化符号，而非是一种带有强烈具象的空间现象；从另一个角度来看，历史上"丝绸之路"主要存在于和平时期，而且商品和文化的交流往往带来了共同繁荣，因此这个文化符号的内涵可以归结为和平、友谊、交往和繁荣。[2]

"一带一路"倡议的空间内涵不同于西方区域经济学理论中的区位、区域，而是基于马克思主义辩证法对大卫·哈维时空观创造性的运用，将空间置于社会发展过程中并看作是包含社会过程的事物，同时社会过程也包含空间。以空间发展观的"一带一路"包含着一系列新的空间形式：以高铁、航空港等基础设施建设为主要内容的交通带是"一带一路"沿线国家开展经贸合作与人文交流的物质基础；亚投行、丝路基金的组建是"一带一路"金融带的具体表现；学术带、文化带的内容则表现为"一带一路"沿线国家高校之间的学术成果交流以及智库之间的交流。[3] 因此，"一带一路"的空间内涵不是一个封闭的区

---

[1] Waugh D. C., "Richthofen's 'Silk Roads': towards the archaeology of the concept", Silk Road, 2007, (5): 2–10.
[2] 刘卫东：《"一带一路"战略的科学内涵与科学问题》，《地理科学进展》2015年第5期。
[3] 刘美平：《马克思主义区域经济学视阈内"一带一路"倡议的实施方略》，《区域经济评论》2016年第2期。

域，而是一个开放、发展并具有选择性的社会发展过程。

以和平、友谊、交往、繁荣为主题的文化内涵与以开放、发展为核心的空间内涵共同组成了具有中国特色社会主义的全球化空间实践。中国的全球化空间实践是以人为本，满足人民生活需求，不断提升人民生活满意度的空间生产方式；中国的全球化空间实践是秉承共商、共享、共建原则的经济全球化战略；中国的全球化空间实践的最终目的是消除区域发展不平衡、减小贫富差距，实现全人类的共同富裕。

（四）资本主义全球化与中国"一带一路"的动态博弈

无论是资本主义的全球化还是中国的"一带一路"倡议，其实质都是一种空间修复的策略，都需要对世界范围内的空间进行开发和利用。但世界范围内的空间是有限的，资本主义和社会主义又分别属于两个不同的阵营，这就产生了资本主义全球化和"一带一路"的博弈。考虑到目前资本主义全球化覆盖范围大于"一带一路"所覆盖的范围，资本主义全球化与"一带一路"倡议的博弈将经历三个阶段。

在第一阶段，"一带一路"倡议刚刚起步，资本主义全球化与"一带一路"对空间的竞争相对较弱，且两者在空间覆盖范围上没有过多的重合。资本主义全球化对中国"一带一路"选择"不合作"策略比选择"合作"策略的获益要更多。这主要有三个原因：一是两者在空间覆盖范围的距离比较远，选择"合作"策略所付出的投资量比较大；二是害怕己方投资使得对方"搭便车"；三是出于"损人利己"的心理，限制对方的发展，为己方赢得更多空间资源。而中国的"一带一路"倡议刚刚起步，容易受到发达国家的贸易限制，所以选择"合作"策略能使得己方得以发展，消除来自其他国家的贸易壁垒；另一方面，"一带一路"倡议本着合作共赢、让世界各国"搭便车"的理念，应主动选择"合作"的发展策略。假设在第一阶段的初始状态"一带一路"倡议拥有 5 个单位资本，资本主义全球化拥有 10 个单位资本，"一带一路"倡议选择"不合作"策略导致的贸易壁垒会消耗己方 5 个单位的资本，而资本主义全球化选择"不合作"策略产生的贸易壁垒会消耗己方 2 个单位的资本，选择"合作"策略所产生的投资会消耗 4 个单位的资本而使对方获益 1 个单位的资本，从而形成了资本主义全球化与"一带一路"倡议博弈矩阵（见表1）。由于资本主义全球化处在绝对优势的地位，因此在两者之间的博弈过程中资本主义全球化占有主导地位。在博弈的过程中，资本主义全球化主导国家抱着试探的心理，一边提防"一带一路"倡议，一边不断地试探"一带一路"倡议，他们逐渐发现接受"一带一路"倡议的合作既可以为己方创造更多的利益，又可以限制"一带一路"倡议的发展。因此，在第一阶段，资本主义全球化与中国"一带一路"的纳什均衡为（合作，不合作）。

表1 资本主义全球化与"一带一路"倡议第一阶段博弈矩阵

"一带一路"倡议 \ 资本主义全球化	合作	不合作
合作	2, 7	1, 9
不合作	1, 6	0, 8

在第二阶段，由于资本主义全球化和"一带一路"倡议的推进，两者在空间规模上得到了发展并且在空间覆盖的范围上有了较多的交集，两者之间选择"合作"策略所需的投资成本不断减少，二者之间选择"不合作"策略对经济发展的阻碍更大。假设在第二阶段的初始状态"一带一路"倡议拥有7个单位的资本，资本主义全球化拥有12个单位的资本，"一带一路"倡议选择"不合作"策略造成的贸易壁垒将会损耗己方6个单位的资本，资本主义全球化选择"不合作"策略产生的贸易壁垒会损耗己方5个单位的资本，两者选择"合作"策略所产生的投资会消耗己方2个单位的资本而使对方获益2个单位的资本（见表2）。因此，在第二阶段中资本主义全球化与"一带一路"的纳什均衡为（合作，合作）。

表2 资本主义全球化与"一带一路"倡议第二阶段博弈矩阵

"一带一路"倡议 \ 资本主义全球化	合作	不合作
合作	7, 12	5, 9
不合作	3, 10	1, 7

到了第三阶段，资本主义全球化与"一带一路"得到了较大的发展，两者所覆盖的空间范围已经有了较多的重叠区域。随着资本主义空间生产的进行，资本过度积累的危机不断加剧，世界空间的有限性已经无法支持资本主义阵营

进行空间修复。而中国"一带一路"倡议却得以成功地发展,这为资本主义阵营解决资本过度积累危机提供了参考。因此,第三阶段的稳定状态是资本主义阵营在社会主义阵营的帮助下逐步实现社会主义全球化的转变。

三 中国全球化空间实践转向的逻辑起点:交换价值的批判

(一)追逐交换价值的资本主义全球化空间生产加剧了社会矛盾

20世纪70年代,随着工业革命带来的生产技术革新导致了资本有机构成呈现出不断提高的趋势,从而引发资本生产的平均利润不断下降,平均利润的下降驱使资本家不断地增加资本积累规模,最后导致大范围的资本过度积累危机。为了缓解资本过度积累的危机,资本家开始抢占世界范围内的市场,将过度积累的资本转移到发展中国家,从而缓解国内的资本过度积累危机,并利用先进的生产技术优势在发展中国家获取高额的垄断利润。哈维认为资本主义全球化的实质就是利用"时空修复"的手段在全球范围内进行空间扩张,将资本主义国家资本过度积累的资本转移到落后的国家进行资本生产,从而将资本过度积累的危机带到世界各国。随着经济全球化进程的加快,资本主义国家为了追逐交换价值的实现,不断将过剩资本输送到世界各国的同时也将资本主义国家的基本矛盾带到世界各国,其主要表现在以下几个方面。

一是追逐交换价值的资本主义经济全球化加剧了世界范围内的贫富差距。根据联合国《1999年人类发展报告》表明:全世界范围占世界人口20%的最富有的人群与占世界人口20%的最穷的人群的收入差距从1960年的30∶1扩大到1997年的74∶1;到2000年,22个西方发达资本主义国家的国内生产总值占全球生产总值的76.67%,而世界53个最贫穷国家的国内生产总值仅占全球生产总值的2.69%。[1] 20世纪80年代以来,以美国为首的发达资本主义国家为了获取更多的交换价值,从而制定了一系列加强本国经济在世界经济中的控制力的战略以增强在国际市场上的竞争力,不断将过剩的资本输出到落后的发展中国家。落后的发展中国家的"人口红利"为资本主义提供了大量的廉价劳动力,劳动成本的降低实现了高额的交换价值。资本家在高额的交换价值的诱惑下,不断放弃本国的非技术性劳动力,采取大规模的人员裁减从而吸收国外廉价的劳动力。资本家不断地在世界市场上寻找廉价劳动力的国家进行投资,廉价劳动力带来的高额利润促使资本家大幅度地缩减本国工人的工资,放弃劳动力成本高的工作岗位,从而导致本国工人就业机会不断减少,失业率不断上涨。另

---

[1] 《世界银行2000/2001年世界发展报告》,中国财政经济出版社2000年版,第127页。

外，资本主义国家为了使本国企业在世界市场上获取更多的交换价值，纷纷出台了有利于国内企业占据国际市场的政策，例如政府削减社会福利开支，降低企业对工人的保障性支出，起到降低企业生产成本的作用，进而导致工人的社会福利不断减少，生活压力不断上升，从而引发了资本主义国家大规模的工人罢工潮，加剧了社会贫富差距。

二是追逐交换价值的资本主义全球化使资本主义国家之间的经济战役持续升级，利益分配矛盾日益激化。从20世纪60年代开始的钢铁、纺织品经济战，到70年代发展为彩色电视机、汽车业经济战，80年代进一步发展成为半导体产品经济战以及一直延续至今的钢铁产业的经济战。发达资本主义国家之间的抵制和反抵制、壁垒和反壁垒、控告和反控告、制裁和反制裁等各种形式的贸易摩擦层出不穷，经济战役接连不断。[①] 这种经济战役是资本主义独有的产物，其不可避免地激化了资本主义国家之间的矛盾。这是因为资本主义全球化的私有体制决定了生产资料的私有化，而在全球化的过程中资本主义国家或资本家为了获取更多的交换价值，必须不断地争夺生产资料，从而孕育了一个又一个经济战役。另外，以美国为首的全球霸权主义不断加深了资本主义国家之间的矛盾。美国推行的经济全球化是一种政治霸权主义的诉求，其目的是要改变第二次世界大战结束后建立的各个民族国家具有的不可侵犯的、独立自主的国际政治体系，从而建立以美帝国主义为中心的国际政治、经济规则，为美国实现更多的交换价值奠定基础。2003年，美国以伊拉克藏有大规模杀伤性武器为由对其发动了战争，这场历时七年之久的战争背后隐藏了美帝国主义试图重新获取对海湾地区绝对掌控的野心。美国从而占有该地区的石油资源，为其输送大量的石油资源从而使本国石油企业在国际市场赢得超额利润提供便利，同时掐断了海湾地区到西欧、日本等地区的石油供应链。伊拉克战争的发动得到了英国的支持，但遭到了法国、德国、俄罗斯的极力反对，其对抗的目的同样是维护本国在海湾地区的石油利益。追逐交换价值的资本主义全球化使资本主义国家之间的矛盾、霸权与反霸权的较量日益激烈。

三是追逐交换价值的资本主义空间生产使发达资本主义国家与发展中国家之间的矛盾逐渐加剧。第二次世界大战后，资本主义列强迫于全世界人民反战运动的兴起以及和平相处的呼声，放弃了军事侵略以及旧殖民主义的政治统治，而是积极宣传和大力推动经济全球化，用经济手段控制发展中国家的经济命脉，以"温柔"的方式掠夺落后国家赖以生存的稀缺资源。首先，发达资本主义国

---

① 宋茜：《经济全球化与资本主义基本矛盾及各种危机的加深》，《理论与改革》2010年第4期。

家通过将国内过度积累的资本转移到发展中国家、完善对本国经济结构的调整、建立有利于本国发展的国际社会分工的手段，吸引高科技产业、高附加值产业、环保产业以及绿色循环产业逐渐向本国聚集；将低附加值产业、污染产业、劳动密集产业向发展中国家转移，从而导致了发展中国家生态环境、产业结构的日益恶化；其次，资本主义列强以跨国公司的形式收购发展中国家的企业，从而使资本主义列强联合垄断发展中国家市场，形成共同剥削和压榨发展中国家的局面；最后，发达资本主义国家打着"维护经济全球化稳定"以及"人道主义"的旗号，实则以掠夺发展中国家的稀有资源为目的，大肆干涉发展中国家的内政。伊拉克、阿富汗等一些拥有丰富石油资源的发展中国家陆续遭到美国与英国发动的以打击恐怖主义为借口的战争的迫害。发达资本主义国家为了交换价值的实现以各种借口对落后国家发动战争的行为造成了发达国家与落后国家的不平等关系，使得弱肉强食的丛林法则日益盛行于发达国家与落后国家的政治关系中，落后国家的独立自主权利遭受严重侵害，新的镇压机制、限制和恐怖主义大行其道。[①]

（二）以交换价值为导向的资本主义全球化面临严重危机

伴随着资本主义经济全球化进程的推进，资本主义全球化的矛盾日益加剧，而资本主义的本质决定了资本主义全球化的矛盾无法避免。随着资本主义全球化进程的加快以及资本主义全球化的危机日益凸显，一些学者纷纷指出资本主义全球化正在引发全球性的危机。美国学者约翰·贝拉米·福斯特认为，资本主义全球化危机主要表现在三个方面，即全世界范围内的金融危机、生态环境危机以及爆发军事战争的危机。[②]

大卫·哈维认为新自由主义是推动2007年美国次贷危机爆发从而导致全球性金融危机爆发的深层次原因，新自由主义经济体制的绝对自由化导致国际经济和金融秩序缺乏协调和监管。哈维指出，资本家追逐交换价值的无限欲望驱使资产阶级通过"时空修复"手法建立完善的金融体系，使过剩资本在全球范围内流通，从而获取最大利润；个体资本家不断追求交换价值的动因推动资产阶级不断地用各种金融工具和手段避免金融危机的爆发，进而盲目地发展虚拟经济。这种以交换价值为导向的经济使得实体经济出现大规模的萎缩，泡沫经济的成分不断提高。另外，资本家追求剩余价值的本质必然使他们不断追求科技的更新，科技革新带来了更加实用、更加便宜的固定资本，从而引起旧的固

[①] 靳辉明、罗文东：《当代资本主义新论》，四川人民出版社2006年版，第577页。
[②] ［美］约翰·贝拉米·福斯特：《失败的制度：资本主义全球化的世界危机及其对中国的影响》，吴娓、刘帅译，《马克思主义与现实》2009年第3期。

定资本大范围贬值。资本家为了弥补固定资本贬值的损失而获取更多的交换价值，从而不断地促进信用体系的建立，提高消费者的消费能力。信用体系将消费者的消费支出压力延迟到未来的时间段里，用时间延迟的方式减轻了消费者的消费支出压力，从而提高了消费者的消费能力。信用体系的"时间修复"在一定程度上缓解了资本在次级循环中的过度积累，但信用体系的实现取决于消费者未来收入对当下负债的足额支付，当消费者的消费能力达到最大限度时，资本投资机会的饱和又会引起新一轮的资本过度积累危机。

以交换价值为导向的资本主义空间对自然空间造成了巨大的破坏，造成了发达资本主义国家与发展中国家生态环境的严重不平衡，促使全球性的生态环境恶化。随着发达资本主义国家环保运动的兴起，资本主义国家利用"时空修复"的手段，将有污染的工厂或者企业转移到发展中国家，掠夺发展中国家的物质资源，同时对发展中国家的生态环境造成巨大的破坏。正是资本主义这种追逐交换价值的空间生产的行为，使发达资本主义国家暂时获得了良好的生态环境和居住环境，但资本主义国家对发展中国家生态环境的大肆破坏势必引起全球范围内的生态环境恶化，导致全球生态危机的爆发。大卫·哈维认为："我们环境困难的产生是这种霸权阶级规划的结果，是依附于以市场为基础的哲学和思维模式。"①哈维进一步指出发达资本主义国家在积极促进经济全球化的同时采用"时空修复"的手段将生态环境危机转嫁到发展中国家，使得发达资本主义国家与发展中国家生态环境的发展不平衡，而引发这种不平衡结果的实质是阶级关系，资产阶级的生产方式注定要以不断的破坏空间环境为代价，资本主义经济全球化势必引发全球范围的生态环境危机。

资本主义国家或地区之间一味追逐交换价值的实现，导致国际帝国主义之间的国际竞赛愈演愈烈，最终将会演变为以战争的形式夺取世界范围内的有利资源。哈维认为虽然资本积累在全球范围内都有所不同，但资本过度积累与贬值的趋势在每个区域都是相似的，资本主义国家资本贬值危机是孕育帝国主义的根本原因。帝国主义之间的全球空间竞争与全球空间有限性的矛盾，导致美国等发达资本主义国家通过军事战争的方式打开发展中国家的国门，进而侵占发展中国家的生产空间，肆无忌惮地掠夺发展中国家的稀缺资源，为本国过度积累的资本提供更多的转移空间，获取更多的交换价值。以美国为首的帝国主义国家以打击恐怖主义为由对发展中国家发动战争，通过瓦解发展中国家的政府，使己方能肆无忌惮地侵占、掠夺发展中国家的资源，导致被战争摧残的国

---

① [英]大卫·哈维：《希望的空间》，胡大平译，南京大学出版社2006年版，第218页。

家地区处于无管制的状态，致使暴力、贩卖人口、毒品、走私、邪教等犯罪活动日益猖獗，恐怖主义、跨国犯罪日益盛行，使全球范围内人民的人身、财产安全遭受严重威胁。

四 中国全球化空间实践转向的价值基础：使用价值的回归

（一）提升全球化空间实践的使用价值，缓解社会贫富差距

中国全球化空间实践转向要注重以人为本，缓解贫富差距，强化"一带一路"倡议对提高人民生活质量的使用价值回归。"一带一路"沿线国家涵盖65个国家、40多亿人口，但因为资金、技术、人口和地理环境因素的限制，沿线许多国家仍然处在经济严重落后的状态，这其中亚洲国家部分地区更是因为民族、宗教等历史问题的影响在经济合作上始终处于保守状态，政治立场问题也在很大程度上成为国际合作的障碍。从"时空修复"的角度来看，欧洲和美洲地区的一体化建设更趋于成熟，商贸流通的国际通道更为便捷。而亚洲地区在自然条件、地理环境方面也更为特殊，国家之间的发展水平和国际环境差异化较大，区域经济的不平衡现象比较突出。国家之间的经济联系不够紧密，在商贸流通、江通航运等国际共建上缺少积极合作的姿态，主观上也限制了国际区域经济格局的构建。因此，"一带一路"倡议的提出和实施，要以中国的东南和西北两个区域为空间修复节点，发展国际经济合作，带动中亚、南亚、东南亚、西亚绝大多数国家参与国际商贸流通，为亚洲经济腾飞创造有利条件。在构建亚洲经济合作新格局的构架中，要始终将提升人民生活质量的使用价值摆在首位，积极拉动部分欧洲国家加入经济带的主要合作成员国家行列。使"一带一路"倡议成为亚洲与欧洲经济合作紧密衔接的桥梁，优化区域商贸流通环境，实现国际深经济、深层次交流的开放平台构建。这种平台的建立对于发展中国家积极适应新时期的经济环境，保持经济稳定持续增长势头，避免踏入"中等收入陷阱"具有十分重要的战略意义。随着我国全球化空间实践的推进，"一带一路"倡议一方面要为沿线国家建立平等发展的平台，开拓更为广阔的发展空间；另一方面要始终将使用价值作为导向，维护发展中国家或欠发达国家的权益，为落后国家发展经济提供机遇，提升人民生活质量，缓解贫富差距。

（二）强化国际分工体系的使用价值，减轻国与国之间的矛盾

中国全球化空间实践转向要致力于建立以使用价值为导向的国际分工体系，杜绝发达国家对发展中国家资源与环境的掠夺和破坏，提升"一带一路"沿线国家在国际市场上的竞争力，缓解发展中国家与发达国家之间的矛盾。从"时空修复"的角度来看，资本主义国家的空间修复将资本不断输出到发展中国家，

使资本主义市场不断嵌入到发展中国家,从而建立了国际分工。这种垂直型的国际分工,使发展中国家不断提供原材料、进行初级产品的生产,而发达国家则进行深度加工。最后的结果是发展中国家的生态环境遭到严重破坏,资源开采过度,难以继续发展。因此,"一带一路"倡议的首要任务是建立一套多层次的国际分工体系,根据"一带一路"沿线国家的科技水平和劳动力水平分成多个层次的水平型国际分工体系。这种多层次的分工体系一方面能提升"一带一路"沿线国家在尖端领域的合作,降低高科技产品的生产成本,从而提高人民的生活水平;另一方面能有效地保护欠发达国家免受发达国家控制,引导欠发达国家以合理、有效的方式开发自然资源,保护生态环境,促进欠发达国家不断向高水平的国际分工迈进。其次,"一带一路"倡议要积极带动沿线国家的科技创新和科学发展,努力提升各国企业的国际竞争力,将沿线国家的高新技术带到各个国家,不断为沿线国家的科技发展和创新带来新的机遇。高新科技的引进一方面弥补了落后国家科技落后的缺点,为科技快速发展提供了基础资料和平台;另一方面高新科技的引进将刺激沿线国家国内的科技创新发展动力,推动各行各业的科技创新,将企业生产从资源型生产升级为科技生产,从而有效地克服因资源所有制引起的经济对垒。

(三)增强金融资本流通的使用价值,缓解国际金融危机

中国全球化空间实践转向要加速完善跨国经济组织,推进经济一体化进程,促进资本更有效的配置,提升金融资本的使用价值,从而缓解国际金融危机。提升金融资本的使用价值,要在"一带一路"倡议的基础上,催生如亚洲基础设施投资银行等跨国的经济组织,实现区域性的金融一体化、统一化管理。"一带一路"倡议涉及沿线60多个国家,每个国家的经济发展情况都有所不同,有的国家资本过剩,有的国家资本欠缺,因此完善跨国经济组织、推进区域金融一体化有利于"一带一路"沿线国家的共同发展。但在推进金融体系一体化的过程中,要把握金融资本的使用价值,防止金融繁荣所造成的泡沫经济和金融危机。哈维认为,资本主义积极推进金融全球化的实质是用时间修复的手段缓解资本过度积累的危机,金融体系不断将消费者的支付能力提前透支,从而不断加重资本的负债率和泡沫经济的产生,最终爆发金融危机。因此,"一带一路"倡议在推进金融一体化的过程中,要注重金融资本的使用价值,将金融资本有效地利用到基础设施的完善上,促进沿线国家之间要素、资本的流通;推动沿线国家供给侧的改革并带动需求侧发展,刺激各国经济的复苏和增长;引领沿线国家践行和适应市场经济体系和市场规律,实现"一带一路"区域内经济的稳定发展。

（四）注重资本集聚与扩散的使用价值，保护空间和生态环境

中国全球化空间实践转向要将使用价值摆在空间生产的首要位置，处理好资本流通过程中资本集聚与资本分散的关系，提升城市空间的使用价值。哈维认为，资本在地理上的集聚能提升资本积累的效率。这是因为将人口和生产资料集中到某个地理空间中，一方面迅速扩大了生产规模，提高了劳动生产率，缩短了生产周期；另一方面缩短了空间距离，加快了商品在生产和消费环节的流通速度，从而加快了资本积累过程。但资本在某个空间中的过度集聚将会带来交通拥挤、基础设施运转低效的负面影响，从而制约经济增长，给人民的日常生活带来诸多不便。而资本过度分散一方面会导致制造业过度分散，生产成本不断上升，商品价格不断上涨，人民日常开销不断增加；另一方面会导致大批工人失业，基础设施不断被荒废，社会矛盾不断升级。因此，"一带一路"倡议的推进要统筹资本流通过程中的集聚与分散效应，将城市空间生产的使用价值作为衡量标准，控制资本在某个空间中的集聚度，提升资本流通对沿线国家城市发展的使用价值，提高城市空间的宜居性。在保护生态环境方面，要控制和引导资本在资源型产业的集聚，用合理的资本聚集规划资源型产业布局，使区域内资源型产业对生态环境的负面效应不越过区域生态系统承载力的"红线"；引导资本向企业的方向集聚，促使资源型产业从规模性经济升级转型为科技创新型经济，减弱资源型产业对生态环境的破坏。

（五）增进文化交流平台的使用价值，促进世界和平发展

中国全球化空间实践转向要积极引导世界各国的文化交流，增进国与国之间的信任与友谊，树立绿色、和平的发展观，缓解世界范围内的军事危机。两千多年来，世界各国、各民族不同的文化在丝绸之路上相互碰撞、相互交流、相互融合，形成了各国人民广泛接受和推崇的和平、开放、包容、互利、互信的丝绸之路精神，并且不断注入以改革创新为主的时代精髓。因此，"一带一路"倡议的推进，首要的是将丝路精神和以改革创新的时代精神融入"一带一路"倡议的文化内涵中，积极宣传丝路文化，促进世界各国朝着和平发展的方向前进。另外，"一带一路"倡议的文化内涵决定了中国的全球化空间实践与美国霸权主义的资本主义全球化有着重大区别，中国的全球化空间实践是基础设施的互联互通。对于"一带一路"沿线的落后国家而言，基础设施落后、单一的缺陷造成本国的出口贸易线路易被帝国主义要挟甚至掐断，使得本国在帝国主义夹缝中生存且难以得到发展。而随着我国全球化空间实践的发展，"一带一路"倡议要主动维护世界和平，促进与世界各国休戚相关的利益共同体和命运共同体的形成。因此，"一带一路"倡议要主动承担起大国责任，改善沿线

国家基础设施落后的现状,维护欠发达国家的利益,营造一个和平共处、绿色发展、合作共赢的国际发展大环境。

五 中国全球化空间实践转向的实现途径

随着资本主义全球化的发展,国与国之间、地区与地区之间的矛盾日益激化,欠发达地区的生态环境日益恶化,资本主义全球化的替代性方案——社会主义全球化亟待发展。而"一带一路"倡议的顺利发展面临两个方面的挑战:一是"一带一路"沿线涉及的国家比较多,不同国家的政治体制、文化传统、经济环境等存在较大的差异,如何统筹各国的发展需求、基础设施建设等方面比较困难;二是"一带一路"倡议的推进必将面临以美国为首的霸权主义国家的敌对。因此,本文从"时空修复"的角度出发,认为提升"一带一路"倡议的使用价值能促进"一带一路"倡议的顺利发展,并提出了以下六种可行性方案。

(一) 坚持以人为本,发挥人作为物种自主重组技能的能动性

以人为本就是要注重个体的人的需求,这种需求既包括物质层次的需求,同时也包括精神层次的需求。我国"一带一路"倡议要完善沿线国家的基础设施建设,加快落后地区的经济发展,使人的物质生活条件得到较大的改善,人的物质需求得到一定的满足。另外,"一带一路"倡议的全球化空间实践要为沿线国家之间的文化交流提供便捷的平台。各国之间的文化交流有利于促进各国对于人的全面发展的思考,从而推动各国精神文化层次的提高,满足人的精神层次的需求。当个体的人的物质与精神层次都得到一定的满足时,个体的人就积极参与到社会空间实践中,设计和改造人类的生存空间,促进社会的和谐发展。因此,社会主义全球化空间实践要以人为本,推动科学、文化交流,促进科学、文化繁荣发展,在发展经济的同时注重对个体的人的物质层次和精神层次的满足,发挥人作为全球化空间发展实践者的主观能动性和创造性。

(二) 加快沿线国家贸易便利化,积极引导新的国际分工体系

推进"一带一路"沿线国家贸易便利化,一方面,完善边境内的制度措施,推广无纸化贸易,改善国内投资环境、金融环境、生态环境,完善知识产权保护制度,推动国有垄断企业改革、升级;另一方面,促进亚投行、丝路基金的建设,引导其对"一带一路"沿线国家贸易环境的投资,加快沿线国家贸易便利化的实现。在贸易便利化的前提下,进一步将中国的高铁、航空航天设备对"一带一路"沿线国家输出,增强中国制造在全球市场上的影响力和竞争力,进而建立新的国际分工秩序。"一带一路"国际分工秩序要本着公平、自

由、共享的原则，促进沿线国家在不同行业、不同领域的合作，加快沿线国家制造业的发展。

（三）推进沿线国家金融一体化，提升金融资本的使用价值

推进沿线国家金融一体化首要的是秉承共商、共享、共建的原则，推动多边管理的跨国经济组织成立，强化金融资本的高效性、合理性，提升金融资本的使用价值，为沿线国家输送福利。其次，要推进"一带一路"沿线国家签署多边开放协议，降低沿线国家之间的进、出口税率，简化沿线国家之间劳动力流动的审批程序和手续，促进与金融业相关的要素、劳动力、服务的流通，提升金融一体化的深度和宽度。最后，要统筹"一带一路"沿线国家的需求，特别照顾个别欠发达国家的发展需求，完善金融一体化多边管理机制，落实"一带一路"范围内的市场经济制度，扩大"一带一路"经济圈的辐射范围，促进其与东亚经济圈以及欧洲经济圈的对接。

（四）肩负起对生态环境以及社会的责任，呼吁世界人民保护生态环境

全球化空间实践的矛盾和冲突需要用对话的途径来解决，并以一种更加动态的、共同发展的方式将多种时空规模连接起来。这就需要我们在社会主义全球化空间实践中获取广泛的共识，构筑一种共同的基础，设计和履行在个人和集体的层次上对自然的责任，尤其是对人类的责任。因此，中国的社会主义全球化空间实践要从两个层次入手，积极肩负起对生态环境与社会的责任。从宏观层次来看，要积极倡导国际产能合作国从各国工业化发展的国情出发，通过成本收益进行分析计算，制定出提升国际产能合作的环保新标准。同时要树立中国在推动自然和社会和谐发展中的重要地位，肩负起对自然和社会的责任，引导"一带一路"成员国认识并肩负起对自然和社会的责任，推动全球化空间实践的可持续发展。从微观层次来看，要积极宣传人的普遍权利，如政治联合和良好治理的权利，生活机会的权利，人的身体的不可侵犯性和完整性，生产过程中直接劳动者的权利，豁免权或变动权利，空间生产的权利，尚未出生的人的权利，集体控制公共财产资源的权利，舒适健康的生活环境的权利，我们作为人类存在物的权利，不平衡地理发展的差异权利。[①] 将人的普遍性权利作为连接世界人民的枢纽，呼吁全世界人民肩负起自己对社会的责任，为赢得良好生态环境而斗争。

（五）建设沿线国家的文化交流平台，促进与文化相关领域的合作

与单纯的建设"一带一路"沿线国家文化交流平台相比，以带动科教、旅

---

① 张佳：《全球化语境中的空间政治构建——大卫·哈维对资本主义替代性方案的思考》，《山东社会科学》2013年第5期。

游、影视等领域合作的文化平台更受沿线国家的青睐。这主要是因为"一带一路"沿线国家之间的旅游、科教、影视等领域的发展空间还比较大，合作所带来的经济效益也相当可观；另外，"一带一路"沿线国家在文化交流的过程中既创造了经济效益，又建立了深厚的友谊，有益于国家之间的和平相处。因此，在搭建"一带一路"沿线国家文化交流平台时，要推进我国与沿线国家的教育、旅游、影视等领域的合作，如成立"一带一路"教育经济圈、孔子学院，促进国与国之间的合作办学、学术交流；开拓跨国旅游线路，打造亚太旅游基地，将沿线国家的经典旅游景点进行"无缝对接"，带动旅游业的发展；促进影视业的跨国交流，使沿线国家的电影、电视剧能在各国上映，从而提升影视业的创作水平，加快第三产业经济的发展。

（六）贯彻合作共赢的发展理念，消除沿线国家的猜忌心理

在与资本主义全球化的空间博弈中，要致力于打破贸易壁垒，坚持合作共赢的发展理念；要主动参与国家化合作，引导建立多元化的合作项目和平台，积极推进"一带一路"倡议的进程。在推进"一带一路"倡议的过程中，要坚持以完善"一带一路"沿线国家基础设施建设、共建和谐发展平台的理念，在尊重国际经济秩序的基础上，将发展中国家尤其是有着强烈合作欲望以及合作基础的国家作为国际产能合作的重点国家。让世界各国搭乘中国发展的"便车"，使社会主义的优越性能得以展现，从而加快"一带一路"倡议的快速发展。

（注：此文与陈嘉浩合写）

后　　记

　　今年是改革开放40周年。改革以来理论界流传一种论调，说马克思主义经济学家一贯思想僵化，反对社会主义改革。事实上，学界创新马克思主义经济学家（"新马派"）是我国经济改革的最早倡导者！由于马克思主义经济学家比较谦虚，反对市场炒作和学术泡沫，而自由市场又极易导致学术市场"假冒伪劣理论商品"的泛滥，因而容易出现一批被中外媒体吹捧的"媒体经济学家""网红经济学家""主流经济学家""著名经济学家"。其中有些"改革家"只是社会主义市场取向改革的"同路人"，实质属于资本主义市场取向改革的"改革家"或"改向家"，类似匈牙利的经济学家科尔奈、苏联的经济学家波波夫。

　　可以列举许多事例证明，现在和去世前一直坚定的马克思主义经济学家是我国改革的最早倡导者。不过，他们往往不是市场塑造的"海归经济学家"或"候鸟经济学家"等，而是学界较为认同的"杰出经济学家"，如刘国光、于祖尧、苏星、卫兴华、杨圣明、张薰华、许涤新、刘思华等。

　　中国社会科学院刘国光研究员是主张缩小指令性计划和市场改革取向的最早倡导者和创新者。在1979年7月一次关于经济体制改革取向问题的座谈会中他明确提出，高度集权的苏联模式仅是社会主义经济体制模式之一，东欧国家偏重分权、偏于分散的市场体制和用经济办法管理经济的模式，也是社会主义经济体制的重要模式之一。我国经济体制改革在选择模式时，要解放思想，按照实践是检验真理的唯一标准来决定我们的取舍。只要有利于经济的发展和人民生活水平的提高，都是可以采取的，没有什么政治帽子问题，只有适不适合一个国家各个时期的具体历史条件和经济发展条件的问题，也就是适不适合一国国情的问题，市场机制是实行分权管理体制的重要手段。随后，刘国光在与人合著的《论社会主义经济中计划与市场的关系》一文中，从生产与需求脱节、计划价格脱离实际、供给制资金分配体制的缺陷、企业结构上自给自足倾向的原因等方面，翔实论证了社会主义经济中计划与市场相结合的必然性，并对计划经济条件下如何利用市场的问题和市场机制条件下如何加强经济发展的计划性问题，提出了完整、系统的改革举措与政策建议。这一报告受到当时国内经济学界特别是政府决策部门和中央领导的高度重视，对我国社会主义市场改革取向的抉择产生了重要影响。中国经济体制改革初期的不同意见是激烈的，在20世纪80年代初期，刘国光因他在改革取向抉择关键时期的这一历史性贡献而受到高层批评，但他没有退却。1984年，刘国光课题组提出"建设有中国特色的经济体制的总体设想"，开始独创性地阐述"双重模式转换"目标，逐步形成经济学的创新理论和政策体系；1987年以他为核心的调研组提交了一份"海南经济发展战略"研究报告，建议海南实行社会主义的有指导的市场经济。刘国光是对30多年改革影响最大的马克思主义经济学家。

1979年4月，在江苏省无锡市举行的全国价值规律理论讨论会，是中共十一届三中全会以来，也是新中国成立以来中国经济学界规模最大的一次盛会。非常值得一提的理论突破是，在这次会议上，中国社会科学院经济研究所于祖尧研究员提交的《试论社会主义市场经济》一文，是国内最早正式提出"社会主义市场经济"概念和理论的。文章指出：社会主义既然实行商品制度，那么，社会主义经济在本质上就不能不是一种特殊的市场经济，只不过它的性质和特征同资本主义市场经济有原则的区别。……为了加快实现四个现代化，搞好经济改革，应当怎样正确地对待市场经济，这是我们经济学界需要认真研究的重大课题。此后30年来，于祖尧发表了关于建立和完善社会主义市场经济体制的一系列论著，深刻地阐明中国特色社会主义经济理论和政策。可见，现在仍坚定的马克思主义经济学家于祖尧（套用一句流行的话，应当是"于市场"），是我国社会主义市场经济理论的最早倡导者和杰出贡献者。[顺便说一下，本人早在1988年第1期《复旦学报》（社会科学版）所发表的《关于划分社会经济形态和社会发展阶段的基本标志》一文中就提出："当市场体系和市场机制真正发育成熟和完善的时候，有计划的商品经济体制实质上是一种新型的计划调控下的市场经济体制。"]

1983年7月，中共中央党校苏星教授在《红旗》第14期上发表的《试论工业公司》一文中明确指出：社会主义社会的物质技术基础也是社会化的大生产。在消灭生产资料的资本主义私有制、建立生产资料公有制以后，依然需要利用股份公司和托拉斯一类的社会化大生产组织形式，利用它们的管理经验，使之为社会主义经济服务。股份公司一类经济组织，作为社会化生产的组织形式，按理应当更适合于生产资料公有制的性质。因为在生产资料公有制的条件下，企业之间的根本利益是一致的，它们在国家政策的引导下，可以遵循自愿互利的原则，广泛组织公司和其他各种形式的联合体，不存在私有制的限制。当然，社会主义的公司和资本主义的公司在性质上是根本不同的。我们向资本主义的公司和托拉斯学习，主要是学习它们组织社会化大生产，特别是专业化和联合的经验，而不能照抄照搬。以后，他对所有制和农村改革发展等一些问题，都发表过理论和政策探讨的论著。可见，著名马克思主义经济学家苏星（套用一句流行的话，应当是"苏股份"）是我国社会主义股份制理论的最早倡导者和杰出贡献者。

在1986年《江西社会科学》第4期刊发的《关于我国经济体制改革的理论问题》一文中，中国人民大学经济学院卫兴华教授提出：社会主义经济体制似不应仅仅归结为一个管理体制问题。社会主义经济体制，首先包括社会主义经济制度运行和实现的具体形式，如公有制的运行和实现形式、按劳分配的运行和实现形式，以及其他社会主义生产关系的运行和实现形式等。在同期发表的其他论文中，卫兴华也强调提出：发展和完善公有制，就需要完善公有制的实现形式。他在《经济经纬》2004年第6期发表的《不要混同"公有制形式"和"公有制实现形式"》一文中又进一步指出，国有经济和集体经济是公有制的存在形式，不是实现形式，股份制的性质取决于入股资本的性质，私有资本组织的股份制，依然是私有制。也不能认为，股份制成为公有制的主要实现形式，就否定或取代国有经济和集体经济这两种公有制形式。卫兴华在所有制、分配、经济运行和经济发展等一系列经济现实问题上都有研究，对马克思主义经济学许多基本原理均进行过深刻探讨，是高质高产的马克思主义理论家。

1984年1月，中国社会科学院杨圣明研究员在《中国经济发展战略问题研究》一书中明确提出：寻找出适当的收入差距，既促进经济效率的提高，又有利于社会平等，乃是重要的战略问题。我国是社会主义国家，既不能放弃平等，也不能失去效率，要兼而有之。过去我们比较重视平等，但在一定程度上轻视效率。今后我们要重视效率，扩大收入差距，但是，决不能忽视平等问题。我们在相当长的时期内强调效率，扩大收入差距，并不是最终目的。我们要从目前的比较平等开始，经过扩大差距、提高效率的阶段，最终实现真正的社会平等。这种论断，根本不同于20世纪50年代库兹涅茨提出的所谓"倒U形"假说。与资本主义各国的情况不同，我国已经实现了生产资料社会主义公有制，通过对居民收入的有计划有步骤地调节，能够把效率和平等有机地结合起来，防止社会的两极分化，使我国最终创造出比资本主义更高的劳动效率。以后，在一些论著中，又进一步阐明和创新公平与效率以及与此相关的劳动价值论和分配论。可见，现在坚定的著名马克思主义经济学家杨圣明，是我国社会主义公平与效率理论的最早提出者和杰出贡献者。1984年在港澳经济研究会成立大会上，杰出的《资本论》研究专家、复旦大学张薰华教授提交了论文《论社会主义经济中地租的必然性》，从理论到实践阐述这一思路。论文载于《中国房地产》1984年第8期。1985年初，由于中央对土地管理体制改革的重视，上海市委研究室注意到这篇文章，嘱再写一篇《再论社会主义商品经济中地租的必然性——兼论上海土地使用问题》，载于该室《内部资料》第6期（1985年1月21日印发）。文中指出：土地的有偿使用关系到土地的合理使用和土地的公有权问题。级差地租应该成为国家的财源之一，港澳的租地办法可以采用。《再论》这篇文章又受到中央书记处研究室的注意，嘱再补充，标题改为《论社会主义商品经济中地租的必然性》，1985年4月10日载于该室内刊《调查与研究》第5期，发至全国各省市领导机关。这就为中国土地批租制度的建立提供了理论依据。根据以上机理，土地国有化不仅排除了土地私有制，而且排除了土地集体所有制。因为集体单位使用土地带来级差超额利润，也是社会转移来的价值，不是劳动创造的价值。同理，国有企业也不应无偿使用土地。无偿划拨土地实质上是将国有土地变为企业土地。1987年，在深圳参加"城市土地管理体制改革"讨论会上，张薰华教授就此提出论文《论土地国有化与地租的归属问题》。后来，深圳市政府将该市农村土地全部收归国有。改革以来，张薰华率先发表关于价格改革、保护环境、发展交通等一些现实经济问题的论著，对马克思主义经济理论有重要贡献。

1983年3月，中国社会科学院经济研究所许涤新研究员在全国《资本论》研究会年会上所作的会议主旨报告是《马克思与生态经济学》，是我国第一个提出要重视环境和构建生态经济学的杰出马克思主义经济学家。他就此发表了相关论文。作为许涤新生态环境经济研究团队的主要学者和继承人刘思华，1987年8月在定稿《理论生态经济学若干问题研究》一书时，论证社会主义生产的直接目的是保证人民的全面需要，就深刻地论述了社会主义满足人民生态、物质、精神三类需要的实现过程，也就是三大文明建设过程。他指出：社会主义制度下，人民群众的全面需要及其满足程度和实现方式，是社会主义物质文明、精神文明、生态文明三大文明建设的根本问题。

从上述现代马克思主义经济学家理论联系实践的创新甚至是原创中可以表明：中国政治经济学的转型，不是从传统政治经济学转向现代西方经济学，而是在科学扬弃和超越苏联经济学和现代西方经济学的基础上转向现代马克思主义政治经济学，包括现代社会主义市场经济和现代资本主义市场经济的基本理论。就理论经济学来说，世界主流经济学是西方经济学，而马克思主义经济学则是非主流经济学；改革后社会主义中国的主流经济学是现代马克思主义经济学，而现代西方经济学则是非主流经济学。共产党执政的社会主义国家，是不可能将资产阶级执政党奉为主流的经济学作为本国主流经济学的。同现代西方经济学一样，现代政治经济学既是学术体系，又是一种理论信仰和意识形态，应当在学术和意识形态两个相关领域都发挥指导作用。

为了纪念改革开放40周年，中国社会科学院马克思主义研究学部在每年编辑文集的基础上，今年编辑出版第十一部文集，本人担任主编。在此，十分感谢各位文章的作者（其中包括几位知名的中青年学者），以及协助本人组织编写和整理加工的张桥同志。中国社会科学出版社赵剑英社长和马克思主义理论出版中心田文主任均给予一贯大力支持，在此由衷地致谢！文章只代表各位作者的个人观点，若有不妥之处，烦请读者批评指正。

中国社会科学院马克思主义研究学部主任　程恩富

2018年8月于北京